ARET VARTANYAN

GİTME ZAMANI

DESTEK
yayınları

DESTEK YAYINLARI: 558
EDEBİYAT: 210

GİTME ZAMANI / ARET VARTANYAN

Her hakkı saklıdır. Bu eserin aynen ya da özet olarak hiçbir bölümü, telif hakkı sahibinin yazılı izni alınmadan kullanılamaz.

İmtiyaz Sahibi: Yelda Cumalıoğlu
Genel Yayın Yönetmeni: Ertürk Akşun
Yayın Koordinatörü: Özlem Esmergül
Editör: Özlem Esmergül
Son Okuma: Kemal Kırar
Kapak Tasarım: İlknur Muştu
Sayfa Düzeni: Cansu Poroy
Zümrüdüanka Görseli: Günseli Vural Toker

Destek Yayınları: Mayıs 2015 (30.000 Adet)
Yayıncı Sertifika No. 13226

ISBN 978-605-9913-70-6

© Destek Yayınları
Harbiye Mah. Maçka Cad. Narmanlı Apt. No. 24 K. 5 D. 33 Nişantaşı / İstanbul
Tel.: (0) 212 252 22 42
Fax: (0) 212 252 22 43
www.destekyayinlari.com
info@destekyayinlari.com
facebook.com/ DestekYayinevi
twitter.com/destekyayinlari
instagram.com/destekyayinlari

İnkılâp Kitabevi Baskı Tesisleri
Matbaa Sertifika No. 10614
Çobançeşme Mah. Altay Sok. No. 8
Yenibosna – Bahçelievler / İstanbul
Tel.: (0) 212 496 11 11

ARET VARTANYAN

Yürüdüğün yollar hep aynı yere çıkıyorsa, yeni bir yol bulmak için

GİTME ZAMANI

"Gök ile yer arasında köprü kuran asa misali,
Bâtın ile Zâhir arasında gidip geliyor insan..."

DESTEK
yayınları

Az sonra okumaya başlayacağın satırlarda, her kelimenin ve her cümlenin özel bir yazım nedeni ve sırası var... Taş üstüne taş konularak itinayla inşa edilen bina duvarları misali...

Hayal gücünü sınırlamadan, gereksiz tasvirlere girmeden, belki de denenmeyeni deneyerek seni buradaki cümlelerime ortak ederken, senden de istediğim tek şey; son satıra kadar yargısızca ilerlemen. Çünkü hikâyenin devamını birlikte yazacağız...

Binlerce yılı ve on binlerce kaynağı damıtarak; seni, bugünü ve yaşadıklarımızı da hazinemize katarak çıktığımız yolculuğa başlayalım hadi...

"Gök ile yer arasında köprü kuran asa misali,
Bâtın ile Zâhir arasında gidip geliyor insan..."

"Alıp başımı gidesim var uzak diyarlara... Yeni başlangıçlara, yeni aşklara, yeni insanlara... Kimliğimin ve geçmişimin farklı olduğu yere..."

"Hazır mısın?"

"Hiçbir zaman hiçbir şeye hazır olmadım."

"Korkuyor musun?"

"Korkmadığım anım da olmadı."

"Neden buradasın?"

"Nerede olduğumu hiç bilmedim. Belki de olabileceğim başka bir yer yoktu."

"Başlayalım mı?"

"Her başlangıç bir son... Yeni bir sona başlayalım."

Bâtın I

Soğuk duvarlara alışkın bedenim. Tek göz bir odada günlerdir bekleyip duruyorum. Sonu belli olanı beklemeye dayanmaz oldu yüreğim. Bitsin istiyorum artık. Bitsin...

Ayak sesleri duyuyorum... *"Belki de bu sondur"* diyorum içimden. Aralarında anlamadığım dilde bir şeyler konuşuyorlar. Yüzlerini hiç görmedim. Dillerini anlamadım. Kaç zamandır ardında kilitli kaldığımı anımsamadığım o demir kapı şimdi yavaşça açılırken; küf kokulu, soğuk bir rüzgâr doluyor içeri. Karanlığa alışan gözlerim, görmeye direniyor. Güçlü sarı bir ışık, boş hücremi ve bedenimin içine sığmadığı dar yatağımı aydınlatıyor.

Karşımda dizili halde duran beş bedenlenmiş, siyah cübbeleriyle aynı hizada bana bakıyorlar. Hiçbirinin yüzüne bakmıyorum ama beni izlediklerinin farkındayım. Sonra içlerinden iki tanesi öne çıkıyor, kollarımdan tutup beni ayağa kaldırıyorlar. Üçüncüsü başıma siyah çuvalı geçiriyor hızlıca. Kapıdan çıkmadan önce vasiyetimi onaylamamı istiyorlar benden. İstediklerini yapmadığımda buradan çıkamayacağımı biliyorum.

Her şeye hazırım artık.

Gidiyoruz...

Bu kez son!

Düşünmüyorum, hissetmiyorum, sadece yürüyorum. Kolumdaki siyah cüppelilerin neredeyse kemiklerime kenetlenmiş güçlü pençeleri arasında ilerliyorum adım adım... Uzun ve dar bir koridoru aştığımızı hissediyorum. Buraya nasıl geldim, ölüm kararımı kim verdi bilmiyorum. Gördüğüm bu karanlık rüya, sanki o soğuk ve rutubetli hücrede başlamış gibi... Öncesini hiç hatırlamıyorum. Yaşadıklarıma herkesten çok, ben yabancıyım sanki...

Çivi gibi yere çakarcasına, birdenbire durduruveriyorlar beni. Gıcırdayışından kapı olduğunu anladığım bir sınırın önünde beklemeye başlıyoruz. İçeride birileri var. Duyuyorum... Sonra içeri giriyoruz, aynı seri ve kararlı adımlarla ilerlemeye devam ediyoruz.

Ölümün kesif kokusunu alıyorum bu salonda... Burnum yanıyor sanki. Ölümüme doğru yürüyorum, biliyorum... Son anlarımı adımlıyorum. Benim için artık her şey geri sayım... Oysa beklenmedik bir ölüm isterdim kendim için. Aniden ölmeyi dilerdim. Çünkü bilmek ve beklemek yeterince ölümcül...

Girdiğimiz salonun ortasında bulunduğumu kestirebiliyorum. Ayağımın ucu bir şeye çarpıyor. İlerleyemiyorum. Sağımdakinin dürtüklemesiyle üzerine çıkmam gereken dört basamağı tırmanmaya başlıyorum ve böylece darağacına ulaşıyorum. Basamağın üzerinde beni bekleyen kişi, yağlı ipi boynuma geçiriyor. Enseme denk gelen kalın boğum gerilmeye başladığında, ipin basıncıyla nabzımı şakaklarımda hissediyorum. Salon sessizliğe bürünüyor bir anda. Anlamadığım dildeki fısıltılar kesiliveriyor. Ölümün sessizliğini işitiyorum... Sol yanıma gelen

biri, başımdaki siyah çuvalı çıkartıyor. Her yer karanlık...
Hem de çok karanlık... Gözlerimi gererek kırpıştırıyorum
ama nafile... Hiçbir şey göremiyorum.

"Ölüme hazır olunmaz" dedikleri yalanmış... Şimdi
anlıyorum bunu. Bir an önce olup bitsin istiyorum her
şey. Basamağın üzerinde yanımda duranlar aşağı indikle-
rinde, bakışlarımı karanlığın boşluğuna dikiyorum.

Son soluğumu içimin derinlerine çekerken, şiddetli bir
ışık patlıyor karanlığın ortasında. Gözleri kör edercesine
güçlü bir ışık... Ve sert bir rüzgâr doluyor salona. Her şey
dönmeye başlıyor etrafta. Salondakilerin çığlıkları kuşa-
tıyor dört bir yanımı. Uçuşan elbiseler, eşyalar çarpıyor
yüzüme. Taşlar, duvarlar içimden geçiyor. Her şey girdaba
karışıp boşluğa düşerken, beyaz ışık kaplıyor her yanı...
Ben ışığa, ışık bana karışıyor. Beyaz bir boşluk her şeyi,
herkesi ve beni yutuyor. Beyazın saflığı, beyazın boşluğu,
beyazın sessizliği, beyazın huzuru, ışığın nuru...

Zâhir 1

Selim

"Annemden çok şey istemiyordum. Ondan bir sabah kahvaltımı hazırlaması dışında fazla bir şey beklemediğimi hiç anlayamadı. Hayatını güzelliklerle geçirebileceği en taze yıllarını, annesinin hastalığı doldurmuştu. Yoksa bu başa çıkamayacağı ya da yüzleşmekten korktuğu sorumluluklarından kaçışı mıydı onun? Bilmiyorum. İçten içe kızıyordum babamın sessizliğine, her koşulda mülayim haline. Sanki hayatından vazgeçmiş gibiydi. Annemi, bizleri, evi ve hatta bütün şehri olduğu haliyle kabul etmişti. Sönmüş hayalleriyle birlikte ringden kenara fırlatılmış boksörler gibi, onun nakavt bekleyen o suskun ve ezgin hali beni hem üzüyor, hem kamçılıyor. Babamın kolonya kokusu... Her sabah ellerine, yüzüne sürünerek sanki güçsüzlüğünü örtmeye çalıştığı bir kolonya kokusu vardı. İyi adamdı... Hem de çok iyi... Ama güçsüzdü. Anneme karşı, kendine ve hayata karşı güçsüzdü. Benim güce tapıyor olmamın nedeni, babamın güçsüzlüğündendi. Ona hiçbir zaman kızmadım, sadece üzüldüm. Ben onun gibi olmayacaktım. Babama benzemeyecektim. Kararlıydım..." dedi Selim...

Çocukluğunu anlatmaya bu kadar cümle yetiyor yine. Daha fazlası dökülmüyor dilinden. Annesi, babası ve bütün çocukluğu şu birkaç cümlenin ötesine geçmiyor. Hepsi bu kadar...

Gün akşam olurken, artık hayatında bazı şeylerin eskisi gibi olmayacağının farkında belki de. Ve belki de bu yüzden aynanın önünde, şimdiye dek hiç olmadığı kadar uzun kalıyor. Kırklı yaşları geçtiğini hatırlatan derin çizgilerine bakıyor... Beyazları çoğalan kirli sakalı, geçip giden yılları, dünü, bugünü ve yarınları izleyen yorgun gözleri... Bu yaşına kadar yaşadığı her halini aynada görüp izlemeye devam ediyor Selim...

İnsan aynaya uzun uzun baktığında hayalle gerçek, varlıkla bilinç birbirine karışır ve bir kopma noktasına ulaşır süreç. İşte tam da bu noktada lavaboya eğilerek yüzüne su vurmaya başladı yine. Boynuna, karnına ve ayaklarına doğru süzülen soğuk suyun bütün bedenine yayılan serinliğini hissetti.

Lavabonun sağındaki duvarda asılı duran beyaz havluya uzandığında, havlunun fiyatı geldi aklına hiç nedensiz. Karısıyla gittiği Paris seyahatlerinden birinde bu havluyu satın alırken, bir işçinin aylık maaşı kadar ücret ödediklerini kasada fark edip endişelenmişti. Evliliğinde artık bazı değerlerin yer değiştirmiş olduğunu fark etmesinden dolayıydı bu endişesi... Beraberliklerinin ilk dönemlerinde zengin değillerdi ama sanki çok daha mutluydular. Yıllar geçtikçe değişmeye başlamıştı her şey. İş, para, arkadaşlar, pahalı seyahatler ve lüks evler, sanki birbirlerine duydukları aşkın yerine geçmişti artık. Acaba aşkları mı azalmıştı, yoksa hayatın getirdiği yenilikler aşkın yerine geçebilecek yeni alternatifler mi oluşturmuştu, emin değildi...

Evliliğiyle ilgili hissettiği kaygının, artık son evrelerini yaşayan habis bir hastalığa dönüştüğünün de farkında değildi Selim... Oysa hayatın her "an"ı yarınlarla ilgili bir mesaj içerirdi. Selim, kaygılarının sebebini geçmişte arayıp dursa da, aslında sadece birkaç dakika sonra aradığı o sebeple yüzleşeceğinden habersizdi.

Selim, akşam katılacakları davet için hazırlanmak üzere evde olduğu halde karısı henüz dönmemişti. Yine dışarıdaydı. İşleri vardı... Bu birkaç saatlik bekleyiş, her seferinde olduğu gibi davete gecikecekleri anlamına geliyordu. Selim, derin bir nefes alıp geniş salonun sürgülü kapısını açarak bahçeye çıktı. Çınar ağacının dibindeki hasır okuma koltuğuna kuruldu yavaşça. Hiç susmayan zihnini dinlemeye başlarken, en sadık dostu olan huzursuzluğu, tüm patavatsızlığıyla hissettirdi kendini yine. Selim, huzursuzluğuyla barışıktı. Onu gerçek bir dost olarak görüyordu. Eğer dünya üzerinde "huzursuzluk hali" diye bir şey olmasaydı, ne sanat olurdu, ne edebiyat, ne bilim ne de büyük buluşlar... Selim için üretimin ve yaratımın en değerli kaynağı; "huzursuzluk hali"ydi. Sürekli bir huzur, Selim için büyük sıkıntı sayılırdı.

Bu tanıdık huzursuzluğu her yaşadığı zamanda dinlemeyi sevdiği şarkıları telefonun çalma listesinden seçerek açtı ve arkasına yaslandı. Bahçenin dört bir yanına özenle yerleştirilen kablosuz ses siteminden yükselen yumuşak tınılar, kulaklarına dolmaya başladığında yine O'nu düşündü. Kendini bildi bileli her zaman O'nunla sohbet halindeydi.

Hatta ilk sohbetini, çocukken anneannesi sayesinde gerçekleştirmişti. Eğer yalan konuşursa, O'nun tarafından cezalandırılacağını söylemişti anneannesi... "Yalan söylediğimde O bile beni sevmiyor. Sadece O'nun istediği gibi biri olduğumda mı sevileceğim?" diye düşünmüştü Selim... Bunun üzerine çocuksu masum yüreğiyle Tanrı'ya bir soru sormuştu:

"Ben seni olduğun gibi seviyorum.
Sen de beni olduğum gibi sevemez misin?"

Bunları düşünüp derinlere doğru ilerliyordu ki, bahçeye dolan müzik sesi birdenbire kesildi. Telefonunun şarjı bitmişti ki bu Selim'in gayet alışkın olduğu bir durumdu. Arabasına benzin almak için uyarı ışığının yanmasını beklediği gibi, telefonunu da ancak enerjisi bitmek üzereyken şarja takıyordu. Benzini bittiği için yolda kalmışlığı hiç yoktu ama cep telefonu onu sık sık yarı yolda bırakıyordu.

Sessizliğe gömülen bahçede bir çınlama sesi duyar gibi oldu. Cep telefonlarının klasik mesaj uyarısıydı bu. Ancak kendi telefonunun şarjı az önce bitmişti. O halde buralarda başka bir telefon daha olmalıydı. Bu esrarengiz telefonun varlığı, keşfedilecek yeni şeyler anlamına gelebilirdi. Selim'i hayatının her döneminde fazlasıyla heyecanlandırmış olan keşfetme duygusu ne kadar kamçılayıcı olsa da, bu aynı zamanda endişe demekti. Bilmemesi gerekeni bilmek, öğrenilmemesi gerekeni öğrenmek riskli bir işti. Fakat yine de keşfetmek heyecan vericiydi Selim için. Zaten bu keşfetme tutkusu değil miydi Selim'in çocukluk hayallerini gerçekleştirmesini sağlayan, onu toplum içinde zengin, güçlü ve itibar sahibi bir insana dönüştüren? Selim için "güç" sahibi olmak; bilmek, keşfetmek ve hâkim olmaktı.

Bu güdüyle yerinden kalkıp bahçede aranmaya başladı. Etrafı dikkatlice gözleriyle taradı. Tik ağacından yapılmış bahçe masasının üzerine ve sandalyelerin altına baktı, bir şey bulamadı. Sonra art arda dört mesaj uyarısı daha işitti. Sesler salondan geliyordu sanki. Sürgülü kapıdan içeri girip etrafı hızlıca gözleriyle taradı. Son gelen mesaj sesi, duvarın dibindeki barok etajerin üzerinde duran çantaya yöneltti Selim'i. Karısına ait bir çantasıydı bu...

Kendisine ait olmayan özel bir eşyaya el uzatma hakkı var mıydı? Sözkonusu kişi karısı bile olsa, onun özel alanına tecavüz etmiş sayılmayacak mıydı? Ama yine de, önemli bir mesaj gelmiş olabilirdi ve Selim konuyu hemen öğrenirse yardımı dokunabilirdi. Buna rağmen, annesinin sözleri gelip gidiyordu aklına. Her ne olursa olsun, başkalarının eşyalarına dokunulmaması gerektiğini öğretmişti oğluna. Üstelik Selim'in kendisi de sıkça tekrarlardı bunu. Çiftlerin kendilerine ait dünyalarına karşılıklı saygı duymaları gerektiğini savunurdu. Aslında, o çantayı açıp telefona elini bile sürmezdi ama karşı konulamaz bir teslimiyetle karşısına çıkabilecek olan hakikatlere doğru yürüdü.

Son dönemde karısıyla ilişkilerindeki tekdüzelik ve ilgisizlik hali, ayrı dünyalarda yaşamaya doğru giden o kopmuşluk hali fazlasıyla hatırlatır olmuştu varlığını. Sadece sıradan bir telefon mesajı sesiyle bütün bunları neden düşünmüştü ki şimdi? Çok önemsiz bir şeyi haber veriyor da olabilirdi bu mesajlar. Bir promosyon haberi, çocuklardan ya da arkadaşlardan gelen anlamsız "n'aber"ler... İlişkisine dair endişelerinin bu kadar kolay tetiklenebiliyor olması zaten ilişkisi üzerinde düşünmesi zamanının geldiği anlamı taşıyabilirdi. Aslında uzunca bir süredir aklıyla kalbi arasında sıkışan ve her defasında kaçmayı tercih ettiği kaygılarını yeterince görmezlikten gelmişti şimdiye dek.

Yasak bir şey yapıyor olmakla birlikte her an yakalanabilme olasılığının bedenine yüklediği heyecan, kan basıncını iyice artırmaya başlamıştı. Üzerinde Hermes logosu parıldayan çantayı kararlılıkla açtığında, önüne serilen yoğun karışıklığın içinde bir an kendisinin bile kaybolabileceğini sandı Selim. Makyaj malzemeleri, ıslak mendiller, iPad, not defteri, kalem ve bir erkek için fazlasıyla kaotik sayılabilecek kadar anlamsız bir dolu ıvır zıvır şey... Telefonu bulabilmek için elini çantaya gelişigüzel daldırmak zorunda kalan Selim, sonunda aradığı şeyi iPad'in altında buldu.

Bâtın II

"Neredeyim?"

"Herkesin gelmek isteyip de gelemediği yerdesin."

"Cennete miyim? "

"Cehennemin ne olduğunu biliyor musun ki? Haritada bulamayacağın, koşullandırılmış zihninle anlayamayacağın bir yerdesin."

"Bu rüya hiç bitmeyecek mi?"

"Rüya mı? Belki de rüya görmek için yaşadığını sanmışsındır."

"Ne zaman bitecek bu?"

"Artık buradasın. Dediğim gibi herkesin olmak istediği yerdesin. Nice hayatlar gördüm, nice yüzler sen gibi karşıma oturdu. Zaman denen mahlukat burada durdu."

"Öldüm mü?"

"Hiç yaşadın mı ki?"

İnsan, kendi dünyasının gelgitleri içinde kaybolurken, insanlık oradan oraya savruldu.

Zâhir 2

Burcu

Burcu, hâlâ güzel bir kadındı... Yüzündeki ince çizgilere ve aldığı birkaç kiloya rağmen biçimli bedeniyle yıllara meydan okuyordu âdeta... Kırklı yaşlarının ortasındaydı belki ama aynaya her baktığında beğenirdi kendini. Kuaför randevularını ihmal etmezdi. İyi görünmeyi severdi. Burcu için kuaförde zaman geçirmek işinin, evliliğinin ve yaşamın onun omuzlarına yüklediği sorumluluklardan kaçabildiği terapi seanslarıydı.

Röflesinin tamamlanmasına kırk beş dakika vardı daha. Bekleme koltuklarına sıralanıp dergi okuyan kadınları ilgiyle izledi aynadan. Salondaki bütün kadınlar en az Burcu kadar keyifli görünüyordu. Burası belki de bütün kadınlar için bir kaçış alanıydı. Büyük şehirlerin yaşam telaşına rağmen her vakit güzel ve beğenilir olmak yanında, kadınlar arası acımasız rekabette "ben de varım" demenin başka bir yoluydu bu güzellik salonları... Otomobil yarışlarındaki pitstop noktası gibi...

İstanbul'un en meşhur ve en pahalı kuaföründe sıralarını bekleyen bu güzel kadınların parayla ilgili sorunları olmadığını düşündü Burcu. Hoş, maaşlarının yarısını gözünü bile kırpmadan kuaföre yatıranlar da yok değildi, asistanı Zeynep gibi. Kim ne derse desin, şehrin lüks salonlarında güzelleşiyor olmak sadece görsel değil, içsel olarak da ayrıcalıklı ve farklı hissettiriyordu insana kendini. Burcu, bu farklılığın tadını doyasıya çıkardığını hissetti bir an. Önündeki cam sehpada duran az şekerli Türk kahvesinden okkalı bir yudum alarak arkasına yaslandı.

Bebek'in en havadar ve deniz manzaralı yerindeki bu kuaförün yaklaşık iki yüz metre kadar ilerisinde bulunan bar, özellikle erkeklerin uğrak mekânıydı. Burası da erkeklerin kendilerini ayrıcalıklı ve özel hissettiği bir yerdi. İhtişamlarıyla barın önüne dizilen ve İstanbul'un tozlu yollarına rağmen çamurluğunda tek bir leke bile olmayan lüks otomobiller, aslında bu görkemi satın alabilen erkeklerin de seçilebilir olma arzusu taşıdıklarının bir göstergesiydi.

Günün herhangi bir saatinde bu barda bulunup bir şeyler içip vakit geçirmek, ayrıcalık sahibi olmak anlamı taşıyabilirdi bazıları için. Oysa sadece insanların birbirlerine anlamsızca baktıkları, boy gösterdikleri ve amiyane tabirle piyasa yapmanın ötesine geçilmediği, sıradan ama lüks bir duraktı burası sadece. Üstelik kuaför kadar işlevsel de değildi. Yine de kadınların bu barda kendilerini rahat hissedebilmesi için öncelikle o kuaföre muhakkak uğramaları gerekirdi. Tıpkı erkeklerin de ancak fiyakalı otomobillerle kendilerini buraya ait hissedebileceği gibi... Trend kıyafetler, pahalı takılar, şık çantalar, marka kol saatleri, purolar... Her şey ama her şey tam tekmil hazır olmalıydı. Bu mekân, kişiliklerin değil etiketlerin sergilendiği bir pazar yeriydi.

Magazin dergilerinin her sayısında kendine yer bulmayı başaran Nilay Altun, gediklisi olduğu bu kuaförde her defasında pedikürünü yaptırdığı kıza birdenbire yüksek sesle çıkışınca, Burcu da aynadan olan biteni izlemeye başladı başını çevirmeden.

Meğer, Nilay'ın pedikürü için kullanılan su fazla sıcakmış. Ayaklarının sıcağa dayanıksız olduğunu bildiği halde buna dikkat etmediği için acımasızca azarlıyordu kızcağızı.

Pedikürcü kız mahcup olmuş gibi bakışları önde susuyor ve karşısındaki kadının haklı olduğunu onaylar gibi yavaşça başını kaldırıp indiriyordu. Muhtemelen içinden küfür de ediyordu ama alttan almak ve zengin müşterisini pışpışlamak zorundaydı. Zaten çok geçmeden kuaförün sahibi Mehmet de yanlarında bitiverdi. Elini Nilay'ın omzuna nazikçe koyup duruma müdahale eden patron bey de muhtemelen içinden farklı şeyler söylüyordu ama müşterisini haklı bulmaktan başka yapabileceği bir şey yoktu. Ne de olsa İstanbul'un en pahalı kuaförünün varoluşu, müşterilerinin memnuniyetine bağlıydı. Bu sayede geceleri mekânlarda purosunu yakabiliyor ve hayatın tüm kaybedilmişlikleri karşısında kendince ödülünü alıyordu.

Pedikürü yapan kız, yaşam yarışının neresindeydi acaba? Buraya gelenlerle arasındaki farkı yaratan neydi? Mahalle kuaförüne giden kadınlarla buraya gelenler arasındaki fark, Burcu açısından tamamen rastlantısaldı. Hangisinin daha şanslı, daha mutlu ve daha gerçek olduğu belirsizdi. Garip olan, Nilay'ın yaşam tarzının toplumun çoğunluğu tarafından hayal ediliyor olmasıydı çünkü popüler kültür, diziler ve medya, bu yaşam tarzını topluma empoze etmeye devam ediyordu.

Burcu iş görüşmesi için Selim'e gitmemiş olsaydı ve sonrasında onunla evlenmeseydi, belki de pedikürcü kızla aynı kulvar üzerinde yarışıyor olacaktı. Burcu, bu durumu sık sık düşünürdü. Geçmişiyle bugünü arasındaki farkı unutmaması ve bu sosyete tayfasıyla aynı ortamı paylaşıyor olduğu halde onlarla aynı keyfi almaması bundandı belki de.

Bazıları geçmişini çabuk unutuyor... Geçmişlerinin, yeni yaşamlarına yansımasından dolayı başkalarına karşı fazla acımasız oluyorlardı. Sanki geçmişleri hayatlarının en büyük korkusuydu. O geçmişe dönmek istemedikleri gibi, o günleri hatırlatan hiçbir şeye tahammül bile edemiyorlardı. Bir de doğuştan sırça köşkte yaşayanlar vardı. Onlar, kendi dünyalarından başkasını bilmediklerinden dolayı kendisine uzak ve yabancı olana ilgisiz kalıyorlardı. O sırça köşkte doğduğu halde yaşamın adaletsizliğini görüp kendi şansını kutsayanlar da yok değil kuşkusuz.

Burcu bunlardan hiçbiri değildi. O hepsinin karmasıydı. Hiçbiri olmak istemiyordu. Pedikürcü kızın adını hatırlayamamasına bile içerliyordu şimdi. Bu onun için kötü bir sinyaldi. Geldiği ve olduğu yeri unutuyor anlamına gelebilirdi.

Antalya'da zengin bir ailenin kızıyken babasının ansızın iflas etmesiyle küçük yaşta yoksullukla tanışmıştı ve ardından kendi ayakları üzerinde durmayı başararak hayata meydan okumuştu Burcu... Yirmi beşinde İstanbul'a gelerek, bu kez kaderine de meydan okumaya başlamıştı.

Küçük tutamlar halinde folyolara sarılmış saçlarını aynada izlerken, canının giderek sıkılmaya başladığını fark etti. Göğsünün ortasındaki yumru büyümeye başladığında nefesi daraldı. Hayatımızdaki bazı şeyler, gün içinde durup dururken kendini hatırlatıp nedensiz yere can sıkar. Üstelik ortada henüz somut bir sorun yaşanmadığı halde, kendini hatırlatıp yok olur. Şimşek çakması gibi...

Burcu, aynı anda birçok duyguyu hissediyordu içinde: heyecan, hüzün, suçluluk, isyan, zevk, korku... Onlarca duygunun iç içe geçtiği bir kaos topu içinde duvardan duvara sekiyor gibiydi. Telefonunu almak için aynanın önünde duran çantasına uzandı ama aradığı şey yerinde yoktu. Telaşlanarak ayağa kalktı ve çantasını iyice açarak daha dikkatli aranmaya başladı ama nafile. Saten astarlı bütün gözleri elleriyle yokladığı halde telefonunu bir türlü bulamıyordu. Buna rağmen ısrarla aramasını sürdürüp durdu... Aradığı şeyi bulamayınca, sanki kendiliğinden geri gelecekmiş gibi inatla ve bir umutla tekrar tekrar arayıp duran insanlar gibi aynı yerlere defalarca bakmaya devam etti. Telefon yoktu... Evden çıkarken çantasını değiştirdiği sırada telefonunu diğer çantasında unutmuş olabileceği geldi aklına.

Bu da kadınların yaşamsal sorunlarından biriydi işte... Kadınların yanlarında taşıması gereken o kadar çok şey olduğu halde, bir de üstüne üstlük sıklıkla çanta değiştirdikleri için hep bir şeyler eksik kalıyordu. Hele ki hayatı sürekli bir yere yetişiyormuşçasına hızlı yaşıyorlarsa...

Sonunda telefonun çantada olmadığına ikna oldu ama arama güdüsünü durduramıyordu bir türlü. Çırak çocuktan yağmurluğunu getirmesini isteyen Burcu, hızlıca ceplerini aradı ama orada da yoktu. Son bir umutla, çırağı arabaya yollayıp telefonuna bakmasını istedi fakat çocuğun elleri boş halde geri döndüğünü görünce, telefonunu evde unuttuğunu tamamen kabullenmek zorunda kaldı. Neyse ki telefonunda şifre vardı.

Aynanın karşısındaki koltuğuna geri dönüp oturduğunda korku dolu ve endişeli olduğunu hissetti. Ya telefon Selim'in eline geçerse, ya o anda Leonardo'dan mesaj gelirse ne olacaktı? Önceki mesajların tümünü silmişti ama bu ortada bir sorun olmadığı anlamına gelmezdi. Telefon mesajı silmek kolaydı ama elektronik postalar öyle değildi. Sildiği elektronik postalar, silinenler klasörüne düşüp beklemeye devam ettiğinden klasörü de boşaltmak zorunda kalıyordu. Bu konuda gayet tedbirliydi ama cep telefonunu nasıl unuturdu? Bunca zaman her ayrıntıya dikkat etmeyi başarmışken şimdi nasıl bu kadar gafil avlanırdı?

Leonardo ile yaşadıklarının eksilerini de artılarını da iyi biliyordu Burcu. Sonuçlarının ne olabileceğinin de farkındaydı. Az önce sosyete güzelinin pedikürcü kıza çıkışmasıyla, morali bozulup canı sıkıldığında bile aklına ilk Leonardo gelmişti. Çünkü ondan gelecek bir mesaj bile hayatına ansızın giren coşkulu renkler gibi yeni kaçış kapıları açacaktı ona.

Leonardo'yla Barselona'daki fuarda tanışmışlardı. Selim, şirketini parmak ısırtan cazip bir teklifle sattığında, Burcu da fuar organizasyonları düzenleyen bir şirket kurmuştu kendine. Aslında Burcu'nun varoluş ihtiyaçlarının belki de en başında "başarılı" olmak geliyordu. Selim, Burcu'nun buna ihtiyacı olduğunu biliyor ve onu destekliyordu. Karısının kurduğu şirketin para kazanamaması ya da batması hiç önemli değildi. Selim, şirketini satarken yıllar önceden yapmış olduğu planın yeni bir halkasını devreye sokuyordu ve sonrasına da hazırdı. Ancak Burcu için aynı koşullar sözkonusu değildi. Onun kendi bağımsızlığını kanıtlayabileceği bir şeylere ihtiyacı vardı. Günlük hayatını doldurabilmeli ve temposunu artırmalıydı.

Selim, Burcu'yu Barcelona'ya yolcu ederken karısındaki donuk ifadeyi ve sürekli bir şeyleri sorguluyor oluşunu fark etmiyor ya da fark etmek istemiyordu. Selim sıradan bir adam değildi. Hatta sıra dışıydı... Günlük hayatın içinde olduğu kadar dışındaydı da. Onun varoluşunda günlük hayat sadece bir oyundu. Sürekli hayalleri, projeleri ve -karısı da dahil- hiç kimseyi içine dahil etmediği bir karakutusu vardı. Burcu, birliktelikleri boyunca Selim'i dünyayla ve ötesiyle paylaşmak zorundaydı her zaman. Ne de olsa yaşam, olduğu haliyle yetmiyordu Selim'e... Kocasının o meşhur karakutusuna bir türlü sızamıyor olmak son zamanlarda Burcu'yu iyice yoruyordu. Belki de Selim'in mahzenlerine girdiğinde aradığı ya da ihtiyaç duyduğu şeyi bulacaktı. Ama mevcut durum öyle değildi işte. Birbirlerine sızmak şöyle dursun, artık aynı yatakta bile uzaklaşmışlardı birbirlerinden. Yüreklerini göremez hale gelmişler, günlük hayatın zorunlu paylaşımları dışında göz göze bile gelmez olmuşlardı.

Ayda bir iki kez sevişiyor olmaları bile görev duygusuyla yerine getirilen sıradan ve değersiz işlevlerden biri haline gelmişti nihayetinde. Selim farkında olduğu halde ertelediği bu sorunu, çözülemez bir kader gibi kabullenmişti hayatının içinde. Selim ne kadar karakutusuna gömülerek sessizleşse de Burcu'nun içinde çığlıklar patlıyordu. Kocasıyla arasındaki bu tuhaf ilişkiyi hiç olmadığı kadar sorguluyordu. Sevişirken, birlikte yemek yerken ya da tatile çıktıklarında bile yanıtını tek başına veremediği sorularıyla savaşıyordu sürekli. Zamanla anlıyordu ki, kendisi de sıradan olmayan dünyasından uzaklaşmaya başlamıştı tıpkı kocasının da olduğu gibi. Birkaç ay sonra kocasını deliler gibi arzulayacağından ve onunla yeni bir gelecek düşleyeceğinden tamamen habersiz olarak, geçmişini ve unuttuklarını hatırlamaya odaklanmış gibiydi...

Leonardo, uluslararası fuar organizasyonun Avrupa ayağından sorumluydu. Zorunlu birkaç toplantı sırasında telekonferans yoluyla iletişim kurarak iş konusunda karşılıklı bilgi alışverişi yapıyorlardı. Sunumlar, organizasyon detayları, bütçeler... Bilişim alanında dünyanın en önemli fuarı için hazırlanan Burcu, yaptığı işi yaşamındaki geniş boşluğu doldurmak olarak değil, kendini kocasına, ailesine ve etrafına kanıtlayabileceği büyük bir fırsat olarak görüyordu.

Dünyanın dört bir yanından büyük şirket yöneticilerinin katıldığı bu fuarı alnının akıyla ve önemli bir başarıyla tamamladığında, kendisini hayli gururlu hissediyordu Burcu. Çok hırpalanmış, yorulmuş ve hatta stresten dolayı baş ağrıları yaşamış olsa da her şeye değmişti. Bundan sonra yapacağı işler için iyi bir referans kazanmıştı bu fuardaki başarısıyla. İşinde daha çok öne çıkacağı ve şirketini büyütebileceği büyük bir adım atmıştı. Yıllar önce çaresizlik içinde Antalya'dan İstanbul'a göçen o küçük kız çocuğu artık tırnaklarını hayata geçiriyor ve ona sıkıca tutunuyordu. Böyle zamanlarda aklına babası geliyordu. Babasının kendisiyle gurur duyacağını düşünerek duygulanıyor, gözleri doluyordu.

Fuarın kapanışı da görkemli bir davetle yapıldı. Barcelona'nın Akdeniz'e bakan ihtişamlı otelinin balo salonunda gerçekleştirilen bu davet, iş dünyasının şatafatlı şölenlerinden biriydi âdeta. Ödüller, konuşmalar, çevre edinme ritüelleri, tanışma fasılaları, her şey ama her şey olması gerektiği gibi olmuştu.

Gecenin rüzgârı dinip hızı yavaşladığında, Burcu da sakinleşmek için bir keyif sigarası içmek üzere terasa çıktığında, topuklu ayakkabıları artık canını acıtıyor, tabanını yakıyordu. Denizi severdi Burcu. Akdenizli olmasının önemli bir özelliğiydi ondaki deniz aşkı... Burcu için deniz sonsuzluktu, huzurdu, kayboluştu. Ayışığının altında Akdeniz'in sonsuzluğuna dalmışken, duyduğu bir tebrik sesiyle irkildi.

Leonardo, siyah takım elbisesinin ciddiyetine rağmen asi ve muzır görünümünden taşan küstahça bakışlarıyla Burcu'yu delip geçerken "Tebrikler" dedi gülümseyerek... Bir tılsım vardı bu çocuğun üzerinde. Gözleri sevecen bakıyordu. Bir o kadar da kendinden emin ve mağrur... Siyah Armani takımının içindeki hâkim yaka gömleğinin iki düğmesi açılmış ve kaslı boynu açığa çıkmıştı. Leonardo, birkaç yaş küçüktü Burcu'dan. Ancak bu durum, duyduğu tesire daha büyük bir anlam katıyordu.

"Teşekkür ederim" diye karşılık verdi Burcu, yorgun olduğu kadar keyifli ve kendinden gurur duyan vakur bir tavırla...

"Aslında, nasıl bu kadar başarılı bir iş kadını olduğunuzu tahmin edebiliyorum sanırım..."

"Öyle mi? Ben de öğrenmek isterdim doğrusu?"

"Güçlüsünüz çünkü. Dürüst ve iyi yürekli bir kadınsınız. Güzelliğinizi özgüveninizle daha da cazip bir güç haline getiriyorsunuz. Zekisiniz. Doğru zamanda, doğru hamleler yapmayı biliyorsunuz ama bana göre en önemlisi cesur bir kadınsınız siz."

Bir kadın, bir erkeğin kur yaptığını hemen anlardı. Daha önce de onlarca erkek kur yapmıştı Burcu'ya. Beğenilmekten ve övgü almaktan çok hoşlanırdı ama kapılarını bütün talepkâr erkeklere karşı kapalı tutardı. Aslında bu da güçlü karakterinin bir yansımasıydı. Bu yönünü annesinden almıştı. Erkek gibi bir kadındı İzmirli annesi. Güzel, alımlı, havalı... Sıradan bir erkek, Anadolu kültürüyle yetişmiş bir kızı elde edilebilir gördüğünde duvara çarpar ve yumruk yemekten beter hale gelebilirdi. Ancak, o gece havada esen flörtçü rüzgâr, Burcu'nun oynamaktan keyif aldığı bir oyuna dönüşmüştü. Leonardo da doğru hamlelerle doğru yere oynuyordu. Masum, temiz ve hayata dair konuşuyordu. Burcu'nun son dönemdeki sıkışmışlığına suni teneffüs yapıyordu sanki.

Dikkat çekici bir adamdı Leonardo. Kalabalığın içinde bile olsa fark edilmemesi imkânsızdı. Bir İspanyol ve İtalyan melezi olarak İngilizceyi de iyi kullanıyordu. Bu onu çekici olduğu kadar başarılı da kılıyordu.

Sohbeti ilerletip terastaki geniş koltuklara oturduklarında,

"Güneşi neden daha çok sever insan?" diye sordu Leonardo, dudağının kenarına kondurduğu müstehzi gülümsemesiyle.

"Ben denizle birlikte severim güneşi..." diyerek karşılık verdi Burcu.

"Çünkü gerçek bir Akdenizlisiniz... Denizin kokusunu sadece bedeninde değil, ruhunda da taşıyan bir Akdenizli..."

Leonardo'nun sözlerine gizlediği komplimanı sezen

Burcu, yine de hoşnuttu bu durumdan. Haylaz çocuklar gibi heyecanla gözlerinin içine bakan bu havalı ve yakışıklı adam, sanki birazdan ne yaramazlık yapacağını düşünür gibi heyecan vericiydi. Durumdan keyif alan Burcu, akışın yolunu kesmek istemediği için Leonardo'nun komplimanlarına set çekmedi.

Konu müziğe geldiğinde de sohbeti yönlendiren kişi yine Leonardo oldu: "Carole King'in *You've got a Friends*'ini dinlediniz mi hiç?"

"Sanırım hayır…"

"Şöyle der o şarkıda 'Ne zaman yalnız kalsan ya da bir şeye ihtiyacın olduğunu hissetsen, ismimi fısıldaman yanında olmam için yeter. Nerede olursam olayım yanına gelirim…'"

"Çok etkileyici, çok güzel… Yüksek bir müzik zevkin var."

"Bana özel mail adresinizi verir misiniz? Sizinle paylaşmak istediğim çok özel müzikler var. Çok seveceksiniz."

Burcu'nun özel mail adresini isteyen Leonardo, kurumsal mail adresleri üzerinden yaptıkları iş yazışmalarını artık başka bir adres üzerinden yürüterek özelleştirmek hedefindeydi. Bu da kur yapmanın başka bir yoluydu. Yeni bir iletişim kanalı açmak ve işyerinde herkesin görebileceği kolektif bir mecradan daha özel bir alana geçmeye teşebbüs etmek… Leonardo, Burcu'nun özel elektronik posta adresini cep telefonuna yazarken, aralarındaki iletişimin dozunu biraz daha artırmak niyetindeydi.

Leonardo, gecenin ilerleyen saatlerinde Burcu'ya biraz daha yaklaşmış ve ara sıra konuşmanın da verdiği coşkuyla kadının omzuna ve ellerine hafifçe temas eder olmuştu.

"Bana çok iyi geliyorsun. Başarın, enerjin, zekân ve

bakış açın iş konusunda beni çok kamçılıyor. Beni motive ediyorsun." diyen Leonardo, alkolün de verdiği cesarete sığınarak samimiyetin sınırını biraz daha artırmıştı. Burcu'ya artık "siz" diye hitap etmiyordu. Aralarındaki iş ilişkisinin artık bir üst seviyeye geçtiğini karşısındaki kadına da meydan okur gibi hatırlatıyordu âdeta.

Adamın küçük ama sıcak ve samimi dokunuşlarından hoşlandığını hisseden Burcu, buna rağmen sohbeti ilerletmek niyetinde değildi. Artık kalkma zamanı gelmişti. Kadın kapılarını kapalı tuttuğu sürece, hiçbir erkeğin oradan geçme şansı olmadığının en güçlü kanıtıydı Burcu'nun bu kararlı ve vakur tavrı.

Burcu'nun kalın duvarlarında küçük çatlaklar arayan ve zaman zaman bulduğu küçük boşluklardan içeriye sızmak için her fırsatı kollayan Leonardo, bu gece için sınırları fazla zorladığının farkındaydı ve kendince hız kesmesi gerektiğine karar vererek Burcu'nun geceyi sonlandırma fikrine itiraz etmedi.

İkisi için de asıl süreç bundan sonra başlayacaktı. Leonardo, tutku dolu ilk adımlarını atmış, dozu kaçırmamak için dikkatli hareket etmiş ve kısa sürede aralarındaki resmiyet çizgisinin ötesine geçmeyi başarmıştı.

Leonardo, asansöre kadar Burcu'ya eşlik ettikten sonra, resmiyetin az ötesinde küçük ama tatlı bir yanak öpücüğüyle veda ederek, centilmence geri çekilmişti. Burcu'yu odasına çıkartacak olan asansörün kapısı kapanıncaya kadar seksi, romantik ve davetkâr bakışlarını Burcu'nun gözlerinden bir an olsun ayırmamıştı.

Kapı tamamen kapanıp da asansör hareket etmeye başladığında, Burcu arkasında duran aynaya dönüp gözlerinin içine baktı. Garip bir duygu hissetti kalbinde. Yaşıyordu. Az önce yaşananlar da güzeldi. Sanki yıllardır unuttuğu şeylerdi. Selim'le ne zamandır böyle şeyler yaşamamıştı. Hisleri henüz masum sayılırdı. Bu yüzden de ortada yanlış anlaşılabilecek kötü bir şey yoktu. İş hayatında bugün yakaladığı büyük zaferin çilekli pastasıydı Leonardo...

Odasına girer girmez topuklu ayakkabılarını fırlatırcasına çıkarıp savurdu. Çok uykusu vardı. Üzerindekileri çıkartıp banyoda önce makyajını temizledi, ardından duşunu aldı. La Prairie marka ürünleriyle gece bakımını yaptı ve son olarak da gözaltı kremini sürüp yatağa uzandı. Tam uykuya dalacaktı ki, hemen yanı başındaki komodinde şarja taktığı cep telefonunun titremeye başladığını fark etti. Telefonun ışığı odanın karanlığını aydınlatırken, Leonardo'dan gelen mesajın ekrana düştüğünü gördü.

Mesajı açtığında gördüğü şey ilginçti. "Bu gece bana hissettirdiğin..." yazıyordu sadece ve yazının sonuna iliştirilmiş bir Youtube linki vardı. Muhtemelen bu bir şarkı olmalıydı... Uyku bekleyebilirdi ama şarkıyı dinlemek için bir saniye bile beklemeye niyeti yoktu Burcu'nun.

Hope There's Someone / Antony & The Johnsons... Tok, buğulu bir erkek sesi, hüzünlü ve romantik tınılarla muhteşem dizeleri sıralıyordu. Burcu gözlerini kapayarak şarkıyı dinlerken hüzünlendi. Yüreği ısındı... Onu önemseyen biri ancak böyle güzel ve romantik bir şarkı yollardı. O an için Leonardo, bir renkti Burcu için. Bir dost, centilmen bir erkek... Belki sabah olduğunda da hiçbir şey değişmeyecekti. Belki hisleri sadece şu an için vardı. Yarın sabahtan itibaren Leonardo'nun hayatına gireceğinden ve birçok şeyi değiştireceğinden habersizdi.

Bu jeste bir karşılık vermek istedi. Sohbetleri sırasında Leonardo sık sık Burcu'nun sihirli bir kadın olduğunu söylemişti ve tanışmaları da aslında sihir doluydu, güzeldi ve anlamlıydı. Burcu da kendi duygularını ifade edebileceği bir şarkı göndermeye karar verip Youtube'a girdi, şarkısını seçti ve gönderdi.

Magic / Cold Play... Burcu, yolladığı şarkıyı açıp dinlemeye başladı keyifle. Yüzüne yayılan gülümsemeye engel olamıyordu. Şarkının ritmiyle, bulunduğu oda bile sanki sihirli bir mekâna dönüşüyordu. Peki ya Selim... Selim bu ana ve bu mesaja tanık olsaydı neler olurdu, ne hisseder, ne düşünürdü? Ama nereden duyacak, ne bilecekti ki... Bu yaşananlar sadece bu gecenin içine gömülecek masum, zararsız, küçük şeylerdi. Yine de gönderdiği mesajla birlikte Leonardo'dan geleni de sildi. Oysa teknoloji acımasızdı. Sadece bu şarkılar değil, günler sonrasında Leonardo'nun haddini aşarak gönderdiği mastürbasyon kaydı bile Selim'in gözleri önüne serilecekti.

"Burcu Hanım, bu kadar yeterli. Hadi artık saçlarınızı açalım ve sizi azat edelim."

Kuaför Hüseyin'in sesiyle daldığı derin duygulardan ayılan Burcu, gözlerini aynadan yavaşça çevirerek, Kuaför Mehmet'in sağ kolu olan Hüseyin'in yüzüne baktı tebessüm ederek...

"Hadi aç bakalım Hüseyin. Görelim artık hünerini. Bakalım söylediğin röfle yakışmış mı bana?"

Hüseyin, kendinden gayet emin bir tavırla Burcu'nun saçındaki folyoları açmaya başladığında, kadının aklında evde unuttuğu cep telefonu vardı.

Bâtın III

"Başım ağrıyor. Uzay boşluğunda yolculuk yapmış gibiyim. Açık denizde batmış bir gemiden karaya doğru saatlerce yüzmüşüm gibi hissediyorum. Her şey çok hızlı hareket etti, anı yakalayamayacağım kadar hızlı... Şimdi bir şöminenin karşısında, geniş deri bir koltuğa yayılmış oturuyorum. Sanırım bir şatodayım ya da bu oda bana bir şatoda olduğumu hissettiriyor. Barok mobilyalar, rustik kadife perdeler, geniş bir yazı masası, yüksek geniş kapılar, halılar, devasa tablolar. Aklımın sınırları kalmadı."

"Düşünmeye çalıştığın için kayboluyorsun. Düşündükçe anlamı kaybediyorsun. Aklın çözemediğini bilmeyi bilmiyorsun."

Bu da kim? Şatonun uşağı olabilir mi? Siyah takımı, cilalı rugan ayakkabıları, papyonu, beyaz eldivenleri... Orta yaşlarda, orta boylu bir adam var. Odanın uzak köşesinden bana doğru sakin adımlarla yürüyor. Gözleri... Gözleri bir garip... Masmavi gözlerinin parıltısı bir insanın gözlerinden çok insan bedenine sığmayan bir varlığın yansıması. Yanımdan geçip karşımdaki koltuğa oturuyor. Sanki tanışıyormuşuz gibi, hem olduğum yer de çok olağan bir yermiş gibi adam gayet rahat bir şekilde odun maşasını alıp, şöminedeki odunları düzeltiyor. Maşayı yerine koyduktan sonra ceketinin düğmesini açıp bacak bacak üstüne atarak gözlerini gözlerime dikiyor.

"Aslında uzun bir yolculuktan geçtin. Seni yormayacağım. Sürecin son kısmını birlikte tamamlayacağız. Bu son kısımla ilgili olarak söyleyebileceğim tek bir şey var: Bırak. Kontrolü bırak! Kontrolünü, tıpkı hafızanı aldığımız gibi alabilirdik, almadık. Senin koltuğundan o kadar çok insan geçti ki... Herkesin son süreci farklıydı, her insanın varoluşunun farklı olduğu gibi. Kimliğini oluşturan bazı şeyler silik, bazı şeyler durmaya devam ediyor. Aslında kim olduğunu sildik, ne olduğuna hiç dokunmadık."

"Siz kimsiniz?"

"Bizi çok iyi biliyorsun. Zihnin aldatmacasında kaybolduğun için unutuyorsun. Kaynağa dönüş yolculuğunu senin yapmanı istediğimiz için uzay-zaman bilmecesine takılmadan ilerleyeceğiz seninle. Bu bedenlere de ihtiyacımız yoktu. Senin de yoktu. Kaynağı anlaman için bedenlendin, bedenlendik. Ben de, senin yolculuğundan geçtim. Doğan her insan aynı sürece başlıyor, bazılarının kaynağa dönüşü çok ama çok uzun sürüyor."

Aramızda duran ahşap sehpanın üzerindeki gümüş işlemeli çaydanlığı eline alıp yine aynı işlemelere sahip olan gümüş fincana çay doldurmak için yavaşça öne eğildi. O sehpada, o çaydanlık yoktu. O kadar dikkatsiz olamam...

"Nesneler de zihnin bir oyunu olmaktan öteye geçmiyor değil mi? Bedenini sınır yapan sensin. Tek bir zihnin milyarlarca zihne bölünmesiyle birlikte milyarlarca parça dünyanın dört bir yanında bütünü arıyor. Oysa bütün dışarıda değildi. Ego dünyayı görmek istediği gibi yaptı, dünya bugünkü dünya değildi. Ego zihnin parçalarının 'bütün', sınırlı yaşamın 'sonsuzluk' olduğuna ikna etmeye çalışır. Gerçek bu değil. Beden ruhun aracı iken, ego ruhu bedenin aracı yapmaya çalışır. Ruha inanmıyorsan 'enerji' de, 'bütünsel zihin' de fark etmez; 'öz' ya da 'gerçek' kavramlarla farklılaşmaz. Yaradan gibi..."

İçinde bulunduğum durumda dinlediklerim her ne kadar ilgimi çekse de -ki neden ilgimi çektiğini de bilmiyorum şu an- bu adamın kim olduğu ve bunun ne zaman biteceğini merak ediyorum...

"Peki ne yapacağız ve ben ne zaman gideceğim?"

"Sıradan insanın ne kadar ömrüm var demesi kadar anlamsız bir soru. Bitmesi gerektiğinde bitecek, olması gerekenin olacağı gibi. Neden buradayım? Yanlış soru. Doğru soru şu olmalıydı: Burada neyi bulmalıyım? Buradan almam gereken ne?"

Fincanı avuçlarının arasında tutarak yeniden arkasına yaslandı ve devam etti:

"O zaman son bölümün başlangıcını hızlandıralım. İki ayrı beden gibi durmamız, iki ayrı varlık olduğumuz anlamına gelmiyor. Düalitenin bir yanılgı olduğundan hareketle, bu ayrılık illüzyonunu bitireceğiz. Ben sana karışacağım sen de bana. Bu odayı da unutacaksın şimdi söyleyeceklerimi de. Farklı durumlarda, ortamlarda, farklı zamanlarda uyanacaksın. Benim yaşım yok. Senin de yok. Çağlar öncesi, çağlar sonrası, milattan önce milattan sonra, geçen yıl gelecek yıl hepsi bir illüzyon. Sıradan insanın bir makineden beklediği zamanda yolculuğu (ki yolculuk yapılacak bir boyut yok, zaman sabit ve her şey şu an burada) yapacaksın. Tüm düşüncelerin-düşüncelerimiz, hissettiklerin-hissettiklerimiz insanlığa kelam olacak. Sonra yine burada buluşacağız ve sen asıl cevabı bulacaksın. Tanıştığımıza memnun oldum diyemeyeceğim çünkü birlikte olmadığımız bir an yoktu."

Susmasıyla birlikte fincanı sağ avucuna alıp, sol elinin başparmağıyla işaret parmağını şaplattı.

Zifiri karanlık. Siyah boşluk.

"Boşluk, seni her zaman taşır."

Zâhir 3

Aslı

Dile getirilemeyen, yaşanılmayan aşklar, yaşananlardan daha fazla yorar... Yarım kalmış aşklar kadar acı verir hiç başlamamış olanlar. Hele ki yanı başındaysa, gözünün önünden geçip gidiyorsa... Yıllar da geçse üzerinden, yaşanılmamış olan sende yaşamaya devam eder. Zihninde sorularla, her anındaki "keşke"lerinle ve damarlarını titreten yüreğindeki ateşle.

Aslı, artık bu hislerle yaşamayı öğrenmişti. Yirmi üç yıldır evli olduğu insanı kardeşi gibi sevmeye devam ederken, her gün yanı başında durduğu halde ona bir türlü açılamadığı ve duygularını paylaşamadığı başka bir erkeğe delicesine ve üstelik karşılık bile beklemeksizin âşıktı.

Yoksul geçen çocukluğu ve vasat okul hayatı ona da tıpkı kız kardeşininki gibi bir yaşam vaat ederken, o perdeyi yırtmak için yürüdü. Hırslı değildi ama kararlıydı. Minyon bedeninin içine sığdırdığı kararlı ruhuyla sınıf atlamayı başarmış ancak kocası onu yakalayamamıştı. Tüm aile fertlerinin, okul arkadaşlarının evlendiği yaşlarda mütevazı bir evliliğe imza atarken, aslında evliliği boyunca kolayca yönetebileceği uysal bir adamı eş olarak seçmişti. Bundan sonra Aslı için olması gereken müte-vazı bir hayat, birkaç çocuk ve rutin bir akışken, ikiye bölünmüş ruhunun bir tarafı onu bambaşka bir dünyaya taşımıştı. Aslında iki farklı hayatı kendi yolunda yürüt-meyi başarıyordu ve ikili hayat yaşayan herkes gibi artık yorulmaya başlamıştı.

Gürültüsüz evliliği ve gençlik yaşantısı olduğu gibi sü-rerken, dışarıda işi dolayısıyla bambaşka bir dünya yaşı-yordu. Evdeki sıradan Aslı'yla, ülkenin jet sosyetesine ya-kın duran ve onların ortamına uyum sağlayarak yaşayan, tanınmış, üstelik hiç de sıradan olmayan bir Aslı daha vardı. Birbirine hiç benzemeyen bu iki kadın aynı beden-de yol alıyordu.

Hasbelkader gelecek vaat eden bir şirkette çalışma-ya başladığında kararlılığı, çalışkanlığı ve belki de en önemlisi zekâsına eşlik eden sempatisiyle kısa sürede hız-la yükselmişti Aslı... İnsanlara güven veren, ne zaman neyi konuşması gerektiğini bilen, iyi bir gözlemci olması sayesinde doğru yönlendirmeleriyle çevresindeki herkes-le önemli paylaşımları olan bir kadındı. Bunun yanı sıra ketumluğuyla da iyi bir sırdaş olduğu yolunda güven veri-yordu. Hangi ortama girerse girsin ya da ne yaşanırsa ya-şansın, ruhunu kirletmeden o küçücük minyon bedenine yakışan çocukluğunu koruyabiliyordu.

İşinde her şey yolunda giderken kurumsal iletişimin-den sorumlu olduğu şirketin yabancılara satılıyor olması, Aslı'yı yol ayrımına getirmişti ve kariyeriyle ilgili bundan sonrası için önemli bir karar alması gerekiyordu. Anlaşma gereği şirketin sahibinden başlayarak kilit roldeki çalışan-lar bir süre daha şirketteki görevlerini sürdürmeye devam edeceklerdi. On sekiz yıldır çalıştığı şirketin bugünlere gelmesinde onun da payı vardı. Şirket, son yıllardaki iş dünyası trendine uygun olarak en parlak dönemini yaşarken iyi bir rakamla satılıyordu. Bu durum ona, yoksul bir çiftin birlikte çalışarak, zor günleri aşarak zenginleşmelerinin ardından eşlerden birinin çekip gitmesini hatırlıyordu. Parayı bulmalarının ardından kocasının çekip gitmesiyle kendini boşlukta bulan kadın gibi... Bu benzetme çok da uzak değildi Aslı'dan. Yıllardır işini aşkla yapıyordu ve bu ticari başarıda onun da payı vardı. Güç aldığı o büyük aşk da burada, bu şirketin çatısı altındaydı. Üniversite yıllarından bu yana âşık olduğu ve hayatındaki her aşkın zeminini oluşturan aşk. Âşık olduğu adamın, hiç farkına varmadığı aşk.

Akışı değiştiremezdi, çünkü yaşamda sonuçlar değişmezdi. Sonucu nasıl karşıladığına göre şekillenirdi hayat ve Aslı bunun farkındalığıyla yepyeni bir yol çizmişti kendine birkaç ay önce... Bir yönetim danışmanlığı şirketi kuracaktı. Sahip olduğu deneyim ve çevre ona geçineceği geliri sağlardı. Hatta bu fikrini paylaştığı insanlar, daha şimdiden onunla çalışmaya hazırdılar.

İçini burkan şey, şirketin sonunun gelmesi değil, her geçen gün âşık olduğu adamın hayatındaki rolünün de bir anlamda sonunun geliyor olmasıydı. Daha ne kadar bu oyuna devam edebilirdi ki... Âşık olduğu adamı, karısından daha iyi tanıyordu ve ona herkesten çok daha yakın olduğunu biliyordu ama artık bu ona yetmiyordu. Gözleri çakmak çakmak bakan ve herkesin zekâsına hayran olduğu o adamın, yüreğini görebilen tek kişiydi Aslı. O adam da kimselerle paylaşmadıklarını, her fırsatta gerçekleştirdikleri dost sohbetlerinde sadece Aslı'yla birlikte yaşamayı seviyordu. Üstelik adamın eşi de Aslı'yla iyi arkadaştı. Kısa süreli çalıştığı bir şirkette oda arkadaşı olan o kadın, tek aşkının karısı olurken çok üzülmüş ama yine de duygularını gizlemeyi başarabilmişti.

Aslı da evli olmasaydı eğer, acaba itiraf edebilir miydi ona duyduğu aşkı, anlatabilir miydi her şeyi? Bilemezdi. Yaşam büyük bir olasılıklar paketiyken bu sadece anlamsız bir tahmin olurdu. Mevcut koşullarda eşini bırakamayacağını biliyordu Aslı. Eşi onsuz yapamazdı. Sessiz, sakin hayatında tek güvendiği insandı karısı. Evliliğin en zor kısmı aşktan değil, sevgiden hatta kardeşçe sevginin yaşanmaya başlanmasından sonraki süreçti. Bazen bir tarafın, bazen her iki tarafın da karşısındakini bırakıp kırmaktan korktuğu, karşısındakinin sevgisine bağımlı olduğu süreç...

En büyük aşk belki de hiç bulunamayacak olana duyulan aşktı, onunla karşılaşana dek süren... Hatta belki de aşka âşık olmaktı en güzeli. Çevresindeki onlarca insan, birlikte olduğu insanların gözlerinin içinde bulduğu aşkı değil, aslında karşılaşma ihtimali mümkün olmayan aşkı bekliyor, tarif ediyor, düşlüyordu. Hayatında olan insanın üzerine, sahip olmak istediği aşkın elbisesini giydiriyordu. Bu elbisenin ona uygun olup olmadığıyla ilgilenmiyordu bile.

Bu yüzden de beraber oldukları insanla ilgili söylenmeleri, yakınmaları hiç bitmiyordu, sanki her biri silah zoruyla birliktelermiş gibi... Dünyevi aşk anlaşmalar üzerine kuruluyken, insanoğlu yanında olmayan bir aşk için yaşıyordu sanki...

Kocası televizyonun karşısına geçmiş haberleri izler-
ken, Aslı telefonun hızlı arama listesindeki ilk ismi, sa-
hibinin bile bilmediği gizli ve yasak aşkını tıkladı. Son
bir saat içinde üçüncü kez arıyordu onu. Telefon çalmaya
başladı... Çaldı, çaldı, çaldı ama yine de açılmadı. Ce-
vapsız çağrılarına karşılık herhangi bir mesaj da gelmedi
şimdiye dek. İçinde bir sıkıntı hissettiği için aramıştı Aslı,
bu konuda yanılmazdı hiç. Bunca aramaya rağmen tele-
fon açılmıyorsa ve karşılığında bir mesajla da olsa geri dö-
nülmüyorsa kesinlikle can sıkıcı bir şeyler vardı Selim'in
hayatında.

Bâtın IV

Şehrin sokakları çok kalabalık... Büyük çarpık binaların ve bitimsiz koşturmanın içinde kayboluyordu insan. Gürültü, karmaşa... Şu gökdelenleri, uçakları, gelişmiş teknolojiyi "uygarlık" diyerek adlandırmak nasıl bir budalalık hali... Uygarlık insanın yücelmesi... Uygarlık bir bütün... İnsanların silahla öldüğü, din savaşına koştuğu, açlığın fakirliğin hüküm sürdüğü bir dünya nasıl olur da "uygar" sayılabilir.

Uyku hali çok derin. Evrensel bir uyku hali... Bütün kadim bilgiler, ezoterizmin bütün kolları ve dinler, "Önce kendini tanı, bil, keşfet, anla; sonra vasıflı, kâmil, bilge insan ol ve Yaradan'a yaklaş, kaynağa ulaş..." derken, insanlık bunun tam tersi yöne doğru dörtnala koşuyor.

Kendi eliyle yarattığı, oyunun kurallarını kendisinin kurup oynadığı dünya, labirentin içindeki fare misali çıkışını arıyor. Newton fiziğinin yanılgısı da düalite yaratır. Bir sen varsın bir de dış dünya, der.

Sen ve o...

Bedeninin, zihninin ve ruhunun bu dünya sayesinde var olduğuna inanan insanlığa, aslında dünya senin sayende var, diye haykırmak istiyorum.

Mevlana ses ediyor sevgi diyarından ve diyor ki: "Hak yolunun yolcusu, küfürden de dinden de beridir. Gönlüme baktım: Allah'ı orada gördüm. Yoksa başka yerde değil. Ben ne Hıristiyanım, ne Musevi, ne Zerdüşt ne de Müslüman... Ne şarktanım ne de garptan, ne topraktan ne de denizden. İkiliği bir yana attım. İkinin bir ettiğini gördüm. Bir'i arar, bir'i yaşar, Bir'i çağırırım ben."

İnsanlık, kendi eliyle yarattığı dünyaya taparken, Allah inancını da yarattığı bu dünyanın altına itiyor. Halil Cibran, *Ermiş* adlı kitabında bir hikâyeye yer verir:

Bilge kişi dünyadan göçmeden önce ahaliyi meydanda toplar, bildiklerini son bir kez paylaşmak için. Ahali sorar, o cevaplar. Sevgi, para, zenginlik, eğitim, emek, toprak, çiftçilik... Hepsini anlatır, her soruya cevap verir. Ahaliden biri, "Bize dini anlat..." der.

Bilge de der ki: "Anlattım. Sen neredeydin?"

Soruyu soran, "Yok anlatmadın ben hep buradaydım." diyerek karşılık verir. Bunun üzerine Bilge devam eder: "Siz hayatınızın zamanını, saatlerini bunlar Allah'a ait saatlerdir, bunlar dünyaya ait saatlerdir diye ayırır mısınız? Gerçekten inanan bunu yapar mı? İnanan bilir ki, her an Allah huzurundadır, her yaptığını Allah'ın adıyla yapar."

İnsan, Yaradan'ı bile ayrıştırırken Bâtın her geçen gün açığa çıkmak bir yana daha da derine gömülüyor. Semboller, bilgeyi ve bilgiyi korumak adına saklanıyor. Bugünün hoyratlığında değerler, varoluş tırpanlanırken, Allah'ın adı bile kullanılıyor.

Din âlimleri tartışadursun, Yaradan kendi yarattığını koşullu sever ya da sevmez, diye. Sokakları dolduran milyarlarca insan, Yaradan'ın bile onları olduğu gibi sevmediğini hissettiğinde sığınacağı limanlar onları gerçeğe değil, yalana sürükler. İnsanı kendine yaklaştırmak, öze döndürmek bir yana Tanrı bile bana yabancıyken, kul kulu nasıl sever, kul kulu nasıl affeder?

İnsan varoluşunu bulmaya yönelmek yerine anlamlandırmak kaygısına düştüğünde, çek çekebildiğin yere. Aşkı da al elinden... Aşkı da aşk gibi değil, bir meta gibi ver eline ki, eli kolu kopsun, bir şey yapamasın.

Sümer yazıtları, "Her şey bir ve tek" diyor. Hallacı Mansur, "En-el Hak" diyor. Hz. Ali, "Âlemler sende gizlidir" diyor. Kabala'dan Hıristiyanlığa, Müslümanlıktan Yahudiliğe, bâtın olan, istiridyenin içindeki inci gibi saklı duruyor. Her şeyin bir ve tekliği orada seni bekliyor. "Huzurun, aşkın, mutluluğun kaynağıyım" diyor. Metronun keşmekeşinde, gürültüsünde gözlerimi kapatıp hissettiğim gibi.

Başını bastonuna yaslamış yaşlı teyze, işten eve hayalleriyle giden genç kadın, okuldan eve isyanıyla dönen genç kız, cebindeki üç kuruşun endişesini taşıyan baba... Metronun ağır havasında, içime çektiğim hepimiziz.

Zâhir 4

Selim

Karısının telefonunu eline aldığında, önüne düşen mesaj bildirimlerinin ilk cümleleri Selim'in nabzını hızlandırırken, kollarından boynuna yayılan sıcaklıkla yüreğindeki duygular birbirine karışmaya başladı.

Sinirlendiğinden mi titriyordu dudakları, ağlamamak için mi tutuyordu kendini, bilemedi. Üzüntü ve nefret duyguları iç içe geçerken nabzını kulaklarında, yüreğini boğazında hissediyordu.

Buz kesen ellerinin titremesine izin vermeden, ilk mesajı açıp okudu hemen:

"Günaydın tatlı kız."

Kulağa ne kadar masumca geliyor olsa da, arkadaşlıktan öte duygular içerdiği ortadaydı. Yine de bir şey düşünmek için erken sayılırdı. Bu yüzden aklını fazla karıştırmadan ikinci mesajı da açıp okudu.

"Seni özledim."

Selim, mesajların giderek artan samimiyetinden iyice rahatsızlık duyar oldu. Telefona Leonardo olarak kaydedilen bu şahıs kimdi ve herkese karşı hep böyle laubali mi konuşurdu acaba?

Karısının bu adamla ilgisi ne olabilirdi? İş arkadaşı ol-salar aralarındaki samimiyet bu denli sınırları aşmış ol-mazdı. Yoksa sevgilisi miydi? Yatmışlar mıydı? Bu müm-kün olabilir miydi? Aşk mı yaşıyorlardı? Sarılıp uyumuşlar mıydı? Üst üste onlarca cevapsız soru gelip geçiyordu ak-lından ışık hızıyla.

Aldatılıyor olduğunu öğrendiği ilk anların şoku için-deydi. Böyle anlarda beyin birkaç kat daha hızlı çalışıyor, eller ayaklar giderek kontrolden çıkarak sağa sola anlam-sızca savruluyor, kalp hızlanıyor ve en acıklısı da geçmişe ait bütün anılar birer birer canlanıyor...

Pek çok çift bunu kendisine dürüstçe itiraf edemese de, aslında karşısındakinin kendiliğinden onu bırakıp git-mesini bekler. Giden sevgilinin ardından dökülen gözyaş-ları ya da çekilen acılar aslında umulan ve beklenen bir ayrılık uğrunadır. Selim de şu an buna benzer bir duygu deneyimliyordu.

Karısının telefonunda tuş kilidini sağa kaydırdığın-da, karşısında şifre panelini ilk gördüğü zamanı hatırladı Selim. O gün neler hissettiğini düşündü. İlk kez o gün, "Acaba?" sorusu yankılanmıştı içinde. Sonrasında karısı-nı dikkatle izlemiş ve telefona şifresini girerken ekrana tuşladığı sayıları görmüştü: 2525. Fakat şimdi bu şifrenin işe yaramaması korkunç olurdu Selim için. Neyse ki, sayı-ları girdiği gibi açıldı telefon.

Sadece iki mesaj vardı ve bildirimlerde görünenden fazlası yoktu. Artık keşfetme arzusu ve gizli kalanları açığa çıkartma güdüsüyle bütün mesajları taradı hemen. Belki başka birileri daha olabilirdi. Başka gizler, başka sır-lar... Diğer tüm mesajların masum olması şu an için çok

daha rahatsız ediciydi. Daha fazlasını okumaya, bilme-
ye ihtiyacı vardı. Telefonun elektronik posta bölümüne
girdiğindeyse bir sürü iş mesajı gördü. Leonardo'nun is-
mini görür görmez elektronik postaları açtı. Son derece
resmi bir üslupla yazılmış iş mailleriydi hepsi. Demek ki,
Leonardo, karısının iş yaptığı biriydi. Mesajların altında
Leonardo'nun tüm iletişim bilgileri vardı. Soğukkanlı bir
dedektif titizliğiyle, etajerin üzerindeki kâğıda yazdı bil-
gileri.

Elektronik postalar bittiğinde Facebook'a, Twitter'a,
Instagram'a ve daha başka bakabileceği her ne varsa
hepsine göz attı. Linkedin'e girdiğinde Leonardo'dan
gelen bir mesaj daha buldu ama bu da sıradan iş mesaj-
larından biriydi. Telefonun rehberinde kayıtlı olan ta-
nıdık-tanımadık bütün erkek isimlerine ve hatta belki
Leonardo'yla ilgili bir şeyler yazmışlardır diye düşünüp
bütün kadın isimlerine, tanıdık arkadaşlardan gelen her
mesaja baktı.

Derken bir mesaj sesi daha yankılandı salonda. Tabii
ya... iPad. Çantaya bir kez daha elini daldırıp karısının
iPad'ini de çıkardı. Ekranda herhangi bir bildirim yok-
tu. Burcu, bildirimleri iPad'de kapatırken telefonda nasıl
açık bırakmıştı ki... İyi ki de bırakmış diye düşündü sonra.
iPad için de ayı şifrenin geçerli olmasını diledi. Şanslıydı
ya da şansız... Dileği gerçekleşmişti, iPad de sorunsuzca
açılmıştı.

iMessage'da bir şey yoktu. Elektronik postalara girdi-
ğinde de yine aynı iş yazışmaları çıktı karşısına. Burcu'nun
özel posta adresi neredeydi acaba? Üçüncü sayfada klasör-
lerin altına gizlenmiş Gmail adresini buldu sonra. Çıkış

yapılmamıştı ve ilk sıradaki tüm mesajlar Leonardo'ydu. Ondan öncekiler yoktu. Silinen öğeler kutusuna tıkladığında bir sürü mesaj vardı ancak Leonardo yoktu içlerinde. Aşağılara doğru indiğinde iki tane daha Leonardo mesajı buldu. Belli ki bunları gözden kaçırmıştı. Silinmiş olanları da bulmalıydı ama öncelikle elindekileri okuyacaktı.

Bacaklarının çözülmeye başladığını hissettiğinde, hâlâ ayakta olduğunu fark etti. Telefonu ve iPad'i alıp bahçeye çıktı Selim. Karısı her an eve dönebilirdi ve şu an en çok ihtiyaç duyduğu şey yalnız kalmaktı.

Mailleri okumaya başladığında, duyguları da kabarmaya ve merakı iyice artmaya başlamıştı. Nefret, intikam, acı ve öfke daha ağır basıyordu. Burcu, son günlerde hayatındaki bütün önemli olayları sadece Leonardo'yla paylaşmıştı. Sevgi yüklü mesajlar, heyecan dolu günaydınlar, iyi geceler, fotoğraflar şarkılar... Ki bunlar ulaşabildiği mesajlardı, bir de ulaşamadıkları vardı... Karısının sildiği mesajlar...

Leonardo'yla son yazışmalar hep üst üste cevaplanarak yapıldığından geriye doğru yirmiye yakın mail daha vardı. Burcu duygularını kocasıyla değil, yabancı bir erkekle paylaşıyordu. Suçluluk duydu Selim. Bu sürecin yaşanmasında kendi payının olduğunu da gördü. Onları kıskandı, kendine kızdı. Burcu'yu duyabilseydi, onun heyecanlarını paylaşabilseydi ya da ihtiyaçlarının farkında olsaydı, belki de Leonardo hiç olmayacaktı. Selim'i yaralayan bir diğer şeyse Burcu'nun göründüğü gibi olmayışıydı. Yazdıklarına bakılırsa, Burcu rutin ve sıkıcı değildi. Enerjisi sönmüş, heyecanı tükenmiş bir kadın olamazdı bunları yazan. Demek ki Selim'e göstermiyordu kendisini. Demek ki kocasına kapatmıştı ruhunu.

Kaldığı yerden devam etti okumaya. Salona geçip etajerin üzerindeki kâğıt-kalemi de yanına alıp bahçedeki sandalyesine geçti yine. Karısının her an eve dönebilme ihtimalini de hesaplayarak hızlıca okumaya başladı. Hiçbir ayrıntıyı kaçırmamak için dikkatle ve not alarak okuyordu.

İnsan, hiç gitmeyeceği yanılsamasıyla yanındakini unutmaya başladığında, avucunun içindekinin kayıp gitmesine defalarca tanık olsa da elindekinin değerini bilmeyi öğrenemiyordu bir türlü. Bazen de göz göre göre tüketiyordu sahip olduklarını. Hep bir sonrasını merak ederek, hep diğerini ve hep daha fazlasını isteyerek...

Yalan dünyanın çarklarında, iki yürek birbirini saramadığında, aşklar da yalan oluyor sevdalar da... Selim'in hissettiği aslında tam olarak buydu. Severek evlendiği, kollarında sardığı, yine sevgiyle sarmalandığı o hayat dolu kadın nereye gitmişti? Bu hale nasıl gelmişlerdi? Mesajları okudukça aslında o tutku dolu kızın hiç ölmemiş olduğunu görüyordu ve bu onu daha da yaralıyordu. Birlikte yok olmuşlardı. Birbirleriyle, en derindekilerini paylaşamayarak bir sarmal içinde birbirlerinden uzaklaşmışlardı.

Yoksulluk zamanındaki Selim'e ne olmuştu? Aslında o da yok olmamıştı. Hayatın getirdikleri, yeni hevesler, uğraşılarının artması ve yılların durmaksızın hızlıca geçip gitmesi iyice kendinden uzaklaştırmıştı Selim'i. Şu anda farkına vardığı şey sadece bir başlangıçtı. Sadece kendi özüne dönmesi için değil; topladığı, yaşadığı her şeyle özünü güçlendirerek büyümesi ve kendini gerçekleştirmesi için bir başlangıçtı. İnsanın fark edemediklerini, yaşam zorla fark ettirdi. Yaşam, insana tekâmülünü kafasına vura vura yaşatırdı.

Gönderilen öğeler klasöründe daha dün atılmış bir mesaj buldu Selim. Uzun bir mesajdı bu. Canını en fazla acıtacak olandı. Bir ayrılık mesajıydı okuduğu. Burcu, Leonardo'ya veda ediyordu. İçeriği fazlasıyla can yakıcı ve anlaşılmazdı. Burcu, son seyahatinden dönerken uçakta ağlayarak yazmıştı. Her ne kadar Leonardo'yu çok sevmiş olsa da bu ilişkinin bitmesi gerektiğini söylüyordu. Sebep ise karışıktı. Selim'in anladığı kadarıyla, Leonardo'nun eskiden süregelen bir ilişkisi vardı, kafası karışıktı. Burcu da durumunu aynen şöyle özetliyordu: "Ben de evliyim ve karışığım. Uzun süredir sorguladığım bir evlilik olmasına rağmen, evliyim. Er ya da geç bitecek olan ama nasıl bitireceğimi bilemediğim... Senin kafan da çok karışık... Doğrudur, hayatımızdaki tüm ilişkiler değerlidir ve zordur bitirip unutmak. Ancak sen de net değilken devam edemem."

Hangisi? Adamın kafası karışık olduğu için mi, yoksa evliliğinin yükünden dolayı mı veda etmişti Burcu hayatındaki adama. Yani Leonardo'nun kafası karışık olmasaydı Burcu, Selim'den hemen ayrılacak mıydı?

Selim, bu mesajı defalarca okusa da her seferinde farklı yorumladı. Mesajda okuduları canını acıtıyordu. Burcu, Leonardo'nun yanında ne kadar mutlu anlar geçirdiğini, paylaştıkları şarkılarla bile durgun hayatına renk kattığını, her ne kadar hiç birleşmemiş olsalar da seksüel açıdan ne büyük bir tatmin duygusu yaşadığını da yazmıştı. Bu da diğer bir anlaşılmayandı Selim için. Hem "birleşmemek" hem de yoğun "zevk" almak... Selim, bunun ne anlama geleceğini tahayyül etmeye çalışırken, midesinin bulandığını hissetti. Yoğun stres baskısı, insan bedeninde ilk vuracağı yere ulaşmıştı işte. Mideyi kıskaca almıştı.

Mesajları ikinci, üçüncü kez okuduğu sırada Leonardo'yu da merak etti. Yazışmalardaki soyadıyla birlikte Facebook'ta aradı. Çabuk buldu. Üstelik fotoğrafları da paylaşıma açıktı. Gayet yakışıklı görünüyordu; kaslı vücudu, dalgalı saçları... Kıskançlıkla karışık küçümseme duygusuyla fotoğrafları kaydırırken, her aldatılanın düştüğü durumu yaşıyordu aslında. Burcu'nun onu seçmesi için Selim'de olmayan ne vardı? Neyi eksikti, yaşı mı, fiziği mi, Akdenizli havası mı? Adamın canını yakmak istediğini fark ettiğinde kendine şaştı. Şu anda en çok istediği şey Leonardo'nun canının yanmasıydı ama bu ilişkiye kapı açan kişi de Burcu'ydu... Üstelik kapıyı açtıran kişi de kendisi... Buna rağmen yine de Leonardo'nun canını yakmak istiyordu. İlk fantezilerini oluşturmaya başlamıştı zihninde. Adamı dövmeye, vurmaya, bıçaklamaya, metruk bir mekâna kapayıp günlerce işkence etmeye varacak kadar insanlığından uzaklaşıyordu düşüncelerinde.

Yine de bu ilk raundu hemen burada bitirmek zorundaydı. Zira karısı muhtemelen eve doğru yola çıkmıştı. Karı-koca olarak katılacakları bir davet vardı bu gece.

Bundan sonra ne yapacağı hakkında henüz bir fikri yoktu Selim'in... Karısı gelir gelmez yakaladığı mesajları önüne atabilir ve onunla yüzleşebilirdi. Fakat bu hiç Selim'in tarzı değildi. İş dünyasındaki başarısını da soğukkanlılığıyla kazanmış bir adam için fazlasıyla duygusal bir hareketti bu. İntikamsa soğuk yenen bir yemekti.

Duygulu olmakla duygusal olmak arasındaki farkı çoktan çözmüş, duyguları açıkça göstermenin bazı zamanlarda nasıl da dezavantaj olduğunu öğrenmişti. Hele ki kriz ortamlarında... Artık ipler onun elindeydi, istediği gibi yönetebilirdi. Bir senaryo ya da oyun hazırlayabilir, ikisini birden tuzağa düşürebilirdi ya da Burcu'yu rezil edebilirdi... Aklına gelen bütün bu fantezilerden birini gerçekleştirebilirdi pekâlâ. Ancak şimdi yapması gereken şey, konuyla ilgili daha fazla bilgiye ulaşmak ve bir süre için bildiklerini saklamaktı.

Araştırmalarını hızlandırmak için, Telekom sektöründen ve bilişim suçları şubesinden dostlarını aradı. Durumu biraz farklı yoldan özetleyerek Burcu'nun tüm SMS kayıtlarını, silinmiş elektronik postalarını istedi. Tabii ki bu noktada Leonardo'nun hesaplarını da verdi. Bununla da yetinmeyip yaptığı siber saldırılarla Amerikan vatandaşlığı hakkı kazanan ve CIA tarafından korunan Internet korsanı eski bir çalışanını da arayarak, yardım istedi. Dünyevi hayatta güçlü ve çevresi geniş biri olmak böylesi durumlarda çok avantajlıydı.

Notlarını aldığı kâğıdın fotoğrafını çekip, kâğıdı buruşturarak bahçedeki havuzun sirkülasyon haznesine attı. iPad'deki bütün mailleri kendine yönlendirdikten sonra, mailine düşen elektronik postaları önce gönderilenlerden, sonra da silinenler klasörlerinden temizledi. Karısının telefonunu ve iPad'i hatırlayabildiği tüm detaylara dikkat ederek çantada bulduğu şekilde geri yerleştirdi. Çantayı kapattı. Yüzündeki şaşkın ifade dışında Burcu'nun durumu fark edebileceği hiçbir ipucu yoktu etrafta. Bir şey hariç: Burcu telefonu eline aldığında gelen son mesajların okunduğunu fark edebilirdi çünkü ana ekrandaki bildirimler olmayacaktı. Karısının bu ayrıntıyı fark etmemesinden başka yapabileceği bir şey kalmamıştı artık.

Geniş salonun sol köşesine yerleştirilmiş bara geçerek, neredeyse bir servet değerinde olan içki şişelerinin arasından single malt viskisini açarak kadehini doldurdu. Kendini ödüllendiriyor gibiydi ya da her şeyin aslında çok anlamsız olduğunu gösteriyordu. Kadehini alıp yeniden bahçeye çıktı ve çınar ağacının dibindeki koltuğa yavaşça oturarak arkasına yaslandı.

Hayat çok garipti. Her an her şey değişebilirdi. Bir saat önce bu koltukta otururken aklından geçenlerle, şimdi düşündükleri ve hissettikleri arasında nasıl da büyük bir fark vardı. Yine de aklını en fazla meşgul eden soru şuydu: "Acaba Leonardo'yla sevişmişler miydi?" Keşke sadece yatmış olsalardı, diye geçirdi içinden. Karısının özel duygularını o adamla paylaşmış olması ve onunla yazışırken bile mutluluk ve heyecan hissetmesi çok ağırdı Selim için. Daha da zoru, ayrılık mesajını Burcu'nun yazmış olması ve bunu yaparken ağlayacak kadar yaralanmasıydı. Burcu belli ki çırpınıyordu.

Selim, hiçbir aldatmada duygusal bir şey paylaşmamıştı birlikte olduğu kadınlarla. Burcu ise çok farklı bir şey yaşıyordu. Oysa Leonardo hangi yüzle bugün böylesi sevimli mesajlar atabiliyordu? Yine Leonardo'ya sinirlendi Selim. Kadehinden aldığı ilk yudum boğazından aşağıya süzülürken duyguları da zihni de başka yere kaymıştı çoktan. Leonardo'ya kızdığı için, neredeyse kendisine gülümseyecekti; başka bir erkeğe karşı Burcu'yu savunmak gibi bir şeydi bu.

Güneş batarken, gözlerinden damlalar süzülüyordu. Böğürerek ağlamasına ramak kalmıştı artık. Aldatıldığına değil, kendinden ne kadar da uzaklaştığına ağlıyordu aslında. Okuduğu mesajlar sadece birer araçtı, o hayatının fotoğrafına ağlıyordu.

Çocukluğu, gençliği, başardıkları, kaybettikleri hepsi hızlıca zihninde akarken, geride kalan tek şey, anlamlı kılmaya çalıştığı varoluşunun maalesef anlamsızlıkla var olmaya devam ettiğiydi... 48 yaşında bile hâlâ aynı yerde olduğunu görmekti. İkinci evliliğinde de yine aynı yerdeydi, artık büyümüş ve Amerika'ya okumaya gitmiş olan çocuklarını saymazsa... Belki de kendisine fazla yükleniyordu. Ne de olsa aldatıldığını yeni öğrenmiş bir insanın karmaşıklığındaydı. Elde ettiği her şey bir sabun köpüğüydü. En yakınında tuttuğunu yok etmişti. Yüreğini, ruhunu, kendisini satmıştı.

Ön bahçede duran evin 6 yaşındaki labrador köpeği Neo'nun havlamalarının ardından, garaj kapısının açıldığını duyunca, Burcu'nun eve döndüğünü anladı. Karmaşık duygularla sahneye çıkacağı büyük tiyatro, birazdan başlayacaktı.

Bâtın V

Varoluş...

Bir nedeni olmalıydı bu dünyaya gelmemizin. Gerçekten var mıydı? Belki de sadece bir döllenme, bir rastlantı ve "dünyaya geldim". Belki de tekâmülümü tamamlamak için dünyaya gelmiş bir ruhtum. Belki de Tanrı'nın bir parçasıydım. Belki her şeydim, belki de hiçbir şeydim.

Doğduğum andan itibaren muhtaçtım. Bakıma muhtaç, korunmaya muhtaç. Ailemi ben seçmedim ya da seçtim. Her bir insan, içinde doğduğu ailenin ve toplumun şeklini alırken, ben olmaktan vazgeçerek "biz" olmayı seçti. Başka türlü de hayatta kalma şansı yoktu.

Kelebeğe baktım, köpeğe baktım, solucanları izledim, suya karıştım, ağaca yaprağa... Onlar endişeli miydi ya da arıyorlar mıydı varoluşlarını... Bir yaprak sadece açıyordu ve solmayı bekliyordu. Kelebek sınırlı hayatında çırpabildiği kadar kanat çırpıyordu, kuş uçabildiği kadar uçuyordu. Yorulduğunda duruyor, suyunu içiyordu. Sokak köpeği sığınacak bir yer arıyor, acıktığında yemeğini buluyor, güneşi gördüğünde altına seriliyordu.

Benim çabam neydi? Nefes almam için bir anlam aramanın arayışı nedendi? Sürekli bir hareket halinde nereye koşuyorum? Durduğum anda birileri üzerime çıkıyor.

Sınırı geçtiğimde silah çekiyor. Cebimde param olmadığında açlık kapımı çalıyor.

Karınca sürüsünde diplomalı karıncalar var mıdır acaba? Ya da daha zengin olan karınca, daha fazla yemeği kendine ayırdığı için daha farklı davranılan, diğer karıncalar arasında güç talep eden karınca... Diğer karıncaları aşağılayan ya da ezik hisseden karınca... Çıplaklığından utanan karınca...

İnsanı ayrıştıran neydi o halde? Varoluşunun farklı olduğuna inandıran, yaşamını yarattıklarıyla şekillendirmeye yönelten... Yaradan, insan dışındaki canlıların da Yaradan'ı değil miydi? Öyleyse insanlardan beklediğini onlardan beklemiyor muydu? Karıncaların ibadethaneleri var mıydı? Yoksa insanı yaratan Tanrı'yı insan mı yaratmıştı? Bu sorulardan daha nicesi binlerce yıldır soruluyor, cevaplanmaya çalışılıyor; bir çocuk hayatı keşfetmeye başladığında tüm masumiyetiyle bu soruları soruyor... Bunlar gerçekten varoluşsal sorular.

Çocuk büyüdükçe sorular sıradanlaşıyor, insan topluma karıştıkça varoluşu anlam kaymasına uğruyor. Nasıl daha çok para kazanırım? Kiminle evleneceğim? Terfi edebilecek miyim? Evim olacak mı? Güzel miyim? O tatile gidebilecek miyim? Nasıl ünlü olurum? Nasıl kendimi ispatlar, insanların üzerine çıkarım?

Zehri kim veriyor çocuklar büyürken? İnsanlık tarihi boyunca kadim bilgiler yok edilmeye çalışılır, topluluklar gücü eline almaya odaklanırken, toplum denilen sığınak bir canavara dönüşüyordu. Öyle bir canavar ki, insanı yok eden...

Zâhir 5

Selim-Aslı

Bütün dikkatiyle, şefkatiyle dinlerken ne hissetmesi gerektiği, nasıl durması gerektiği konusunda karmakarışıktı. Bir yandan dinliyor, bir yandan zihninin diğer yarısını işgal eden hayallerle ve söylenmeyi bekleyenlerle uğraşıyordu. Hem üzülüyor hem umutlanıyor hem de vicdanının sesiyle boğuşuyordu. Yüzüne baktığı adamın kirli sakalını dudaklarında hissetmenin nasıl bir his olabileceğinin heyecanına dalıyordu.

"Bir kahve daha alır mısınız?"

Garsonun sorusuyla kendine geldi.

"Bir Türk kahvesi daha alabilirim. Sade lütfen."

Garson, anladığını ifade eden nazik tebessümüyle Selim'e dönerek, aynı soruyu kendisine de sorduğunu ifade eder gibi baktı.

"Ben bir şey almayacağım."

Selim, günün kaosundan kaçmak istediğinde kendini Karaköy'ün ara sokaklarına atar, Tahtakale'de dolanır, Tünel'den Beyoğlu'na karışırdı. Bir o kadar keyif adamıydı. Karaköy'de tezgâhta köfte yediği de olurdu, Napoli'den yelkenliyle denize açıldığı da. Yaşamda kaçtığı tekdüzelik belki de kendinden kaçışıydı onun. Hayatı, dolu dolu yaşamak demek, aslında hayatın farklı renklerine, farklı zamanlarda yer verebilmekti. Hem de olabildiğince fazla renklere. Salaş lüks, haşmetli sıradan, iyi kötü, güzel, çirkin, huzursuz, dingin...

Ketum bir adam sayılan Selim, şimdi özel hayatının en mahrem durumunu Aslı'yla paylaşıyordu. Evine giren insan sayısı bir elin parmaklarını geçmeyen Selim, kapılarını ilk kez bu kadar çok açıyordu birine. Üstelik yaşadığı travmanın üzerinden henüz 24 saat bile geçmemişti.

Dün geceki davet boyunca ve gece eve döndüklerinde bile olağan akışı sürdürmeye çalışması zor olmuştu. Hele ki Burcu gece boyunca telefonunu her eline aldığında, zihninde uçuşan senaryolarla boğuşup durmuştu Selim. Sabah gün aydınlanır aydınlanmaz, soluğu Aslı'nın yanında almıştı. Aslı, şu durumda kendisini fazlasıyla özel ve iyi hissederken, Selim karşısındaki narin kadının düşüncelerini duymuş gibi konuştu:

"Seninle paylaşmak istedim. Bizim gruptaki çocuklarla da konuşabilirdim, bir terapiste de gidebilirdim, ağaçlara da anlatabilirdim... Ama sen yıllardır birçok anıma, sorunuma, yolculuğuma eşlik ettin. O kadar iyi bir dost oldun ki... Fikirlerinin benim için ne kadar önemli olduğunu da bilirsin."

Dost... İyi bir dost... Aslı'yı onore etmediği gibi içini buruyordu bu kelime... Yaşamdaki en zor durumlardan biri de seni dostu gibi gören birine âşık olmaktır her halde. O senin yanında oldukça doğal ve içten hareket eder, sense kendin bile olamazsın. Gittikçe ona açılması da güçleşir. Yanında mutlu olan ve seninle zaman geçirmekten keyif alan o büyük aşkını her an kaybetmekten korkarsın. Arkadaş olarak bile olsa, yanında olması kâfidir. Bazen yan yana dururken, o farkında olmadan saçlarını koklarsın. Lunaparkta gondolda sallanırken o sana korkusundan sarılır, sense bu anın hiç bitmemesini dilersin sadece. Düşmeyesin diye elini tutar, senin yüreğin kapaklanır yere... Zordur, zor...

Aslı için de durum tıpkı böyleydi. Yine de uzun zaman önce kabullendiği bir durumdu bu... Selim'in dediği gibi onun birçok anına tanıklık etmiş, insanlara cephe aldığı anlarda bile hep yanında durmuştu. Çünkü Selim'in huysuzluğunun, yeri geldiğinde sertliğinin ve ticari acımasızlığın, patavatsızlığının, soğukluğunun ardındaki küçük ve yaramaz çocuğu yıllar önce keşfetmişti. Duygusallıktan kaçan ve bir o kadar da duygulara aç kalmış bir çocuğu... Selim'in görmediği pek çok şeyi görmüş ama göstermeye hiç cesaret edememişti. Kimbilir kaç kez kollarını boynuna dolayıp, başını göğsüne bastırıp, saçlarını, sakallarını okşamak istemişti. Hem de Selim'in ihtiyacı olduğu zamanlarda.

Burcu, işe başladıktan bir sene sonra Selim'le yakınlaşmalarının üzerinden yirmi yıl geçmişti. Bir iki sene sonra da ardı arkasına doğmaya başlamıştı çocukları. Aslı, kendi evliliğinden iki yıl sonra işe başlamıştı Selim'in yanında. O zamanlar bekâr olsaydı Selim'e açılır mıydı diye zaman zaman düşünse de, olmuş olanın, sonuçlarının değişmeyeceğini ve keşke'lerin beyhude olduğunu öğrenmişti.

Burcu'nun oyuncu olduğunu ve kariyeri için Selim'le evlendiğini hiç düşünmemişti Aslı ama karısının ona hak etmediği şekilde davrandığını gördüğü günler olmuştu. Burcu bir şeyler aldırmak için kapris yaptığında, kocası-

nın yaşamını sınırlandırdığında ve onun çocuklarına düş-
künlüğünü kurnazca kullandığında Selim'in üzülmesin-
den çok korkmuştu. Burcu, Selim'in içinde olana yabancı
bir kadındı. Kocasını herkes kadar tanıyan biriydi, fazla
değil...

Bazı günler Selim'in durgunluğundan dolayı karısıyla
sorunlar yaşadığını anlardı Aslı. Çoğu zaman sudan se-
bepler yüzünden çıkardı bu sorunlar. Yine de Burcu'ya
çok kızamazdı çünkü Selim her şeye rağmen karısıyla bir-
likte olmaktan mutluydu, Burcu ona iyi geliyordu. Bazen
Selim gibi bir ruhun, Burcu için fazla olduğunu düşünür,
Selim'in neden bunu göremediğine içten içe kızardı. Yine
de mutlaka bir bildiği vardı Selim'in, mutlaka kendi-
nin göremediği Selim'in görebildiği bir şeyler olmalıydı
Burcu'da...

Bazen Burcu, Aslı'ya kocasını çekiştirirdi. Aslı duygu-
larını kontrol etmekte çok zorlanırdı böyle zamanlarda.
Daha zor anları da olmuştu. Burcu'nun kocasının satın al-
dığı hediyeleri ya da birlikte çıktıkları tatil fotoğraflarını
gösterdiği anlar gibi.

İlk çocukları Berk doğduğunda Selim'in yüzündeki
sevinç, neredeyse Berk'i kendi doğurmuşçasına mutlu
etmişti Aslı'yı. Ardından Pelin doğduğunda, minicik de
olsa Selim'le birlikte olabilme umudu derin sulara gömül-
müştü sanki. Şimdiyse o umut, boğulduğu derin sulardan
yüzeye yükseliyor gibiydi. Fakat Selim, karısıyla Leonardo
arasında olanları anlatmaya başladığında, Aslı bu umu-
dun önünü kesmesi gerektiğini kendine telkin etmeye
başlamıştı.

Şimdi bir şey daha hissediyordu Aslı... Burcu'dan nefret ediyordu. O kadın nasıl olur da böyle bir şey yapabilirdi? Aslı'nın biricik aşkını neden incitmiş, rencide etmiş ve aptal yerine koymuştu. Benzer bir durumda bir annenin çocuğu, bir ablanın kardeşi için hissedeceği savunma ve saldırı duygularına aşkı da ekleyince Burcu, Aslı'nın hedef tahtasının tam da ortasında duruyordu. Oysa aynı şeyi Aslı da kendi kocasına yaptığını fark ettiğinde, savaşının sertliğini bir kez daha anladı.

"Ne yapmalıyım şimdi? Zihnimden, yüreğimden onlarca şey geçiyor."

Selim'in gözlerine bakarken dalıp gitmişti. Son anlattıklarını kaçırmıştı. Üstelik yakından geçen vapurun yarattığı büyük dalgalar da ayaklarının dibine vurduğunda dikkati iyice dağılmıştı. Uğradığı hoyratlıklara ve yorgunluğuna rağmen İstanbul güzel şehirdi. Selim'le şehrin en güzel manzarasının dibinde, baş başa bir fotoğraf karesindeydiler şimdi. Bu salaş kahvenin ahşap sandalyeleri, en pahalı koltuktan daha konforluydu şu an Aslı için... Her ne kadar inkâr etse de zihni, yüreği Burcu'nun yaptığıyla kıpırdanmıştı. Belki de Burcu yıllardır kendisinden beklenen hareketi yapmıştı. Bu kadar kısa zamanda bu kadar gelgit yaşamak, Aslı'nın da dengesini bozuyordu.

"Selim, şu anda hissettiklerin ve bu dalgalanmaların o kadar doğal ki. Biraz sakinleş. Ne ilk aldatılansın ne de son. Hiddetlenmeden, erkeklik gururunla konuşmadan önce biraz anlamaya çalışsan..."

Anlamaya çalışmak mı? Ağzından dökülen cümlelere kendisi bile bir anlam veremedi. Neredeyse Burcu'yu koruyacaktı. Diliyle aklı arasındaki bağlantıyı kopardığını fark etse de susmadı ve konuşmaya devam etti Aslı:

"Sen de diyorsun ya kendini yalnız, anlaşılmaz hissetmiş. Her kadın için bu risk yok mudur? Hayatına soktuğu erkek, onu görmezden geldiğinde ya da çığlığını duyamadığında duvarlar aşınır. Çevreden gelecek ilgiye, güzel sözcüklere, anlaşıldığına dair sinyallere açık hale gelmeye başlar."

Durumlara göre özünden ayrılmamak, karakterinden şaşmamak bir erdemdi. Aslı da bir başkasıyla aynı durumda olsaydı kendisi için aynı şeyleri söylerdi. Duygularını katarak olanı kirletmek yerine, duruşuna ve duruma göre olması gerekeni yapıyordu.

Selim, masaya dirseklerini yerleştirmiş, yüzünü kendi avuçlarının arasına almış halde tüm dikkatiyle Aslı'yı dinliyordu.

"Şu an yapman gereken tek şey, ergen triplerine ya da öğrenilmiş erkek kalıplarına girmeden Burcu'yla oturup konuşmak. Onun canını yakmak ya da erkeklik gururunu tamir etmek için değil, olanı görmek için konuşun. Samimiyetle, her ne kadar zor olsa da objektif kalarak... Anlıyor musun?"

Aslı sözlerini bitirdiğinde Selim'in yorumunu merak eder gibi baktı yüzüne. Kahveyi getiren garson, fincanı masaya bırakırken Selim de yüzünü denize çevirdi. Bir müddet sonra Aslı'nın kısık gözlerine geri dönerek konuştu:

"Aldatmak, ayrılmak için zorunlu bir sebep yaratmaktır belki de... Burcu'nun uzun zamandır düşünüp yapamadığını hızlandırmak için bilinçaltının bir oyunudur belki de. Adama yazdığı şeyden de bu anlaşılıyor zaten. 'Bir gün bitecek ama nasıl olacağını bilmiyorum.' Belki bunu bana söylemeye cesareti yok, belki düzenin altüst olmasından korkuyor, belki beni üzmek istemiyor. Tanrı, evren her zaman gerçekten istediğimizi veriyor. Bunu seninle defalarca konuşmuştuk. Ve bir şekilde bilinçaltı kendi gerçekliğini yaratarak vücut buluyor. Ancak çoğu kez ne istediğimizi bilmediğimiz için yanıtlar da karışıyor ya da bize karışık gibi geliyor. Burcu'nun isteyip de yapamadığını gerçekleştirebilecek bir sahne yaratıyor. Şu anda ayrılabiliriz ve Burcu, belki de çok uzun zamandır yapmak isteyip de yapamadığına ulaşabilir."

İşte şimdi kendi gibiydi. Gerçek Selim gibi konuşuyordu. Sıradanlığın pençesinden onu o yapan gerçekliğine dönmüştü.

"Olabilir. Ancak bunlardan çok daha önemlisi bütün bunları onunla konuşman... Bambaşka bir şey çıkabilir. Belki, söylemek isteyip de söyleyemediklerini söyleyebilir, belki konuşamadıklarınızı konuşabilme fırsatınız olur, belki de ilişkinizin geleceği için pozitif bir dönüşüm noktasıdır bu."

Resmen ilişkiyi onaracak şekilde yapıcı konuşmaya başlamıştı Aslı. Gerçekten istediği bu muydu? Belki de koşulların eşitliği güven vericiydi. Belki Aslı da bitiremeyeceğine inandığı bir ilişkiyi sürdürüyordu, kocası onsuz yaşayamazdı ve ona bir gönül borcu vardı. Selim'in evliliğinin bitmesi, hayatının akışını allak bullak edebilir, kabullenilmişliğini kökünden yok edebilirdi.

"Konuş onunla Selim, erteleme. Hep sen derdin ya ihtimaller hep aynı çoğunlukta, olasılıkların bile olasılığı varken bir kere yapan bir daha yapmayabilir. Her hatayı, ki bu bile yine senin söylediğin gibi nereden baktığına göre değişebilir, bunu bütüne yayılan bir lanete çevirme."

"Ama bir o kadar da aldatan aldatmaya devam eder."

"Bir kez adam öldürene katil diyemezsin, diyen sendin. Belki nefsi müdafaa, belki kaza. Bir kez olanı genelleyemez, sıfata çeviremezsin. Bir kez daha olursa senin dediğinin gerçekliği başlar. İşe o zaman aldatan aldatmaya, çalan çalmaya, öldüren öldürmeye devam eder."

Yıllardır paylaştıkları şeyler ve yaptıkları sohbetler Aslı'yla Selim'e birbirlerinden çok şey katmıştı. Zaten hiçbir ilişki ya da iletişim iki tarafında da karşılıklı olarak birbirinden bir şeyler alabildiği ya da öğrenebildiği şeyler olmadan devam edemezdi.

Selim yeniden yüzünü denize döndü. Ruhu yine bir yerlere gitmişti. Aslı buna alışkındı. Selim bazen kalabalığın içindeyken ya da sohbet ederken bir anda dalar ve çok uzaklara giderdi. Ortamda bulunan kişiler, belki onun bu şekilde konuşulanları değerlendirdiğini sanabilirdi. Ancak Selim çoktan varacağı yere varmış olurdu. Bu durum Aslı'ya gizemli, hatta seksi gelen insanüstü bir imgeydi.

Bâtın VI

Toplumların inançlı görünen inançsızları, erkleri, Tanrı ve din olgularını sorumluluğu paylaşmak için kullandılar. Yaptıkları hataların, kitleleri sürükledikleri felaketlerin, ölen masumların yükünü Tanrı'yla paylaşmak istediler. "Tanrı'dan geldi", "oğlumuz şehit oldu", "zamansız öldü", "kader", "Allah verdi Allah aldı"... Ya toplumun aldıkları, toplumun yok ettikleri? İnançlı görünen inançsız yürekler adına Tanrı sorumluluğu paylaşmak için var.

Doğada bireysel olarak var olamadığı için, toplumun güvenli kollarına kendini bırakabilmek yolunda ağır bedeller ödüyor insanoğlu. Kazancından ödediği vergiden özgürlüğüne, kendini ifade etmekten, varoluşunu gerçekleştirmeye kadar birçok bedel.

Toplum, kendi var olma ihtiyacına göre kendini oluşturan bireyleri formatlamaktan çekinmiyor. Gerektiğinde en zayıf olanları gözden çıkartmayı ya da yem yapmayı da iki kere düşünmüyor. Toplumlar, kendi sınırlarını çizdikten sonra, onu korumak ve ayakta kalmak için başka toplumların hatta komşularının heba olmasından gocunmaz. Aslolan kendi suni varoluşunun devamlılığı ve güçlenmesidir.

Terör ve savaş, toplumların var olması için gereklidir.

Zehre ihtiyacı vardır. İnsan vücudunun zararlı mikroplara ihtiyacı olmasından çok daha fazla zararlı virüse ihtiyacı vardır. Bu zehir toplumun sertleşmesini, bireylerininse kendilerinden daha fazla vazgeçerek, daha fazlasını vermeye hazır olarak topluma ait olma isteğini alevlendirir. Düşman olmalıdır, düşmana karşı korunmanın yolu daha fazla birlik olmak, toplumsal bilinci daha fazla güçlendirmek ve beslemek olur.

Toplum içinde üretmeden de var olabilirsin. Tüketenler, üretenlerin üzerinden toplumun nimetlerini kullanırken, üretenler ürettiklerini daha fazla paylaşmak zorunda kalır. Sadece maddi kaynaklardan bahsetmiyoruz, bilgiden duyguya bu üretimi genişletebiliriz. Birileri sürekli tüketirken, birileri sürekli üretir. Tüketenler çok daha bağlı olur toplumun varoluşuna, beslenmesine; zira üretenin ayakta kalma şansı çok daha yüksektir tüketene oranla. Tüketen daha da fazla bağımlı olur, sığınır toplumun arkasına. Tüketen bireysel gelişimden uzaklaşır, her geçen gün toplumdan beslenen daha güçlü bir parazite dönüşür. Başka bir varoluş şansı olmadığının farkındadır. Üreten, dile geldiğinde tüketen kafasını ezer, hedef göstermekten çekinmez. Sistemi tehdit edenin başı zaman geçirmeden kesilmek zorundadır.

Sistemi alkışlayan tüketenlerin de oyuncaklara ihtiyaçları var. Pahalı oyuncaklardan dizilere, bireyi düşünmekten ve farkındalıktan uzaklaştıran televizyon programlarına, yaratılan ikonlara ve modaya kadar her şey varoluşunun ötesinde amaç için kullanıldığında bir afyona dönüşür. Hatta din bile...

Bugün birçok hastalık, toplumların yarattığı kirlilikten, beslenme düzeninden, sağlıksız yaşam koşullarından oluşurken, o hastalıklarla mücadele etmek için topluma çok daha fazla bağımlı oluyoruz. Doğanın doğal seleksiyonunu elimine ederek, kendi yarattığımız suniliğin içinde kendi hastalıklarımızı, korkularımızı, savaşlarımızı üretiyoruz. Afrika kıtasındaki hasta çocuklara gönderilen ilaçların alınabilmesi için, hasta olanlardan daha fazla çocuk heba ediliyor.

İnsanlığın sınırlara ihtiyacı yoktu. Zihnin bölünerek alt zihinlere, parçalarına ayrışması gibi, insanlık da bütünden koparak ayrıştı. Dünyanın dört bir yanında insan aynı insan... İnsanın muhteşemliğinden yola çıkarsak, en önemli değer insanın kendini keşfederek, tanıyarak kusursuzluğa yürümesi, Tanrı'ya yakınlaşması... Toplum ise bunu engelleyen... Kendi doğrularını empoze eden, sistemin gerekliliklerine göre insan şekillendiren, insanın kendi özünü keşfetmek yerine toplumsal bilinci koruyan miğferlere dönüşmesi. Cehalet, yoksulluk bu yolda toplumsal erk üzerinde en büyük güç. Toplum, senden asıl varoluş nedenini alarak, seni değersiz, muhtaç bir varlık haline getirip dönüştüremezse de hissettirerek seni kendine bağımlı tutmayı hedefler. Neredeyse salt karın tokluğun, güvenliğin için kendinden, varoluşundan vazgeçersin.

Kendini oluşturan bireyleri varoluşu için araç gibi gören her oluşum aynı şeyi yapar. Şirketler, kurumlar çalışanlarına kendi sistemlerinin varoluşu için ne kadar ihtiyaçları olduğunu örtmeye çalışır. Birçok durumda ay sonu ödenen maaşlar, kölelik döneminde gün sonu verilen pirinçten farklı değil. Karnını doyurmak, hayatta kalmak için işine muhtaçsın. Bir şirket, fabrika, kurum düşün ki, çalışanları aynı gün istifa ediyor ve kimse orada çalışmayı kabul etmiyor. Kurumun yaşama şansı sıfır. Bireyin bir şekilde hayatta kalma fırsatı vardır, ancak bireylerden oluşan grupların bireysiz yaşama şansı yoktur. Bugün bir dernek kurabilmek için bile en az yedi kişiyi bir araya getirmek zorundasın. Askeri olmayan ordu, teröristi olmayan terör örgütü var olamaz. Ancak her sistem, onu meydana getiren gerçek gücün kendisini değersiz, önemsiz, kendine bağımlı görmesini ister ve koşulları yaratır. Bunu eğitim sisteminden başlayarak yapar.

Aile için de durum çok farklı olmaz. Aileyi oluşturan bireylerin, aile için bireyselliklerinin yok edilmesi noktasında düzen aynı şekilde işler. Aile, çocukları için kendi biçtikleri doğrularla, inançlarla, hatta mesleğine kadar aileye itaati istediği nokta budur.

Yaradan'a inanan, Yaradan'ın yarattığının var oluşuna saygı duyar. Yaradan'ın yarattığını yok etmekten sakınır. Kulun Yaradan'ına dönebilmesi için kendi yolculuğuna destek olur, uzaklaşmasına değil.

Her "biz" olduğumuzda, diğer "biz" olanları ve "biz"i oluşturan "ben"leri yok ediyorsak Yaradan'a ihanet ediyoruz.

Bunu bile bile nasıl aklıma, ruhuma, mantığıma uyuşmayan kalıplara, dayatmalara, beklentilere uygun davranabilirim.

Kollarımı açıp Yeni Delhi'de, Tibet'te, New York'ta, Sidney'de, Londra'da, Butan'da, Kuala Lumpur'da, Diyarbakır'da, İzmir'de, Konya'da, Kudüs'te... Haritada adı geçen tüm şehirlerin tüm sokaklarındaki bedenlere karışıyor, ruhlara eşlik ediyorum. Yedi milyardan fazla insanda bedenlenmiş ruhlayım. Yedi milyara bölünmüş ruhumdayım. Yaradan'ın kaynağındayım. Yuvadayım.

Bana silah doğrultan "ruh"um, çiçek uzatan yine aynı "ruh"um. Açan çiçekte, karaya vuran balıkta yine aynı "ruh"um. Tekâmülün doğduğu ve vardığı yerdeyim. Ya da "hiçbir şey"im.

Zâhir 6

Zümrüt

Yeni bir eve taşınmak değişim demekti, değişim hem sevdiği hem de korktuğuydu. Değişim yenilik demekti ve her yenilik, oranları farklı da olsa belirsizlik demekti. Yeni bir sevgili, yeni bir ev, yeni bir iş, hatta yeni mobilyalar... Alışılmış olanın konforlu alanından çıkmak, değişimin korkutucu yanıydı.

Zümrüt, ailesini Nazilli'de bırakıp İstanbul'a okumaya geldiği zaman çok daha derin değişim sancıları yaşamıştı. Yeni bir şehir, yeni insanlar, yeni bir ortam ve tek başına olmak... Tüm süreçleri başarıyla yönetmiş, okulunu başarıyla tamamlamış, yüksek lisans tezini verdiği gün yine yeni bir sürece girmişti. Doktorasına hazırlanırken, ülkenin en büyük araştırma şirketinde veri değerlendirme uzmanı olarak çalışmaya başlamıştı. Yaşamın tamamı değişim üzerine kuruluydu. Değişimi yadsımak yaşamı yadsımaktı. Zümrüt'ün nüfus kâğıdındaki yaşı 28 olsa da aslında ruh yaşı çok daha fazlasıydı. 24'ünde annesini, 27'sinde babasını kaybettikten sonra bir başına kaldığı hayatın değişim hızı çok daha fazlaydı.

Annesi onun dünyasıydı. Kendisiyle gurur duymasını

en çok istediği kişiydi o. Yüzünü güldürmek istediği candı annesi ve yazık ki artık yoktu, gitmişti. Hiç olmadık bir anda, koltuğunda oturup uyukladığı sırada kapatmıştı gözlerini sonsuza dek. Hiç kimse anlamaz, hiç kimseye de anlatamazdı yüreğinde olan biteni.

Yakın zamanda onu anne özleminin ağırlığıyla birlikte taşıyabilecek bir insanla karşılaşacağının henüz farkında değildi. Üstelik o insan hayatın rastlantılar silsilesi içinde her geçen gün ona biraz daha yaklaşıyordu.

İşini bilerek seçmişti. İnsanı ve toplumu tanımasına olanak sağlayan her fırsata hevesle yaklaşıyordu. Onlarca farklı konuda yapılan araştırma sonuçlarının yanı sıra ilgili olduğu konularda global kaynaklar, makaleler ve dokümanlar önüne seriliyordu. Aralarında diş macunu kullanım alışkanlıkları, ereksiyon artıran mavi hapların değerlendirme verileri gibi başlıklar olsa da aradığını bulan her göz gibi, kendini besleyecek sonuçları üretiyordu ve doktora çalışması için bir hazinenin üzerinde oturuyordu.

Doğmak, büyümek, okula başlamak, okulu bitirmek, evlenmek, aile kurmak, çocuk sahibi olmak, çalışmak, emekli olmak, ölmek... Güvende olduğun, sıcacık anne karnından dünyaya atlamak ve dünyadan sonsuzluğa geri dönmek... Tüm yaşam amansız bir değişim süreciyken, değişime direnmeye çalışanlar yaşarken ölenlerdi.

Zümrüt'ün İstanbul'da başardıkları çevresindekilerin takdirini toplasa da, kolay olmamıştı. Hiçbir edinim kolay gelmiyordu ki zaten. Başarıyı anlamlandıran da, o zorlukların aşılmış olmasıydı. Zümrüt içinse, günlük hayatı yönetmek kolaydı. Başkalarının zorluk dediği şeylerden çok uzaktı. Tek başınalığa alışmıştı...

Yoksunluğunu çeken her kadının hayali olan, ona
sahip olanınsa lanetine dönüşen şey Zümrüt'ün de la-
netiydi. Zümrüt, duruluğuyla ve saflığını yansıtan beyaz
pürüzsüz teniyle, kuğuyu andıran boynu, ince beli, uzun
bacaklar ve zarif endamıyla, sesinin tatlı tınısıyla ev-
rensel güzellik tanımının bedenlenmiş haliydi. Topuklu
ayakkabılarıyla 1,90 m'ye ulaşan devasa bir zarafetin tim-
saliydi...

Kadınlığını ortaya çıkartmaktan sakındığı giyimi tarzı
ve uçucu hafif makyajına rağmen girdiği her ortamda er-
keklerin dikkatini çekerdi. Hayranlık ve beğeni dolu bü-
tün bakışları üzerinde toplamayı başarırdı. Üniversitedeki
hocasından yarı zamanlı çalıştığı işyerindeki yöneticisine
kadar neredeyse tanıdığı bütün erkeklerin flörtöz tavırla-
rına maruz kaldığından, o da artık kendi davranış modeli-
ni yaratmıştı. Ne yaparsa yapsın, hele ki yaşadığı toplum-
da erkeklerin ilgisini toplayacak, evli erkeklerin mutsuz
evlilikleri ya da zorunluluklardan dolayı sürdürdükleri
ilişkilerini dinlemek zorunda kalacaktı. Zümrüt'ün be-
denine, endamına, hatta yarısına sahip başka bir kadın
olsaydı, etrafındaki erkekleri rahatça sömürür, hatta ünlü
bir simaya bile dönüşebilirdi. Zümrüt'ün ruhu bu tür ucuz
hesaplardan çok uzaktı.

Çocukken verdiği bir kararı hayata geçiriyordu şimdi.
Küçük yaşta bir kitap kurduna dönüşmüş; edebiyat, felsefe
ve psikolojiyle haşır neşir olmuş, sonrasında sosyoloji oku-
maya karar vermişti. Çocukluğunda hissettiği şey, dünya-
yı değiştirebilme ihtimali olmuştu. Büyüdükçe, okuduğu
biyografilerde bir insanın dünyayı değiştirebilecek güce
sahip olabildiğini görmüş ama kendisinin ne zaman ve ne

şekilde bunu gerçekleştireceğini henüz bilemese de hep bir şey olacağı hissini taşımıştı.

Belki de tüm hayatı bir mucizeydi ve dünyayı değiştirebileceği hayatını anbean farkında olmadan yaşıyordu. Dünyanın varoluşunda fark yaratan insanlar, aslında fark yarattıklarının bile farkında olmadan sadece tutkularının peşinden giderken başarmışlardı bunu. Dinmeyen dingin enerjisi, kabına sığmayan taşkın duyguları ve kontrol edilmekte zorlanan kalbi, onun ilahi bir çağrısının olduğunu gösteriyordu. Zümrüt, bu gerçeğin farkında olup olmadığını henüz bilmiyordu...

Altmış yedi metrekareye sığdırdığı eşyalarına bakarken hâlâ en sevdiği eşyasının duvarda asılı duran tablo olduğunu düşündü. Rahmetli dedesinin resmettiği bir Anka Kuşu... Zümrüdüanka... Zümrüt ismini de dedesi koymuştu ona. Mübadele döneminde her şeyini yitiren bir ailenin, torunları dünyaya geldiğinde kendi küllerinden yeniden doğuşuydu Zümrüt'ün doğumu. Onunla yaşama tutunmayı başarmışlardı. Küllerinden doğan Zümrüdüanka, yavrularıyla simyanın en son halkası olan altına dönüşümü de simgeliyordu.

Yirmi beşinci yaşını kutlarken, bir asrın çeyreğini geçerken yaşın ne kadar önemsiz olduğunu düşünmüş ve en yakın arkadaşı Bengü'ye tekâmül yaşını merak ettiğini söylemişti. Bengü'nün şaşkın ve anlamsız bakışlarından sonra da konuyu değiştirmişti. Zümrüt'ün en büyük sıkıntısı aynı dili konuşabildiği insanları etrafında bulamıyor olmasıydı. Günlük hayat ona pek bir şey ifade etmiyordu. Çevresindekilerin tanımladığı o büyük başarı arzusu, Zümrüt'te yoktu. Yaşamı idame etmek, çalışmak, unvanlar kazanmak, mal mülk sahibi olmak özel bir durum değildi. Ortalama zekâsı olan herkesin, dünyaya yapışan her insanın ulaşabileceği bir şeydi bu. Zümrüt için kolay olandı. Ölüm geldiğinde hiçbirinin anlamı kalmayacaktı. Zümrüt, anlamsız olanın değil, anlamlı olanın peşindeydi.

Gün için belirlenen hedeflere ulaşmak olağandı. Zor olan, bu hayatın sembolleriyle aslolana gidebilmekti. Varoluşun kaynağına yol alabilmekti. Zümrüt aslında bu konuyu da çözmüştü ama yazık ki bu, onu taşımak zorunda olduğu başka yüke dönüşmüştü. Onun görevi kimsenin anlaması mümkün olmayan fakat anlayanların da sorgusuzca ona katılacağı bir görevdi.

Yirmi beş yaşındaki sıradan kız modeli, Zümrüt'ün güvenle kullandığı bir maskeydi. Görünen, görünmeyene hizmet etmesi için kullanılan araçlardan ibaretti. Bu maskesi sayesinde Bengü'yle arkadaşlığını sürdürebiliyor ve toplumun içinde kalabiliyordu.

Bengü sürekli ilişkilerden, aşktan, meşkten bahsediyordu. Aşk da, ilişki de seks de hayatın içindeydi, özü dışarıdaydı. Öz, kendi yüreğinden akıp, başka bir bedenin yüreğiyle harmanlanarak ulaşılacak olandı ve hayatında henüz böyle bir ruhla karşılaşmamıştı. Şu ana kadar yaşadıkları, yaşamın tadı, tuzu olmaktan öteye geçememiş, hiçbir zaman maskesinin ardındaki yüzünü açmamıştı kimseye.

Bengü'nün yanına taşınma fikri arkadaşından gelmişti. Zümrüt de düşünmeden kabul etmişti bu teklifi. Ancak bu kararının açıklanacak bir sebebi yoktu. O an içinden gelen Bengü'nün yanına taşınması gerektiğiydi. İşaretleri izlemeyi biliyordu. Düşünerek değil, hissederek.

Bilinçli tahminler yapmaya, önüne çıkan kuş tüylerini, zorlama metotlarla ortaya çıkarılan birtakım rakamları takip etmeye ihtiyacı yoktu. Bunlar insanların işaret bulmak için uydurdukları zorluklardı. Kaynağın/evrenin işaretleri konuşmuyordu, objeleşmiyordu, üflenerek geliyordu. Zümrüt de kendini bildi bileli, üfleneni yüreğinde hissediyordu.

Ertesi sabah evi taşınacaktı ama daha bir tek eşyasını bile toplamamıştı. Nasıl olsa her şey zamanı geldiğinde bir şekilde oluyordu, bir şekilde yarın Bengü'nün evine yerleşmiş olacaktı.

Bâtın VII

Mezarlıkların bu kadar soğuk olması anlamsız... Yaşamın kutsandığı yer olması gerekirken, insanların korktuğu, sadece acılarını hatırladığı, görmezden gelmek istedikleri yerler mezarlıklar... Hayatın dışında bırakılmak istenen mezarlıklar kutsanmalı... Mezarlıklar hayattan uzaklaştırılan değil, hayatın içine alınması gereken yerler.

Mezar taşlarının arasında yürürken, bir zaman nefes alan bedenlerin sessizliğinde, yaşamı hissediyorum. Ölümün üzerinden yaşamı kutsuyorum. Aralarında yürüdüklerimin nasıl öldüklerinin bir anlamı yok. Ölümle nasıl buluştuklarının önemi var. Nefes alan bedenlerin acısı, nefesleri tükenen bedenlerin yaşamlarından çıkmış olması ve bize gösterdikleri gerçeklik... İnsan çok yakınında olanı kaybettiğinde ya da ölümün elini ensesinde hissettiği anlarda hiçliğinin farkına varıyor. Zamanın sınırlı, bitişin kaçınılmaz olduğu bilinci yaşamı anlamlandırma kaygısını doğururken, ölüm yaşamın gölge oyunu ve fonda hep akıyor.

Mezar taşlarından birinin yanına oturuyorum. Ölüm tarihi 1987. Çoktan yok olmuş, çürümüş, toprağa karışmış bir beden. Beden burada ya ruh? Belki ruhun varlığına inanç da, ölüm sonrası yaşama inanç da yaşamı anlamlandırma çabasındaki beyhudeliğimizin sonucuydu.

Mademki bitişi kesin olan bir hayat var elimde ve bu gerçeği anlamlandırmak imkânsız, o halde sonrasına inanmak da elimdeki süreyi katlanır kılabilir.

Hele bir de sonrasında ödül-ceza, cennet cehennem, yüce krallık, tekrar tekrar dünyaya gelme olasılıkları olursa o zaman bu yaşamı nasıl anlamlandıracağım da kolaylaşır. Yaşamı anlamlandırmak için bir şeyleri bulmama gerek kalmaz, sonrası için yaşamayı seçer ve bu süreyi en az acıyla tamamlarım. Ne yapmam gerektiğinin prospektüsü de elimde olur, ölüm sonrası yaşama inanmak bana bir yol haritası verir. Sonrası için nasıl bir varoluşa inandığımın bir önemi kalmaz, önemli olan sonrasının olacağına inanmak olur. Varoluşumun hiçliğinin acısını siler, en azından dindiririm.

Bu yola girmezsem diğer olasılık çok sert gelir. Dünyaya geldin ve öleceksin. Her organizma gibi, makinen eskiyecek ve şalter kapanacak, elektrikler kesilecek. Nasıl yaşıyorsan yaşa, geriye de sonrasına da hiçbir şey kalmayacak.

Butan'da bir mezarlığın üzerinde şöyle yazıyor:

"Hiç yaşamadığın için, ölemezsin de."

Bu yaklaşımda yaşamla ölüm bir zıt anlamlılık değil, eşanlamlılık taşıyor. Çünkü kabul etsem de etmesem de her gün ölüyorum. Doğarken ölmek üzere imzaladık sözleşmelerimizi. Her gün ölüyorum, her gün milyarlarca hücrem ölüyor, yenileri doğuyor.

Öyle ya da böyle, insan varoluşunu ölüme göre şekillendiriyor. "Yaşamın anlamı nedir?" sorusu, ölümün gerçekliğine bir yanıt aramaktan başka bir şey değil. İnsan ölümlü olduğunun farkındalığına sahip tek varlık. En azından beden için yaşamın bir yok oluş yolculuğu olduğu gerçeği, ölümden kaynaklı yaşama başkaldırıyı, en büyük çatışmanın huzursuzluğunu getiriyor. Tam da bu yüzden ölümle barışamayan, yaşamla barışamıyor. İşte egonun faaliyet alanı da burada başlıyor.

Ego, sınırlı zamanın ölümsüz kılınması ve ölümsüzlüğe inanmamız için çalışıyor. Sığdırabileceğim kadar çok şeyi sığdırmak, başarmak, kazanmak, almak, güçlenmek... Doğduğumda bulduğum kimliğin sürekli revizasyonuyla, kimliğimi ölümsüz kılma çabası. Hiç ölmeyecekmiş gibi yaşamaya başlıyor insan. Bu bilinç ilk bakışta iyi bir yardımcı gibi gözükse de, derinde daha büyük bir kaosu ve sürekli olarak o sınırlı zamandan daha fazlasını, daha da fazlasını istememize yol açıyor. Daha fazlasını aldıkça da aslında ölüm korkusu güçleniyor, besleniyor. Büyük ikilem. Sonrasında yaşlılık, yakınımızdaki birini yitirmek bütün fanusun kırılmasına, sonrasında daha büyük bir girdabın içinde kendimizi bulmamıza yol açıyor.

Egom da ben de biliriz ki, egonun yolunda yaşamın taşıyacağı her türlü anlamı siler ölüm. En görkemli yaşam projelerini bile küçük, önemsiz ve saçma bir hale dönüştürebilir. Yaşamın en net görünen, değişmez ve kaçınılmaz olan doğal noktası ölüme alışkın değiliz, alışamayız da...

Ölüme bakışın, yaşama bakışındır. Ego'nun gölgesinde ne kadar çok korkup yaşamdan o kadar çok fazlasını isterken, ölümden ölesiye kaçarken ıskaladığın şey sadece yaşamın kendisi olur.

Elimi mezar taşının üzerine koyuyorum. Beni hissediyor musun? Ben seni hissediyorum. Güneş batarken ölümün sessizliğini, ölümün kokusunu derin derin içime çekiyorum.

Yaşamın gerçekliğini ölüm şekillendirirken sanatın, felsefenin, edebiyatın nice ustalarının fikirlerini, varoluşlarını da şekillendirdi. Her biri kendi yaşamından bir tanım getirdi. Sen de kendi tanımını yapacak, kendi varoluşunu ölümün referansında şekillendireceksin, ben gibi...

Mezarda olan bedenler için gecenin gündüzün önemi yok. Gece mezarlıklardan ürkse de insanlar, gece hissettirdikleri daha yoğun, daha gerçek.

Karanlığın içinde bana yaklaşıyor, yanına iliştiğim mezar taşının diğer tarafında duruyor. Yüzünü göremiyorum. Orağını yavaşça mezar taşının üzerine bırakıp, olduğu yere oturuyor. Mezar taşının bir tarafında ben, diğer tarafında Azrail.

"Canımı şu anda alamayacağını biliyorum."

Kendi önüne bakarak, dostane bir ses tonuyla, biraz da küçümseyen bir ifadeyle yanıt verdi:

"Can almak benim işim değil zaten. Bilmiyorsan öğren. İnsanların canını alan ben değilim, ben sana eşlik edenim, ruhuna göz kulak olanım. Senin canını alan değil, dünyadan kurtulan varlığına koruyuculuk edenim. Ben düşmanın değil, olsa olsa dostun olabilirim."

"Sonuçta ölüm anında gelensin. İşlemi yapmasan da gelişin ölümün habercisi ya da ölüm görev çağrın."

Bana doğru baktığını hissediyorum ama bu kez ben ona yüzümü dönmüyorum. Ona dönmeyeceğimi biliyor gibi taşın üzerinden eğilip iyice bana yaklaşarak devam ediyor:

"Bu da yanlış... Sadece bu boyutta bedensel ölümün gerçekleştiğinde beni göreceğin, beni yanlış bilenlerin yakıştırması... Ben sana bir gün buradan gideceğini hatırlatmak için her zaman yanındayım. Sen gerçeğini unutsan bile ben buradayım. Ben senin ne zaman gideceğini de bilmiyorum. Her an gitmek isteyebileceğini ya da alınabileceğini biliyorum ve yanı başında bekliyorum. Aslında sana hatırlatmaya çalışıyorum çok uzağında olmadığımı. Bazen o kadar duymuyorsunuz ki, sıkılıyorum ve sadece yanınızda durmaya devam ediyorum."

"Gitmek isteyen oluyor mu sence?"

"Bence gerçek ölüm, yaşarken ölmek... Yaşamı unutup, insanın kendi elleri sayesinde yarattıklarıyla ölümü silmeye çalışması. Yaşamın anlamını yok etmesi. Ruh da sıkılıyor, beden de. Bir sebep arıyor gitmek için, buluyor da. Bazısı kaldıkça daha da çok acı çekiyor, isyanı başkaldırıya dönüşüyor, boşluğu doldurmak için başkalarının yaşamını yok ediyor. Dolaylı ya da dolaysız... Onların kalmasının, diğerlerinin yaşamlarını anlamlandırmalarını katlettiğine inandığım için alınmalarını savunuyorum. O yüzden de sık sık bizim tarafta eleştiriliyorum."

Hitler gibi mi mesela. Ya da seri bir katil... Ağaçları yok edenler. Hayvanlara işkence edenler. İnsana acı verenler. Yine de Azrail'in fikrine katılmıyorum. Yaşamın doğal dengesinde onlar, aynı zamanda diğerlerinin tekâmülünü hazırlıyor olabilirler.

"Sen ölümden korkar mıydın ya da mevcut durumda korkar mıydın, diye sorayım."

"Korkar mıydım? Ölümün korkulacak bir şey olmadığını öğrenmiştim. Ölüm ve yaşam benim yaşam sözlüğümde eşanlamlıydı. Bu gerçek, çevremdeki herkes için ve her yakınım için de aynıydı. Bazen sırasına takılıyordum.

Sonra birisi için çok korktum. Kaybettiklerimden değil, kaybettiklerimin ardından kaybetmekten çok korktuğum biri. Yüzünü, kokusunu hatırlamıyorum ama biliyorum ki ondan önce, onun kollarında ölmek istiyordum."

Nereden geliyordu bilmiyorum ya da sadece zihnimin içinde çalıyordu: *The Fountain – Yaşamın Kaynağı* filminden Finish It – Clint Mansell... Filmin içindeyim. Kanser olmuş karısının tedavisini bulmak için çırpınan bir adam... Ölüme gülümseyerek ama geride bırakacağı kocasından dolayı zorlanarak hazırlanan...

Anılarımı istiyorum. Biliyorum o filmi birlikte izlemiştik. En sevdiğini ölüme hazırlamak, onun gidişinden sonra varoluşuna katlanmak. O küf kokan hücrede kendimi bulmadan önceydi. Parçaları silinmiş zihnimde kim olduğunu bile hatırlamıyorum ama varlığını biliyorum. Kendi gidişimi değil ama onun gidişinin kabullenilebilir olmayacağını söylemiştim kendime. O gitmek zorunda olursa da benim için üzülerek gitmemeliydi.

Böyle bir son nasıl kabullenilebilir olabilirdi ki... Çocuğunu ya da annesini, türlü şekillerde, acı içinde kaybedenler her ne kadar yaşamla ölüm eş olsa da bu ayrılışa nasıl katlanıyorlardı? Yapılabilecek tek bir şey vardı. Her başlangıcın bir sonu olduğunu bilerek, hiçbir şey olmasa bile ölümün mutlak değişmezliğini bilerek, her anı hisse-derek yaşamak. Peki şimdi nerede? Neden onunla ilgili anılarım bu kadar silik, neden yüzünü hatırlayamıyorum. O soğuk hücrede uyanmamdan önceydi her şey.

"Vardır bir sebebi. Aslında gerçek kabul edilerek yaşanırsa, yaşananlar çok daha gerçek. Ölümü insanlar korkunç hale getiriyorlar. Belki de zamanları varken paylaşamadıklarına, yaşayamadıklarına ağlıyorlar. Bulduğun çözüm tek doğru çözümdü. Yine de burada olmanla ilgili yanlış soruyu sormaya devam ediyorsun: Neden buradayım, neden bu başıma geldi değil; neyi anlamalıyım, neyi bulmalıyım?"

"Düşüncelerimi mi okuyorsun?"

"Hâlâ aramızda boşluk olduğu için beni dışarıda mı sanıyorsun?"

Papyonlu, uşak kılıklı adam gibi konuştu Azrail:

"Sence ben aynı zamanda o değil miyim? Sen o değil misin?"

Buradan gitme zamanı geldi. Ayağa kalkıp tebessüm ederek elimi sallıyor ve "Hoşça kal" diyorum. O da gülerek arkamdan konuşuyor:

"Güle güle. Sonuçta sen nereye ben oraya..."

Azrail'in ukalalığına takılmıyorum. Onun da varoluşu bu...

Her an ölüyorum ve yeniden doğuyorum. Her gün milyarlarca hücrem ölüyor, yenileri geliyor. Aşk gibi herkesin ölümü kabullenişi ve ona göre varoluşunu şekillendirmesi kendine göre olacak. Öldükten sonra değil, her gün yeniden doğarken ne diye ölümden kaçıyoruz ki? Ölümden kaçarken yaşamdan kaçıyor, beyhude bir çaba doğuyor.

Ölümden gelip, ölüme giderken ölümsüzlüğü bulabileceğin tek yer kendi özün, senin derinliğin. Oraya indiğinde, ölümsüzlüğün gözlerinin görebileceğinden, bedeninin hissedebileceğinden, aciz düşüncelerinin bulabileceğinden çok uzakta olduğunu göreceksin. Sonrasında gün de, dünya da, insanlık da, doğa da, varoluşun da bambaşka olacak.

Zâhir 7

Selim-Burcu

Evin garajının otomatik asma kapısı açıldığında, Burcu'nun arabası yerinde duruyordu. Burcu'dan önce gelip hazırlanmayı düşünmüştü Selim ama Burcu ondan önce gelmişti. Kontağı kapattıktan sonra sevdiği şarkılardan birini açtı: *Le Trio Jourban – Asfar.* Udun tınıları hüzünlüydü, bir hazırlıktı. Birazdan sonunun nasıl biteceğini bilmediği yüzleşme, gerginlikten çok hüzün taşıyordu. Belki de bu evde uyumayacaktı bu gece, belki de Burcu kalmayacaktı, gidecekti.

Koltuğu yatırıp camı araladı. Neo havlıyordu bahçede... Geldiği anlaşılacaktı ama umurunda değildi. Camdan gökyüzüne bakıp derin derin nefes aldı. Burcu'yu seviyordu. Hiç kıyamamıştı ona. Birçok ebeveynin aksine çocuklarının karşısında bile karısını savunmuştu. Onun tarafını tutmuştu. Bu yüzden arkadaşları tarafından eleştirildiği ve anlaşılamaz bulunduğu çok olmuştu. .

Çekip gitmek, arabayı kontrolsüzce son sürat sürüp uzaklaşmak istedi. Sıkıldığı akşamlar defalarca yaptığı gibi. Gideceği bir yer olmadan otobandan basıp gittiği, bazen İzmit'ten bazen Eskişehir'den döndüğü günler olmuştu. Hiçbir neden bu akşamki gibi ağır değildi, kaldı ki tüm benliğiyle bu yüzleşmeyi, sorulara cevap bulmayı ve belirsizliği ortadan kaldırmayı istiyordu.

Bir iki dakika gözlerini kapadı. Dört udun birlikte tınladığı müzik yüreğini sararken Tanrı'yı hatırladı. Yıllardır dua etmemişti. Çocukken camiye, sinagoga ve kiliseye gitmişliği vardı. O yaşlarda neden insanların farklı binalarda Tanrı'yı aradıklarını anlamlandıramıyordu. Camiye giden sinagogda, sinagoga giden camide Yaradan'ı bulamıyor muydu? Sonra fizik ve matematiğe duyduğu ilgi, yaşamda her şeyin rastlantısal olduğu sonucuna götürdü onu. Her şeyin başında, öncesinde Yaradan'ın olduğuna inanıyordu ama onun inancı ne ailesininkine ne de çevresindekilere benziyordu. O saf sevgiyle, hayranlıkla, Yaradan'ı yüreğinde yaşamayı seçti. Neden bu kadar ayrı düşmüştü Yaradan'dan, kaynaktan; neden bu kadar uzak düşmüştü Burcu'dan? Kendi dünyasında kaybolmuştu.

Anahtarı kontaktan çıkardı, ses sistemi de sustu. Etrafın sessizliği rahatsız ediciydi. İçindeki gürültüyü açığa çıkartan bir sessizlik…

Eve girdiğinde salon ve mutfak karanlıktı. Burcu ya duşta olmalıydı ya da kendisine ait olan çalışma odasındaydı. İkisinin çalışma odaları ayrıydı. Bazı akşamlar kendi alanlarına çekilip ayrı ayrı çalışırlardı.

"Selim, sen misin hayatım?"

Son zamanlarda Burcu, kocasına eskisi gibi sıcak davranmıyordu ve bu nedenle de hayatım sözcüğü şu an çok anlamsızdı. Hayatım ve Leonardo…

"Çalışma odasında mısın?"

"Evet."

Merdivenleri çıkarken, beş sene önceki evlilik yıldönümlerinde Burcu'nun hediyesi olan ve geçmişe ait tüm yıllardan yüzlerce fotoğraf içeren büyük puzzle'ın önünde durdu. Bütün o yılları düşündü. Paylaşımları, çocukları, dostları, gülen yüzler ve bu gece. Yüreği kabarıyordu. Belki de Burcu, Leonardo'yla görüntülü konuşma yaparken eve gelmişti Selim.

Çalışma odasına girdiğinde, Burcu bilgisayarının başında bir şeylere bakıyor, notlar alıyor, çalışıyordu. Selim'e kısa bir bakış atıp "Hoş geldin" dedi ve bilgisayarın ekranına döndü. Selim, çalışma masasının karşısındaki tekli koltuklardan birine yerleşti. Eve geldiğinde önce yatak odasına gider, üzerini değişir, çoğu zaman duşunu alır ve sonrasındaysa yemek salonuna geçerdi. Burcu bu akşamki başkalığı hiç fark etmedi bile. Her zamanki gibi dışarıdan geldiği haliyle masasının başında çalışıyordu.

Selim, bakışlarını karısına dikmiş fütursuzca bakıyordu yüzüne. Burcu ise, bütün dikkatini bilgisayarına ve üzerine notlar aldığı kâğıt tomarlarına vermiş halde, bir şeyler yetiştirmeye çalışıyordu.

"Burcu..."

Net ve kararlıydı Selim'in sesi.

Burcu başını kâğıtlardan hızlıca kaldırıp baktı kocasına...

"Efendim aşkım. Bir şey mi var?"

Aşkım? Selim için şu an bu hitap şekli hiçbir şey ifade etmiyorken Burcu açısından ne ifade ettiğiyse büyük bir soru işaretiydi. Bugünlerde aşk ve aşkım sözcüklerinin ne ifade ettiğinin tartışılabileceği gibi.

"Konuşmamız lazım."

Burcu işinin bölünmesinden rahatsız olduğunu gizlemeden karşılık verdi:

"Bir şey yetiştirmem lazım. Gelecek ayki fuar için bütçeyi yollamam lazım yurtdışındaki ofise."

Artık yüzleşme zamanıydı Selim için:

"Leonardo mu bekliyor?"

Burcu gözlerini kısarak, soğukkanlı kalma çabası içinde şaşkınlığının üzerini örtmeye çalıştı. Selim'in tonlamasındaki kinayenin farkındaydı.

"O nereden çıktı şimdi. Ayrıca evet. Yurtdışındaki elimiz kolumuz Leonardo oldu artık. Sen nereden biliyorsun?"

"Sadece işteki elimiz kolumuz mu?"

Burcu elindekileri bırakarak dikkatini Selim'e yoğunlaştırdı. Her şey hızlıca zihninden akıp geçiyordu, en çok korktuğu ana ramak kaldığını hissediyordu artık.

"Ne demek istiyorsun? Ne oldu söylesene? Ne biçim soru bu şimdi?"

Selim koltukta öne doğru eğilerek dirseklerini dizlerine yasladı.

"Burcu her şeyi biliyorum. Tüm yazışmalarınızı okudum."

Sessizlik…

Burcu'nun yüz ifadesi, Selim'in bu anı kurguladığı sahnedeki ifadeye hiç benzemiyordu. Ne bir isyan ne de bir inkâr vardı… Sadece hüzünlü, titrek bir ses yankılandı odada:

"Ne okudun?"

Selim, Burcu'nun canını yakmak istiyordu. Onun bu hüzne bürünen yüz ifadesinin üzerine gitmek, zihninden

geçirdiği onlarca olası fanteziden bir demet sunmak...
Aslında hiçbiri için bir seçimi yoktu.

"Sevgi dolu sözcükler, aşkınız, hatta seks dolu yazış-
malarınız, benim yanımdayken bile ona yazdığın mailler,
şarkılarınız, hepsi... Bitti. Bu ilişkiye devam edemeyiz
artık ama yine de seninle konuşmak istedim. Boşanma-
nın detaylarını daha sonra konuşacağız. Yarın da Berk ve
Pelin'le konuşacağım."

Burcu masadan kalkıp hızlıca Selim'in karşısında-
ki koltuğa geçti. Küçük sevimli ürkek bir kızın korkmuş
tavrıyla dizlerini birbirine yapıştırıp, ellerini de dizlerinin
arasına sokuşturdu. Gözleri dolu dolu oldu birden:

"Ne diyorsun sen, aptal mısın? Saçmalama. O kadar
önemsiz bir şey ki... Bitmiş, kalmamış, tamamen platonik
bir boşluk anı."

Selim telefonunu çıkartarak kaydettiği mailleri açıp
en can alıcı bölümleri okumaya başladı. Burcu kendi kol-
tuğundan Selim'in ellerine uzanarak telefonun ekranını
elleriyle kapatırken, yalvarıyordu:

"Yapma! Lütfen okuma, okuma..."

Bir anda hıçkırıklara boğuldu. Titriyordu ağlarken.
Sinir krizi geçirmesine az kalmıştı. Gözyaşları sicim gibi
akıyordu yüzünden. Damlamıyor, boşalıyordu hüznü...
Kollarını sıkıyordu sürekli...

Aniden dizlerinin üzerine inerek Selim'in sol dizine
sarıldı. Gözyaşları Selim'in pantolonunu ıslatırken, ağla-
manın şiddetinden kesik kesik ve boğuk bir sesle konuşu-
yordu Burcu:

"Salak, salak... Konu asla Leonardo olmadı. O bir so-
nuçtu, sebep değildi. Çok çırpındım, çok bağırdım, duy-

madın beni. Birkaç ay önce başlamış bir şeydi. Asla platoniğin ötesine geçmedi. Kendimden utandım, kendimden nefret ettim."

Durumu kotarmaya çalışan bir kadının sesi ve tavrı değildi bu. Son derece gerçek, son derece içtendi Burcu'nun haykırışları. Selim'in belki de içten içe olmasını beklediği sahne de buydu. Her ne kadar restleşeceklerini ve yeni bir hayata başlayacağını tasarlamış olsa da Burcu'nun onu bir başkasına tercih etmeyeceğini, aslında bunun bir anlık boşluktan ve gafletten dolayı olduğunu duymayı umuyordu. Şu an karşısında kederle çırpınan kadın, yıllar önceki Burcu'ydu. Savunmasız, içten, naif... Ağlaması, üzülmesi Selim'e dokunuyordu. Erkeklik gururu olmasa, "Tamam canım, önemli değil..." diyecek bir hali vardı Selim'in ama demedi. Burcu'yla devam etme kararı vermişti ancak hem durumu sindirmesi hem de Burcu'nun iyi bir ders alması için olması gereken sürece devam edecekti. Eskiye dönebileceklerine emin olmaya ihtiyacı vardı.

Yerinden kalkan Selim, Burcu'nun masasındaki kablosuz hoparlörü açtı ve telefonundan *Hope There's Someone – Anthony & The Johnsons*'ı çalmaya başladı. Müziğin odayı doldurmasıyla birlikte Burcu diz çöktüğü yerden kalkmadan sırtını koltuğa yasladı, dizlerini karnına çekti, ellerini dizlerine dolarken yüzünü dizlerinin arasına kapatarak daha da şiddetli, sarsılarak ağlamaya devam etti.

Bu kez Burcu'nun çalışma koltuğuna Selim oturdu. Şarkı bitince geçmiş yıllardan şarkıları, ihanet ve ayrılık şarkılarını arka arkaya çalmaya başladı. Süre uzadıkça, Selim'in öfkesi acıma hissine dönüşüyordu. Garip bir şekilde yerinden kalkıp, Burcu'yu ayağa kaldırarak ona sarılmak istiyordu. Aslı'nın âşık olduğu Selim'in, çocuk bir kalbi vardı.

Şarkılar çalarken Selim iyiden iyiye aldatılmış erkek triplerini oynuyordu. Mağdur olan oydu, karşısında da yaptığından utanan bir kadın vardı. Her ne kadar kuşkuları yoğun olsa da platonik olma ihtimali yüksek olan bir durum sözkonusuydu. Ayrıca kendisinin de hataları vardı. Burcu'yu ne zamandır ihmal etmişti ve ne zamandır sarılmaları bile günlük rutin işler haline gelmişti. Ne zamandır tutkuyla sevişmemişlerdi...

"Sana geçen sene bir aile terapistine gidelim demiştim. Cevabın çok dokunmuştu bana. Sonra da uğraşmaktan vazgeçtim."

Selim, telefonundan sıradaki şarkıyı seçerken Burcu'nun sözleri kulağına ulaştı ama başını kaldıramadı. Tamamen zihninden silip attığı o anı hatırladı. Yatakta, Burcu Selim'in göğsüne başını yasladığında söylemişti bunu. Selim de en klasik, sıradan erkek tepkisini vererek buna ihtiyaçları olmadığını, terapistin onlardan daha mı çok şey bileceğini, iş terapiste kaldıysa hallerinin perişan olduğunu söyleyip konuyu savsaklamıştı.

Çalışma masasının üzerinde duran sigaralıktan bir sigara aldı. Dört yıl önce bıraktığı sigarayı dudaklarının arasına götürdü, kısa bir tereddütten sonra çakmağı yaktı ve ilk nefesi çekti içine. Sanki hiç bırakmamışçasına rahat rahat ciğerlerine aldı siyah dumanı. Yalnız bu kez, ilk nefesle birlikte başı dönmeye başlamıştı. Burcu utangaç, ağlayan gözlerle Selim'i izlerken, onun yeniden sigaraya başlamasına sebep olduğunu düşünüyordu.

"Kahve yapalım" diyerek kapıya doğru yürüyen kocası-

nın ardından âdeta sürünerek, annesinin en sevdiği vazo-
sunu kırmış bir çocuğun ürkekliğiyle takip etti adımlarını.

Mutfakta kahvelerini içtikleri sırada yan yanaydılar.
Burcu başını, Selim'in omzuna yaslamış, burnunu kocası-
nın pazısına gömmüştü. Selim'in duyguları darmaduman
olmuştu. Seviyordu Burcu'yu... Bir kez bile onunla birlik-
te olduğuna pişman olmamıştı ve şimdi bu yüzden onu
kaybetmeyecekti ama yine de içi kaynıyordu. Asıl bul-
mak istediği yanıt Burcu'nun gerçekten onunla kalmayı
isteyip istemeyeceğiydi. Suçları ifşa edilip yakalanan kişi
Burcu'ydu, utanılacak durumda olan ve şu anda şok yaşa-
yan oydu... Sadece çocuklarının değil ailesinin ve çevre-
sindeki insanların yüzlerine kolayca açıklayamayacağı bir
rezilliği deneyimleyecek olan da yine oydu. Bu koşullarda
şu anda Burcu'nun yaşadığı tamamen bir yanılsama olabi-
lirdi. O yüzden hemen eskiye dönülemezdi.

Saatlerce konuştular. Geçmişi, gözden kaçanları, pay-
laşamadıklarını ve aslında nasıl da aynı şeylerden rahat-
sızken birbirlerine açılamadıklarını... Her şeyi ama her
şeyi konuştular. Nasıl oluyordu da aynı yatağı paylaşan
insanlar böylesi bir iletişimsizlik yaşayabiliyorlardı. Aynı
şeyleri görmüşler, aynı şeylerden şikâyet etmişler ama bir-
birlerinin farkındalıklarını görememişler...

Selim neredeyse bir paket sigarayı bitirmişti. Ciğerle-
ri şaşkın, gözkapakları ağırdı. Başı da sarhoşluk emarele-
ri gösteriyordu. Gözlerini kapatıp uyumaya ve bu geceyi
durdurmaya ihtiyacı vardı. Artık Burcu'nun ağlamasını
da istemiyordu. Sabah her şey yeniden başlayacak ve ol-
ması gerekenler olacaktı. Şu an Burcu için de kendi için
de üzgündü, kızgındı. Kendini bırakmaya, belki de yıllar

sonra Burcu'yla en çıplak kalabildikleri ve yüreklerini birbirlerine dürüstçe gösterebildikleri bu gecenin sonunda belki de son kez ona sarılarak uyumak istiyordu yatağında. Ne için tartışırlarsa tartışsınlar, bir kez bile ayrı uyumamışlardı şimdiye dek. Bu gece de ayrı uyumayacaklardı.

Yatağa uzandıklarında, duydukları kederin ağırlığı ikisinin de üzerindeydi. Hayata, insana, geçmişe ve geleceğe dair yükler, belirsizlikler, pişmanlıklar, insanın hiçbir zaman kapanmayacak sonsuz yalnızlığı, hepsi.

İlk önce yatağın iki ayrı ucundaydılar. Bir süre öylece kaldılar. Arabadan inmeden önce Selim'in düşündüğü son sahneydi bu. Birbirlerine sarılarak ve gözyaşları birbirine karışarak uykuya dalacaklarını düşünmüştü. Şimdi yatağın huzur veren yumuşaklığında ve odanın karanlığında Selim de gözyaşlarını serbest bırakmıştı.

Ezberler, kalıplar ve büyük sözler, yaşamın dinamiğinde anlamsızdırlar. Çünkü her anın, her durumun ve o durumu meydana getiren bütün unsurların, farklı dinamiği vardır…

Bâtın VIII

Yürüyorum bilmediğim diyarlara, sırtımda bir bohça, elimde bir asa, çıplak ayaklarım... Bedenimin öleceği, ruhumun yaşayacağı yeri arıyorum. Testinin kırılacağı içindeki suyun özgür kalacağı... Uzaklara gidiyorum, insan olmayan çöllere, dağlara; insanlardan uzaklaşıyorum, gidebildiğim kadar uzağa... İnsan insanayken kap gerekir, adı bedendir. Yan yana durur, yakmaz birbirini. Kaplar olmayaydı, bedenler olmayaydı yakar kül ederdik birbirimizi. Boşluğu arıyorum, kabı paramparça edebilmek için.

Kul olmak ayrıydı, insan olmak ayrı. Yerin üzerinde yedi kat, altında yedi kat, bedenin içi de kat kat. Bir şey var ben ve O arasında, bir şey var benden daha derinde, daha içeride. Uzaklaştıkça, yok oldukça bulacağım fani dünyada.

Ne aç kaldım ne de susuz. Gerçekten ihtiyacım olan, ihtiyacım olduğunda yanımda. Şu dere gibi, şu meyveler gibi. Ruh durmasa, akmak istese de, beden durmak ister. Bazen beden koşar, ruh durmak ister. Şimdi beden der ki bana dur. Yaradan da, nesne de, ruh da, beden de konuşur, insan duymak isterse.

Kendime dinlenecek bir cennet buldum, benden hiçbir şey beklemeyen şu anda. Biraz soluklanmak, biraz dinlenmek... Sağlıkla suyu rahat rahat içmek bile ne büyük nimet. Uykuya kapanır gözlerim, hiç anlayamayacağım diyarlara göçmek için.

"Benim yerime geçmişsin, burada ben yaşıyorum."

Gözlerimi açtığımda, karşımda saçları kıvır kıvır, yüzü güzel mi güzel bir YEDİ-7. Bedenlenmiş bir 7 rakamı. Benimle konuşurken dereden su içiyor. Kimdir? Nasıl bir ucubedir bu.

"Kimsin sen?"

Suyu içerken gövdesini hareket ettirmeden, sadece 7'nin üst çizgisinin ucuna yerleşmiş başını bana çevirdi:

"7'yim ve her yerdeyim."

Tekrar suya çevirdi başını ve yüzünü yıkadı güzelce. Kalkıp karşımdaki ağacın dibine yaslanarak oturdu. 7 şeklindeki gövdesinin yarısı ağacın dışına taşsa da rahat görünüyordu. Tek parça ayağını uzatıp bana baktı. Kusursuz yüzü insan bedeninde olsa güzel bir kadın derdi her gören.

"Buradan geçiyorsan bir şey arıyorsun. Aradığın cevaba sahipken görmüyorsun, sana ait olanı bilmiyorsun. Her şeyin bir ve tek olduğu kâinatta önemli bir sembolle konuşuyorsun şu anda. Yorgunsun sen dinlen, ben konuşayım. Beni bulduğuna göre, beni dinlemeye gelmişsin.

Sen kendini küçük bir varlık bilirsin, oysaki, en büyük âlem sensin, tüm âlem de sende gizli. (Hz. Ali)

Yukarıda olan her şey, aşağıda olandır. Aşağıda olan da yukarıda olan...

O, yeryüzünde olanların hepsini sizin için yaratan, sonra göğe yönelip onları yedi gök halinde düzenleyendir. O, her şeyi hakkıyla bilendir. (Bakara, 29)

Gerçek sır, Tanrısallığı bedeninin içinde bulabilmendir. En-el Hak. (Hallac-ı Mansur)

Başlangıçta söz vardı. Söz Tanrı'ylaydı. Her şey O'nun eseridir var olan hiçbir şey O'nsuz var olamazdı. (İncil-Havari Yahya)

Biz yokuz. Varlıklarımızı fani surette yansıtan Vücud-ı Mutlak sensin. (Mevlana)

Elohim dedi ki: Suretimizde, benzeyişimize uygun insan yapalım. Ve Elohim insanı kendi suretinde yarattı, onu Elohim'in suretinde yarattı. (Tevrat, Tekvin, 2/78)

Bana gelince...

Allah, yedi göğü ve yerden bir o kadarını yaratandır. Allah'ın emri bunlar arasında inip durmaktadır ki, Allah'ın her şeye kadir olduğunu ve Allah'ın her şeyi ilmiyle kuşattığını bilesiniz. (Talak, 12)

İnanmayan bilim adamları da beni bilir, tanır. Birazdan anlatırım. Ben 7'yim her yerdeyim. Sen gibi.

7 kat gök... Evrensel Yedi Yönetim Sistemi tarafından yönetilen. Âlemlerin Rabbi'nden Arş'a, Melekut Âlemi'nden Şira Yıldızı'na kadar uzanan.

Tasavvufta 7 mertebe... Nefsi Emmare'den Nefsi Safiye'ye, Nefsi Levvame'den Nefsi Mülhime'ye kadar...

İnsanın 7 bedeni... Fizik Beden'den Astral Beden'e, Eterik Beden'den Ruhsal Beden'e...

7 temel çakra... Kök Çakra'dan Kalp Çakrası'na, Boğaz Çakrası'ndan Tepe Çakra'ya.

Zümrüdüanka efsanesindeki 7 Vadi.

Hangi inanca, felsefeye bakarsan bak, hangi ilim adamıyla konuşursan konuş ucu bana dokunacak. Elektronların 7 enerji düzeyi var. Müzikte tüm besteler 7 notadan oluşuyor. Gördüğün bütün renkler 7 renkten oluşuyor. Evrendeki her şeyin frekansı 7 frekanstan ibaret. Gökkuşağında da 7 renk var. Bir hafta 7 günden oluşuyor. Tanrı dünyayı 7 günde yarattı. Her yerde ben varım.

Hepsini özetlersem atomlar yedi enerji düzeyinden, insan 7 enerji bedenden, elektronlardan oluşan dünya 7 ayrı frekanstan, kozmik evren 7 evrensel yasadan, her şey 7 elementten oluşuyor.

Her inanç, her yaklaşım beni ve benim katlarımı buluyor, yorumluyor, kendince adlandırıyor. Sonuç değişmiyor: Ben her yerde varım.

Tevrat ve İncil'de, 7 sayısını yaygın olarak bulursun. 7 rahip, 7 trompet, 7 kilise, 7 mühür, 7 kâse, 7 yıldız, 7 boynuz, 7 başlı canavar, 7 ruh, 7 kollu şamdan... Hz. Süleyman'ın tapınağına da 7 basamakla çıkılıyordu.

Büyük tufanın hazırlıkları 7 gün sürmüş, Nuh'un gemiden uçurduğu güvercin 7 gün havada kalmıştı.

Musevilikte hamursuzdan 7 hafta sonra yapılan Gül Bayramı'nda günah adağı olarak 7 kuzu kurban edilirken, Hıristiyanlıkta 7 büyük günahtan söz ediliyor: Kibir, açgözlülük, şehvet, oburluk, kıskançlık, tembellik ve öfke...

"Eshab-ı Kehf" olarak bilinen 7 uyurlar, ölümden sonra dirilişe ilişkin ünlü efsanenin kahramanlarıdır. Roma İmparatoru Decius döneminde Hıristiyanlara yapılan baskılar sırasında (İS 250) 7 Hıristiyan asker doğdukları kent olan Ephesos (Efes) yakınında bir mağarada gizlenirler. Daha sonra mağaranın kapısı kapanır. Böylece İmparator Decius'un çıkardığı ferman uyarınca pagan kurban törenlerine katılmaktan kurtulan 7 Hıristiyan, mucizevi bir uykuya dalarlar. Doğu Roma İmparatoru II. Thedosius döneminde (İS 408- 450) mağaranın ağzı açılınca uyanırlar. 7 asker, yaşadıkları deneyimin derin anlamını açıkladıktan sonra ölürler. Bunun üzerine onlar adına kutsal bir mezar yapılır.

Kur'an'ın ilk suresi Fatiha, 7 ayettir. Kâinat 7 günde yaratılmıştır. Kabe'nin etrafı 7 kere tavaf edilir. Mevlevilikte 7 bilgelik rakamıdır. Mevlevilerde 7 selâm vardır.

Hac sırasında Safa ile Merve arasında 7 kez gidip gelinir. Şeytan taşlamada 7 taş atılır. Mina'da, bayram günleri üç gün şeytan taşlanır. Bayramın birinci günü Mina'da, Cemre-i Akabe (Büyük Şeytan) denilen yerde iki buçuk metreden veya daha uzaktan Cemre (Büyük Şeytan) yerini gösteren duvarın dibine nohut kadar yedi taş atılır. Bayramın ikinci günü, öğle namazından sonra üç ayrı yerde, yedişer taş atılır. Mescid-i Hıf'e yakın olandan başlanır. Önce küçük şeytan, sonra orta şeytan ve büyük şeytana yedi taş atılır, toplam 21 taş eder. Bayramın üçüncü günü de böyle yedişer taş atılır ki, hepsi 49 taş olur. Aynen ikinci günkü gibi... Üçüncü günü güneş batmadan önce, Mina'dan ayrılınır. Dördüncü gün de Mina'da kalıp, sabahtan güneşin batışına kadar dilediği zaman 21 taş daha atmak müstehabdır. Küçük, orta ve büyük şeytana yedişer taş atılır.

Kur'an'da, 7 gök tabiri 7 kez geçer: Bakara Suresi, 29; İsra Suresi, 44; Muminun Suresi, 86; Fussilet Suresi, 12; Talak Suresi, 12; Mülk Suresi, 3 ve Nuh Suresi, 15. ayetlerde.

Daha anlatayım mı kendimi sana? Üç semavi dinde de, Doğu'da da Batı'da da, sayısız akım ve ideolojide beni göreceksin.

Masallarda bile. Pamuk Prenses ve 7 Cüceler. Pamuk

Prenses aslında gerçeği ararken sarayını terk ediyor. Ormana geldiğinde 7 cüceyle karşılaşıyor. Bir anlamda cennetini geride bırakıyor. Nefsine yenilip, elmayı ısırdığında uyanıp uyanmayacağını bilmediğimiz bir uykuya dalıyor. Bir anlamda ona yüklenenleri, egosunu geride bırakıyor. Sonra bir gün Prens gelip onu öpüyor ve uyanıyor. Bir anlamda yeniden doğuyor, aydınlanıyor. Sana bunun gibi onlarca masal, hikâye anlatabilirim çok iyi bildiğin. James Bond neden 007'dir?

Gördün ya her yerden ben çıkıyorum, sen gibi..."

Merak ediyorum, neden beni kendine benzetiyor...

"Neden ben gibi? Ben sana hiç benzemiyorum."

Başını geriye atıp, ağaca daha da yaslanarak devam ediyor:

"Evrenin en küçük zerresi bile bütünün bütün şifrelerini taşır. Âlemlerin sırrı da, Yaradan'ın gerçeği de sende saklı. Gördüğün göremediğin her şeyle iletişime geçebilir, görünen formu değiştirebilir, kader denileni yazabilirsin. Titreşimleri hissediyor, her şey ile rezonansa girebiliyor, tüm varoluşu yönlendirebiliyorsun bildiğini hatırlayabilirsen. Her yer sensin, her yer benim."

"O zaman neden benim yattığım yere 'orası benim yerim' dedin. Şu anda oturduğun yer de, benim yerim de aynı."

"O yüzden gitmenin, kaçmanın da bir anlamı yok. Her yerde, her şeyi buluyorsun. Yönlendirilmiş, yaratılmış bilincinle anlayamadığın şu: Dışarıda bulabileceğin hiçbir şey yok. Dışarısı da sensin, içerisi de... Bu yolda yürüdükçe, keşfetmekten vazgeçmeyip, sana anlatılanlarla yetinmedikçe anlayacaksın ki, görünen evrende, illüzyonda, bir yerin olması, her yerde olamayacağın anlamına gelmez. Her yerde, her yeri ve her şeyi bulabilirsin."

Yerinden kalkıp yanıma geldi. İyice sokuldu, aramızdan havanın bile zor geçebildiği bir boşluk kaldı.

"7 bedenle birbirimize bağlıyız. Dünyanın bir ucundaki fiziksel beden, dünyanın diğer ucundaki fiziksel bedenin taşıdıklarını hissedebilir. İnsanın sığ zihni sınırları çiziyor ve engelliyor. Hele iki beden bu kadar yakınken zaten iç içeyiz sen ve ben diye bir şey kalmıyor fiziksel olarak da.

Şimdi sen de -bu sayfaları okuyan sen de- arkana yaslan gözlerini kapat. Derin derin nefes alarak sadece hisset. Bırak düşüncelerin aksın, takılma onlara, kendi yollarında akıp gitsinler. Sen bütünü hisset. Yakınındakilerle, her canlıyla, nesneyle, doğayla, dünyayla, evrenle, Yaradan'la bütünü hisset ve kutsa.

Fiziksel bedenin sınırlarından, insanın kendi eliyle koyduğu engellerden uzaklaştığında milyarlarca insandan biri olmaktan çok daha öte muhteşem bir sistemin vazgeçilemez bir parçası sonra da düzenin ta kendisi olduğunu bir gün anlayacaksın."

Zâhir 8

Selim-Burcu

Burcu ipek pijamalarıyla, iki gündür evden çıkmamış sürekli ağlamıştı. Sorguladığı her şeyin içinden geçip bugün ilk kez bilgisayarını açtı. İki gündür Selim de evden çıkmamıştı. Bazen çalışma odasında, bazen bahçede, salonda, evin neredeyse her köşesinde baş başa kalıp geçmişi, yarını ve bugün yaşadıkları travmayı konuşmuşlardı. Selim bazı anlarda gerçekten canını acıtıyordu Burcu'nun. Bazı acıtmalarında Burcu, kabullendiğinden değil mevcut durumda susması gerektiğinden susuyordu.

Karmakarışıktı ve en çok korktuğu yüzleşme gerçekleşmişti. Bir gün ilişkilerinin gerçeğiyle yüzleşeceklerdi ama bu şekilde olmamalıydı. Zaman zaman Selim'in hayatında aslında başka biri olduğunu söylemesini, onun gizli bir ilişkisini yakalamayı hayal etmişti ama şimdi hiç istemeyeceği koşullarda gerçekleşen bir yüzleşme vardı önünde.

Gerçekten de yaşadığı şey platonikti. Yüreğini hoplatan, yaşadığını hatırlatan, hayatına renk katan platonik bir kaçamaktı. Ancak öyle bir hale gelmişti ki platonik olduğunu söylemesinin inandırıcılığı yoktu. Leonardo'yla hiç yatmadığını, hiç sevişmediğini hatta öpüşmediklerini nasıl kanıtlayabilirdi ki? Leonardo'yla bir toplantı sonrası odadan çıkmadan evvel dudaklarının kısa süreliğine birbirine değdiği an aklına gelince zevkle utancın karıştığı, pişmanlıkla "iyi ki olmuş" arasında tarifsiz bir duygu hissetti göğüs kafesinde.

Cep telefonu başta olmak üzere her yerden Leonardo'yu engellemişti. İlk bulduğu boşlukta Leonardo'ya "Kocam ilişkimizi biliyor" mesajını atmıştı. Selim'in neler yapabileceğini kestiremiyordu. Beyni çoğunluğun tersine çalışan, felsefeden kendi felsefesini yaratan, Harvard'ın dergisinde iş dünyasının dâhileri arasında adı geçen Selim'in bir sonraki adımının ne olacağını bilen yoktu ki, kendi bilsin.

Aslında Selim'le ilişkisinin sürmeyeceğini biliyordu Burcu... Ancak şu anda ve bu şekilde bitemezdi evlilikleri. Bugün ayrıldıklarında bütün yük Burcu'nun omuzlarına kalacaktı. Açıklayamayacağı ve hiç hak etmediğine inandığı çok ağır bir leke taşıyacaktı üzerinde. Diğer taraftan iki gündür evin içinde yaptıkları konuşmalar sonucunda, ilişkilerinin geldiği bu durumda kendi payının olduğunu da görmüştü. Keşke bu iki günü, aylar öncesinde yaşayabilselerdi. Keşke bu iki günde yaptıkları muhasebeyi, platonik bir aşka düşebilecek duruma gelmeden yapabilselerdi. Bunlar için artık çok geçti.

Erkeklerin dünyasında kadının erkeklerle aynı derecede işlediği günahların, toplumsal baskısı adil değildi. Selim benzer durumda olsaydı, çevrenin, hatta akrabaların tepkileri bile farklı olacaktı.

Selim'in odaya hiddetli girişiyle düşünceleri dağıldı

Burcu'nun. Selim daha kapıdan girerken başlamıştı konuşmaya. Telaşlı adımlarla içeri dalıp Burcu'nun karşısına dikildi:

"Sen mi bu evden gideceksin, ben mi?"

Birkaç saat önce Selim, kendi çalışma odasında chester koltuğuna oturmuş, ayaklarını pufa uzatmış, viskisini yudumlarken ne yapması gerektiğini düşünüyordu. İki gündür karısıyla yaptıkları konuşma ve yaşadıkları yüzleşme, onu da şaşırtmıştı. Sevgi dolu sevimli kadının aslında ölmediğini fark etmiş, Burcu'yla yeniden karşılaşmıştı. Olan olmuştu ve bundan sonrasının nasıl yönetileceği önemliydi.

Selim'in inandığı prensiplerden, kullandığı taktiklerden birisi de, bir sorunu, başka bir sorun yaratarak çözmekti. Bu yöntemi Aslı'ya anlattığında onu anlamakta güçlük çekmişti Aslı. Bunun üzerine Selim, birkaç örnek sıralamak zorunda kalmıştı:

Örneğin annenin en sevdiği vazosunu mu kırdın, git ve mutfakta yangın çıkart. Aldattığın mı ortaya çıktı, birilerinin aileyi tehdit ettiğini ve derhal saklanmak gerektiğini söyle. Bir sorunu ondan daha büyük bir sorun çıkartarak çözüme kavuşturabilirsin.

Şu an bu taktiğinden Burcu'ya hiç bahsetmediği için memnundu. Her ne kadar eşler arasında çıplaklığı ve yalınlığı teorik olarak savunsa da bazı şeylerin yine de kişinin kendisinde kalması önemliydi.

İyice koltuğuna gömülmüş halde düşüncelere dalmışken, telefonundan gelen mesaj sesiyle yerinden doğruldu.

"Mailine bak."

Selim hemen masasına geçip maillerini açtığında internet korsanı ve bilişim suçlarından istediği dokümanların gönderilmiş olduğunu gördü.

Sandalyesine oturup açılmayı bekleyen dosyaya baktı. Doğrudan silebilir ve bu konunun derinleşmesine izin vermeyebilirdi. Konuşulması gerekenler konuşulmuş, sonuçlar üzerinde bir yola girilmişti öyle ya da böyle. Konuşulanların, varılan yeni sonuçların ardında kalanlara bakmanın bir anlamı yoktu.

Aynen karısının telefonundaki mesajları ilk açtığında hissettiği gibi merak ve keşfetme güdüleri tarafından kamçılanıyordu yine. Burcu'nun eğer varsa ona söylediği yalanlar da ortaya çıkabilirdi.

Sıkıştırılmış dosyayı masaüstüne kopyaladı ve açılan klasördeki dosyaları tıklamaya başladı. Mailler, SMS'ler hepsi gözlerinin önündeydi. Merakla ve heyecanla okumaya başladı.

Okudukça yine nabzı hızlandı, ilkel duyguları kabarmaya, üst ben kontrolünü yitirmeye başladı. Günlük hayattan sıradan paylaşımları içeren, "iyi geceler", "günaydın", "yolculuğun güzel geçsin" mailleri arasına sıkışan diğer özel yazılardı nabzını hızlandıran. Leonardo, Burcu'nun göğüslerinin ve kalçalarının ne kadar güzel olduğunu ağdalı sözcüklerle yazmıştı. Onu nasıl arzuladığını, ona dokunmayı hayal ettiğini anlatıyordu. Tahrik edici cümleler, imgeler ardı arkası devam ederken, araya Burcu'nun yazdıkları girmeye başlamıştı bile. Başlangıçta uzun süre cevapsız kaldığı halde sonraları Burcu da dahil olmuştu bu oyuna. Piç herif konuya nereden, nasıl gireceğini, yolu nasıl açacağını çok iyi biliyordu. Zamanında Selim'in onlarca kadına yaptığı gibi…

Burcu'nun yazdıklarını okumaya dayanamadı Selim…
Üzerinde çok düşünmeden hızlıca geçti. Burcu, yazıştığı o
orospu çocuğundan daha usturuplu, daha duygulu ve ro-
mantik kelimeler seçmişti. İçerisinde ses kaydı olan maile
sıra geldiğinde bilgisayarın sesini açtı Selim ve bu konuş-
madan ne çıkacağını endişeyle beklemeye başladı.

Ses kaydında yoğun bir su sesi vardı. Ardından bir er-
kek sesi girdi devreye. Bir şeyler fısıldıyordu sanki. Pek
anlaşılmıyordu. Belli banyodan konuşan biriydi ve kesin-
likle bu ses Leonardo'ya aitti. Leonardo, Selim'in anlama-
dığı bir dilde, muhtemelen İspanyolca bir şeyler söylüyor,
Burcu'nun ismini sayıklayarak mastürbasyon yapıyordu.
Öfkeyle bilgisayarın ekranına bakarak sırf sonunda ne
olacağını merak ettiği için kapatmadan dinledi. Kayıt so-
nunda Leonardo şehvetle inleyip bağırarak boşaldığında
onun bütün bu hazzı Burcu'yu düşünerek ve yalnız onu
hayal ederek yaşamış olması Selim'i sarsmıştı. Elinin gi-
dip gelirken çıkardığı sesler kulaklarındaydı Selim'in… O
inlemeleri ve İngilizce "muhteşemdi" diyerek haz oyunu-
nu bitirişi…

Hızlıca Facebook, Twitter, Instagram, Linedin ne var-
sa açtı. Leonardo'nun bütün hesaplarına arkadaşlık talebi
gönderdi. Linkedin'de görüntülediğini göreceğini biliyor-
du. Mail adresine tehditkâr bir mesaj gönderdi:

"Zamanı gelince, erkek adama yakışan gibi yüz yüze
konuşacağız seninle."

İki cep telefonu numarası vardı Leonardo'nun. İkisini
de defalarca kez çaldırıp kapattı. Konuşmak değil, rahatsız
etmek istiyordu. Canını yakacağı zaman gelecekti. Yüzü-
nü yumruklaya yumruklaya burnunu gözünü patlatacağı,

yerlerde sürükleyerek tekmeleyeceği, işkence edeceği, bu ses kaydıyla onu herkese rezil edeceği, işini kariyerini bitireceği, hatta erkeklere tecavüz ettireceği günler de gelecekti. Bir yanı "Ne yapıyorsun, hiçbir zaman bunları yapamayacağını sen de biliyorsun" derken, ilkel formu bütün gücüyle kırılan erkeklik gururunun eşliğinde şaha kalkmıştı.

Burcu, kocasının hiddetinden ve elindeki bilgisayarı masanın üzerine bırakmasından ne olduğunu anlamıştı. Sadece ne kadar olduğunu bilmiyordu.

"Dinle bak dinle" diyen Selim, ses kaydını açtı. Odada yükselmeye başlayan su sesiyle birlikte Burcu, bilgisayarı öfkeyle iterek düşürdü masadan. Avazı çıktığı kadar haykırarak Selim'in üzerine yürüdü.

"Anlamıyorsun salaksın. Bunların hepsini sana anlattım, hepsini sana söyledim, neden hâlâ kurcalıyorsun, neden bana ve bize işkence ediyorsun?"

Nefesi tükenen Burcu, aniden yere yıkıldı ve halının üzerine kapanarak ağlamaya başladı.

Selim odanın içinde sağa sola doğru anlamsızca adımlayıp dururken bir yandan da salyalar saçarak içini döküyordu:

"Birçok erkek için cinayet sebebi olurdu bunlar. Kendimi zor tutuyorum sana zarar vermemek için. Utanmadın mı? Benden, kendinden çocuklarından utanmadın mı?"

Karısının canını yakarken kendi erkeklik gururunu sarsacak cümleler savurup durdu acımasızca. Sonunda o da yığıldı. Nefes nefeseydi... Elleri, dudakları titriyordu. Burcu'nun yaptığı hatalar arasında bunlar da vardı ve aslında evden çıkmadıkları iki gün boyunca bunları da konuşmuşlardı.

Burcu'nun canını yakarak hiçbir şeyi düzeltmeyeceğinin farkındaydı. Yan yana oldukları sürece de aynı şeyler birbirini tekrar edip duracaktı. Hep aynı şeyler defalarca kez konuşulacak, gündeme taşınacak, öfke patlamaları ve sinir krizleri yaşanıp duracaktı. Böylece geleceğe dair her şey belirsizliğini korumaya devam edecekti.

Selim yerinden kalkıp hızlıca kapıya doğru yürürken, Burcu yığıldığı halının üzerinde ağlamaya devam ediyordu. Kapıdan çıkmadan evvel yerdeki karısına baktığında tüm kırgınlığına ve kızgınlığına rağmen yanına gidip, ona şefkatle sarılmayı istediyse de yapmadı. Yapmamalıydı.

"Birkaç gün eve gelmeyeceğim. Sen de neyin nasıl olacağını düşün." diyerek odadan çıktı.

Bâtın IX

Metro istasyonu çok kalabalık... Binlerce insan hızla hareket ediyor. Sağımdan solumdan çarpıp geçiyorlar. Kimse kimseyi görmüyor. Kimse neden burada olduğunu, nereye gittiğini sorgulamadan koşturuyor. Bugün kimbilir neler yaşayacaklar? Bu kalabalığın her bir parçası birkaç yıl sonra nerede olacak? Bu nasıl bir örgü... Her şey birbirine bağlı... Bazıları şanslı, bazıları şanssız, tesadüfler nereye götürecek?

"Pişşt. Hey... Dur. Baksana!"

Biri bana sesleniyor. Etrafımdakilerin hiçbiri bana dönük değil. Ses nereden geliyor? Aşağıdan geliyor, gözlerimi yere çevirdiğimde büyükçe bir zar benimle konuşuyor.

"Oh, sonunda gördün, takip et beni."

Zarın peşinden gidiyorum. Metro asansörünün yanındaki dar koridora giriyoruz. Karşımıza çıkan kapının altındaki boşluktan geçiyoruz ama kapının üzerinde "girilmez" yazıyor. Kapının diğer yanından sesleniyor zar.

"Düşünme, olasılıkları hesaplama. İşaretleri takip et. Beni takip et."

Kapıyı itip içeri girdiğim anda arkamdan güvenlik görevlisinin öttürdüğü düdüğün sesi geliyor. Zar hızlanıyor ve ben de arkasından koşuyorum. Geçtiğim kapı açılıp, kapanıyor. Güvenlik görevlisi arkamdan koşuyor.

Merdivenlerden aşağı iniyoruz, güvenlik görevlisi telsizden anons yapıyor. Arkamda birden fazla bedenin ayak seslerini duyuyorum. Dönüp bakarak zaman kaybedemem, zar giderek hızlanıyor, nefesim sıkışıyor. Yerin altındaki koridorlar arasında koşuyoruz. Ayak sesleri yaklaşıyor, neredeyse yakalayacaklar, nefeslerini hissediyorum. Her şey çok hızlanıyor. Daralan koridorun sonunda kapalı bir kapı var. Bir zarın peşinden giderken yakalanacağım birazdan. Boşuna koşuyorum.

"Düşünme koş, durma."

"Kapıya çarpacağım durmam lazım."

"Düşünmeyi bırak, durma."

Kapıya çarpmama ramak kala kapı açılıyor. Sonsuz bir beyazlık, sonsuz bir boşluk. Boşlukta salınıyorum. Zar da yanı başımda, boşluktayız. İki astronotun uzay boşluğundaki hali gibi... Yerçekimi yok, zaman yok, mekân yok. Yerçekimi devreye girdiği an ikimiz de aşağıya süzülüyoruz. Garip bir his ama kesinlikle çok güzel.

Yere indiğimizde geniş bir odadayız. Kumarhaneye benzeyen ama çok daha eğlenceli, âdeta bir çizgi film karesinin içi. Zarın yanına piyango biletleri toplanıyor. Hepsi bana el sallıyor. Sağ duvarda gözlerini fal taşı gibi açmış bir rulet masası bana gülümsüyor, hemen yanında bir kollu şans makinesi, içindeki meyveler, sayılar ortalığa saçılmışlar hepsi bana el sallıyor.

Rahat, siyah, deri bir koltuk arkamdan gelerek beni üzerine alıyor. Tam karşıma, oturduğum koltuktan bir tane daha geliyor el sallayarak. Zarla piyango biletlerinden biri koltuğun yere doğru alçalmasıyla birlikte kolayca tırmanarak koltuğa çıkıyorlar. Neredeyse içinde kayboldukları o koltuğa yayılıyorlar.

Zar, koltuğa çıkışıyla birlikte salona hâkim olan mutlak sessizliği bozarak konuşmaya başlıyor:

"Şimdi neymiş, kader, kısmet, şans, tesadüf müymüş neymiş? Bunların hepsi, insanların gerçekleşmesini imkânsız gibi gördükleri durumlara verdikleri isimlerden başka bir şey değil.

Mesela insanlar başlarına çok düşük olasılıklı istemedikleri bir şey gelince buna kader derler, iyi bir şey olunca kısmet derler, durduk yere başlarına bir şey gelince de şans veya tesadüf derler.

Halbuki evrendeki her gerçekleşmiş olay bir olasılık hesabından ibarettir. Bugün yeni birini tanıman, sevgili bulman ya da sevgilinden ayrılman, eve sağ salim varman ya da varamadan ölmen. Bunun gibi bugünkü matematiğin yetersiz kalacağı sayıda bir olasılık denizinden bahsediyorum. Bana gelen her şey bir olasılık hesabının sonucu...

Kaldırımda yürürken bir otomobilin çarpması veya kafana saksı düşmesi olasılığı örneğin 5 milyonda bir... Hani derler ya binde bir, milyonda bir diye. Bu da 5 milyonda bir... Otomobil çarpar veya saksı düşerse orada bir rakamıyla gösterilen olasılığın gerçekleşmesi olur. Kaldırımın yola yakın olmayan tarafından yürümen 5 milyonda bir'i belki 8-10 milyon yapar ama o bir rakamı, yani bu olayın gerçekleşme olasılığı yerini korur. İnsanın yapabileceği tek şey, istemediklerinin gerçekleşme olasılığını düşürmek, istediklerininkini artırabilmek.

Mesela iki genç kız düşün ve hayatlarında bir erkek arkadaşları olmadığından şikâyet ediyorlar. Sosyalleşerek farklı ortamlara karışacak olan kızın, evde oturup hiç dışarı çıkmayan kıza kıyasla aradığı gibi bir erkek bulma olasılığı çok daha yüksek olacaktır."

Piyango bileti, zarın sözünü keserek devam etti:

"Büyük çekilişte benden bir tane alanla, 10 tane alan arasındaki olasılığın da farklı olması gibi."

Bu kez rulet masası ekledi:

"Benim çarkım dönmeye başladığında da demir bilye, 36 rakamdan birisinin üzerine düşmek üzere yola çıkıyor. Daha fazla rakama oynayanın kazanma olasılığı, tek bir rakama oynayana göre daha yüksek."

Piyango bileti sözü geri aldı:

"İnsan, parçası olduğu bütünün özünde sadece kütleye bürünmüş bir enerjiyse eğer, tüm diğer enerji kütlelerine de bağlı. Yaradan'ı tam bu noktada, bu enerji bütünlüğünün çok daha büyüğü ve yoğunu olarak kabul edebiliriz.

İşte bu enerji dengesi üzerinde bağlı olduğumuz durumlar olasılıkları yaratıyor. O olasılıklarla buluştuğumuz anlara da 'şans' diyoruz. Oysa o olasılıkla buluşmamızı sağlayan bizim seçimlerimiz. Böyle bakınca da kader kavramının, özgür irade sahibi insana 'seçme' fırsatını getirmiş olmasından ibaret olduğunu anlıyoruz. Ancak kader bu kadar basit değil.

Diyelim ki önünde mevcut matematik sisteminin ölçümleyemediği kadar farklı bir yol var. Hadi basitleştirelim: Önünde sadece beş yol var. Bu yollardan hangisini seçeceğin, seçiminin önüne çıkacak tüm olasılıkları belirleyecek. Örneğin birinci yola adımını attığında önüne yeni bir beş yol geliyor. Her seçiminde bir yeni beş yol. Bir de bu yolların ölçümlenemeyecek sayıda olduğunu düşünürsen nasıl muazzam bir düzen çıkıyor ortaya."

Kollu şans makinesinden çıkmış bir muz tanesi, koltuğun yanına gelerek söz alıyor:

"Sanılanın aksine şans, tıpkı iyi - kötü, güzel - çirkin gibi, insanoğlunun göreceliliğindeki durumlara verilen kavramsal tanımlardan ibaret. Aslında insanın özgür iradesi ve hareket kabiliyetiyle gerçekleşen olumsuz durum ve koşullar karşısında şekillendirdiği bir kaçış yolu. Oysa gelecek sonsuz olasılıkla dolu. Bugünkü tüm seçim ve eylemlerin sonuçları ve diğer olasılıkların bütünü yarını şekillendiriyor. Şansa olan bu bağlılığın nedeni ise sahip olduğumuz kaderci bakış açısı ki az önce piyango bileti kaderi çok güzel anlattı.

Belirtmeliyim ki, olmayacak olan ya da olması çok zor olan bir istek ve arzumuz gerçekleşmediğinde, birden fazla olasılığın yan yana gelme ihtimali bizlere çok uzak demektir. Bizler olmayanları ve olmayacak olanları Yaradan'ın sırtına yüklemekle, sadece kendi sorumluluğumuzu üstümüzden atma çabası içerisine girmiş oluruz. Çünkü geleceğin tüm olasılıklarını bilme ve bir araya getirme imkânına sahip değiliz. İnsanoğlu doğası gereği böyle bir olasılıktan da şu an için uzaktır. Bu yüzden kendi kaderimizi bütünüyle istediğimiz gibi şekillendiremeyiz. Bu noktada en iyisini seçebilme imkânına da sahibiz. Özgür irade bizlere bu fırsatı sunmaktadır."

Uzak köşede duran çarkı felek, öne çıkarak sessizliğe fırsat vermeden şans muzundan lafı kaptı:

"İşin ilginci, şanslı olduğuna inananlar istediğine hep daha fazla ulaşıyor. Hertfordshire Üniversitesi'nden birisi geldiğinde yanındakilere anlatırken duymuştum. Üniversitede yaptıkları araştırmanın sonucunda herkesin kendi şansını yarattığı ortaya çıkmış. Şanslı olduklarına inanan insanların tamamı, işinde, evinde, sevgilisinde aradıklarını bulduklarını söylemişler, yani hayatın her alanında tutarlılık var. Şanslı olduğuna inananlar şansı, şanssız olduklarına inananlarsa şansızlığı buluyor. Enerji dengesi içinde kendi şanssız kaderlerini yaratıyorlar. Şanssızlık enerjisi, önlerindeki şanslı olasılıkları görmelerini engelliyor."

Rengârenk bir çizgi film karesinin içindeki bu sohbet hoşuma gitti. Hepsinin gözlerini tarayarak, gözlerinin içine bakarak sorumu sordum:

"Ben de böyle düşünüyorum, tüm söylediklerinize de katılıyorum. Ancak insan akışı değiştirebilmek için bakış açısını neredeyse 180 derece döndürmeli. Bunların farkında olmayan biri, yıllarca inandığı şanssızlığının prangalarıyla akışı nasıl değiştirecek?"

Cevabı zar verdi:

"Sezgilerine ve evrenin sistemine güvenerek... Şans öğrenilebilir bir şey çünkü…"

Odaya aniden bir kedinin girmesiyle zarın sözü kesildi. Kedi garipti. Bir kendisi bir de silueti yan yana, iç içeydi. Biri hareket ederken diğeri etmiyor, ayrı yönlere bakıyordu. Kedi koltuğun dibine otururken, içerdekiler bana salladıkları gibi kediye de el sallıyorlardı. Zar devam etti:

"Hoş geldin. Sizi de tanıştırayım. Bu Schrödinger'in kedisi."

Kedi başını kaldırdı ve selam verdi. Sonra da neden çıkıp geldiğini açıklamak istercesine konuştu:

"Konuştuğunuz konulara bakılırsa ben gelmesem eksik kalırdı. Evet ben Erwin Schrödinger'in kedisiyim. Ünlü kuantum fizikçisinin en ünlü deneyinin başkahramanıyım... Erwin, bir cismin iki ya da daha çok eşzamanlı olarak bulunabilmesi olayına 'çoklu durum' veya 'durumların üst üste gelmesi derdi. Ancak bir süre sonra çoklu durumlardan biri çöker, bir diğeri algılanır. Erwin, kuantum fiziğindeki dalga çökmesini anlatabilmek için beni kullandı.

Beni canlı canlı, içi dışarıdan kesinlikle görülemeyen kapalı bir kutunun içine koydu. İçeriye kurduğu düzeneğin kolunu iki yönden birine hareket ettirebilirdim. Yönlerden biri zehirli gazı, diğeri en sevdiğim ciğeri serbest bırakan olacaktı. Yani kutuda kaldığım sürece ölmüş de olabilirdim yaşıyor da olabilirdim. Kutu açılana kadar zehirlenip ölmüş bir kedi veya ciğerini yiyen zevkten dört köşe olmuş bir kedi olma olasılığım vardı. O kutu açılıncaya kadar iki olasılık da mevcut. Kutu açılana kadar ben hem ölüyüm, hem diriyim. Dışarıdakiler ancak kutuyu alıp gözlemlediklerinde bir tanesi görünen gerçeklik olacaktı.

Erwin'in kıssadan hisse vermeye çalıştığı mesaj; gözlemcinin, gözlediğini gözleme eylemiyle başkalaştırma gücünün olabileceğiydi."

Piyango bileti koltuktan süzülüp, kedinin üzerine yerleşti.

"Ben basitleştireyim. Belki duymuşsundur, çaydanlığa bakarsan çay kaynamaz derler. Tam tersi olan durumlar da vardır. Bir şeye odaklandığında, enerjini verdiğinde kaçınılmaz olarak onu etkiliyoruz, şekillendiriyoruz."

Sözünü tam bitirdiği sırada şans topu makinesinin üzerindeki Einstein figürü makineden ayrıldı ve kediye doğru yürüyerek konuşmaya başladı:

"Ben Erwin'i de bu kediyi de kuşkuyla takip ettim ve

ortaya çıkan teorileri de eksik buldum. Fizikçi Bohr, bunların deneyini destekliyordu ancak bence eksik bir şeyler vardı. Öte yanda Heisenberg de Belirsizlik İlkesi ile kafayı bozmuş teorilerini ardı arkası sıralıyordu. Arkadaşlarım Podelsky ve Rosen ile ERP adını verdiğimiz deneyleri yaptık. Birbirinden ayı iki elektron aynı tepkileri veriyor, beraber çöküyor beraber yansıyordu. İlgilenirsen araştırır bakarsın. Önemli olan şuydu... Daha derinde bir şey vardı. Her ne kadar ortaya koyamasam da bir şeyi çok iyi biliyordum..."

Zarı işaret ederek devam etti:

"Tanrı zar atmaz. Yine de kabul etmem gereken bir şey var ki, gözlemlenen de gözleyen de aynı bütünün içinde. Öyle ya da böyle muazzam bir etkileşim ve iletişim var. Görünen tüm maddelerin derinine gittiğinde elektronlarla karşılaşıyoruz. Her noktada, en derinde hep aynı yapı taşı. Atom altı parçacıklarının farklı kombinasyonlarda dizilmesinden doğuyor. En derinde, özde her şey bütün ve birlik içinde... Bu yüzdendir ki, bilimde ilerledikçe yaratıcı bir kaynağın varlığına daha çok inanıyorum demiştim."

Siyahlar içinde, yüzüne bir maske geçirmiş, boylu poslu şık birisi içeri girince Einstein da sustu. Odanın içinde yürürken ortalık sessizliğe büründü. Ayaktaki kişi, elini karşımdaki koltuğa koyarak dimdik gövdesini bana dönüp söz aldı:

"Einstein'ın çağdaşı Bediüzzaman, "kâinatta tesadüfe tesadüf edilemez" diyerek Einstein'ı destekliyor. Mu'cizât-ı Ahmediye Risalesi'ndeki bir hadis konuya ışık tutuyor. Mürşid-i Mutlak Hz. Muhammed, Hz. Enes'e buyuruyor: "Filân, filânı çağır. Hem, kime tesadüf etsen davet et." Hz. Enes de dışarı çıkar ve kime rast geldiyse çağırır. Kâinatta tesadüfe tesadüf edilemeyeceğinden, demek ki bu kelimenin yoruma ihtiyacı var.

Her şeyde hem mülk hem de melekût ciheti vardır. Biz insanlar eşyanın mülk cihetine vâkıfken, Hakîmü'l-Hâkimü'l-Mülk ve'l-Melekût melekût cihetini bizlere bazen hadisenin vukuundan hemen sonra açar, bazen bir müddet sonra anlaşılır, geri kalanı da âhireti bekler. Mülk cihetinde Hz. Enes için tesadüf olan şey, hakikat-ı halde yani melekût cihetinde tevafuktur, denk getirilmektir, uygunluktur. Gerçekten de Hz. Enes oradan kimlerin geçip-geçmeyeceğini bilmediği için tesadüf ettiğini yemeğe davet etmiştir. Ancak insanların hangi sebeple oradan geçtiğini Alîmü'l-Basîr Hakîm-i Mutlak bilmekte, hatta o insanları birtakım vesileleri bahane ederek yollarını değiştirmekte, o yoldan geçirmekte, rast getirmektedir. Demek ki tesadüf dediğimiz şey, cehaletimize verdiğimiz isimdir, hakikati ise hikmet-i İlâhiyedir, tevafuktur.

Einstein ve arkadaşları 'gizli değişkenler kuramı' ile Heisenberg'in Belirsizlik İlkesindeki belirsizlik zannedilen şeyin aslında bizim cehaletimizden kaynaklandığını söyleyerek Bediüzzaman'ın fikirleriyle esasta uyum sergilemiştir. Einstein, Kuantum Fiziği'nin gelişiminde katkısı olduğu halde, belirsizlik ilkesini bütün ömrünce reddetmiş, ona karşı bir nevi savaş açmıştır. Bütün ömrünce bahsettiği gizli değişkenleri bulmaya çalışmış, fakat başaramamıştır. Ancak iki arkadaşıyla (Podelski ve Rosen) birlikte EPR paradoksunu öne sürmüş ve bununla belirsizlik ilkesini halen de tartışılır bir konuma getirmeyi başarmıştır."

Başka hiçbir şey söylemeden, sözlerini bitirir bitirmez dışarı çıktı ve arkasından hiçbir yorum yapılmadı. Kısa süren sessizliği rulet masası bozdu:

"Biraz eğlensek mi? Ama öncesinde ben bir toparlayayım; sanki çok karıştın gibi gözüküyorsun. Basitçe özetleyeyim sana.

Evrende, doğada ve toplumda, olayların ortaya çıkmasında felsefi bir kategori olarak rastlantının rolü vardır... Ancak rastlantı, zorunluluk ile birlikte çalışarak sonucu belirlerler. Ancak olaya ya da sonuca etki dereceleri, genel olarak aynı şiddette değildir; zorunluluk kategorisi, daha çok olayın içsel nedenlerine özüne bağlı olduğundan, daha güçlü belirleyici olarak algılanır. Rastlantı ise, olayın ortaya çıkışında gerekli olan dışsal neden ve koşullara bağlıdır.

Mesela karlı bir dağ düşün. Çığ oluşacak, kaçarı yok, bunu engelleyemezsin. Yeterli ağırlık, koşullar oluştuğunda çığ başlayacak. Bu zorunluluk tarafı... Ancak o çığ başlarken o esnada yoldan geçecek bir arabanın şoförünün veya dağın yamaçlarında kaymakta olan birisinin kim olacağı rastlantı tarafındadır. Kayakçının durumu fark edememesi, öncesinde veya sonrasında değil tam o anda oradan geçiyor olması gibi sayısız değişken gösterilebilir.

Her şeyin bir ve tekliğini, sürekli bir etkileşim ve iletişimin varlığını, her şeyin enerji olduğunu hesaba kattığımızda düşüncelerini yönlendirebilen, düşünceden çok sezgileriyle hareket eden insanın, kendi geleceğini şekillendirdiğini, durumları yönlendirdiğini ve nihayetinde kendi kaderini çizdiğini söyleyebiliyoruz. Hem de tam bir eşitlik içinde. Çünkü bilgi, bilinç ve farkındalığın oluşmasını sağlayacak olanak ve olasılıklar herkesin elleri altındadır.

Hadi başlayalım artık."

Rulet masası sözlerini bitirir bitirmez çarkını döndürmeye başladı. Kollu şans makineleri ışıklarını yakıp her biri farklı bir müzik açtı. Piyango biletleri, sayılar, meyveler, tam bir renk cümbüşü başladı. Makinelerden çıkan bir kanguru zıplaya zıplaya yanıma gelip beni yerimden kaldırırken avucumu eline aldı ve jeton verdi.

"Bu jetonla seçeceğin kollu makinelerden herhangi birinde şansın şu an 1/100000. Sana dört jeton daha veriyorum artık şansın 1/20000. Hangi makineyi seçip, nasıl oynayacağın sana kalmış. Düşünmeyi bırakıp hissederek yürürsen (makinelere inanıyorum) kazanacağın makineyi seçme olasılığın katbekat artmış olacak."

Makinelere doğru yürürken kangurunun tam da hayatı anlattığını düşünüyorum. 360 derece etrafımız seçeneklerle doluyken, sonrasının ne olacağı tamamen seçimlerime bağlı. Seçimi nasıl seçeceğimde inancıma, hayata bakışıma, gerçekten yüreğimdeki niyete bağlı... Oradan çıkan enerji, sonucu belirleyecek. Çünkü görünen görünmeyen her şeyin kaynağı tek... Ayaklarımın beni götürdüğü makineye vardığımda, makinenin camından el sallayan meyveler, sayılar, kuşlar, böcekler çok eğlenceli...

Bugünkü düşüncelerin, yarınki manzaralarındır. Bugün yüreğinde taşıdıkların, hayatın sana sunacaklarının anahtarıdır. Sen ne dilersen, sana verilecek olan er ya da geç odur. Yeter ki nasıl bir varlık olduğunu ve gücünü unutma.

Zâhir 9

Bengü

Banka ortamına alışmak ayrı zor, her gün onlarca farklı insanla uğraşmak ayrı zor geliyordu. Gişedeki koltuğuna her oturduğunda yerinin bu koltuk olmadığını biliyordu ancak bir dönem oturmaktan başka çaresi yoktu. Bursa'dan İstanbul'a önce okumak için gelmiş, sonra da ailesinin yanına dönmemek için İstanbul'da kalmıştı. Üniversiteyi kazanması da aileden bir kaçıştı. Anne babasının kararmış dünyasından uzaklaşmaktı. Annesinin, babasına neden katlandığını çok sonraları anlamıştı, annesinin başka bir çaresi yoktu. Bengü annesi gibi olmayacaktı. Bursa'ya geri dönmek fikrinin yanında gişedeki koltukta oturmak çok daha iyiydi.

Bengü kendini çok güzel bulmuyordu ama bir şeytan tüyü de vardı. Esmer teni, ortalama boyu, kömür gözleri, beline kadar uzanan siyah saçları... En çok dolgun göğüslerini ve kalçasını seviyordu. Yaşadığı ülkede güzel kadın olmak bir yana, kadın olmak çok zorken daha güzel olmadığına sevindiği günler de olmuştu.

Hayatındaki duruşunu değiştiren olay, on binlerce kadının yaşadığı olayla aynıydı. Liseye giderken, amcasının oğlunun tacizine uğramıştı. Sonu tecavüze dönüşebilirdi

eğer bazen kendisini bile şaşırtan cengâverliği yapma-
saydı. Üniversiteye giden kuzeni Orhan ile evde yalnız
kaldığında hep huzursuz oluyordu. Çocukken oynadıkları
evcilik oyunundan o güne yaşadığı tedirginlik, kuzeninin
kalçasına göğüslerine takılı gözlerini her gördüğünde or-
taya çıkıyordu.

O gün de evde kalmaktan huzursuzdu. Anne babası
ve kardeşi evden çıkmadan Orhan gelmişti. Biraz takılıp
gidecekti, gitmedi. Bengü yan yana kalmamak için odası-
na kapanmış ders çalışma yalanını uydurmuştu. Salondan
müzik sesi geliyor, arada bir Orhan'ın mutfağa yönelen
ayak seslerini ve buzdolabının kapısının kapanmasından
sonra bira kutusunun açılma sesini duyuyordu. Odadan
çıkmaya hiç niyeti yoktu ancak artık tuvalete gitmesi ge-
rekiyordu. Orhan'ın salonda olduğundan emin olduğu sı-
rada tuvalete gitti. Orhan geldiğinde şortunu değiştirmiş,
eşofmanını giymişti. Tuvalette fazla oyalanmadan çıktı-
ğında kapının karşısındaki duvara yaslanmış sırıtıyordu
Orhan. Zayıf, uzun boylu, sıradan bir tip nasıl da erkek
olmanın küstahlığını, sözde delikanlı tavrıyla birleştiri-
yordu.

"Kızım amma çok çalışıyorsun gel de oturalım biraz."

Bengü'nün isteyeceği en son şey olurdu salonda
Orhan'la yalnız kalmak.

"Yetiştirmem gereken bir ödevim var. Yarına kadar bi-
tirmek zorundayım."

Orhan'ın yüzüne bile bakmadan söyleyeceğini söy-
leyip, odasına geçti. Çocuğun evdeki varlığı son derece
rahatsız ediciydi. Yatağının dibindeki çalışma masasına
oturup, Filibeli Ahmet'in *Amak-Hayal* kitabını açtı. İn-

cecik kitap, hayatında yeni pencereler açıyordu, seviyordu hayatı sorgulamayı. *Küçük Prens, Martı, Şeker Portakalı* en sevdiği kitaplardı ve şimdi bu listeye *Amak-ı Hayal* de eklenmişti, yaşına göre daha ağır bir kitap olsa da...

Amak-ı Hayal'in içinde yaratılan dünyayı okurken düşlere daldığı sırada Orhan'ın ellerini hissetti omzunda birdenbire.

"Ne okuyorsun?" diye soran Orhan kızın boynuna eğilmiş, nefesini yüzüne üflüyordu. Bengü'nün sonraki yıllarda en sevmediği içkinin bira olmasının nedeni de bu andı. Cevap vermesine zaman kalmadan Orhan diğer elini göğüslerinin üzerinden dolayarak Bengü'yü sandalyeye sabitledi. Dudakları Bengü'nün boynundaydı ve saçma sapan sözler söyleyerek kulaklarını, boynunu sertçe öpüyor, hatta yalıyordu. Kızın göğüslerini acıtarak sıkıyordu.

Bengü kendini felç olmuş gibi hissediyor ve ne yapacağını bilemiyordu. Bağırsa neler olacağını kestiremiyor, bu durumdan nasıl kurtulabileceğini tahayyül edemiyordu. Orhan elini kızın göğüslerinden bacaklarına doğru indirdiğinde, sertçe bir hamleyle yerinden kalkmaya çalışan kızı belinden kavradığı gibi masanın yanı başındaki yatağa fırlattı. Bengü yüzüstü yatağa düştüğünde Orhan da kızın kafasını yastığa gömüp, sertleşen erkekliğini boğulmak üzere olan kızın kalçalarına bastırıyordu. Sağ eliyle Bengü'nün tişörtünden içeri dalarak kızın göğüslerine ulaşmıştı. Göğüslerinde, sırtında ve kalçalarında Orhan'ın baskısını ve dudaklarını hisseden Bengü, kudurmuş gibi saldıran bu hayvanın eşofman altını dizlerine kadar indirdiğini fark ederek çırpınışlarını artırdı. Kızın kalçalarını emen Orhan, altında acıyla kıvranan zavallının bacak aralarında ve külotunun üzerinde sürtünüp duruyordu.

"Neden sen de keyif almıyorsun, alt tarafı oynaşacağız. Bekâretini almayacağım. Çırpınma. Bırak da eğlenelim, senin de canın istiyordur artık. Geçen düğünde nasıl kısa etek giydiğini gördüm, yanıyorsun işte. Aramızda kalacak korkma. Sorun çıkartır da birine söylersen senin gelip kucağıma oturduğunu, benimle yatmak istediğini söylerim millete. Rezil olursun."

Erkek egemen topluluğun ikiyüzlülüğünde, kadının her durumda suçlu çıktığını, aşağılandığını henüz keşfetmemiş olan Bengü, direnmeye çalışıyordu. Bacaklarının arasında kalçalarında Orhan'ın penisini hissettiğinde güçlü bir çığlık attı. Orhan canını yakarak ağzını kapattı ve yüzünü yastığa sertçe gömdü. Özge'nin çığlığı, yastıktaki sessizlikti. Orhan sol eline tükürüp, Özge'nin kadınlığına sürüyordu. Anlamsızdı olanlar Bengü için. Kadınlığının dudakları arasında Orhan'ın parmakları hızlıca hareket ediyordu. Bedeninin bütün ağırlığını sırtında hissediyordu, kulaklarında garip hırıltılarla...

Orhan altındaki çamaşırı çıkartmak için kaykıldığında Bengü, yataktan fırladığı gibi kapıya koştu fakat ardından yetişen Orhan onu bir kez daha tutsak etti kendine. Sonra ikisi de tökezlediler ve koridorun duvarına çarptıklarında Orhan, Bengü'yü duvara yaslayarak boğazını sıktı. Bengü artık kıpırdayamıyor, nefes de alamıyordu. Orhan kol mesafesinde geri çekilip Bengü'ye aşağı bakmasını söylüyordu. Orhan sol eliyle Bengü'nün boğazını sıkarken sağ eliyle penisini sıvazlıyordu ve kızın ona bakmasından hayvani bir haz alıyordu. Bengü ilk kez bir penis görüyordu. Orhan elini penisinden çekerek kızın külotunu kenara sıyırıp, sertleşmiş penisini Bengü'nün kadınlığına sürtmeye başladığında zavallı kız bayılmak üzereydi. Kapı neden açılmıyordu, annesi babası neredeydi?

Orhan elini Bengü'nün boğazına sıkıca yapışıp onu aşağıya doğru bastırdı ve dizlerinin arkasına vurarak yere oturtmayı başardı. Kendini bir anda dizlerinin üzerinde bulan Bengü, bacaklarındaki acıyı bile hissetmedi yüzünde dolaşan penisin iğrençliğinden... Orhan, penisini Bengü'nün yanaklarında, alnında, saçlarında ve yüzünün her tarafında dolaştırıyordu. Dudaklarına sürtünen penisi tiksinerek reddeden Bengü, çenesini kilitledi. Dudakları acıyordu. Orhan, kızın ağzını açabilmek için burnunu kapattı ve penisiyle ağzına baskı yapmaya devam etti. Bengü artık nefes alamıyordu. Sadece direniyordu... Direndi, direndi, direndi... Gözlerinden yaşlar boşalıyordu. Sonunda dudakları araladığında Orhan da hızlıca penisini Bengü'nün boğazına doğru yasladı. Genç kızın dudakları arasında gidip gelirken onun çaresizce bakan gözlerinin içine eğilerek hayatı boyunca unutmayacağı leş gibi bir tebessüm bıraktı hafızasında.

Bengü bir anda şuurunu kaybeder gibi olduysa da beklenmedik son bir hamleyle ağzının içinde gidip gelen penisi dişleri arasında sıkıştırarak var gücüyle ısırdı. Acıyla koridorun karşı duvarına yapışan Orhan, olduğu yerde kıvranırken Bengü de mutfağa doğru koşturdu. Tezgâhın üzerindeki ekmek bıçağını kaptığı gibi Orhan'ın üzerine yürüyerek hiç tereddütsüz dizine sapladı. Orhan başına gelenlere anlam veremeden can havliyle eşofmanını yukarı çekip koşar adımlarla sokak kapısından fırlayıp gitti.

Bildiği sokaklarda yabancıydı sanki. Başıboş halde sadece koştu ve yorulduğunda yürümeye devam etti ama hiç durmadı. Gidebildiği kadar uzaklaştı oradan. Her can, bir şekilde saflığını yitiriyordu yaşamın getirdikleriyle ve travmalarıyla... Birileri bizi fena yaralıyordu. Çoğu zaman da en yakınımızdakiler. Bengü için de öncesi ve sonrası farklıydı artık. Hayat, her anında önceki ve sonrakini yeniden yaratıyordu. Okuduğun herhangi bir kitabı bile, seneler sonra yeniden okuduğunda sana bambaşka ve yepyeniymiş gelirken, yaşanmışlıklar nasıl değiştirmesin ki dünü, bugünü ve yarını. Hayat aktıkça, sayısız "öncesi"ler ve "sonrası"lar...

O akşam evine yaralı halde dönen Orhan'ın hastalandığı için bir süredir ortalarda gözükmediği söylendi etrafta. Bengü'nün annesi kızının boynundaki izlerden olan biteni az çok anlamıştı ama bilmezlikten gelmeyi daha kolay buldu. Belki aklından geçenleri kızına ve Orhan'a hiç konduramadığından ya da belki tamamen çaresizliğinden...

Bengü, erkeklerden nefret etmedi. Aciz bir mikrop yüzünden tüm insanlığı lanetlemedi ama erkekleri başka bir yere koydu hayatında. Yaşadıkları, babasının annesine yaptıkları, Orhan ve diğer erkeklerin bakışları...

Zümrüt dışında kimseye anlatamadı başından geçeni. Ne de olsa haklı çıkması zordu bu davada. Susmak en iyisiydi. Herkes Orhan'ı, mert, inançlı, efendi bir erkek çocuğu olarak bilirdi. Böylesi düzgün bir erkeği olsa olsa ancak aşüfte bir kadın baştan çıkartmış olabilirdi, çevresi de Bengü'yü zaten fazlasıyla fingirdek görürdü. Üstüne üstlük Bengü okuyan, tek başına okul kamplarına giden, kısa etek ve şort giyen bir kızdı. Yani çevresindekilerin gözünde gerçek bir "fahişe" namzetiydi. Namusu kılıkta arayanların, cinselliği erkek tekelinde yaşayanların ortamında olan buydu. Hatta babası bile kızını suçlayabilirdi bu durum ortalığa dökülseydi. Sonrasında çevresindeki erkeklerin bakışlarından da rahatsız oldu Bengü hatta babasınınkilerden bile. Çocukken babasının yatağına gelip onu okşamasından bile kuşku duyar oldu. Zordan öte bir lanetti kadın olmak. Böylesi kadınlar yüzünden erkekler şeytana uyup, yoldan çıkmıyorlar mıydı? Tecavüz davalarında hâkimin dönüp kadına "Etek mi pantolon mu giyiyorsun?" diye sorması bile bundan değil miydi? İkiyüzlü bir erkekler dünyası ve buna çanak tutan kabullendirilmiş kadınlar cehennemi... Hepsi bu...

Bengü ne erkeklerden nefret etti, ne hayata ve cinselliğe küstü. Aksine erkeklerin acizliğinin, zaaflarının ve zayıflıklarının farkına vardı. Biraz gülümsemeyle ve azıcık da dekolte bir kıyafetle erkek milletinin nasıl da komikleştiğini, acınası hallere düştüklerini gördü. Ne kolay kullanılabilir hale geliyorlardı. Ne kadar küçük ve ne kadar da basittiler. Bir erkeği parmağına dolayıp onu sömürmek bu kadar kolaydı işte. Ancak parmağına dolayamayacağı bir erkeğe âşık olabilirdi Bengü ve bunun için henüz zamanı vardı.

Önce şu banka gişesinden kurtulacak, kadının yok sayıldığı bu toplumda güçlü bir kadın olmayı bilecekti. Kadınlığını kullanmak sadece güçlü bir araç olabilirdi onun için. Hedef değil... Kendini güçlü sanan erkekler, insanlıklarından çıkabilecek kadar uçkurlarının emrindeyken ölesiye acizdiler zaten.

Bengü erkeklerin yapay gücünü, kendi varoluşu için kullanıyordu. Gişeye gelip, masasının üzerine düşecekmiş gibi gömleğinin düğmelerinde açık kollayan iştahlı bakışlardan da etkilenmiyordu, şube dışında buluştuğu müşterilerinin kurlarından da. O yalnız kendi seçtiği adamlarla beraber oluyordu.

Seçilmek değil, seçmekti önemli olan. Seni seçenle değil, seçtiğinle beraber olmak. Sadece aşkı yaşayacağı insan, onu seçen kişi olacaktı. Fakat hayat, kısa bir süre sonra bu düşüncesinin tamamen bir yanılgıdan ibaret olduğunu öğretecekti Bengü'ye. Az kalmıştı.

Güçlü kadın olmak ne çok zengin olmak ne de ünlü olmak demekti Bengü için. Dimdik ayakları üzerinde durabilmek, duygularına yenilmemek, mantığından şaşmamaktı güçlü olmak… Ailesinden uzun zamandır bir kuruş para almamıştı. Kimseden hiçbir şey istemeden, her şeyi tek başına yapabilme gücüne sahip olarak yaşayabilmekti esas olan. Yakında bunu da yanlış bildiğini öğrenecekti Bengü. Şimdilik farkında değildi sadece…

Son zamanlarda dünyasına aldığı tek kişi Zümrüt'tü. Üniversite yıllarından tanıdığı Zümrüt'le kurduğu bağı seviyordu. Zümrüt aynadaki yansıması değildi. Birbirlerinin ters açısı gibiydiler. Zümrüt için güç; bu şehrin hatta dünyanın ötesindeydi. Güçlü olmak gibi bir derdi yoktu onun. Buna rağmen Bengü, Zümrüt'ün kendinden çok daha sağlam olduğunu düşünüyordu. Yıkılmaz, sarsılmaz gibiydi Zümrüt. Doğal bir güç hali vardı sanki onda. Aslında Zümrüt'ün Bengü'den farkı zorlamayla, çabaya ya da mücadeleyle değil, doğal süreçte kendi kendisine yetebiliyor olmasıydı.

Zümrüt, Bengü'yü dengeliyordu. Hiçbir erkekte bulamayacağına inandığı güvenli limanı, Zümrüt'ün kıyılarında buluyordu. Öyle ki onunla yaşadığı arkadaşlığı Şems ile Mevlana'ya benzetecek kadar ileriye gitmişti Bengü. Onunla sohbet etmeyi, hayatı sorgulamayı seviyordu. Oysa Zümrüt'ün ulaştığı noktanın çok gerisindeydi, Zümrüt bu gerçeği ona hissettirmiyordu.

Bengü'nün yanına taşınmış olması hayatına yeni bir renk getirecekti. Aslında ona birlikte yaşamayı teklif ettiğinde bu hayalinin kolayca ve hemen gerçekleşebileceğini aklından dahi geçirmiyordu. Ama nasıl olduysa olmuştu işte. Zümrüt teklifi ikiletmeden hemen kabul etmişti.

Bankadan çıkmasına bir saat kalmışken sıradaki müşteriye şirketin görev kartı gibi mecburiyetten dolayı yüzüne taktığı sıradan gülümsemesiyle bakarken, düşündüğü tek şey bir an evvel eve dönmekti. Yeni ev arkadaşıyla birlikte bu ilk geceni keyfini yaşamak istiyordu hevesle... Oysa Zümrüt bu gece evde olmayacaktı.

Hayat siyah-beyaz olduğunda ve her şey rutine bulandığında insan buna tahammül edebilecek gücü ancak kendi yarattığı renklerle bulabiliyordu. Bazen küçük bir hafta sonu planı, bazen bir tiyatro bileti, bazen sarılıp uyuduğun uçsuz bucaksız hayallerin... Yoksa nasıl geçer ki bu hayat?

Bâtın X

Yağmur yağıyor, bilmediğim bir şehrin, karanlık, dar, taşlı sokağında yürüyorum. Elimde bir not kâğıdı var:

"Felsefe Taşını Almak İçin Simyacıyı Bul"

Sokak boyunca uzanan taş evlerde bir tek ışık yanmıyor. Sokaklarda bir tek canlı yok. Yolu aydınlatmak için duvarlarda kandiller, cam fanuslarla asılmış mumlar var. Hangi yüzyıldayız da elektrik yok.

Dar sokaklar labirent âdeta... Ben de bilmediğim bir yolda yürüyorum. Biraz ileride camları açık bir dükkân var. Tabelasını görüyorum:

"Abrahadabra"

Küçük camlarından içeriye baktığımda tıka basa dolu bir dükkân. Tüm duvarlar raflarla dolu, raflarda türlü türlü bitkiler, kavanozlar, beherler, dükkânın tam ortasında herhalde iki metreye yakın yükseklikte bir dolap var. Üzerinde bir şey yazıyor, okuyabilmek için gözlerimi kısıp, iyice cama yaklaşıyorum:

"Felsefe Taşı"

Aradığım yer burası.

"İçeri gelsene..."

Dükkânda kimseyi göremiyorum ancak aradığım yer burası, içeriden biri de beni çağırıyor. Kapıyı açıp içeri girdiğimde kapının yanında kalan harıl harıl odunları

yanan şöminenin sıcaklığı yüzümü yakıyor. Kapıyı kapa-
tıp, birkaç adım atınca dükkânın solunda kuytuda kalan
tezgâhı görüyorum.

Uzun beyaz sakalları, kahverengi hırkası, yuvarlak göz-
lükleri, tombul suratıyla fantastik filmlerden kopup gel-
miş, Yüzüklerin Efendisi'ndeki Gandalf'ın farklı bir versi-
yonu olan adam gülümseyerek bana bakıyor.

"Hoş geldin. Ben de seni bekliyordum. Geleceğini söy-
lemişlerdi. Gel şöyle otur."

Kim söylemişti? Muhtemelen not kâğıdını elime tutuş-
turanlar. Tezgâhın tam karşısında, şömineyi de ortalayan
koyun derisinden yapılmış koltuğa geçiyorum. Burada
çok zaman geçirmeme gerek olmasa bari. İhtiyacım olanı
alıp çıkayım.

"Sizden felsefe taşını almam gerekiyormuş. Sanırım
doğru yerdeyim. Alıp çıkayım."

Bir eliyle kabın içine, küçük tombul şişeden bir karı-
şım döküyor, diğer elindeki metal çubukla döktüğü sıvıyı
karıştırıyordu. Tombul şişeyi bırakıp, metal çubuğu diğer
eline geçirip karıştırmaya devam ederken, boşta kalan
eliyle ortadaki büyük dolabı göstererek:

"Felsefe taşı o dolabın içinde. İzin verirsen işimi biti-
reyim, o arada biraz sohbet ederiz. Felsefe taşını neden
arıyorsun?"

"Ben aramıyordum ki elimdeki kâğıtta yazıyordu. Fel-
sefe taşının ne olduğunu da bilmiyorum. Neye yarar ne
için kullanılır? Felsefe taşının nasıl bir şey olduğunu, ne
işe yaradığını bilmiyorum. Sizden almam gerektiğini söy-
lediler ben de almaya geldim."

Karıştırdığı sıvıları gaz ocağının üzerine koydu. Ellerini silip, şömineye kalın bir odun parçası ekleyip yanındaki ahşap sandalyeye oturdu. Tombul bedeniyle uyumlu pantolon askılarının üzerinde bir sürü anlamsız sembol vardı. Maşayla şöminedeki korları toparlarken konuşmaya başladı:

"Aslında insanlığın en büyük arayışlarından biri felsefe taşına ulaşmak, ulaştığında da koruyabilmekti. Nice bedenler bu yolculukta yakıldı işkence gördü, niceleri canı uğruna korudu. Niceleri ulaşamadan öldü. Felsefe taşını anlayabilmek için simyanın ne olduğunu, simyacının kim olduğunu anlamak gerekir. Nefes alan her beden aslında bir simyacıdır.

Kybalion'a göre 'Simya, sanatıyla istenmeyeni değerli olana ve kendi zaferine dönüştürür. Ustalık normal dışı düşler, görüler, fantastik hayaller yaratmak değil, yüksek güçleri aşağı güçlere karşı kullanmaktır. Ustanın gücü dönüşümdür."

Elindeki maşayla sokaktaki tabelayı işaret ederek devam etti:

"Dönüşüm bütün değişim hareketlerinin başlangıcıdır aslında. 'Abrahadabra' dönüşümü anlatan sembolik bir terim; anlamı da 'Konuştukça yaratırım, konuşarak yaratmaya devam ederim...' Dönüşüm doğada, insan bedeninde aralıksız devam ediyor. Vücudumuzdaki tüm atom sayısının % 98'i her yıl değişirken, cildimiz 5-7 haftada yenileniyor. Alyuvarların ömrü 2-3 ayken, karaciğer hücrelerinin yenilenmesi birkaç yıl alıyor.

Değişim, dönüşüm, yenilenme, sonsuz devinim yaşamın ve evrenin kuralıdır. Yaşamın sonsuz bir çizgi değil, sonsuz bir spiral olduğunu kabul edersek, başlangıç ve son sürekli iç içe hareket halinde… Başlangıçsızlıktan sonsuzluğa bitmeyen bir hareket…

Abrahadabra, içsel ve dışsal dünyalarımızın uyumlu birlikteliğini simgeler. Efsanede kanatlı ejderha, kanatsız ejderhayla dövüşür, sonunda öldürür. Ancak son tahlilde kanatsız ejderha da kanatlı ejderhayı öldürür. Kanatlı ejderha içsel kaynağı, kanatsız ejderha ise egoyu temsil ediyor. İkisinin savaşının sonunda ikisi de ölür ve sonuç şudur: Varlığımızın semavi ve dünyevi yönü birbirlerini öldürdükten sonra yaşamın kaynağında kusursuzca birleşirler. Değişim içten dışa doğru olur. Abrahadabra küçük ve büyük düzen, iç ve dış dünyalar arasındaki birlikteliği simgeler.

En yakıcılardan biri olan hidrojen, en iyi yanıcı oksijen ile birleşip suyu oluşturuyor. Tek başına oldukça zararlı olan sodyum ve klor, bir araya geldiğinde tuzu yaratıyor. Hayata bağlayan en önemli unsurlardan birisi oluveriyor. İki zıt özdeki uyumda birleştiğinde, görünende muhteşem bir uyum yaratır."

Karşı köşede duran ahşap satranç takımını işaret ederek sordu:

"Satranç oynar mısın?' Bilir misin?"

"Oynarım ama çok değil. En azından kurallarını bilirim."

Yerinden kalkıp ateşteki karışımın başına döndü yine. Bir yandan işini yapıyor bir yandan da konuşuyordu.

"Satranç oyunu da insanın komplike yapısındaki her parçanın kendi gölgesiyle savaşını anlatır. Evrende ışık ve karanlık hep karşı karşıya gelirler. İnsanın özü ile egosu gibi. Satrançta şah ruhu, vezir aklı, fil duyguları, at canlılığı, kaleler fiziksel bedeni temsil eder. Piyonlar insan ruhunun parçalarıdır.

Sıcak bir şeyler içer misin?"

" Olur."

Tezgâhın altından porselen bir çaydanlık çıkarttı. Rafların arasında dolaşıp, farklı raflardan farklı kavanozlardan bitkileri çaydanlığa attı. Cam sürahiden suyunu doldurup, önce ocaktaki karışımını aldı, sonra çaydanlığı yerleştirdi. Kusursuz bir akışı vardı. Sakin, ne istediğini bilen, tüm dükkâna hâkim.

"Simyacılar, basit madenleri değerli madenlere dönüştürmeye çalışanlar olarak anılsalar da aslında yaşamın görünmeyen tarafının keşfindeydiler. Görünmeyen taraftaki asıl simya ise, ruhsal olandı, ruhun simyası. Görünende simyacılar ocak, fırın başında türlü metalleri karıştıran, ısıtan, birleştiren, erimiş kurşunu altına dönüştürmeye çalışan genelde de yaşlı kimselerdi. Nihai hedef de felsefe taşını yaratabilmekti. Oysa bundan çok daha fazlasıydı.

Ruhsal simya, insanlık tarihinde özellikle son bin yılda birçok bilim adamını, siyasetçiyi, düşünürü yakından etkiledi. Hatta Rönesans'ın yolunu açtı. Metallerin umudu altına dönüşmek, insanın tekâmülü İlahi Mükemmelliğe ulaşabilmektir. Felsefe taşını bulmanın bu süreci çok ama çok hızlandırdığına inanılır."

Çaydanlığın kapağını açıp birkaç tutam ne olduğunu bilmediğim tozlardan attı. Şöminenin sıcağından iyice mayışmıştım.

"Simyacı maddenin içinde gizlenmiş olduğuna inandığı ruhu özgürleştirmek çabasındaydı ve böyle yaparak, bir bakıma ruh ile fiziksel gerçeklik arasındaki köprüyü kuruyordu. İyi bir simyacı, madde, yaşam ve bilinç arasında çok sağlam bir bağlantı olduğunun farkındadır. Maddenin ötesine geçebildiğinde gerçek kaynağa ulaşılır. Kaynağa indiğimizde her birimizin kaynağın suretinde var olan varlıklar olduğumuzu fark edebiliriz."

Çaydanlığı koymadan önce ateşten aldığı karışımı, metal bir kaba yavaş yavaş dökmeye başlarken âdeta bakışlarıyla maddeye hükmediyordu.

"O yüzden simyada adı geçen temel elementlerin ruhsal anlamları da farklıdır. Örneğin Ateş, niyettir, istemdir, eylemdir. Yakıcılığı ve ihtirası da vardır. Su ise, dişil olup ateşi söndürendir. Duygularımızı simgeler. Etkileşime geçtiği her şeyi özüne katan su kirlenebilir veya saf kalabilir, duygularımız gibi. Havada hem ateşin hem suyun elementleri bulunur. Hava, zihinsel ve algısal yeteneklerimizi simgeler. Algı, hayal kuran zihnin içeriğinde yer alan, farkında olan ve kelimeler olmaksızın anlayabilen iken akıl, algıladıklarımızı analiz eder. Toprak ise maddi varlığın temelidir. Tüm elementler gibi toprak da iki elementten oluşur: Rüya gören ve rüya...

Ruhsal simyadaki mesajıysa şudur:

Hayal kuranın, hayal kurmanın gücünü fark ederek inançla hayallerini gerçek kılması...

Simyada kurşun son elementtir yani ölümü simgeler; kurşunun altına dönüştürülmesi isteği ise ruhun ölümsüzlüğü arzusudur. Kurşun ölümlü beden, altın ölümsüz ruhtur. Bunun için önce gönle inilerek; daha derinlerde aranan sır bulunur. Sonra keşfedilen bu sırrın yardımı ve desteği ile yukarı çıkılarak yücelinir. Öyleyse, mükemmelleşme gökyüzünü yeraltı ile birleştirerek, yani bedenle ruhu, yani zâhirle bâtının birlikteliğinde sağlanır. Her yükselişin bir düşüşü vardır ve sadece çıkış tam ve yeterli olamaz çünkü insan gerçeğin yolunda sürekli çıkış ve inişini sürdürmek zorundadır."

Alt raflardan çıkardığı ahşap, kulpsuz bardaklara çayı dökerken, çayın bardağa akışını sanki muhteşem güzellikte bir kadını izlermiş gibi hayranlıkla izliyordu. Yanıma gelip benim bardağımı verir vermez arkamdaki duvarda duran dolaplardan birini açarak kısa bir parşömeni elime tutuşturdu.

"Hermetik felsefe, aslına bakarsan öze giden felsefenin temelidir. Bu sana verdiğim de Zümrüt Tablet'te yazılanların bir özeti. Hermes'in mezarında bulunduğuna inanılır. Oku."

Ben okurken o da şöminenin yanındaki sandalyeyi karşıma çekip oturdu.

Zümrüt Tablet'te şöyle geçer:

"Hiç yalan olmadan doğrudur, kesindir ve çok gerçektir. Aşağıda olan yukarıda olan gibidir, yukarıda olan da aşağıda olan gibidir ve birlikte tek bir şeyin mucizesini gerçekleştirirler. Ve bütün her şey bir olandan geldiğinden, bir olanın düşüncesinden gelmiştir. Böylece her şey bu tek olandan uyum sağlayarak çıktı.

Güneş onun babasıdır, Ay annesidir. Rüzgâr onu karnında taşımıştır, Toprak beslemiştir. Dünyanın bütün gücünün babası budur. Onun gücü eğer toprağa dönerse her şeye yeter. Toprağı ateşten ayıracaksın, sübtil olanı kalın olandan; bu büyük bir maharetle olmalı. Topraktan gökyüzüne çıkacak ve yeniden toprağa inecek ve yukarıda ve aşağıda olanın gücünü alacak. Bununla bütün dünyanın zaferi senin olacak; bunun için bütün karanlık senden uzaklaşacak. Bu bütün kuvvetlerin en kuvvetlisi; çünkü her sübtil şeyi yenecek, her katı şeyin içine girecek.

Dünya da böyle yaratıldı. Hayranlık verici biçimler bundan çıktı, bunların ortamı buradadır. Bu yüzden bana Üç Kere Büyük Hermes denir, çünkü bütün dünyanın felsefesinin üç bölümü de bana aittir. Güneş'in yaptıkları hakkındaki söylediklerim böylece bitiyor ve tamamlanıyor."

Okumam bittikten sonra önce çayından bir yudum aldı sonra devam etti:

"Simyacılara göre, insan vücudunun yapısı ile evrenin yapısı arasında bir yakınlık vardı. Evren ve insan vücudunun aynı maddelerden ya da aynı ilkelere göre ya da aynı öğelerden yapıldığının kabulüdür bu. Simyacı kendi üzerinde çalışır, kendini tanımak için çabalar. Evreni, doğayı, insanı öğrenmek ister. Zümrüt tabletin önemi, Simya teorisini özetlemiş olmasıdır: 'Yukarısı gibidir aşağısı.'

Hermes'in dediği gibi: 'Her parça bütünün temsilcisidir.' Ve parça bütüne ait olduğu müddetçe, parçadaki değişim, bütünü de değiştirir.

Peki Zümrüdüanka'nın hikâyesini bilir misin? Küllerinden doğan efsane... Anka kuşunda, ruh gelişim sürecini tamamlar. Zümrüdüanka aynı zamanda kendi mezarı olan yuvasını yapar ve onu yakarak kendini küle çevirir. Fakat yenilenerek küllerinden dirilir. Burada simyacının ruhanileşme deneyimini görüyoruz. O kendi varlığını öyle bütünselleştirmiştir ki artık varlığının temeli olarak fiziksel bedenine bağlı değildir. Bu kuş ruhun bütünleşmesi, arınması ve dönüşümünü simgeler."

Çayın tadı daha önce tatmadığım tatları dilime yayarken gözkapaklarım ağırlaşmaya başladı. Neymiş bu felsefe taşı, nasıl bir hikâyesi varmış. Neye benzediğini artık merak ediyorum, onu alıp nereye götüreceğimi de bilmiyorum. Gerçi biraz daha kalabilirim sıcak, rahat, keyifli... Düşüncelerimi okumuş gibi yerinden kalktı:

"Seni daha fazla meraklandırmayayım. Hadi gel sana felsefe taşını vereyim."

Gömüldüğüm koltuktan kalktım, birlikte dükkânın ortasındaki yüksek dolabın önünde durduk. Cebinden çıkardığı büyükçe anahtarı dolabın kilidine sokup yavaşça çevirdi. Dolabın kanatları açılınca ben sol kanadının arkasında kaldım. Kolumdan tutarak beni dolabın önüne geçirdi.

Dolapta gördüğüm 'ben'dim. Kenarları işlenmiş, kusursuz kesilmiş bir boy aynasında kendime bakıyordum. Elini omzuma koyarak:

"Felsefe taşı sende. Yüreğinde, içinde ruhunda... Kendi içindeki Tanrısal özü bulmak isteyen kişi, tıpkı maddenin saflaştırılması gibi, kendi içine dönerek kendini saflaştırmak ve gizli olan, içindeki 'Felsefe Taşı'na kendi ulaşmak zorunda... Hadi çayını soğutma."

Dolabın kapaklarını kapatırken ben de yerime geçtim. Gerçek ile hayal, uyku ile uyanıklık arasında gidip geliyordum. Tek istediğim bu koltuktan kalkmamaktı.

"Simyada 'İlk madde'yi elde etmek, tüm madenlerin türediği cevheri elde etmek değil, ruhsal varlığın ilk halini, yani maddi dünyada doğmadan önceki saf şuur halini elde etmek anlamına gelir. Aranan Felsefe Taşı da dışarıda değil, insanın içinde, yüreğinde duruyor. Felsefe taşı mutlak olana, Tanrısal öze kavuşturan bilinç anlamını taşıyor. Öyleyse kendi içindeki Tanrısal özü bulmak isteyen kişi, tıpkı maddenin saflaştırılması gibi, kendi içine dönerek kendini saflaştırmalı ve gizli olan, içindeki Felsefe Taşı'na ulaşmalıdır."

Yerine geçmiş, bardağıyla beni işaret ediyordu:

"Bu bir anlamda yaşarken kendinden doğuştur, belki de defalarca Anka Kuşu gibi küllerinden doğmaktır ve bunu gerçekleştirmek için yola çıkan kimse, bir daha asla eskisi gibi olmayacaktır. Zâhirin simyasında genelde uçucu ve hareketli olarak cıvaya karşılık gelen ilk madde, bâtında mükemmel olmayan kişiyi temsil eder. Henüz uykuda olan, uyandırılmayı bekleyen Pamuk Prenses gibi...

Kendini bütünleyen, tamamlanan, karşıtları kendinde birleştirmeyi beceren insan, karanlık yönünü de fark edip bir simyacı gibi onu dönüştüren farklılaşma ve bütünleşme enerjilerini bir arada kullanabilen, birini görmezden gelmeyen 'gerçek insan'dır. Gerçek insanda bilinç ve bilinçaltı bir köprü ile birleşir. Sonluda karşıt bulunanlar, sonsuzda birliğe ulaşırlar. Ruhunu arayan insanın macerasıdır bu...

Bu yolculuk, sadece okuyarak değil, yaşayarak, hissederek içimizde yapacağımız derin düşünce yolculukları ile olacaktır. Düşünme üzerine düşünme tefekkürdür. Kuyulardan, basamaklardan geçerek derinliklere inilir. İç dünyasını tamamen keşfeden yani egosunun sembolik metallerden arındıran ve gölgenin baskısından kurtulan kendi hayatına da, yaşamın elementlerine de hükmetmeye hazırdır.

Aynı zamanda bu yolculuk bizi maskelerden arındırır.

Farkındalıkla çatışmalarını durdurabilen, dengeyi sağlayabilen insan gerçek insandır. Yolda 'Ben' ve 'O'ndan oluşan zıtlar uyumlu olarak birleştirilir. Bilinç ve bilinçaltının savaşı sona ererek 'Ben' tamamlanma yoluna girer."

Gözlerimi açamıyordum artık. Zar zor çayımdan bir yudum daha aldım. Söylediği her şey bilinçaltımın en derin noktalarına sızıyor gibiydi. Direnç kırılmış, bütün kapılar açılmış, kelimelerin enerjisi ruhuma akıyordu.

"Bir şeyi çok iyi anlamak durumundasın. İyi bir simyacı kendini dönüştürdüğünde evreni de dönüştürür. Sen değişmeden hiçbir şey değişmez ama sen değiştiğinde, her şey değişir. Bütünün bir parçası bütünü değiştirebilecek güce sahiptir. Kanser hücresi gibi. Kanserde bozulan hücre tüm sistemi çökertiyor. Simyacı tam tersini yaparak parçası olabildiği sistemi aydınlığa doğru dönüştürebilecek güce sahip olduğunu bilir."

Yerinden kalktı geldiğinde üzerimi bir battaniye ile örttü. Felç olmuş gibi tepkisiz izliyordum.

"Uyu biraz. Bilgi zamanı geldiğinde ve gerektiği kadar verilmeli. Bebekler de yeni doğduklarında çok uyurlar. Zorlama, kendini bırak. Yolculuğunun tadını çıkart."

Bu cümleler son duyduğum cümleler oldu. Sadece şömineden çıkan sesler, battaniyenin yumuşacık yünü, koltuğun sıcaklığı ve huzur.

Zâhir 10

Burcu-Aslı

Ne yattığı yataktan kalkmaya niyeti vardı ne de perdeleri açıp günün aydınlığını görmeye... Her şeyi berbat etmişti. Olaylar hiç de hak etmediği şekilde gelişmişti Burcu'ya göre. Çevresindeki kadınlar ne haltlar yiyorlardı da onun düştüğü bu zavallı duruma düşmüyorlardı.

Birileriyle konuşmaya ihtiyacı vardı. Bir psikiyatra da gidebilirdi ama daha öncesinde güvenebileceği ve onu yargılamadan dinleyip belki Selim'le olan durumu düzeltmesine yardımcı olabilecek biriyle dertleşmeliydi. Aklına gelen ilk isim Aslı oldu. Hemen şimdi aramalıydı onu.

Yatağın başucundaki komodinin üzerinde şarja takılı halde duran cep telefonuna uzandı güçlükle. Her yeri ağrıyordu. Fazla çalmadan hemen açıldı telefon. Bu bile Burcu'ya kendisini iyi hissettirdi. Fakat bir tuhaflık vardı sanki. Burcu konuya girmediği halde Aslı her şeyin farkındaymış gibi kendinden emin ve heyecansız konuşuyordu. Burcu onu bugün için eve davet ederken, Aslı'nın Selim'le görüşmüş olabileceğini de tahmin etti. Bir saat sonra evde buluşmak üzere sözleştiler. Burcu'nun dışarıya çıkıp insanların arasına karışmak gelmiyordu içinden.

Selim çocuklara bir şey söylemiş miydi acaba? Bu çok

kokutucuydu. Ya annesi babası... Onlara nasıl anlatabilirdi ki durumu? Kaldı ki annesi de babası da Selim'i çok seviyorlardı. Çocuklarına sıradan mesajlar göndererek, onların bir şeyler sezinleyip sezinlemediklerini anlamak istedi.

"N'aber oğum, iyi misin?"

"Her şey yolunda anneciğim sen nasılsın?"

"Burada da her şey yolunda... Ne zaman geleceksiniz?"

"Şu sıralar değil anneciğim. Sınavlar yoğun. Zaten tatile de pek bir şey kalmadı. Belki babamla siz daha önce gelirsiniz."

Aslı geldiğinde, Burcu sürünerek de olsa duşunu almış, sabahlığını giymiş, mutfağın ortasındaki geniş tezgâhın başına geçip kahveleri hazırlamaya başlamıştı bile. Burcu fincanları kurabiyeyle birlikte servis edip yerine oturduğunda Aslı'yla göz göze gelir gelmez ağlamaya başladı. Boşalmaya ihtiyacı vardı.

Aslı topuklu ayakkabılarının rahatsızlığını hissederek tabureden inip, Burcu'nun yanına gitti ve sarıldı. Burcu, sıcak ve güven dolu bir sarılmaya duyduğu muhtaçlıkla teslim oldu Aslı'nın kollarına. Titreyerek ağlıyordu Burcu.

"Selim'i çok seviyorum Onu kaybetmek istemiyorum. Ölürüm onun için." diyerek inlemeye başladı Aslı'nın kulağına...

"Ben de Selim'i çok seviyorum" demek isterdi Aslı ama sustu. Üstelik kollarında acıyla kıvranan bu kadından çok daha fazla, çok daha gerçek, saf bir sevgiyle Selim'i sevdiğini biliyordu. Hatta kendisininki sevgi değil, aşktı. İmkânsız olan, ulaşılması uzak...

Aslı, tezgâhın üzerindeki kâğıt havludan bir parça kopartıp Burcu'ya verdi ve yerine geçti. Sarılma terapisini daha fazla uzatmak istemiyordu. Kahvesinden bir yudum alarak Burcu'ya baktı ve "Sakin ol Burcu. Olan oldu. Bundan sonrasına bakmak lazım... Her şeyden önce sen ne istiyorsun? Neler olduğunu sormuyorum bile sana." dedi

"Olan bir şey yok ki zaten. Sadece platonikte kalan, eyleme geçmeyen, sanal bir şeydi. Boşluğuma geldi, yalnızlığıma, Selim'den açık kalan kapıdan bir sızıntıydı sadece. Bunu nasıl anlatırım, nasıl açıklarım bilmiyorum."

Aslı'nın emin olamadığı bir şeyler vardı. O da mevcut durumun küçültücü halinden dolayı Burcu'nun duygularıyla ilgili bir yanılsama yaşadığına inanıyordu. Sonuçta ilişkiden mutlu değildi, aradıklarını bulamıyordu Selim'de ve bunu bir anlamda başka bir erkekle doldurmaya yeltenmişti. Bir anda her şey düzelmediğine göre şu anda duyduğu suçluluk duygusu, küçük düşme paniği Burcu'yu âşık kadın gibi gösteriyordu. Çünkü âşık bir kadının işlediği suçlardan dolayı mazur görülebileceğine inanıyordu. Aslında Burcu da tam olarak ne istediğinin farkında değildi. Kuşkusuz Selim'i seviyordu ama Aslı gibi değil. Dost gibi, arkadaş gibi, kardeş gibi, yıllarını beraber geçirdiği iyi bir adamı sevmek gibi... Aynen Aslı'nın kendi kocasını sevmesi gibi...

İkisi de şu anda Selim'in nerede olduğunu bilmiyorlardı, aramıyorlardı da. Burcu'nun zaten arayacak yüzü yoktu. Aslı da Selim'in yalnız kalmak istediği zamanlarda rahatsız edilmekten hiç hoşlanmadığını iyi bildiğinden peşine düşmemişti. Nasıl olsa istediği zaman Selim onu arayacaktı.

Burcu baştan sona hikâyeyi olduğu gibi anlattığında,

Aslı bu kez diğer tarafın bakış açısıyla öğrenmişti yaşananları. Ortada bitmiş bir ilişki vardı. Sadece zamanını bekleyen çatırdamış bir evlilik... İki taraf da, mevcut durumu kabullenmekte zorlanıyor, aslında yaşadıkları travmanın ayrılmaları için iyi bir fırsat olduğunu kabul etmek istemiyorlardı. İlişkileri düzelse bile kısa sürede yeniden kopacağı aşikârdı. Hem Selim'i hem de Burcu'yu dinledikten sonra düşüncesi bu olmuştu Aslı'nın. Bu kez kendi aklı karışmıştı. Bu evlilik bittiğinde kendisi ne yapacaktı? Selim'e açılacak mıydı? Peki ya Selim Aslı'yla beraber olmayı kabul ederse, kocası ne olacaktı?

Burcu ısrarla bundan sonra ne yapması gerektiğini sorup duruyordu Aslı'ya. Ondan kesin ve net bir yanıt almak istiyordu. Kendisinin dile getiremediğine Aslı aracılık etsin ister gibiydi:

"Sence ne yapmalıyım Aslı? N'olur bana bir şey söyle. Kafam çok karışık..."

"Bırak biraz yalnız kalsın Selim. İstediğinde döner. Döndüğünde de ne olursa olsun sen de bir süre uzaklaş buralardan. Yurtdışındaki ofisi bahane ederek birkaç hafta yurtdışında kal. Zaten yakında büyük bir fuarın daha var. Çalışmalarına erkenden başlamış olursun. Şu an olayların üzerine gitmek işleri düzeltmez, daha fazla karıştırır."

Burcu endişeli bir sesle sordu:

"Ya devam etmek istemezse ya bu yüzden biterse..."

Aslı sürekli aynı şeyleri tekrar etmek zorunda kalmaktan rahatsızlık duyduğunu yüzündeki sıkıntılı ifadeye taşıyarak cevapladı:

"Bilemeyiz. Yarını bilemeyiz. Yarın için birçok olasılık olabilir ama şu anda yapabileceğin en iyi şeyi söyledim.

Bu arada ne kadar az insan bilirse o kadar iyi. Aileleri, çocukları karıştırmayın şu aşamada."

"Ben bir şey demem de Selim'den korkuyorum. Ara ara fena hiddetleniyor."

"Saçmalama, Selim'i tanımıyormuş gibi konuşuyorsun. Yumuşak kalpli, entelektüel bir adamdır o. İçindeki küçük çocukla yaşayan, harika bir adamdan söz ediyoruz."

Aslı, konuşurken Selim'le ilgili hayranlık dozunu fazla aştığını fark edip hemen konuyu değiştirdi. Kafasında çizdiği Selim tablosunu, belki de Burcu'nun hâlâ farkına varamadığı yönleriyle anlatmaya başlamıştı. Neyse ki Burcu, konuyu deşecek durumda değildi.

Aynı adam için baş başa vermiş konuşan bu iki kadın, gelecekte yollarının nasıl yeniden kesişeceğini bilmeden dertleşiyorlardı. Aslı'nın duyguları Burcu'nunkilerden çok daha karışıktı belki de. Yıllardır iç geçirdiği, yerinde olmak istediği ve zaman zaman kıskançlık duyduğu bu kadın, şimdi âşık olduğu adamı kaybetme korkusuyla kendisinden medet umuyordu.

Bâtın XI

Allah birdir Peygamber Hak
Rabbül âlemindir mutlak
Senlik benlik nedir bırak
Söyleyim geldi sırası
Kürt'ü Türk'ü ne Çerkez'i
Hep Âdem'in oğlu kızı
Beraberce şehit gazi
Yanlış var mı ve neresi
Kuran'a bak İncil'e bak
Dört kitabın dördü de hak
Hakir görüp ırk ayırmak
Hakikatte yüz karası
Bin bir ismin birinden tut
Senlik benlik nedir sil at
Tuttuğun yola doğru git
Yoldan çıkıp olma asi
Yezit nedir, ne kızılbaş
Değil miyiz hep bir kardaş
Bizi yakar bizim ataş
Söndürmektir tek çaresi
Kişi ne çeker dilinden
Hem belinden, hem elinden

Hayır ve şer emelinden
Hakikat bunun burası
Şu âlemi yaratan bir
Odur külli şeye kâdir
Alevi Sünnilik nedir
Menfaattir varvarası
Cümle canlı hep topraktan
Var olmuştur emir Haktan
Rahmet dile sen Allah'tan
Tükenmez rahmet deryası
Veysel sapma sağa sola
Sen Allah'tan birlik dile
İkilikten gelir bela
Dava insanlık davası...

Aşık Veysel

Zâhir 11

Selim

Selim, bir süre uzakta olması gerektiğini biliyordu ancak nereye gideceğiyle ilgili bir fikri yoktu henüz. Kafasını dağıtabileceği, belki biraz yoldan çıkabileceği, dünyanın eğlence başkentlerinden bir yer ya da sessiz, sakin, ruhunu arındırabileceği bir yer de olabilirdi. Duyguları o kadar hızlı yer değiştiriyordu ki, an geliyor içkinin, seksin, dağılmışlığın dibine vurmak istiyor, an geliyor sessizliğe, Yaradan'a ve huzura dönmek hevesiyle yanıp tutuşuyordu.

Bir yanda intikam arzusu, kandırılmışlık duygusu ve suçluluk... Diğer yanda yaşamın gerçeğini ıskalama, günlük hayata yabancılaşma... Biri daha fazla dünyevi tüketime, diğeri dünyeviden uzaklaşmaya çağırıyordu onu. Hep dediği gibi düşük hazlardan geçmeden yüksek hazlara, cehennemi görmeden cennete geçilemeyeceğine inandığından, kendisine ilk durak olarak Bülent'in evini seçti.

Kırk beş yaşındaki Bülent, lise yıllarından beri tanışıp görüştüğü tek arkadaşıydı Selim'in. Evliliği insan haklarına aykırı bulduğunu söyleyerek hiç evlenmemiş, aileden kalan mirasla eğlencelik işler yapmış, hedonist bir adamdı Bülent. Şen şakrak tavrıyla arkadaşlarının gözbebeğiydi. Tepesi açılan başını, yanlardaki seyrek saçlarıyla, büyü-

yen göbeğini siyah bol gömleklerle, yaşını yırtık panto-
lonlarla, dövmeler ve takılarla kapatmaya çalışıyordu.

Bülent'in Cihangir'deki evinin terasında panoramik
manzarayı karşılarına almış içkilerini yudumlarken, Se-
lim karısıyla ilgili olan biteni kendi istediği gibi anlatmış
ve konunun sadece sıradan bir evlilik sorunu olduğunu
söylemişti. Bülent de mutlu evlilik olmayacağını söyleye-
rek onlarca arkadaşının aynı sorunlarla oturup kalktığını
anlatmış, arkadaşının üzerine çok gitmemişti.

Bir gece önce Selim buraya geldiğinde önce kapıda
merhabalaşmışlardı. Ne de olsa Bülent'in yatağı hiç boş
kalmazdı. Bülent odasına çekildiğinde Selim de kendine
yatacak bir yer bulup uyumuştu. Sabah Bülent misafiriy-
le birlikte evden çıkana kadar seçtiği odadan dışarı çık-
mamıştı Selim. Bülent eve dönünceye dek sigaralarının
birini yakıp diğerini söndürmüştü. Bu merete yeniden
başlamak hiç iyi olmamıştı ama bırakmaya karar verirse
başaracağını da biliyordu. Burcu'ya mesaj atmamak için
kendini zor tutuyordu. O kadar karmaşıktı ki duyguları...
Burcu'ya kızdığı kadar üzülüyordu da. Kendisine kızdığı
kadar acıyordu da. Duygular bir kez kabardı mı, dalgaları
dindirmek öyle kolay olmuyordu.

"Akşam ne yapalım kardeşim? Sen şimdi bunalmışsın-
dır. Epeydir bizim mekânlarda da yoktun. Seni gidi bur-
juva... Gece Beyoğlu'na akar, felekten bir gece çalarız.
Erkin de gelecek birazdan."

Bülent elini Selim'in dizine koyduğunda kendisine
yeni bir oyuncak bulmuş gibi keyifliydi. Evlilik kurumun-
dan kurtaracağı bir arkadaşı daha olmuştu şimdi... Fe-
lekten bir gece çalmak herhalde evliler için daha cazipti.

Oysa şu anda kendisini ne evli ne de bekâr hissediyordu Selim. Bu gece başka bir kadınla sevişse, hiçbir şey söyleyemezdi karısı. Bu da aldatmak sayılmazdı o zaman. O halde bu gece sevişecek olması gizli kapaklı kaçamak şeyler yapmak kadar heyecan verici olmayacaktı. Alelade yapabilirdi ve bunu hakkı olarak görüyordu zaten. Öte yandan bir önemi de yoktu. İlişkilerdeki aldatma kavramının yarattığı yozlaşmayı ilk kez bu kadar derinden hissediyordu.

Sakin bir ifadeyle cevap verdi:

"Bakarız."

Bülent sesine de yansıyan çocuksu bir heyecanla konuşuyordu:

"Ne bakması oğlum? Eve sıkışır, karının dibinde kalırsan sorun çıkar. Öldürüyorsunuz len kendinizi. Arada bir çıkıp dağıtsan, bir iki hatunla takılsan, rahatlarsın. Evliliği güçlendirir. Bak aldatan adam evinin, karısının değerini anlar. Arkadaşlarla yaptığımız yurtdışı seyahatlerinde, parayla yaşanılan şeyler bile aldatma sayılmaz."

Erkek grupların, yemek, toplantı ve seyahat organizasyonlarının bir yerine çapkınlığı da illaki monte etmeleri toplumun aşina olduğu hatta neredeyse benimsediği bir durumdu her ne kadar etik ve adil olmasa da. Nedendir bilinmez parayla yapılan kaçamaklar daha masumane ve önemsizmiş gibi görülmeye çalışılırdı erkekler cephesinde.

"Bu akşam benimlesin Selim, kaçarın yok."

Bülent, anlamsız ama gür bir ve güzel bir kahkahayla cümlesini bitirip mutfağa geçerken, Selim sadece batan güneşe bakıyordu terasta. Tepki vermedi. Sıkıntılı günlerde tepkiler yavaşlar, hayat sanki daha ağır akar. Oturduğu koltuğa iyice yayılıp derin derin iç çekti. Her şeye rağmen hayat güzeldi, keyifliydi. Sehpanın üzerine bıraktığı telefonu titrediğinde aklına ilk gelen kişi Burcu oldu. Gerçi bugün Aslı'yla da hiç konuşmamışlardı. Yavaşça doğrulup telefonunu aldı eline. Rehbere kayıtlı olmayan yurtdışı kaynaklı numaranın yolladığı mesajı açıp okudu:

"Sanırım bana ulaşmaya çalışıyorsun. Anladığım kadarıyla Burcu'nun kocasısın. Konuşursak iyi olur çünkü ortada abartılacak bir durum yok. Son derece masumane, platonik bir şeydi. Büyütmeye de gerek yok. Ben akşama doğru müsait olacağım. Lütfen aramaktan çekinme. Sevgiler."

Selim mesajı okurken sinirlerini kontrol edemediğinden ayağa kalkmış, şuursuzca terasın bir ucundan diğer ucuna yürümeye başlamıştı. Defalarca kez mesajı okumaya devam ederek, evin zili çaldı. Bülent'in gürültülü kahkahalarla Erkin'i karşılamasına eşlik edecek hali yoktu. Kimsenin eğlencesine ortak olma zamanı değildi şu an.

Terasa önden giren Bülent, hiç susmadan konuşuyordu. Erkin işten çıkar çıkmaz soluğu burada almıştı. Ceketini, çantasını, kravatını salonda bırakıp coşkuyla Selim'e doğru geliyordu:

"Vay kim buradaymış. Nerelerdesin abi sen?"

Bülent hemen araya girdi:

"Selim gelsene oğlum kılıbığımız geldi."

Zoraki bir tebessümle elini havaya kaldıran Selim, arkadaşlarından izin istedi:

"Bana birkaç dakika verin lütfen."

Bülent ve Erkin birbirlerine şaşkınlıkla bakıp ne yapacaklarını bilemediler. Sonunda Selim'in isteğine uyarak viskilerini doldurmaya koyuldular.

Erkin kırk bir yaşına kadar Bülent'in temposuna ayak uydurmuş, sonrasındaysa evlenmişti. Evlendikten sonra gezip tozmaktan elini ayağını çekip dostlarıyla bile az görüşür olmuştu. Eşinin kıskançlığı meşhurdu. Kocasını dişi sinekten bile kıskanıyordu. Bülent, Erkin'in bu duruma nasıl katlanabildiğini anlayamıyor olsa da saygı duyuyordu. Bu akşam için karısına toplantısı olduğunu söyleyen Erkin yine de diken üstündeydi. Erkin'in karısıyla olan ilişkisi, Bülent'in evlilik hakkındaki tezlerini doğruluyordu âdeta.

Selimse terasın en uzak ucunda Leonardo'dan gelen mesajı okuyordu yine... Yüzü kızarmış, öfke yüreğini doldurmuştu. Bu nasıl bir cüretkârlıktı, nasıl bu kadar rahat mesaj yazabiliyor, nasıl bu kadar yüzsüz olabiliyordu. Bir de üzerine kendisinin müsait olacağı zamanı belirtip, sevgiler dileyerek bitiriyordu mesajı. Delirmemek işten değildi. Acaba Burcu mu ona bu mesajı atmasını söylemişti? Buna pek ihtimal vermiyordu. Kendisi kaç kez arayıp çağrı bırakmıştı adama. Hiç geri aramadığı halde o numaranın öfkeli bir kocaya ait olduğunu nasıl anlamış olabilirdi ki... Tamam, numara Türkiye numarasıydı ama başka birisi de olabilirdi pekâlâ. Numaralardan isim bulan aplikasyonlardan biri olabilirdi. Ayrıca Linkedin'de sayfasına baktığına göre, sayfayı görüntüleyenlerde de hesabı çıkmıştı. Aslında Leonardo'nun numarayı nereden bulduğunun bir önemi yoktu. Şimdi Selim'in bu mesaja ne cevap vereceği önemliydi.

İlkel erkeklik damarı yeniden ortaya çıkmıştı işte. Sü-

rekli bir şeyler yazıp siliyordu. Leonardo'nun karısına yaz-
dıkları, karısının ona yazdıkları, sonrasında Burcu'yla yaşa-
dıkları yıkım... Hepsi zihninde dönüp dururken, erkeklik
gururuyla, barbarca ve tehditkâr bir mesaj yazdı sonunda:

"Bizim buralarda bu konular böyle konuşulmaz. Za-
manı geldiğinde yüz yüze konuşacağız ve senin dilinden
değil, bizim dilimizden çözeceğiz konuyu. Burcu bana
anlatmasaydı nereden bilecektim? Sen, sendeki zamanın
tadını çıkart."

İslam fobisiyle yaşayan Batı toplumuna tehditkâr bir
mesaj atarak adamı ürküttüğüne inanmak istiyordu. Ger-
çekten Leonardo şu an karşısında olsa hiç de insani bir
konuşma geçmeyecekti aralarında.

"Sex and the City" gibi yabancı dizilerle birlikte "Gri-
nin 50 Tonu" gibi erotik kitaplar kültür olarak aslında hiç
de alışık olmadığımız ilişkiler dünyasına bizi hazırlayıp
bunu empoze ederken, birkaç ay önce Selim bile bu yak-
laşımı destekliyordu. Oysa şimdi görüyordu ki kendisi de
tıpkı içinde yaşadığı toplum gibi bu türden rahat ve özgür-
lükçü ilişkilere alışkın değil. Leonardo'yla birlikte içinde
uyuyan maço da uyanmıştı sanki.

Bülent ve Erkin'in yanına döndüğünde ikilinin arasın-
da geçen sohbet alevlenmişti. Kısa bir hal hatır sormak-
tan sonra kendini sohbetin içinde buldu Selim.

"Kadını iyi bereceksin, cebinde para olacak. İşe o za-
man kadın yanında durur. Paran yoksa gücün yoksa hiçbir
kadın yanında durmaz. Kadını yatakta tatmin edemezsen
yine durmaz."

Bülent ahkâm kesiyordu yine. Erkin de renk vermeden
dinliyordu onu.

"Evlilik dediğin toplumsal yapı için var. Bir kere evlilikte cinsel özgürlüğünü terk ediyorsun" diyor Bülent... "Diyorsun ki ben bir tek bu adamla, bu kadınla sevişeceğim artık. Bir de düğün yapıp şahitlerin önünde bunun sözünü veriyorsun. Sonrası hapishane hayatı... Erkin'e bak izin almadan tuvalete gidemiyor. Neden? Çünkü bu bir sigorta... Hasta olursam, yaşlanırsam, yalnız kalırsam ne olacak? Karı, koca bir dayanak. Kendine güvenlik alanı yaratıyorsun. Yoksa evlilik gibi bir kuruma nasıl dayanır insan. Korkaklıktan, garanticilikten... Bak mutsuz bir sürü karıkoca devam ediyor evliliklerine. Bir de üzerine aldatıyorlar. Etrafımızdakilerden kendi eş dostlarımızdan bilmiyor muyuz? Kimin eli kimin cebinde belli değil."

Laf kendisine dokunduğunda araya girmek için hazırlanan Erkin, konuşmaktan boğazı kuruyan Bülent'in içkisinden bir yudum almak için soluklanmasını fırsat bilerek araya girdi:

"Yok abi ben seviyorum. Evliliğin düzeni de iyi geldi. Sonu yok baba öbürünün. Az mı koşturduk, hızlı yaşadık? Sen biliyorsun da nereye kadar? İnsan hele ki yaş ilerledikçe bir düzen istiyor, çoluk çocuğa karışmak istiyor."

Bülent hemen o konuyu da masaya yatırdı:

"Neden? Sonra pişman olmayasın diye... Al yaşım elliye geldi. Belki yalnız öleceğim. Öleyim. Bir kez dünyaya geliyoruz. Ben korkaklığı değil, cesareti satın alıyorum."

Gülmeye başlayan Bülent, elini Erkin'in omzuna koyup ona takıldığını belli ederek devam etti:

"Baksana. Bugün bizimle burada olabilmek için karına yalan söylüyorsun. Hayat mı lan bu? Kaldı ki işin gücün kalmasın, yatakta iyi olma karın da ağzına sıçacak. Güçsüz erkeğin doğada da toplumda da yeri yok."

Arkasına yaslanmış konuşmaları dinleyen Selim de söze karıştı:

"Para üstünlük satın alır, hak satın alır, öncelik satın alır. Doğrusun. Ancak gelişmiş toplumlarda, az gelişmiş toplumlardaki kadar değil. Az gelişmiş toplumlarda para büyük güç olur."

Bülent'in ikinci önermesine bulaşmadı Selim. Son yıllarda Burcu'yla iyi sevişmiyordu. Arkadaşının deyimiyle karısını becermiyordu. Acaba Leonardo karısını becermiş miydi? İyi mi sevişiyordu. Burcu da yazışmalarında Leonardo'nun ona zevk verdiğinden bahsetmişti. Az önce Leonardo'ya attığı mesaj azdı bile.

Bu travma yaşanmamış olsaydı şu saatlerde evine dönmüş olacaktı, Burcu'yla oturup sohbet edeceklerdi, birbirlerine sarılacaklardı, muhtemelen sevişmeyeceklerdi ama sevdikleri yabancı dizilerden birini izleyeceklerdi, köpeklerini aralarına alarak güzel bir gece geçireceklerdi. Bu bir mutluluk oyunu muydu sadece? Belki de okuduğu mesajlar, yaşananlar bir uyanıştı. Sahteden gerçeğe geçişti.

"Hadi kalkın bir şeyler yiyelim, sonra da mekânlara akarız."

Bülent ayaklanır ayaklanmaz Selim ve Erkin de gayri ihtiyari yerlerinden kalkıp salona geçtiler Selim teras kapısını kapatırken geceye bürünen İstanbul'a bir kez daha baktı ve her şeye rağmen şükretti.

Cihangir'deki Ermeni meyhanesinin caddeye bakan bahçesindeki ön masalardan birine oturduklarında, servis çoktan hazırlanmıştı. Özenle yapılmış mezeler, topik, ciğer, yahni, midye pilaki... Selim rakısını doldururken hayattan keyif aldığını hissediyor, yaşadığı travmanın tesirinden yavaş yavaş uzaklaşıyordu. Bu gece öfkesine de, yaşananlara da, Leonardo'ya da, çocuklarına da, Burcu'ya da es verecek, kendiyle kalacaktı. Şimdi mola zamanı!

Siyasetten ekonomiye, futboldan çapkınlığa hemen her konuda muhabbet ediyorlardı. Selim de bu sohbetlere eşlik etmeye çalışırken, zihninin geniş alanındaki sorgulamaları devam ediyordu. Mekânın tek müzisyeni akordeoncu Agop masanın yanında durup çalmaya başladığında Selim'in gözleri doldu. Çocukluğunun şarkılarıydı bunlar: Mandubala, Palyaci, Stin Alana... Çocukluk arkadaşlarının neredeyse hepsi çekip gitmişlerdi. Ermenisi, Rumu, Yahudisi, Alevisisi... Kimse, kimsenin kimliğini sorgulamadığı o güzel mahallenin çocukları göçmüşler, İstanbul'u öksüz bırakmışlardı. Belki de İstanbul'un yeni sahipleri bu göçe sebep olmuştu.

Yemeğin sonunda Erkin izin isteyerek ayrıldı. Biraz daha gecikse yalanı ortaya çıkabilirdi, karısına yakalanabilirdi. Bu kadar masum bir eğlence için bu kadar stres ve yalan içinde olmak Selim'e çok anlamsız gelirken, Bülent yine dalga geçmeye devam ediyordu Erkin'le... Birkaç saat sonra hesabı ödeyip dışarı çıktıklarında Selim rakının da etkisiyle gevşemiş, vurdumduymaz bir ruh haline bürünmüştü. Kanı kaynıyor, yaşadığına, sağlığına şükrediyordu. Belki de hayatındaki bir dönem kapanıyor, yeni bir sayfa açılıyordu.

Bülent uzun bir aradan sonra Selim'le dışarıya çıkmanın neşesindeydi. Yeni açılan mekânları göstermek, kapı kapı dolaşmak istiyordu. Cihangir'de oyuncuların, yazarçizerlerin takıldığı bir iki mekâna daha girdiler. Cihangirliler birbirlerini tanıyorlardı. Selim kendini yabancı hissediyordu burada ama Bülent köprü oluyordu. Birkaç güzel kıza gözü kaydı. Kendisini bekâr bir erkek gibi özgür hissetmeye başlamıştı. Ne onu arayıp nerede kaldığını merak edecek bir eşi vardı, ne de kendisi kimseyi arayıp haber vermek zorunda değildi artık. Kaldı ki o, kendi zihninde aldatılmış bir erkekti.

İstiklal Caddesi'ne çıktıklarında insan seline karıştılar. Harcıâlem mekânların kalitesiz kolonlarından taşan bangır bangır müzik yankılanıyordu sokaklarda. Her sosyoekonomik sınıftan, kültürden insan aynı cadde üzerinde yan yana yürürken, iş mekânlara dağılmaya geldiğinde ayrışıyordu. Türkü evi, gay clup, kitap kafe, şarap evi neredeyse hepsi yan yanaydı.

Bir de ekmek telaşında olanlar vardı. Köşeleri tutmuş midyeciler, ellerinde oyuncaklarla dolaşanlar, açtıkları yer tezgâhında garip garip ışıklandırılmış kopya resimler satanlar, henüz müşterisini almamış bekleyen taksiler... Arada bir trafiğe kapalı caddeyi delip geçen ambulanslar ve ekip otoları. Bir yerlerde kavga çıkıyor, birileri alkolü fazla kaçırıyor ya da uyuşturucuya teslim oluyordu.

Bu hengâmenin ortasına kazara düşen yabancılar hemen hemen fark ediliyordu. Ürkek bakışlar ve kaçarcasına ilerleyenler. Haksız da değillerdi. Her adımda laf atacak ya da durup dururken musallat olabilecek belalı tipler bolca mevcuttu etrafta. Bu kaosu izleyen Selim, bir kez daha göçüp giden dostlarını hatırladı. Bu sokaklarda fötr şapkaları ve döpiyesleri içinde gezen gerçek İstanbulluların torunları da İstanbul'u terk edince, bir kültür de bitmişti âdeta.

İstanbul'un en güzel mimarisine sahip apartmanlardan biri olan Mısır Apartmanı'nın terasındaki bara geldiklerinde kapılar bir kez daha açıldı Bülent'e. Burası farklıydı, çoğunluğu turistlerden oluşan, kaliteli bir ortamdı. İçeri girer girmez, nereden geldiğini anlamadıkları bir kadın koşarcasına ve heyecanla Bülent'in koluna yapıştı. Selim kadının kim olduğunu çıkarmaya çalışırken, Bülent'in birlikte olduğu kızlardan biri geldi sanmıştı ancak durum kesinlikle böyle değildi. Bülent'in koluna giren kadın, orta boylu, fazla kilolu ve ortamın genel kıyafet stilinin dışındaydı. Bülent'e sarılıp terasa doğru yürürlerken Selim de seri adımlarla kalabalığa rağmen onları yakalamaya çalışıyordu. Terasa çıkıncaya dek kadının ortalıkta dolanan garsonlara verdiği talimatla kusursuz bir servis standı hazırlanıvermişti hemen. Kadının buradaki gücü aşikârdı belki de barın sahibiydi.

Hazırlanan standa geçtiklerinde Bülent kadını tanıştırdı arkadaşına:

"Selim bu çılgın kadın, hepimizin ablası Mahter ablamız."

Mahter Abla, sanki Selim'i yıllardır tanıyormuş gibi samimiyetle elini sıktı, bir de üzerine sarılıp öptü. Tatlı bir kadındı ama çok konuşuyordu. Selim'in hiç cevaplamak istemediği özel sorular soruyordu sürekli. Selim kaçabildiği kadar kaçıyordu bu tacizden fakat kadın yine de alacağı cevaplarla ilgilenmekten vazgeçmiyordu.

Konu nasıl olduysa yine dönüp dolaşıp evliliklere gelmişti işte. Tuhaf bir şekilde Selim nereye gitse, konu bir şekilde evlilik ve ilişkilere varıyordu. Mahter abla defalarca "evlilik de neymiş" cümlesini küçümseyerek ve alaycı bir ifadeyle dillendirmişti. Belli ki Bülent'in bu civardaki arkadaşları da kendi gibiydi.

Mekân gittikçe kalabalıklaşıyordu. İç taraf tıka basa dolmuş kalabalıklar terasa taşmaya başlamıştı. Garsonların sayısı da artmış, kalabalığa rağmen oradan oraya ellerinde tepsilerle dönüp duruyorlardı.

Mahter Abla, Beyoğlu'nda neredeyse her esnafın ablası olmuş bir kadındı. Bu barda da büyük saygı ve ilgi görüyordu. Mekânın mülk sahibi olan ülkenin en saygın işadamlarından birinin sağ koluydu. Kadın Türk filmlerinden çıkmış tonton haliyle güven veriyordu karşısındakine. Selim de yanında her zaman böyle birisi olsun isterdi. Tam o sırada aklına Aslı geldi. Selim'in Mahter Ablası Aslı'ydı.

Bülent bir ara tuvalete gittiğinde Mahter Abla, Selim'i kolundan çekip terasın rahat konuşulabilecekleri sakin bir köşesine çekti. Ayrıca bu açıdan manzara da müthiş görünüyordu. Eski İstanbul'un soylu Haliç'i, St. Antuan Kilisesi'nin tepesindeki dökme çanın ardında muazzam görünüyordu.

"Demek karınla sorunların var. Olur tabi. Sen yine de bu hayatta kafana sadece toka takacaksın. Hiçbir şey üzülmeye değmez."

Selim, Mahter Abla'nın sözlerindeki rahatlığı görmezden gelemedi. Muhtemelen yalnız bir kadındı, evliliğe inanmadığını sık sık dile getirirken belki de bu umursamazlık aslında yalnızlığının vurdumduymazlığıydı. Hareketli de bir hayatı vardı, bu yoğunluk da kendisini dinlemeye zaman ayırmamasına fırsat vermiyordu.

Selim, kadının umursamazlığından ve rahatlığından

rahatsız olmuştu. Kadının canını acıtabileceğini umduğu bir soru sordu:

"Sen hiç evlendin mi ki?"

Kadın kollarını birleştirip, terasın demirlerine yaslayarak yüzünü manzaraya döndü Selim'e cevap verirken:

"Evlendim. Bir kere evlendim. 30 yıl önce evlendikten neredeyse bir yıl sonra da ayrıldım."

Selim, aslında aradığı cevabı almıştı. 30 yıldır evlenmeden yaşayan ve kısa evliliğini evlilik sanan deneyimsiz bir kadın, doğal olarak her şeyi biliyormuş gibi önüne gelene böyle ahkâm kesiyordu işte.

"30 yıldır bekâr yaşıyorsun. Evliliğin de evlilik gibi olmamış zaten ama evlilik hakkında gayet iddialı konuşuyorsun. Konuşmaktan öte, bilmiş bilmiş yorumlar yapıyorsun."

Selim alkol sınırını az da olsa aşmış olmanın cesaretiyle, cümle kurarken daha cesaretli ve kontrolsüzdü artık. Düşüncelerini dile getirirken daha fütursuzdu. Mahter Abla gözlerini Selim'in yüzüne gömerek konuştu:

"Boşandıktan birkaç yıl sonra birisi girdi hayatıma. Düzgün, mert, bastığı yeri titreten bir adamdı. Çok iyi vakit geçiriyorduk, çok seviyorduk birbirimizi. Evlenmeye karar verdik. İkinci sefer evlenmek için bir kez bile düşünmedim. Nikâh günü alındı, hazırlıklar yapıldı. Düğünden bir gece önce kalp krizi geçirdi. Görme yetisini kaybetti. Aylarca ona baktım. Bir an olsun elini bırakmadım, ellerimle yıkadım, kendi hayatımdan onun için vazgeçtim. Kendi öz çocukları kalp krizinin ertesinde yanından ayrıldılar, ölmeden mirasını paylaştılar. Biz hiç evlenmedik biliyor musun? E-v-l-e-n-e-m-e-d-i-k..."

Son kelimeyi her bir harfin üzerine basarak söyledi. Selim neden evlenemediklerini öğrenebilmek için kadının yüzüne yaklaşarak sordu:

"Neden evlenemediniz? Ne oldu sonra?"

Mahter Abla tam cevap verecekti ki telefonu çaldı. Kimin aradığına bakıp, telefonu açmadan Selim'e dönerek devam etti:

"O arıyor. On yedi senedir birlikteyiz. Hiç evlenmedik ama hâlâ el ele, diz dizeyiz. Hâlâ ona bakıyorum ve onu deliler gibi seviyorum. Hiç eksilmedi sevgimiz. Daha da büyüdü. Evlilik mevlilik osuruktan teyyare. Aslolan ne paylaştığın, ne hissettiğin, gerçekten âşık olup olmadığın. Eğer bu kadar düşünüyor, sorguluyor, sorun yaşıyorsan zaten evliliğin bitmiş ya da hiç olmamış."

Selim'in cevap vermesine fırsat vermeden telefonu açarak uzaklaştı Mahter Abla. Selim'in bu konuşmanın üzerine söyleyebileceği başka bir sözü de yoktu zaten. Bu gece kendisini fazlasıyla bekâr hissediyor olmasının nedenini de anlamış oldu böylece. Mahter Abla'nın dediği gibi belki bir evliliği olmamıştı hiç. Belki de Selim öyle sanmıştı.

Bülent terasa geri döndüğünde Selim'i uzak bir köşede tek başına derin düşüncelere dalmış halde buldu:

"Hadi çıkıyoruz buradan."

"Nereye gidiyoruz?"

"Nişantaşı'na. Benim kız oraya geçmiş arkadaşlarıyla."

Anlaşılan gece uzun olacaktı.

Nişantaşı'nın kalabalığı daha farklıydı Beyoğlu'ndan. Daha homojen ve nezihti. Sokaklara taşan hoparlörler yoktu orada en azından. Önünde uzun kuyruklar olan bir mekânın kapısında durdular. Kuyrukta bekleyen erkeklerin yaş ortalaması gayet yüksekken, kadınların yaşlarıysa bir hayli küçüktü. Selim, birbirinden şık ve seksi giyinmiş kadınlara daha cüretkârca ve arzulu bakmaya başladı. Bülent, bu kalabalığa karışmadan sakince ve emin adımlarla kapıdaki görevlinin yanına geçerek kulağına doğru bir şeyler söyledi. Ardından özel müşteri kapısından içeri girdiler.

Burası da tıka basa doluydu. Sigara yasağına rağmen dumanlar yükseliyordu her yerden. Neredeyse göz gözü görmüyordu. Herkes dip dibe, sırt sırta... İnsanlara sürtünmeden ilerleyebilmek mümkün değildi. Müziğin yüksek sesinden dolayı, yanındakini duymak imkânsızdı. O kalabalığın ortasında garsonlar Selim ve Bülent için bir stand kurdular. Bu mekânda özel servisin hiçbir anlamı yoktu çünkü stand konulur konulmaz üzeri başkalarının içkileriyle dolmuştu bile.

Selim içmeye devam ettikçe çalkantılarından da iyice uzaklaşıyordu. Yanı başındaki güzel kadınlardan yükselen yoğun parfüm kokusu alkole karışıyor ve libidosunu iyice yükseltiyordu. Birkaç kız iyice sokulup, Selim'e yakınlaştı. Topuklu ayakkabılarından dolayı uzunca boylu sayılabilecek kızlardan sarışın olanı kumral olandan daha davetkârdı sanki. İkisinin saçları da aynı kuaförde kesilmiş gibiydi. Selim ikisinin de askılı elbise giydiklerini fark etmişti. Gözleri istemsizce kızların bacaklarına kaydı. Elbiseleri çok kısaydı ama iyi ki de kısaydı... Selim özgürlüğün tadını hissederek ve buna rağmen Leonardo'nun hayaletini düşünerek kızlarla dans etmeye başladı. Buna dans denemezdi aslında. Sıkışıklığın arasında devinmeye çalışmak gibi bir şeydi yaptıkları. Ama önemli olan bedenlerinin birbirlerin hissediyor olmasıydı. Yaşları belki de henüz yirmi beş bile olmayan bu kızların yaydığı tutku ve şehvet boylarından büyüktü.

DJ, R&B çalmaya başladığında kızlardan biri sırtını dönüp kıvrak ve biçimli kalçalarını Selim'in kasıklarına dayayarak dans etmeye başladı. Kadının boynundaki yoğun parfüm kokusu burnuna doluyordu Selim'in. Kolunu kızın karnına dolayarak onu iyice kendine çeken Selim, bunu yaparken Leonardo'yu ve karısını düşünüyordu sadece. Garip bir zevk hali... Kız, müziğin ritmiyle kalçalarını indirip kaldırırken Selim de sertleştiğini hissetti. Kızın karnına doladığı kolunu önce kasıklarına, oradan da bacaklarına doğu kaydırmaya başladı. Kızın teni pürüzsüzdü. Üstelik şimdi bacaklarını da aralamıştı ve Selim'in ona daha fazla dokunmasını bekliyor gibiydi.

Artık hiçbir şey umurunda değildi Selim'in. Birilerinin onu görebileceği ihtimalini bile düşünmüyordu. Gören görsündü. Kim ne düşünürse düşünsündü. Selim elini cesaretle kızın bacakları arasında gezdirirken yukarılara doğru tırmandı ve kasıklarının üzerinde kıvranan bu sıkı kalçaların iç çamaşırı olmadığını fark etti. Kızın ıslaklığı bileğindeydi. Bu kez parmaklarıyla kızın ıslaklığına dokunmaya başladı. Kız kalça hareketleriyle Selim'in parmaklarının daha ileriye gitmesine izin verdi. Selim'in işaret parmağıyla orta parmağı artık kızın içindeydi. Bülent'in deyimiyle Selim kızı parmaklarıyla kalabalığın ortasında beceriyordu. Boşalmamak için kendini zor tuttu.

Bülent birdenbire Selim'i kolundan çekerek kızdan

ayırdı. Arkadaşını yönlendirdiği tarafta kendisiyle tanış-
tırılmayı bekleyen iki kadın vardı. Bülent'in koluna gir-
diği kadın, muhtemelen onun burada buluşacağı kızdı,
yanındaki de arkadaşı. Selim parmaklarını pantolonuna
silip kuruladıktan sonra kızlara elini uzattı. Alkolün ve
müziğin etkisinden dolayı, kızların adını duyamadı. Bas-
bayağı sarhoştu... Son günlerde biriken negatif enerjisi,
bedeninde bir çıkış yolu arıyordu. Leonardo ve Burcu,
zihninin uzak köşelerine doğru çekilirken, içindeki ilkel
ruhsa bütün hâkimiyeti ele geçiriyordu.

Bülent, Selim'i diğer kızlardan korumak için kendi ya-
nındaki kızların arasına aldı. Selim yeni yerinden uzakta
kalan kızlara bakıp gülümsedi. Kirli sakalı, dinç vücuduy-
la, hepsinden önce keskin zekâsı ve enerjisiyle ortamdaki
yaşıtlarının çok önündeydi. Bülent diğer kızla sohbetini
artırınca, Selim de yanındaki kıza döndü ister istemez.
Zaten burun buruna duruyorlardı. Gözü, kızın göğüslerine
kaydı. Dolgun göğüsleri hakkında büyük merak uyandıran
güzel bir dekoltesi vardı. Parfümü daha farklıydı. Tarçınlı,
baharatlı büyülü bir rayiha yayılıyordu kızdan. Selim'in
libidosu yine yükseliyordu.

Kızla dans etmek için onu iyice yakınına çekti fakat
kız kibarca sıyrıldı. Fiziksel mesafeyi sağlamak zor olsa da
kız mental mesafeyi korumayı iyi beceriyordu. Selim'den
biraz kısaydı. Birkaç adım uzaklaşınca kalçalarının dol-
gunluğu da fark edilir oldu. Selim de artık, birçok sığ
hemcinsinde olduğu gibi uçkurunun yönetimindeydi.

Barda erkeklerin çoğu avcı gibiydiler. Testosteronla
buğulanmış çapkın gözler, etrafta sürekli dişi olan bir şey-
ler aranıp duruyordu. Radar sürekli çalışıyordu. Arayışın

sonu yoktu. Mekâna kız kıza eğlenmek için gelenlerin işleri çok zordu.

Selim zekâsını kullanması gerektiğinin farkına vardığında, kızın kulağına eğilerek doğru yerlere, kızın fark edilir ruhsal açıklıklarına ve zaaflarına sızmak için hamle yaptı. Selim için bir insanın analizini yapmak zor bir şey değildi. İş dünyasında yakaladığı başarıda bu yeteneğinin de önemli bir payı vardı. Bu girişimiyle kızın dikkatini de çekmeye başlıyordu.

Diğer yandan Bülent de masaya sürekli içki taşıtıyor, kafaya dikilen shotların ardı arkası kesilmiyordu. Selim de kızın yaklaşımındaki yumuşaklıktan ve mimiklerindeki sempatiden onu zekâsıyla etkilemeye başladığını görüyordu. Biraz önce kasıklarına dayanarak dans eden kızlara hiç benzemiyordu ve bu daha da tahrik ediciydi.

Selim konuşurken, Leonardo'nun Burcu'ya uyguladığı taktiği kullandı bu kez. Konuşma bahanesiyle küçük dokunuşlarla teması artırmaya başladı. Kızın kulağına iyice sokularak boynuna üfler gibi uzun uzun konuştu. Saatler geçtikçe kız da rahatlamaya başlamıştı. Aralarındaki bu yakınlıktan sıyrılma çabasına girmemişti bir daha.

Saatler sonra ortadaki kalabalık seyrelirken, gecenin ve alkolün yorgunluğu da kendisini hissettirir olmuştu. Bülent hesabı ödedikten sonra, mekânın ikramı olan son shotları da içip çıktılar. Kimsede araba yoktu. Selim kendini kontrol etmekte zorlanıyordu. Ne olursa olsun kendini kaybetmeyeceğini bilse de biraz dilinin sürçmesini ve biraz da dengesini kontrol altında tutması gerektiğini telkin ediyordu kendisine.

Ancak görünen oydu ki eve yalnız dönecekti. Bülent,

yanındaki kızın evinde kalacaktı ve Cihangir'deki evin anahtarlarını Selim'e verdi. Selim'in yanındaki kızsa eve gitmek üzere onunla vedalaşıyordu. Selim hissettiği kısa süreli bir hayal kırıklığının ardından derhal eve dönüp erotik sitelere girmeyi ya da eskort kız çağırmayı düşündü.

Bülent'in yoldan çevirdiği taksi önlerinde durduğunda, önce kız arkadaşını araca bindirdi ardından Selim'i öpüp kulağına fısıldadı:

"Oğlum eşeklik etme. Kızı evine bırak sonra geçersin."

Bülent'in bindiği taksi hareket ettikten sonra kendisi de yeni bir taksi çevirdi ve kızın kulağına eğilerek "Seni bırakıp öyle döneceğim." dedi.

Selim'in koluna tutunarak taksiye binen kız, diğer köşeye kayarak Selim'e yanında yer açtı. Selim'in kulakları zonklamaya başlamıştı artık. Kız taksiciye gidecekleri adresi söylerken, Selim kabaran midesinin azizliğine uğramaktan endişe edip kızın üzerine kusmamayı diledi. Kazasız, vukuatsız eve dönmeyi başarabilirse iyi olacaktı.

Taksi hareket ettikten sonra kız kolunu Selim'in dirseğinden geçirip başını omzuna yasladı. Selim de burnunu kızın saçlarına gömdü ve eliyle kızın yanağını ve boynunu okşamaya başladı. Dikiz aynasına her baktığında taksicinin gözleriyle karşılaşacağını bildiğinden davranışlarındaki masumiyeti korumaya dikkat etti. Müşterisinin arka koltukta ne yaptığına bu kadar meraklı olan taksici de İstanbul'a özgüydü herhalde.

Kız giderek koltuğa ve Selim'in omzuna gömülerek ve kaykılarak oturduğunda bacakları da iyice açılmıştı. Selim, giderek sertleştiğini hissetti. Kızın yanağına şehvetle dokunmaya ve parmaklarının sertliğini hissettirmeye başladı. Kız karnının üzerinde uyuyan elini kaldırıp Selim'in bacağına koyarken belli belirsiz bir hamleyle adamın pantolonu üzerinden bile hissedilen sertleşmiş erkekliğine değerek hemen geri çekildi. Sanki bir tür kontrolde bulunmuştu.

Kız birkaç dakika sonra doğrularak, Selim'in kulağına dudaklarını yasladı ve konuştu:

"Bu gece beni becermek istiyor musun? İstemiyor musun?"

"Becermek" sözcüğünü bugün Bülent'ten sonra bir kez daha duyuyordu Selim. Yüzünü kıza çevirdiğinde göz göze geldiler. Selim başıyla onayladı kızı.

Kız bir kez daha kulağına eğildi ve "O zaman neden sormuyorsun? Sen sıradan değilsin. Bunu sorabilecek olansın." Dedi.

"Evet. Bu gece sabaha kadar içinde olmak istiyorum. Bu yüzden sana geliyorum." diyerek fısıldadı Selim.

Muzırca gülümseyen kız, başını yeniden Selim'in omzuna yasladı. İşin daha da tahrik edici bir tarafı vardı Selim için çünkü burada oynanan oyun basit değildi. Aralarında kurdukları kısa süreli bağda, bu gece ne yaşanırsa yaşansın yarın uyandıklarında birbirlerine duydukları saygıdan ödün vermeyeceklerini biliyorlardı. Heyecana nitelik kazandıran şeydi bu.

Selim'in nabzı daha da hızlanmıştı. Çok arzuladığı yanındaki kadınla sevişecekti. Uzun zamandır yaşamadığı bir heyecan bütün bedenini sarmaya devam ediyordu.

Eve geldiklerinde kız taksiciye geldiklerini söyleyip durmasını istedi. Selim cebinden parayı çıkartıp şoföre uzattı. Kapıyı açıp kızı indirdi.

Birlikte apartmana girdikten sonra otomatiğe basıp ışığı yakmadılar. Kız Selim'e sertçe sarılıp dudaklarında dilini gezdirmeye başladı. Elini Selim'in erkekliğine götürüp, karanlığa rağmen ışıldayan gözlerine bakarak

"Bu gece buraya gelmiş olmanın hiçbir nedeni ve sonucu yok. Bir anlam yükleme." dedi.

Selim mesajı almıştı. Aynı sert ve otoriter tonlamayla kızın cümlelerini tamamladı:

"Yarın sabah seni tanımak zorunda değilim, sen de beni. Bu gece her şeyi dışarıda bırakıp, her şeyi unutup, sadece sevişmek istiyorum. Düşünce yok, sınır yok, tabu yok, içimizden ne çıkarsa o var."

Kız cevaba gülümseyerek basamakları çıkarken, Selim de kızın kalçalarını izliyordu iştahla. Bir an evvel içeri girip sevişmeye başlamaktan başka hiçbir isteği yoktu.

Henüz adını bile bilmediği bu kızın peşinden sürüklenir gibi eve giren Selim, kapıdan girere girmez kızın yüzünü duvara çevirip saçlarını eliyle iterek boynuna gömüldü. Diğer eliyle kızın bütün bedenine dokunarak bacaklarına kadar indi. Sertliğini kızın kalçalarına yaslayarak şehvetle solumaya başladı.

Bilmediği bir evde, adını bilmediği bir kadınla sevişeceği kaygısı gütmüyordu. Sadece objeleştirdiği bir bedeni becereceği güzel birkaç saat yaşayacaktı, o kadar. Yıllardır derinlere gömdüğü karanlık, sonunda aydınlığa çıkıyordu. Yıllardır adını bilmediği kadınların evinde sevişmiyordu.

Kadının aniden dönüp Selim'inin kulağına bıraktığı "bana hükmetmek mi istiyorsun. Et o zaman. Beni hayvanca becer." fısıltısı, fitili ateşleyen kıvılcım oldu.

Kız sağ avucuyla adamın erkekliğini sıkınca Selim de

histerik bir öfkeyle kızın saçlarından çekip omuzlarından bastırarak yere diz çöktürdü. Pantolonunun fermuarına kızın yüzünü yaslayan, adını bilmediği kadına kendince bir isim taktı:

"Hadi Dora… Al Ağzına."

Pantolonunun taşan erkekliğini Dora'nın dudaklarının arasından kaydıran Selim, gidebileceği son noktaya kadar zorlayarak boğazına kadar dayandı kızın. Selim'in erkekliğini ağzının içinde bütünüyle kavrayan Dora, bakışlarını adamın yüzüne kilitleyerek aldığı zevkten duyduğu memnuniyeti ifade ediyordu.

Giderek hızlanan Selim, bütün ağırlığıyla yüklendi. Kızın ifadesinde değişen tek şey akmaya başlayan rimeli olmuştu.

Selim'i kalçalarından kavrayan kız, onu daha da ağzının içine çekti. Bir süre sonra adamın pantolonunu boxer'ıyla birlikte aşağı indirdi. Ağzındaki erkekliği çıkarıp diliyle adamın testislerini ve bacaklarını yaladı. Yavaşça yere uzanıp Selim'in bir ayağını yerden kaldırdı ve yanağına koydu. Selim'in ayak parmaklarını emerek yüzünde dolaştırdı.

Ayağıyla kızın yüzünü iyice parkeye yaslayan Selim, sevişirken dozu iyi ayarlaması gerektiğini biliyordu. Aldığı haz kadar vermesi de gerekiyordu. O da ters yönde yere uzandı ve kızın ayaklarını öperek emmeye başladı. Yoğunluğunu hissettiren sert dudak darbeleri ve küçük ısırıklarla dizkapaklarına kadar ilerledi ve sonunda kızın bacaklarını aralayıp kaygan ve ıslak mabedi keşfetti. Dudaklarıyla oradaki bütün ıslaklığı içmeye başladı. Parmaklarıyla, diline yer açarak ilerledi içeriye doğru. Aldığı tadın peşinde sürükleniyordu. Doğanın kaynağından akan yaşam suyunu içiyordu hayalinde. Selim kızı içerken, kız da Selim'in erkekliğini emiyordu hazla...

Kız yerden kalkınca Selim de peşinden doğruldu ve karanlıkta masa olduğunu tahmin ettiği yükseltiye kızı yüz üstü yasladı. Eteğini çıkartmadı. Sıyırıp yukarıya doğru çekti. Kız masaya eğildiğinde Selim kontrolsüzce kızın içine girmeye başladı. Çok sert ve derin darbelerle, hem onu hem de hiç bu kadar şehvetle beceremediğini düşündüğü karısını becerdi zihninde. Belki de tüm kadınlara öfke kusuyordu kızın içini parçalar gibi gidip gelirken...

Masa devrilecek gibi sallanmaya başladığında kızın iki elini sırtında birleştirip kenetledi. Her girişinde birkaç saniye durmaya, sonra yavaşça geri çekilerek önce kısa ardından derin darbelerle gidip gelmeye devam etti. Bu arada konuşmaya başlayan kız, adamın her hamlesini açık seçik düstursuzca söylüyordu. Selim de ona aynı üslupta karşılık veriyordu. Bugün ilk geceydi ama bir daha karşılaşırlarsa eğer Selim, kızı yatağa bağlayacağını, ağzını eşarpla kapatacağını, kemeriyle kalçalarını morartacağını söyledi.

Dora'yı becerirken hayatına giren bütün kadınları, Burcu'yu ve canını yakan herkesi, hayatın anlamsızlığıyla birlikte ve anlamlandıramadığı varoluşunu da becerdi. Selim aniden kızın içinden çıkıp, kızın duruşunu hiç bozmadan masanın yanına gelerek, kızın yanağını masaya yaslayıp yeniden dudaklarının arasında gidip gelmeye başladı.

Leonardo'yla karısı arasında geçen bütün yazışmalar akmaya başlamıştı zihninde. Nasıl otomatiğe bağladığının farkında değildi ama andan uzaklaşmıştı Selim. Bunu fark eden kız, güçlü bir hareketle yerinden doğrularak bir anda Selim'i yüzüstü masaya yasladı. Sırtından sadece dilini kullanarak bedeninde dolaşmaya başladı. Belinden kalçalarına kadar indi ve dilini Selim'in erkekliğine yaklaştırırken masaya sırtını yaslayıp doğruldu. Selim'i kendinden biraz uzaklaştırdı ve masaya sırtüstü uzandı. Bacaklarını beline dolayarak Selim'i yeniden içine aldı. Selim yavaşça kızın üzerine eğilirken göğüslerini hâlâ keşfetmediğini fark etti. Elleriyle bütün gece onu tahrik eden dekolteden, sutyenden kurtuldu. Avuçlarını dolduran diri göğüsleri izlemeye başladı. Kristal tanesine dokunur gibi kızın göğüs uçlarını parmaklarının arasına aldı. Göğüslerinin yuvarlak pembe harelerini koklayarak emdi uzun uzun. Kız Selim'in saçlarından çekerek buraya romantik bir sevişmeye gelmediklerini hatırlattı. Bu çıkış Selim'in kızı yeniden bir obje olarak görmesini sağladı. Sadece seks, sadece içgüdüsel haz... Hepsi bu.

Kızın göğüslerini canını acıtarak sertçe sıkan Selim, kanatana kadar ısırdı. O ısırdıkça kız da hırçınlaşıyor ve daha fütursuz konuşuyordu. Bu sertlikten daha fazla zevk aldığını belli ediyordu.

Yatak odasına giderlerken koridorda kız yere düştü, Selim de kaykıldı. Kızı kaldırmak yerine yerde dizlerinin üzerinde doğrultarak yeniden içine girdi. Yatak odasına geldiklerinde kontrolü kaybetmişlerdi. Yatağın içinde, yerde halının üzerinde, odanın ebeveyn tuvaletinde, camın önünde, duvarda... Oradan oraya savruluyorlardı. Birbirlerine sürekli olarak bir sonraki buluşmalarında olacak olanları anlatıyorlardı sevişirken. Defalarca boşaldılar ama hiç durmadılar. Hiç duşa girmediler. Birbirlerinin bedeninde, kokusunda, sıvılarında birbirlerine karıştılar ama ruhlarının kapısını bir an olsun aralamadılar bile. Ne zaman, nasıl uykuya daldıklarını da hiç hatırlamayacaklardı.

Selim uyandığında, daha önceki ilişkilerinde hissettiği şeyi deneyimliyordu yine. Bir tiksinme ve gereksizlik duygusu. Hiç tanımadığı, adını bile bilmediği bir kızla yatmıştı. Şu anda değil tahrik hissi, bir an evvel bulunduğu yerden kaçmak arzusuyla doluydu. Ne gerek vardı ki böyle bir şeye. Suçluluk duymuyordu. Şu an karısına karşı hiçbir sorumluluğu yoktu. Ama ya çocukları? Bütün bu düşünceleri hızlıca zihninden uzaklaştırdı.

En iyisi kız uyanmadan çıkıp, gitmekti. Kızla yüzleşmeyi hiç istemiyordu. Ses çıkartmamaya özen göstererek kıyafet parçalarını toplamaya başladı. Bazı parçalar salonda olmalıydı. Parmak uçlarına salona geçip sessizce kıyafetlerini giydi. Masanın dağınıklığını fark edince geceyi hatırladı. Şu anki tükenmişlik hissine rağmen, tatmin edici bir gece olmuştu.

Tam kapıdan çıkarken anahtarlığın üzerinde bir broşür buldu. İlk sayfasında "Bedeninizi, ruhunuzu ve zihninizi arındırmak için bekliyoruz." yazıyordu. Fena ir davet değildi. Daha sonra üzerinde düşünürdü belki.. Broşürü katlayıp pantolonunun cebine sıkıştırdı.

Süzülür gibi kapıdan çıkıp kendisini caddeye attığında hemen bir taksi çevirdi. Adını bilmediği kızın, semtini bilmediği evinden kaçarcasına uzaklaştı.

Bâtın XII

Tik, tak, tik tak...

Gözlerimi açtığımda net göremiyorum, bulanık her şey. Kulağımda sadece tik, tak, tik, tak... Yattığım zemin çok rahat değil. Koskocaman bir göz görüyorum. Burnumun dibinde bir camın arkasından bana bakıyor...

Bu bir lup sanki... Evet! Kesinlikle büyüteç gibi bir şey bu... O küçük yuvarla şeyin ardından izliyor beni. Derken göz ger çekildiğinde artık yüzünü de görebiliyordum. Saçsız ama kel sayılmayan bir kafa, zayıf ama uzunca ve kemikli bir yüz.

Tam başımı kaldıracakken üzerimden hatta çok yakınımdan bir şey geçiyor, yattığım yere yapışıyorum. Burnumu sıyırarak geçiyor neredeyse. Bir kol saatinin kadranındayım.

"Zaman yolcusu. Seni kurtaralım oradan."

Kemikli zayıf yüz, tekrar yaklaşıyor bana doğru. Göğsümün altından cımbızla beni tutup masanın üzerine koyuyor. Etrafım saat parçalarıyla dolu. Zemberek, eğri çarklar, brequet yayı, onlarca saat parçası ve saatler. Bir kol saatinin ana kaidesinden daha küçüğüm. Parçaların arasında yürüyorum, kendime yer arıyorum. Saatçi'nin dev gibi gözleri beni takip ediyor dikkatle.

"Kendine rahat bir yer bulsana."

Gözlerimi gözlerine çevirerek soruyorum:

"Ne oldu bana, ne işim var burada?"

Gökyüzümü kaplayan yüz, iyice bana yaklaşıyor…

"Boyutların bir önemi yok. Küçük büyük, kısa uzun. Şu an senin dünyan bu masa. Zamanın efendisinin dünyasına hoş geldin."

Beni parmaklarının ucuyla kaldırıp masaya monte edilmiş rafın bir üzerine koyuyor Saatçi… Genişçe bir yaylaya itinayla sıralanmış dağlar gibi görünen saat kayışlarıyla dolu bir raftayım şimdi. Kayışlardan bir tanesinin tepesine yerleşiyorum. Çok rahat, pofuduk bir saat kayışı. Beni buraya bıraktıktan sonra arkasına yaslanıyor. Duvarlar dalga dalga salınmaya başlıyor. Duvarlarda kozmik haritalar, yıldızlar, gezegenler hızla dönüyor. Bir diğer duvarda semazen dönüyor. Diğerinde insanlar, koşturmacalar, metrolar, evler, arabalar, uçaklar günlük hayattan hızlı enstantaneler.

Oturduğum kayıştan aşağıya ayaklarımı sallandırıyorum. Masanın üzeri çok karışık, bir sürü farklı malzemeler ve saat parçaları var. Bir dağın zirvesinden ayaklarımın altında kalan şehri seyreder gibi, saat malzemeleriyle dolu masayı seyrediyorum ben de.

"Şimdi sen seyircisin, ben de anlatan. Fizik bilimden felsefeye, Mesnevilikten dinlere sana zamanı anlatacağım. Anlatılamayacak olanı, deneyimletmeye çalışacağım. Sıkılmayacaksın, keşfedeceksin. Sonrası senin yolculuğun, zaman ile senin birlikteliğin."

Masanın üzerinde kendine yer açarak beyaz bir kâğıt yerleştirdi önüne. Bir kurşun kalem ve pergel aldı. Uzun parmakları ve akrep yelkovanlı kol düğmeleri vardı. Gözlerimi alamıyordum ondan. Kâğıda incecik bir nokta koydu. Sonra pergelin bir bacağını noktanın üzerine yerleştirdi.

"An, bu noktadır. Bu noktayı uzatırsan sonu olmayan bir düzlemi başlatmış olursun. Her şeyi kapsayan bir düzlem... Bu düzlem üzerinde yine bir noktaya kalemi koyarsan, o noktayı merkez seçerek daireyi çizersen oluşacak daire çapına zaman diyoruz. Yıl, ay, hafta, gün, saat, dakika, saniye, salise... Dilim küçüldükçe ana yaklaşıyorsun. Bir ayda otuz-otuz bir günün tüm anları, saniyede bir saniyedeki anlar, salise de çok yakınız. Saat, Saniye, salise... Salise hissedilemez ana en yakın uzaklıktadır. Arayı biraz daha daraltırsan zaman kavramı kaybolur. Bu en küçük zaman parçaları teknolojik aletlerle hesaplanır. Önemli olan çap sıfırlandığında, yani pergelin iki ucu birleştiğinde zaman kavramı kaybolur. İşte bu an denen merkez noktası an-ı daim olarak adlandırılır. Dikkat et, zaman-ı daim demiyoruz, an-ı daim diyoruz. Nedense 'an'ın sabit, 'zaman'ın hareketli olmasıdır.

An, zamanın ve dairenin birleştiği merkez ise, bildiğin bilmediğin her şey o merkezde birleşir. Elimde tuttuğum pergelin iki bacağı; an ve zaman. Merkezde sabit duran kısmı 'an'ı, hareketli bacağıysa zamanı anlatıyor. Semazenler de bunu tasvir ediyor. Semazenler bir bacaklarını sabit tutup, diğer bacaklarıyla, sabit bacağın etrafında dönerek bunu sembolize ederler. Zamanda, geçmiş gelecek hep birbirine karışır, birbirini örter; anda ise hepsi, her şey bir noktadadır. Anda kalabilen insan hükümdardır. Kâinat insan çevresinde döner."

Odanın sağ duvarında bir semazen belirdi birdenbire... Yüce bir nefesle üflenen Ney'den dökülenler odayı kapladı. Semazen dönerken, her şey çevresinde dönüyordu. İnsanlar, hayvanlar, denizler, materyaller, şehirler, her şey... Semazen dönmeye devam ederken yüzünü bana döndürdü, her şey dönmeye devam ederken yüzü sabitti.

Mevlana'nın dediği gibi "Dün hayaldir, yarın bir vehim, bugünse elinin altında... O halde ne yapacaksan şimdi yap."

Yunus Emre de der ki:
"Bela kavlin dedik evvelki demde
Henüz bir demdir ol vakt-u saat."
Yani:
"Önceki zamanda Kâlû Belâ dedik
O zamanla şimdiki an aynıdır, tektir."

"Sufi üstatların beş duyuyla algılanan dünyanın ötesine geçip, üç boyutlu değil, çok boyutlu bir gerçekliğe eriştiği söyleniyor.

Tasavvufta, gerçeğin zaman-mekân ilişkisi güçlü bir sezgiye dayanır. Sufiler bir yok oluşu yaşarlar, bu yok oluşta zihin, beden, nesne ayrımı bulunmaz.

Fizikçiler mekân-zaman ilişkisini bilimsel deneylerde, Sufilerse tasavvufta arar. Modern fizik ve sufizm farklı araçları kullanarak aynı sonucu ortaya koyarlar, evrenin tekliği ve asıl olarak dinamik karakteri. Mekân farklı derecelerde bükülmüştür ve zaman evrenin farklı bölgelerinde farklı hızda akar. Fiziksel dünyanın sınırları içinde algı bunu anlayamaz, fiziksel dünyanın sınırlarından sıyrıldığında gerçek olanı bulursun.

Sufiler yaşanmışlıklarını daha yüksek bilinç seviyelerine taşımayı ifade ederler. Her seviye, mekân ve zaman hakkında farklı deneyimler sunar. Anların birbirini takip ettiği lineer bir dilimden çok, sonsuz -zamansız ve dinamik bir şimdiki zamanı deneyimlenir sonunda. Fiziksel, görünen dünyanın dışında duruyormuş gibi görünen gerçek dünya, şimdi, gelecek gibi zaman dilimlerinden oluşmaz, çünkü bu üç dilimin her biri kendilerini mevcut zamanın an'ı içinde sıkıştırmışlardır ve hakikati bu an içinde tecrübe etmektedirler. Ruhsal dünya hepsini içinde tutar. Geçmiş de, gelecek de, hepsi burada."

Son cümlesini tamamlarken yüzü de, bedenini takip etmeye ve bir bütün olarak sema yapmaya başlıyor.

"Fiziksel demişken biraz da fiziğe oradan da felsefeye geçelim. Sonrasında ben sana asıl ihtiyacın olanı vereceğim."

Saatçi, sandalyesini biraz geri çekip bacak bacak üstüne attı. Üzerindeki beyaz önlüğünü ancak fark edebiliyordum. Önlüğün arasından görünen kravatı, yeleği, gömleği son derece şıktı. Üzerinde altın sarısı hâkimdi. Tıpkı masanın üzerindeki birçok saat kadranında olduğu gibi...

"Newton ile Leibniz iki farklı şey söylüyor. Isaac Newton, zamanın evrenin kök yapısının bir parçası olduğunu anlatıyor. Zaman olaylardan bağımsız bir boyuttur. Mutlak zaman ve mutlak mekân anlayışı vardır. Newton'un çağdaşı olan Leibniz ise ona karşı çıkıyor. Leibniz ve Kant'la anılan farklı bir görüşe göre, zaman olay ve olguları içeren, hareket eden bir şey değil.

Belki de zaman sadece maddenin uzayı bükmesidir. Sana bunu basitleştirerek anlatmaya çalışayım. Çarşafı muntazamca gerilmiş bir yatak düşün. Çarşaf uzayı tasvir ediyor. Bu çarşafın üzerine iki demir misket koyduğumuz-

da misketler, çarşafı bükerek birbirlerine yaklaşırlar. As-
lında birbirlerine yaklaşmalarının sebebi birbirlerine bir
kuvvet uyguladıkları için değildir. Çarşafı büküldüğü için
bilyeler birbirlerine yaklaşmışlardır. İşte uzay-zamandaki
herhangi iki gök cismi de bu şekilde uzay-zamanı bükerek
birbirlerine yakınlaşır. Hatta bunlar, birbirlerini büker-
ken beraberinde yatay doğrultuda giden ışığı da bükmek-
tedirler.

Aynı çarşafa ağır bir demir top koy, biraz uzağına bir
tane normal futbol topu koyduğumuzda demir topun uza-
yı daha çok büktüğünü görürüz. Kara delikler uzaydaki,
demirden toplardır. Sen de misketlerden birisin ve her
bükülmede yaşadığın zaman/ben yanılgısına düşüyorsun.
Görüyorum ki yüzündeki ifade karıştı. Tamam seni fizikle
bozmayacağız. Önemli olan senin, sen için kullanacağın
sonuçları çıkartmamız. İşin fiziksel boyutunu daha iyi an-
lamak için öklidyen geometrisi ve Einstein'ın İzafiyet teo-
risini masaya yatırabilirsin. Her bir madde kendi yarattığı
zaman boyutunu yorumluyor."

Ayağa kalkarak masaya yaslandı Saatçi ve işaret par-
mağını gövdeme doğru yaklaştırarak devam etti.

"Sen düşündüğün için zaman vardır ve içinde bulun-
duğun durumlara göre ölçülebilir de. Zaman görecelidir,
sana özeldir. Zaman kişiye göredir. Sen bilmem kaç ya-
şındasın, ben bilmem kaç yaşındayım. Zaman ve mekân
denilen şey, tamamen izafî... Bana sana veya onlara göre
farklı var oluyor.

Şöyle basit bir örnekle anlatayım. Amazonlarda, uçsuz
bucaksız ormanların ortasında 10 kişi sıralı yürüyorsunuz.
Sizden birkaç yüz metre geriden de bir başka 10 kişilik

grup geliyor. Onlardan birkaç kilometre geride de bir baş-
ka 10 kişilik grup. Sen yürürken sadece kendi çevreni, ya-
nındakileri görebiliyorsun. Bildiğin, görebildiğin her şey
kendi görüş alanın içindekilerdir.

On dakika içinde yürüdüğün alan belirli bir süre için-
de, sen bitirdiğinde yürüdüğün ve geride kaldığın yol
oluyor. Gördüğün her şey geride kaldı. O on dakika artık
geçmiş iken yeni yürüdüğün yol on dakika önce senin 'ge-
lecek' alanındı. Senin geçtiğin yoldan şu anda geçmekte
olanlar içinse, şu an bulunduğun yer onların 'gelecek'i.
Senin geçmişin geride yürüyenlerin'şimdi'si.

Yürümeye devam ederken yükselmeye başladığını
hayal et. Yavaş yavaş, yükselmeye uçmaya başladığında,
yerdeyken görebildiğin alanın katbekat fazlasını görmeye
başlıyorsun. Belki sadece birkaç yüz metrekarelik görebil-
diğin alan şimdi giderek büyüyor. Geriden yürüyenleri,
onların ardında yürüyenleri de görüyorsun. Geçmişin,
şimdiki ana dönüşüyor sadece yükseldiğin için. Geçmiş
ile gelecek gittikçe küçülürken yaşanan an genişliyor.

Yeterli yüksekliğe geldiğinde Amazon ormanlarının
tamamı ayaklarının altında görünür oluyor. Daha da yük-
selirsen dünyanın tamamı görünür olacak. Sen yerdeyken
zaman-mekân senin bedeninle sınırlıyken, artık sen tüm
kısıtlamalardan kurtuldun. Kendi küçük çevresinden yu-
karıya yükselebilen insan da zamanı böyle görür. Geçmiş
gelecek şimdi hepsi aynı anda yaşanmaya devam ediyor.

Zaman dediğimiz şey ardı sıra gelen olaylar, durumlar
silsilesi, bütünüdür. Gerçek olan, zaman ve mekân sadece
bir yanılsamadan ibaret..."

Oturduğum saat kayışından beni dikkatlice avucunun

içine aldı. Eli sıcacıktı, tam ortasına gömüldüm. Etrafımda geniş bir boşluk kalmıştı. Boşluk yavaş yavaş azalmaya başladı. Bedenim büyüyordu. Avucuna sığmayacak hâle geldiğimde beni yavaşça yere bıraktı. Büyümeye devam ediyordum, devasa görünen masanın, sandalyenin ve Saatçi'nin boyutları gittikçe dengeleniyordu. Aynı boya geldiğimizde odadaki diğer eşyaları fark ettim. Masanın sol tarafında bir başka ahşap sandalye vardı. Arkasında üç ayrı saksıda yaprakları iri iri muhteşem devetabanı bitkileri...

"Artık bu oda senin için farklı bir yer. Az önceki hikâyede yükselen insan gibisin. Artık çok daha fazlasını görüyorsun. Kayışın üzerindeki senle, şimdiki senin zaman anlayışı çok farklı... Kelebekle senin aranda olduğu gibi... Birçoğu için yirmi dört saat bir ömür. Senin bir ömürde yaşadıkların onun yirmi dört saati... Sokakta top oynayan çocukları düşün. Futbol topunun üzerinde milyonlarca bakteri var. Her topa vurulduğunda bazıları yok oluyor. Onların ömürleri, saliselerle bile ölçümleniyor. Bir kaplumbağa içinse ömür dediğin şey yüzlerce yıl.

Aslında zaman ve mekânın olmadığı bir evrenin içindeyiz, bunun bilincinde değiliz. Sınırlarımız, öğrenmişliklerimiz o kadar ağır basıyor ki, bu gerçeği inkâr ediyoruz."

Arkamdaki duvara döndüğümde, duvarın geçirgen görüntüsünün ardında sarp kayaların üzerinde salınarak âdeta dans eden bir peri güzeli konuşuyordu. Yüzüme bakmıyordu, ilgilenmiyordu bile. Ben yoktum onun için. Kusursuz bir harmoniyle sarp kayaların üzerinde rüzgârla birlikte âdeta dans ederek salınıyordu.

"Evrende oluşum ve dönüşüm aralıksız devam ediyor.

Bu oluşum ve dönüşüm sırasında, güneşin batışını doğuşunu insan bir gün olarak belirlemiş ve buna göre kendince bir zaman kavramı yerleştirmiş. Kimisi Ay'ı, kimisi Güneş'i referans almış. İnsan, çözümleyemediğini, ölçümlemek için bir çözüm aramış.

Dünyadaki zamanla aydaki zaman, uzaydaki zaman aynı değil. Uzaya giden biri, dünyadaki aynı zaman dilimine göre geri döndüğünde dünyadaki yakınları on yıl yaşlanmışken kendisi sadece bir yıl yaşamı oluyordu.

Ölüm sonrasındaysa zaman tamamen anlamını yitirecek. Saniyeler yüzyıllar olacak belki de. Senin bir gününün, kelebeğin tüm ömrü olması gibi...

Uzayda öyle noktalara geliniyor ki dünyadaki birkaç yüzyıl, sadece birkaç saniye. Zaman kavramı saatçinin dediği gibi tamamen izafi... Zaman, her birimize, yaşadığımız durumlara göre bazen daralıyor, bazen yayılıyor, bazen genişliyor."

Yamacın en uç noktasında durup, gözlerini yamacın ardında kalan boşluğa çevirdi Saatçi. Detayları belli olmayan yüzüne kızıl bir ışık vuruyordu. Duvardaki görsel hareketlendiğinde, Güneş'in batışının tarifsiz manzarası odayı doldurdu. Güneş yavaş yavaş kaybolurken oluşan muhteşem ışık oyunları bizi selamlıyordu.

"Güneş burada batarken, şu anda bir başka yerde doğmaya başlıyor. Hangimiz gecede, hangimiz gündüzdeyiz?"

Bu kez arkamdaki duvarda görüntüler akmaya başladı. Saatçi ise masasındaki işine dönmüştü.

Bir dış ses konuşuyordu sürekli. Duvarda da konuştuklarını resmeden görüntüler oluşuyordu.

"Sevgilisiyle öpüşen bir adamın beş dakikasıyla migreni tutmuş bir insanın beş dakikası aynı olabilir mi? Yarış pistinde takla atan araçtaki pilotun birkaç saniyesiyle izleyicilerin birkaç saniyesi aynı olabilir mi?"

Duvarda izlediğim takla atan otomobilin görüntüsü gittikçe yavaşladı, yakınlaştı, yavaşladı, yakınlaştı, daha da yavaşladı. Pilotun yüz ifadesinde bir ömür okunuyordu.

Onun tüm hayatı gözlerinin önünden geçip giderken, yaşamının en uzun zaman dilimini yaşıyor. Deprem anındaki bir dakikanın ne demek olduğunu hatırla. İzleyiciler için kaza bir anda olupbitti ama pilot için o an, öyle geniş bir zamana yayıldı ki..."

Hayatın içinde görüntüler akmaya devam ediyordu. Olimpiyatta yarışan atletlerin bitiş çizgisine birkaç metre kaldığı an sabitlendi duvarda. Duvardan yükselen ses tüm odayı dolduruyordu;

"Burada birkaç salise, belki yepyeni bir hayat, belki bambaşka bir gelecek. Aynı süre izleyiciler için ellerindeki içeceklerden alacakları bir yudum. Hasta yatağında son günlerini yaşayan bir hasta için bir ay başka, yeni doğan bir bebek için bambaşka. Kanser olduğunu öğrenen birinin, her yirmi dört saati sağlıklı bir insanınkinden çok başka...

İnsanın bir madde boyutu, bir ruh boyutu, bir de bilinç boyutu var. Bilinç boyutunu ve derinliğini keşfedebildiğinde insanoğlu zamanın dikey derinliğini de anlamış olacak. Yaşadığı andan elli yıl sonrasında bilinç sıçraması yaşanabileceği gibi, milyonlarca yıl ileriye veya geriye de sıçrayabilir. Çünkü bilinç boyutunda zaman kavramı biter. Einstein'ın altını çizdiği gibi saniyede 300 bin kilometreye ulaştığın anda zaten zaman sıfır oluyor; zaman duruyor, boyut değişiyor. Bilinç boyutunda zaman kavramı ortadan kalkarken, ister yüz senedeki, ister bir milyar yıldaki her şey aynı boyutta yaşanıyor. "

Hiçbir şey yoktan var olmaz ve var olan hiçbir şey yok olmazsa olmuş ve olacak bütün olaylar uzayda belirli dalga boyları halinde yer alıyor. Onları göremeyen, farkında olamayan, algılayamayan bizim sınırlı bilincimiz. Havada bulunan radyo sinyallerini algılayamadığımız halde bütün radyo yayınları dinleyebiliyorsak; elimizde dalga boylarını algılamamızı sağlayacak aletlerimiz olsaydı eğer, bütün geçmişi ve geleceği tekrar tekrar izleyebilirdik.

Duvardaki görüntüler bir mağara dönemine, bir uzay çağına hızla gidip geliyordu. İlk insanlar, modern şehirler, uzay gemileri, dinozorlar, robotlar... Görüntüler hızlandıkça hızlandı, bir ileri bir geri giderken bir anda duvar karanlığa ve sessizliğe gömüldü. Tüm duvarda tek bir yazı belirdi:

Her şey 'Şimdi'de.

Yazı duvarda kaybolurken daha uzun bir yazı belirdi karanlığın ortasında beyaz harfleriyle:

"İnsan hem şimdide, hem gelecekte hem de geçmişte bulunabilir: Yaşadığımız şimdi, aslında bir an öncesinin geleceği ve aynı zamanda da bir an sonrasının geçmişidir. Geçmiş ve gelecek yoktur, sonsuz bir şimdi vardır."

Saatçi, onardığı saati elinden bırakmadan sandalyesini bana çevirdi.

"Tam on yıldır bu odadasın desem ne düşünürsün?"

Gözlerimi duvardaki yazıdan ayırmadan cevap verdim:

"İnandırıcı olmaz. Bu odada oluşumun üzerinden çok kısa bir zaman geçti."

Yüzümü Saatçi'ye doğru çevirdiğimde bilgiç gülümsemesiyle devam etti:

"İnsanlar bazen bütün gece rüya gördüklerini sanırlar. Bazen onlarca dakika, bazen saatlerce... Gerçekte derin uykuda geçirdikleri sadece 5-10 saniyedir. Zaman, her boyutta farklı var oluyor."

Duvarda yeniden bir hareketlenme başladı. Entarisi içinde, elinde asası, aksakallı bir dede çölün ortasında bir taşın üzerine oturmuş, derin derin bana bakıyordu. Gözleriyle konuşmaya çalışır gibiydi. Yüzü iplik iplik kırışıklarla örülmüş gibiydi. Gözleri çakmak çakmak...

"İzafi zaman vücudumdaki değişimle varlığını kanıtlamak istese de bildiğim o dur ki 'Ben Dehr'im' İnsanlar Dehr'e sövüyor. Şüphe yoktur ki Dehr benim. Gece ve gündüzü değiştiren benim. İnsanlar bana eziyet eder. Kimse Dehr'e sövmesin. Şüphe yoktur ki Ben Derh'im. Geceyi, gündüze, gündüzü geceye çevirenim."

Saatçi anlamadığımı fark edip oturduğu yerden bir tiyatro sahnesine sufle verir gibi Derh'in ne olduğunu açıkladı:

"Derh, 'an' demektir."

Duvardaki dede ifadesini hiç bozmadan, mimiksiz ve hareketsizce bakıyordu sadece. Gözleri ona bakanı delip geçiyordu âdeta.

"Alemde zaman tektir. Ezel - Ebed bütünüyle Allah katında bir an'da, Derh'te buluşmuştur. Göresel (izafi) zaman 'vehim' yollu kabullendiğimiz gerçektir. Bunu idrak edene kadar geçen yolculuk ortama, hıza, boyuta göre hasıl olur. Maddeden sıyrılıp saf bilince ilerledikçe göresel zaman birimi sürekli değişir, genişler. Dehr'in anlatmak istediği tüm varlıkların kendisinden oluştuğu evrensel enerjidir. Dehr, her şeydir. Dünyeviyâtın içinde kaybolan bilinçlerin, bunu anlaması mümkün değildir.

Kuran-ı Kerim'de gelecekte gerçekleşeceği ifade edilen birçok olay işte bu yüzden olmuş, bitmiş şeyler olarak anlatılır. Ezel-Ebed tek bir varlık olduğundan ilahi bakış boyutunda tek bir bakıştır. Gördüğün göreceğin, yaşadığın, hissettiğin her şey Tecellî-i Vâhid'in tafsilinden ibarettir!"

Sözleri bittiğinde şiddetli bir kum fırtınası başladı. Dede yavaş yavaş kum fırtınasının ortasında gözden kaybolurken ne duruşunu ne de ifadesini hiç bozmadı. Sadece dingin oturuşunu, derin bakışlarını korudu.

Saatçi yerinden kalkıp yanıma geldi, kolumdan tutup masanın yanındaki sandalyeye oturttu. Kendi sandalyesini de tam karşıma çekip oturdu. Bana doğru eğilerek ellerimi tuttu ve gözlerini gözlerimden ayırmadan ciddi bir tavırla konuşmaya başladı:

"Aslında tüm dinler, kadim bilgiler, ezoterizm aynı şeyi söylüyor. Zamanla ilgili sadece farklı kelimeler ve farklı kaynaklar kullanıyorlar o kadar. Zaman sabit, biz içinde hareket ediyoruz. Biten ya da başlayan bir şey yok biz öyle algılıyoruz. Olan her şey ve olacak olanlar yatay değil, dikey bir düzlemde artarda geliyor.

İnsanın yapması gereken, zihni ipoteklerinden kurtararak, zaman hissinden arındırarak egosuz farkındalığa ulaştırmak. O zaman zihin ne doğar ne de ölür. Zaman yok, an vardır.

Yaşamak bir süreç olduğu için an, geçmiş-şimdi-geleceklerin toplamı değil, geçmişi geleceği olmayan hepsini kapsamış, tek bir şimdilik halidir. An'ı anlayan insan, ne kendini bir "şey" olarak görür, ne de bir başkasını "bir şey" olarak görür. Çünkü varlık bu halde bölünmemiştir. Bölünmediği için "Saf Farkındalık" yaşanır.

Şu cümle sana burada duyup, gördüğün her şeyi özetliyor:

Zihin An'a ışık hızı altında bakarsa zaman olur; zamana ışık hızında bakarsa an olur."

Ellerimi tutmaya devam ederken bedenim yeniden küçülmeye başladı. Bu kez çok daha hızlı… Dönüşüm tamamlandığında yine Saatçi'nin parmakları arasındayım. Beni ev şeklinde tasarlanmış bir duvar saatinde, kapının önüne bıraktı. Sonra da işaret parmağıyla kapıyı açtı. Devasa başını sallayarak içeri girmemi söyler gibi baktı. Kapıdan geçtiğimde bir saatin tam da kalbindeydim. Kusursuz bir harmoni, ritim… Yaşamın ritmi de böylesine kusursuz bir uyum içindeydi, insanlık bu ritmi kendi elleriyle yarattıklarıyla örtmüş, görmesi gereken görünmeyeni unutmuştu.

Zâhir 12

Zümrüt-Bengü

Eve yerleştiğinden beri ilk kez yalnız kalıyor olmanın keyfini çıkarıyordu. Müziği açtı, pencerenin karşısında duran L şeklindeki koltuğa yerleşti. Eve alışması uzun sürmemişti.

Evde sıkıntı yoktu ama taşındığı ilk günden itibaren başlayan Bengü'nün ısrarlı soruları ve baskıcı ilgisi gelecek için endişelendirmişti Zümrüt'ü. Eve taşındığı gece Bengü, Zümrüt'ün gelişini heyecanla ama yazık ki boş yere beklemişti, Zümrüt o gece eve gelmeyince Bengü büyük hayal kırıklığı yaşamıştı.

İşten heyecanla koşarak çıktığını bütün akşam onun için hazırlık yaptığını, yemekler hazırladığını anlatarak sitem edip durmuştu. "Niye gelmedin?", "Neredeydin?", "Kimle buluştun?", "Ne işin vardı?" sorularının ardı arkası kesilmek bilmedi. Oysa Zümrüt yıllardır kimseye hesap vermemişti, hiç kimseye dokundurmayacağı tek şey, kendi özgürlük alanıydı. İnsanların birbirlerinin özgürlük alanlarına müdahale etmeleri, başkalarıyla paylaşımlarından çoğu zaman kıskançlık duymaları aslında ilgi açlıklarının, dikkat çekme ve kaybetme korkularının yansımasından dolayıydı Zümrüt'e göre.

Onun gözünde ilişkilerin en büyük sorunu buydu. Aslında bu sorun, kaynaktaki bütün sorunların su yüzeyine çıkışıydı. Eşler, sevgililer, ebeveynler, arkadaşlar birbirlerinin hayatlarına müdahale ederek aralarındaki sevgiyi törpülüyorlardı.

Bir tür mülkiyet sorunu... Yanındaki insanı sahiplenmek demek, birçoğu için yanındaki insanın tüm anlarını doldurmak ve onun sadece kendisine odaklanmasını istemekti. Kimse kimsenin sahibi değildi, olamazdı da...

Zümrüt'ün içinde onlarca kadın yaşıyordu, her insanın içinde onlarca başka insanın yaşadığı gibi. Bir insan, diğerinin içindeki bütün insanları kucaklamaya yetmiyordu. Hayatımıza girenlerle, hep başka yönlerimizi, başka parçalarımızı paylaşıyorduk. Zümrüt'e göre bir kişiyle, içimizdeki herkesi paylaşmak mümkün değildi.

Odasındaki küçük ahşap raflı kitaplığa yerleştirmeye henüz fırsat bulamadığı kitaplarının arasında birkaç tanesini seçip aldı kucağına. Aynı anda birden fazla kitap okumayı seviyordu. Tekdüzeliği bozarak ve rutini kırarak akışta dinamik halde kalabilmek için bulmuştu bu yöntemi.

Kitaplığında okuduklarından fazla okunmamış kitabı vardı. Çoğunun kapağı bile açılmamıştı. Dokunulmamış kitaplar, ya arkadaş önerisiyle satın aldığı şeylerdi ya da çok satanlar raflarında görüp topladıklarından ibaretti. Ne de olsa günümüzde kitaplar da artık birer ticari üründü ve satış potansiyeli içeriğinden çok daha önemliydi.

Resimle felsefeyi bir arada işleyip yorumlayan iddialı bir kitap okumayı seçti önce. Bengü'nün yanına taşındığında, hayatında yaptığı değişikliklerden biri de resim yapmaya yeniden başlamaktı. Odasındaki pencerenin köşesine tuvalini yerleştiren Zümrüt, tıpkı dedesinin ona bıraktığı yağlı boya tablolar gibi o da günün birinde kendi çocuklarına, torunlarına ve hatta kendi evladı gibi gördüğü bütün çocuklara bırakabileceği resimler yapmayı hayal etti.

İçindeki çağrı her geçen gün daha da yükseliyordu. İnsanlığı yüreğine bastırır gibi, tüm evreni yüreğinde hissediyordu. Belki de bu psikolojik bir rahtsızlıktı. Gençliğinin ilk yıllarında bu durumu çok sorguladı. Değildi ama olsaydı da bir şey değişmeyecekti. Varoluşun, ilaçlarla düzeltilmemesi gereken bir parçasıydı o.

Toplumun beklentilerinin tam aksi yönde kürek çeken, nice farklı ruh, kimi üstün zekâlı, kimi üstün yetenekli pek çok çocuk, aslında ailelerinin ve toplumun onları normalleştirme baskısından dolayı kendi potansiyellerinden vazgeçmişlerdi.

Zümrüt işe önce kendinden başlamıştı. Dünyayı ve insanları yermeden, kimselere akıl vermeden öncelikle kendine bakmalıydı. Sözcüklerle değil, eylemlerle var olmalıydı... Akıl veren değil, model olan örnek alınan... Kimse kimseye bir şey öğretemez, kimse kimsede hiçbir şeyi değiştiremezdi. Fakat seçenekleri önüne koyabilirdi. Yazı ve resimle bunu yapabileceğine inanıyordu Zümrüt. Hayatına giren herkese, sözcükleriyle ya da enerjisiyle dokunabilirdi ama daha fazlası için fiziksel mesafeleri ortadan kaldırabilecek araçlar seçmişti kendine. Müziği de bu duruma bir araç olarak kullanabilmeyi çok istemişti ancak çocukluk yıllarında bu alanda yetenek sahibi olmadığına ikna olmuştu.

Bengü de ulaşmak isteyeceği ve önüne seçenekleri koymak isteyeceği o büyük çoğunluğun bir üyesiydi. Çocukluk yıllarından başlayarak kendini tanıma fırsatı verilmemiş, birçok zorlukla karşılaşmış, yeterli ilgiyi ve sevgiyi bulamamış üstüne üstlük bir de tacize uğrayıp onuru kırılmıştı. Başarının, sevilmenin ve ilgi çekmenin tek yolunun güç sahibi olmaktan geçtiğine inanıp, parayı, statüyü ve etiketleri hayatının merkezine koymuştu.

Bengü'yle neden bu kadar yakındılar? Onu kurtarabileceği yanılsamasından dolayı mı yoksa kendi içinde yaşayan ve tuzağına düşmek istemediği kadınlardan biri Bengü olduğundan dolayı mı? Çok iyi biliyordu ki her an bu tuzağa düşebilirdi. Şehir hayatı, sistemin kendisi onu her an yutabilirdi. Tabii eğer değerlerini, insanlığını ve gerçeği unutursa...

Kitaplar, resim ve sanata duyduğu ilgi, kendini tanıyarak yoluna devam etmesi ve gerçek kişisel gelişimini sürdürebilmesi açısından doğru araçlardı. Bengü gibi insanlar, yazık ki garip uygulamalarla, sözde gurularla, kalıplarla ve şablonlarla kendilerini değiştirmeye çalışıyorlardı. Zümrüt içinse bütün bu teknikler sadece beyhude bir avunuş, heba edilen bir çabaydı.

Eve taşındığı ilk hafta Bengü'yle neredeyse her akşam oturup uzun uzun sohbet ettiler. Güneşin battığı saatlerde her ikisi de pijamalarını giyip bazen kahvelerini, bazen de şarap kadehlerini yanlarına alıp kanepeye keyifle yayılıyorlardı. Zümrüt için bu keyif hali gayet olağandı. Ancak Bengü içinse durum bambaşkaydı. Gün boyunca taktığı maskelerden kurtulup kendisinin de içinde olmasına rağmen birçok kez söylenerek sorguladığı günlük yaşam kaosundan sıyrıldığı, kendi gibi olduğu anlardı Zümrüt›le baş başa kaldığı bu keyifli saatler... Yaptığı birçok şeyi sevmeden yapıyor, pek çok şeye ulaşmak istediği hedefleri için tahammül ediyordu. Sürekli kredi kartı borçlarından, yalnız yaşamanın zorluklarından, erkeklerin duyarsızlığından, ortalıkta adam gibi adam bulunmadığından, modadaki son gelişmelerden, magazin haberlerinden bahsediyordu. Mutsuzluğu, çok daha fazla boşluk dolduracak bir arayıştan ibaretti.

Zümrüt'se sadece istediği şeye inanarak, tamamen içinde gelen, sevdiği şeyleri yapıyordu. Kesinlikle Bengü'den daha az kazanıyordu, hiçbir malı mülkü yoktu, yalnızdı ama gelecek için endişelenmiyordu. Ayakkabısının markası, çantasının rengi onu rahatsız etmiyordu. Onu endişelendiren tek şey, annesiyle babasının gidişinden sonra içindeki o Bengü'ye benzeyen kadının giderek güçlendiğini hissetmesiydi.

Zümrüt, arkadaşının evine taşınırken kendisine bir ödül daha seçmişti: Ekolojik Yaşam Kampı... Bu programa göre bir hafta boyunca günlük hayattan uzaklaşacak kendine odaklanarak doğaya yakınlaşacaktı. Günlük hayatın stresinden ve karmaşasından kaçarak arınmayı hedefleyen birçok kamp, tesis ve grup çıkmıştı ortaya son dönemlerde ama Zümrüt bunların hiçbirine katılmayı düşünmezdi zaten. Çoğu beş yıldızlı otel konforunda organize edilmiş bir sürü göstermelik uygulama içeren bu yerler Zümrüt'ün tabiriyle günlük hayata teslim olmuşların ruhani mastürbasyon yaptıkları yerlerdi.

Ekolojik Yaşam Kampı farklıydı. Her şey olduğu gibi, vaatsiz ve katılımcılarının bizzat çalışıp, emek sarf edip, değer üretebildiği bir yerdi. Almaktan çok, verilen bir yer... Burada fazlasıyla doğaya yakın olabileceği gibi kendini dinleyerek potansiyelinin sınırlarını ya da sınırsızlığını görebilirdi.

Kampı benimsemesinin nedenlerinden biri de Ali'ydi. Ali, Zümrüt'tün arkadaşıydı. Ondan beş yaş küçüktü belki ama zayıf, kara, kuru bedeni ve ateş saçan gözleriyle koca yürekli bir dosttu. Üniversitenin resim kulübünde tanışmışlar, kısa zamanda da iyi dost olmuşlardı. Ali, Zümrüt'ün yeryüzünde çoğalmasını dilediği ve insanlığın evrim tarihinde gelinen şu noktada çoğalacağından da emin olduğu gençlerdendi. Kendini hiçbir kimlikle tanımlamıyordu. Bir şeylerin kuklası olmaktan kaçıyordu. İnsanlar arasındaki farklılıkların konuşulması bile yeterince anlamsızdı. Ün, statü, para, lider olmak, önde gitmek ne kadar da gereksiz ve değersiz mevzulardı. Toplumların ilk önceliği, bireylerin oldukları gibi yaşayabilmelerine imkân sağlaması ve mümkün olduğunda bunun önünü açması olmalıydı. Bu konuda Ali'nin duruşu çok net ve tutarlıydı.

Zümrüt'ün içindeki kaçış duygusu, onu bu kampa gitmek konusunda en az Ali kadar kamçılıyordu. O kampa kesinlikle gidecekti ve bunun için işyerinden yıllık izin almaya değerdi. Bu gece çantasını hazırlarken Bengü hayıflanacaktı yine... Belki saatlerce söylenip sitem edecekti. Zira Zümrüt de Bengü'nün içindeki kadınlardan biriydi. Aslında ikisi de birbirlerinde kendilerine ait şeyler buluyorlardı farkında bile olmadan. Zıt kutuplarda buluştuklarını bilmeden... Zümrüt, Bengü'nün vazgeçtiği kadının aynadaki yansımasıydı.

Bâtın XIII

"Hepimiz eşitiz, bizler dünyanın çiçekleriyiz, farklı bedenlerde, kokularda, renklerdeyiz. Ama hepimiz O'na doğru bakıyoruz ve değişik danslarla, müziklerle, seremonilerle ibadet ediyoruz. Hepimiz O'nun çocuklarıyız, görüp göremediğimiz, hissedip hissedemediğimiz her şeyi O yarattı.

İyi olmamız için bize akıl ihsan eyledi. Her renkten erkek ve kız kardeşlerim, hep beraber birlik olursak gücü elinde tutan yöneticiler, politikacılar ve iş adamlarına şu mesajı verebiliriz:

Savaşa hayır, bombalara hayır, ölümlere hayır. Hep beraber bir fark yaratabiliriz."

Maya kehaneti söyle der:

"Yükselin, hepiniz yükselin, hiç kimse arkada kalmayacak şekilde yükselin, hep beraber bir kez daha geldiğimiz yeri, özümüzü göreceğiz."

Maya İhtiyarlar Heyeti başkanı
Alejandro Cirilo Perez

Zâhir 13

Selim-Zümrüt

Kendisine ayrılan kulübede ilk gecesini pek de rahat geçirdiği söylenemezdi. Sağanak yağmurda balçığa dönüşen toprak zeminde kazıkların üzerinde duran bu yirmi metrekarelik prefabrik odanın içinde sadece bir yatak, komodin ve küçük bir gardırop vardı. Odada elektrik olmadığından aydınlatma şarjlı bir ışıldak ve birkaç mumun titrek aleviyle sağlanabiliyordu. Konfordan tamamen yoksun bu mahrumiyet bölgesinde yaşayanların kış aylarında nasıl ısındıklarını merak etti. İyi ki kampa ilkbaharda gelmişti.

Selim'in aklı çok karışıktı. Burcu'yla yaşadıkları hayatını fazlasıyla etkileyecekti. Bunu biliyordu. Ortada alınmış bir boşanma kararı olmamasına ve şimdilik ilişkinin geleceği belirsiz olmasına rağmen, son karar alındığında acaba neler olacaktı? En önemlisi neye karar vereceklerdi. Ayrılırlarsa ikisinin de hayatında her şey değişecekti, ayrılmazlarsa hiçbir şey eskisi gibi olmayacaktı. Her iki durumda da iki farklı senaryo yaşanacaktı. Ve bu senaryolar Selim'in zihnini istila ediyordu.

Bülent'in salonunda bulduğu broşür onu buraya getirmişti. Zaten Bülent'te de daha fazla kalamazdı. İkinci haftanın sonunda kaçınılmaz sürtüşmeler başlamıştı bile iki arkadaş arasında. Bu da bir tanıdığın evinde uzun süre kalmanın yan etkisiydi. Öyle ya da böyle, aynı ortamda sürtünmeden doğan çatışmalar olağandı.

O iki hafta boyunca telefonda defalarca konuşmuştu karısıyla. Bir iki kez yüz yüze de geldiler. Burcu'nun hali gerekten perişandı. Gözleri çökmüş, hayli kilo vermiş, sürekli ağlıyordu. Selim'den ayrılmak istemiyordu. Kocasının gömleklerine sarılarak uyumaya başlamıştı. Her insan hata yapabilirdi ve her insan hatasından dolayı pişman olabilirdi. Aslında Selim, affetmeye ve hiçbir şey yokmuş gibi evliliğine devam etmeye hazırdı. Ancak emin olmadığı şey şuydu: Şayet devam ederlerse, değişecek olan neydi? Bir şeyler değişecek miydi? Burcu'nun yaşadığı şey bir sonuçtu ve o sonucun nedenlerinde değişen hiçbir şey yoktu.

Kendilerinde ve ilişkilerinde eksik olan şeyleri konuşarak tespit etmiş olmalarına rağmen, aynı şeylerin yeniden yaşanma olasılığı çok yüksekti. Belki barışmanın ilk günlerinde bu travmanın da etkisiyle birbirlerine daha fazla özen göstereceklerdi. Hatta ilişkileri yeniden canlanır gibi olacaktı. Ancak günler geçip de travmanın izleri silinmeye başladığında aynı sancılı rutine dönecekti ilişkileri.

Bunun tam tersi de olabilirdi tabii ki. Belki birbirlerinin değerini anlayacaklardı. Bu evliliğin onlar için ne kadar önemli olduğunu görmüş olacaklardı. Birbirleri için ne ifade ettiklerini hatırlayacaklardı. Selim, karısına hayatında daha fazla yer açacak ve ilişkilerinin ilk günlerine dönüp mutlu olacaklardı.

Selim, kesinlikle ikinci olasılığı yaşamak istiyordu. Bunu gerçekten istiyordu ama inanmıyordu. Bu iki olasılık arasındaki gelgitten dolayı da bunalmıştı artık. Zaten bu yüzden gelmişti buraya da. Zihnini susturup kendisiyle baş başa kalmaya ihtiyacı vardı. Buradan dönerken bir karar almış olması gerekiyordu artık. Ne de olsa son görüşmelerinde karısına bu sürüncemenin daha fazla devam edemeyeceğini söylemişti. Devam etme olasılıkları olduğu halde Burcu'nun canını yakmak için ayrılma ihtimalinin kendisinde daha ağır bastığını anlatmıştı.

Gece ilerledikçe kulübe daha da soğudu. Neyse ki yemekte yanında kız arkadaşıyla yemek yiyen sıcakkanlı genç, yanında fazladan uyku tulumu getirmiş, birini de Selim'e vermişti. Selim'in kamp tecrübesizliği aşikârdı. Yine de bir uyku tulumu bulduğu için şanslı sayılırdı. Aslında yemekte Selim'in bu genç çiftin yanına oturması tesadüf değildi.

Kampta yemekler, misafirler tarafından hazırlanıyordu. Küçük odacıkların çevrelediği geniş kulübede bir araya gelen misafirler, buradaki açık mutfağı kullanabiliyorlardı. Salonun tam ortasındaki kocaman açık şöminenin etrafı koltuklarla bezenmişti. Kampta elektrik olan tek kulübe de burasıydı zaten. İki duvar, boydan boya kitaplarla doluydu. İsteyen istediği kitabı seçip okuyor, dileyenler yanlarında getirdikleri kitapları bırakıyorlardı. Her dönem, aralarında dünyanın dört bir yanında gelen maceracıların da olduğu yirmi beş kişi alınıyordu kampa. Kampın bir tane kumandanı vardı: Serdar...

Uzun boylu, yapılı, kaslı, güler yüzlü ama otoriter ve disiplinli bir adamdı. Burada bütün sistemi o yönetiyordu.

Ne zaman uyanılacağına, şöminenin ne zaman ve nasıl ya-
kılacağına, yatış saatlerine ve yemek düzenine kadar he-
men her konuda tek karar mekanizması Serdar'dı... Onun
dışındaki herkes, bütün uygulamalarda eşitti. Misafirlerin
bazıları gönüllü olarak kalıp, çalışmak için asistanlık ya-
pıyorlardı ona. Buna rağmen asistanlar da misafirlerden
ayrıcalıklı değildi. Yemek yapmak üzere kullanılacak
malzemelerin doğadan toplanması işleminden yemeğin
pişirilmesine ve bulaşıkların yıkanmasına kadar her şey
ortak alanda hep birlikte yapılıyordu. Buradaki düzen,
her misafirin kendi üretimiyle sağlanıyordu. Her katılım-
cı emeğinin üzerine bir de katkı payı ödüyordu. Serdar'ın
katılımcılarda aradığı ilk özellik takım oyununa uygunluk
ve doğallıktı.

Serdar, mülakat sırasında Selim'i epey zorlamıştı. Ona
ateş üzerinde yürüyüp yürüyemeyeceğini sorduğunda
Selim'in şaşkınlığına kahkahalarla gülmüştü. Serdar dal-
ga geçiyordu. Bu kampta gözyaşı dökülen, can acıtan uy-
gulamalara, sevgi gösterilerine ve içi boş çalışmalara yer
yoktu. Burası, paralı şehirlilerin sıra dışı bir tatil yapmak
niyetiyle birkaç günlüğüne katıldıkları sözde arınma ve
kendini bulma etkinliği değildi.

Serdar, burada yapılan çalışmaların şehir hayatına su-
landırılarak taşınmış meditasyon, nefes, tai-chi ve yoga
uygulamalarına benzemediğini uzun uzun anlatmıştı
Selim'e... Tüm uygulamalar, yaptıkları işe kendilerini
adamış gönüllü insanlar tarafından yapılıyordu. Selim,
kampa katılıncaya dek, bu mülakatın bir satış stratejisi
olduğunu düşünmüştü. Şimdiyse her şeyin gerçek olduğu-
nu görüyordu. Doğal olmayan hiçbir şey yoktu.

Dün, 250 dönümlük geniş arazide gün henüz yeni ağar-
maya başladığında domates ekili alanda tanıştığı kızın,
evliliğiyle ilgili vereceği kararda bu denli güçlü bir etki-
ye sahip olacağından habersizdi Selim. Tarifsiz bir duygu
uyandırmıştı bu kız. Güzeldi. Farklıydı. Enerjisi, fiziği, gü-
lüşü, bakışları can alıcıydı. Cildinin duruluğu, sesi ve za-
rafetiyle şiir gibiydi... Bu hissi anlatmak mümkün değildi
Selim için. Akşam yemeğinde salonda onu bir kez daha
görünce yanında oturup onu izlemek, konuşup tanışmak
istemişti.

Derin bir ruhu vardı kızın... Belki de büyük acılar ya-
şamıştı ve farkındalığını da bu acılarına borçluydu. Başka
bir boyuttan dünyaya ışınlanmış melek gibiydi. Ürkek, ce-
sur, korkak, duygusal, mantıklı, gizemli ama net... Bütünü
oluşturan her bir parça kusursuz duruyordu o bütünde...
Kıvır kıvır saçlarıyla, uzun boyu ve buğulu güzel gözleriyle
büyüleyiciydi. Çok da gençti... Çok taze ve çok naif...

Selim bu kızdan bayağı hoşlanmıştı. Hatta hoşlanmak-
tan da öte, tarifsiz duygular ve heyecan içindeydi. Aslında
onu bu denli çalkalayıp aklını ve kalbini karıştıracak bir
durum yoktu ortada. Hem kız sevgilisiyle gelmişti kampa.
Yanında başka bir erkek olmasa belki kızın üzerine daha
fazla gitmeyi düşünebilirdi hatta onunla aynı evde yaşa-
maya başlar ve sonunda evlenirlerdi de. Ama yanında
sevgilisi olan biriyle ilgili daha fazla hayal kuramazdı ki.
Zaten hayalciliğinin sınırlarını aşmasını da karısıyla yaşa-
dığı travmanın sonucuna bağlayıp duygularına odaklandı
Selim. Kızın hayatında biri olduğu halde garip bir şekilde
ondan hoşlanıyordu. İnsan gerçekten hoşlandığında ya da
aşka tutulduğunda ortada hiçbir hesap kitap ve gerçek-

lik kalmıyordu işte. Planlanacak, durdurulacak hiçbir şey yoktu.

Karmakarışıktı zihni. Bir yanda Burcu'yla mutlu bir gelecek, bir yanda boşanmış bir erkek olarak çapkınlık yaparak geçireceği uzun bir yaz, bir yanda yalnızlığın huzuru ve dinginliği, diğer yanda Zümrüt.

Ne de güzel ismi vardı kızın:

Zümrüt...

O zarif beden, o eşsiz ruh usta ellerde taşınması gereken, hassas ve değerli bir taştı.

Selim uykuya dalmadan önce, şu an Zümrüt›le ilgili aklından geçip ruhundan süzülen hiçbir şeyin gerçek olmadığını düşünüyordu. Eskiden yatmadan önce hep hayal kurardı. Oysa ne kadar uzun zaman olmuştu böyle heyecan dolu düşler kurmayalı.

Bâtın XIV

Alabildiğine boylu boyunca uzanan bir sahil... Bir okyanus kıyısında oturuyorum. Ayaklarım suyun içinde. Kimse yok. Hiçbir canlı yok. Arkamda kalan sahil boyunca uzanan palmiye ağaçlarında hiçbir kıpırtı yok. Bir tablonun içine yerleştirilmiş gibiyim. Okyanusta bir tek dalga hareketi yok, su sabit duruyor. Hareket eden bir tek ben varım.

Sonra okyanusun uzaklarında bir hareketlenme fark ediyorum. Suyun içinde bir şeyler deviniyor ve bana doğru yaklaşıyor. Büyük bir balina, köpek balığı ya da başka bir şey... Yaklaştıkça belirginleşiyor, bir insana benziyor. Yaklaştıkça daha net görüyorum...

İki kişi bana doğru yüzüyor. Hayır iki kişi değil, iki başlı bir beden bu. Biri erkek, diğeri kadın iki başlı bir beden...

Kıyıya geldiklerinde sudan çıkıyorlar. Çıplak, yarısı kadın, yarısı erkek orta boylu bir beden... Sudan çıktığında iki kafa da ayrı yönlerde saçlarını tek elleriyle silkeliyorlar, kadının uzun saçlarından süzülen suyu sıyırması daha uzun sürüyor.

Bana doğru yürüdüklerini görünce ayağa kalkıyorum. Hareketsizliğin ortasında sadece biz hareket halindeyiz.

Yanıma geldiklerinde önce erkek taraf elini uzatarak selamlıyor beni:

"Merhaba, hoş geldin!"

Ardından kadın taraf elini uzatıp tanıtıyor kendini:

"Biz düaliteyiz. Yani ikiliğiz, ikilemiz, ikili dengeyiz, ikilik'iz."

Hiçbir şey anlamadığımı açıkça ifade ediyorum.

"Merhaba! Ama ben neden burada olduğumu bilmiyorum."

Kadın devam ediyor:

"Buraya geldiğine göre bizimle tanışman gerekiyormuş demektir. Hiçbir şey nedensiz değil, her şeyin bir nedeni var. Ancak insan bir düalite örneği olan gözlemleyengözlemlenen yüzünden yanılgılara düşebiliyor. Âdem ile Havva'nın yasak elmayı yemesiyle düalite başladı."

Kadın taraf konuşurken, iki başlı beden yavaşça kumlara oturdu. Ben de kendime küçük bir kum tepeceği bularak tam karşılarında bir yere çöktüm.

Bu kez erkek taraf devam etti:

"Felsefede düalizm; birbirlerine indirgenemeyen iki karşıt ilkenin varlığını ileri süren görüştür. Ezoterizmde sayısal sembollerden iki rakamının içerdiği anlamlarla ilgili olarak kullanılır.

Monizm ise, her şeyin bir tek zorunluluğunun, ilkenin olduğunu iddia eder. Düalizm, iki temel konseptin var olduğunu savunur. Taoizm'deki yin-yang gibi dinlerin esasını oluşturan iyi ve kötü, cennet ve cehennem, kadın ve erkek, aydınlık ve karanlık, köle ile efendi, günahkâr ve masum gibi her zaman olmasa da genelde birbirine zıt kavramlardır. Cartesian düalizmindeyse ikilik sadece madde ve zihin arasındadır."

Bu kez ben araya girerek söz aldım:

"Bu ikilikler hayatın kendisi zaten. Yaşam ve ölüm ile başlamıyor mu?"

Kadın tarafı cevap verdi:

"İnsanlar yaşamı hep iki şıklı gördükleri için sürekli bir ikilik var. Sıcak soğuk, az çok, zengin fakir, güzel çirkin, siyah beyaz, gitmek kalmak, sevmek sevmemek... Her şey iki şıklı... Oysa üçüncü bir şık da var. Üçüncü şıkkı gören insan, yaşamın illüzyonundan sıyrılmak yolunda büyük bir adım atıyor."

Üçüncü şıkkı merak ediyordum. Kadın tarafın üçüncü şıkkı söylemesini beklerken erkek taraf yeniden felsefeye taşıdı konuyu:

"Descartes sırasıyla düşünen şey olarak, zihnin ve benlik iki ayrı şeydi. Descartes'e göre, var olan her şey ya bir töz (kendi kendinin nedeni olan, bağımsız var olabilen) ya da bir tözün bir özelliğini taşırken, zihin ve benlik de iki ayrı töz olmalıydı. Descartes tözü ikiye ayırırken (res extensia, res cogitans) Anserm'in Tanrı kanıtından yola çıktı: Ben kusursuz değilim ama zihnimde kusursuzluk, sonsuzluk kavramları var. Aklımda böyle bir kavram varsa buna karşılık gelecek bir şey olmalıdır. Sonsuzluk, kusursuzluk, sonlu ve kusurlu bir varlığın aklına nasıl gelebilir? Descartes sonlu kavramını bedenle, sonsuzluk kavramını ise zihinle özdeşleştirdiği için tözü de bu şekilde ikiye ayırmıştır.

Spinoza'ya göreyse, tözün tanımı kendi kendisinin nedeni olabilen şey ise Tanrı mutlak tözdür. Onun inancına göre Tanrı, doğa, ulu mimar, big-bang ne dersen de, kendisinden başka bir nedene dayanmaz. Var olan her şeyi kendi özünden üretir. Dolayısıyla nesnelerin her bir zerresi kaynağın kendisinde vardır. Bu nedenle Spinoza tek tözcüdür ve onda ikiliğe yer yoktur.

Descartes, zihin ve beden diye ikiye ayırırken; Spinoza 'zihnin beden' olduğunu savunuyor. Zihnin, bedeni nasıl etkilediği ya da bedenin zihni nasıl etkilediği bedenle zihni ayrı düşürmez. Beden soğuk suyu hissettiğinde, zihin de eşzamanlı etkilenir. Beden yere düşüp canı yandığında ve aklına getireceğin bütün duygu oluşumlarında aynı ilke çalışıyor. Buna karşılık zihin de beden üzerindeki izlenimi ve algılanan şeyin izlenimini kayda geçiriyor. Bu yüzden duyusal algılama kendi başına dış dünya hakkında bilgi almak için yetersiz kalıyor. Kısaca bilgi edinmek için ne tek başına beden ne de tek başına zihin kâfi geliyor. O yüzden Descartes'in yaklaşımı daha doğru."

Ben hâlâ üçüncü şıkkın ne olduğunu merak ediyorum. Kadın tarafın yüzüne bakarak üçünü şıkkı sordum:

"Ben hâlâ anlamadığım için soruyorum. Üçüncü şık ne oluyor bu durumda?"

Kadın taraf, tek elinin avucunu kuma daldırıp kumla oynamaya başlarken sözü erkek taraf devraldı:

"Ezoterizme göre Âdem elmayı yiyene dek düalite yoktu. Cinsiyetsiz, bir ve tekti her şey. Elma ağacı, o birliğin ve bütünlüğün sembolüdür aslında. Ne var ki yasak elma Âdem tarafından yendiği vakit, düalite de oluşmaya başladı.

Oysa 'birlik' hiçbir zaman bozulmadı. Düalizmin ardına geçtiğinde her şeyin bir ve tek olduğunu fark edersin. Mısır bilgeleri bu farkındalığı şöyle tanımlıyor: İlahlar ikiliği bir etmiş insanlardır. İnsanlar ise birliği bilmek için ikiliği yaşayan henüz çocuk ilahlardır."

İki taraf da elini havaya kaldırdı. Komut verir gibiydiler. Onların komutuyla birlikte rüzgâr esmeye başladı. Rüzgârın etkisiyle deniz dalgalanmaya, palmiyelerin yaprakları sallanmaya başladı.

Kadın taraf gökyüzüne bakarak konuşmasını sürdürdü: "Dalgalanan ve dalgalanmayan deniz de aynıydı. Yaprakları sallanan ve sallanmayan palmiyeler de aynı palmiyeler... Biz tek bedende iki ayrı baş gibi dursak da ve ben onun siyah dediğine beyaz desem de ayrı değiliz, biriz. Zıtlıklar, sadece aynı tözün farklı dalgalanmaları. Sıcaksoğuk derken iki şık sunuyorum. Üçüncü şık: Isı'dır. Sıcak ve soğuk sadece ısının farklı kutupları o kadar."

Tekrar bana döndüğünde cevabı anlayıp anlamadığıma baktı. Ben de anladığım kadarını anlattım:

"O zaman iyi ve kötü diye bir şey yok. Sadece bir tek olanın farklı uçları var. Aslolan o bir tek olan kaynak. Yani..."

Erkek taraf sözümü kesti:

"Sana dünyevi bir örnek daha vereyim, sonra tamamlarsın sözünü: Bir ülkenin içinde zenginler var fakirler var, bir bölge kalkınmışken bir bölge kalkınamamış. Uluslararası ilişkilerde güçlüler ve güçsüzler var. Aynı ülkede, aynı yerkürede... Bu durum toplumsal yapıda, siyasette düalizmin nasıl güçlü olduğunu gösteriyor. Oysa insanlığın farklı kutupları yaratılmış oluyor. Zengini fakiri tartışırken, insanlığı kurtarmaya yönelmek gerekiyor.

Siyaset ise sürekli bir karşıtın, hatta düşmanın varlığına ihtiyaç duyuyor. Biri olmadan diğerinin varlığı tek başınalık yanılsamasını hissedemiyor. Siyasette düşman yaratılır, sürekli bir tehdit, bir düşman vardır. Bu yüzden düşman aranır bulunur bulunamazsa yaratılır. Düşmanın varsa sen de düşmanının düşmanısındır."

Söylediklerini dinledikten sonra sözüme devam ettim: "Yani, hangi kutbu seçtiğimizin bir önemi yok. Kötülük yaparken iyiliğe hizmet ediyorum, iyilik yaparken de kötülüğe."

Erkek taraf bana doğru bedeniyle eğilip yaklaşırken, kadın taraf da onunla birlikte bana yaklaşmış oldu ve konuştu:

"Çok yaklaştın ama nüans var. Zıddına kızma, savaşma, yok etmeye çalışma. Zenginliğe giderken fakirliği dışlarsan hedefine ulaşamazsın. Zıt olan düşmanın, kaçman gereken değildir. Bizim aynı bedende iki ayrı başımızın, cinsiyetimizin olması gibi, aynı kaynağın iki farklı tarafı var ve onlardan birindesin."

Sözlerini bitirdiklerinde ayağa kalktılar. Sırtlarını dönüp suya doğru yürümeye başladıklarında arkalarından seslendim:

"Gidiyor musunuz?"

Kadın taraf başını geriye dönüp bana baktı:

"Her şey bir ve tek iken, her şey aynı anda aynı noktada yaşanıyorken gitmek ya da kalmak ne fark eder? Hele ki sen, düalizmin var olmadığı bir yerdesin."

Suya girdikleri sırada erkek taraf da yüksek sesle son sözlerini söyledi:

"İnsanlığın, dünyanın düalizmden kurtulmasına çok az kaldı. Saat olarak çok görülebilir ama zihin-bedenin zamansızlığında çok kısa bir süreç kaldı."

Zâhir 14

Selim-Zümrüt

Zümrüt'ün kafası karışıktı. O adam neden bu kadar meşgul ediyordu ki kafasını? Daha bir iki gün önce tanışmışlardı ama çok fazla şey paylaşmışlardı konuşarak. Selim'in enerjisi farklıydı. Diğerleri gibi değildi. Aslında onun da bir çağrısı vardı fakat henüz bunun farkında değildi. İçindekilerin sadece küçük bir kısmını ortaya koyduğu halde, kalabalığın arasından sıyrılıp parıldadığının farkında değildi. Çabasıyla, zekâsıyla, mücadeleden hiçbir zaman vazgeçmemesiyle başarıyı yakaladığına inanıyordu ama işin aslı bu kadar basit değildi. Selim gitmesi gerekenin tersi yöne doğru koşuyordu. Olduğu kişiden bir kaçıştı bu sanki. Zümrüt, onu kurtarılacak yeni bir ruh olarak gördüğünden fazlasıyla yoğunlaşıyordu Selim'e... O kendi enerjisine ve çağrısına sahip bir ruhtu, tıpkı kendisi gibi.

İlk tanıştıkları günün akşamında Selim yemek salonunda yanlarına gelip oturduğunda, onu da diğer hemcinsleri gibi karşısına çıkan her kıza kur yapma arzusu duyan sıradan erkeklerden biri sanarak kara listesindeki adamların arasına eklemişti.

Hatta tanışır tanışmaz Selim'in sorunlu evliliğinden

bahsederek mutsuzluğunun altını defalarca çizmesi ve bu kampa da önemli bir karar vermek üzere geldiğin anlatmaya başlaması, Zümrüt'ün zihninde oluşan olumsuz imajını güçlendirmişti. Üstelik Selim, Ali'yi de Zümrüt'ün sevgilisi sanmıştı. Bu kamptaki gibi bir ortamda daha önce hiç bulunmadığını açık ediyordu konuşmalarında. O kadar acemiydi ki, gelirken yanında uyku tulumu bile getirmemişti.

Kampın ilerleyen günlerinde, özellikle de toplu aktivitelerde birlikte daha fazla zaman geçirir olmuşlar ve birbirlerini daha iyi tanımaya başlamışlardı. Maddi gücüyle ilgili fazla ipucu vermiş gibi görünse de fazlasıyla mütevazı ve alçakgönüllüydü. Ali'nin Zümrüt'ün sevgilisi olmadığını öğrenince, onunla da iyi vakit geçirmeye başlamıştı. Ali'yle aynı frekansta konuştuğu için genç adamın da sempatisini kazanmıştı kısa sürede.

Selim, zenginliğini sindirememiş olan ve sahip olduğu maddi kaynakları başkalarına karşı tehditkâr bir güç olarak gören, karşısındaki üzerinde üstünlük kurmaya çalışan görgüsüzlerden değildi. Para, Selim için gerçekten sadece bir araçtı, o kadar.

Zümrüt de kendi içinde henüz net olarak tanımlayamadığı bir duygu yaşıyordu. Hoşlanmak ya da flört gibi bir şey değildi bu. Çok daha derindi. Fakat böyle hissetmesi için ortada hiçbir neden yoktu. Adam neredeyse babası yaşındaydı. Zümrüt doğduğunda babası yirmi iki yaşındaydı. Muhtemelen Selim'le de aralarında aşağı yukarı yirmi yaş kadar olmalıydı. Bunu düşünürken, annesi babası geldi aklına. O tarifsiz hüzünle gelen boğulma hissi, sarsıcıydı. Annesinin ölümünün hâlâ bir rüya olmasını diliyordu

Zümrüt. İkisi de ölmek için gençti Zümrüt'e göre, ellili yaşlarını göremeden biricik kızlarını terk edip göçmüşlerdi bu dünyadan. Selim güven veriyordu sanki. Karşılaştığı diğer erkeklerin hiçbir derinlikleri yoktu, gayet sığ ve yüzeyseldiler. Sıradan konuşmalar, saçma takıntılar ve hiç değişmeyen klişe erkek tripleri... Kendini bütünleyememiş, kaprisli, yaralı ve kompleksli insanlar... Oysa Selim öyle miydi? Bakışları bile farklıydı. Açgözlü ve saldırgan değildi. Yer gibi, soyar gibi bakmıyordu. Dingin limanlar gibi huzurlu ve güven doluydu gözleri. Başkalarının göremediklerini kolayca fark eden, derinlikli, özel bir adamdı. Üstelik gizemliydi. Belirsizdi...

Bazen bilgece laflar ediyor, bazense kendisinden beklenmeyecek kadar çocuklaşıyordu. Samimiyetini, nezaketini hiç kaybetmiyordu. Zaman zaman an'dan kopup gidiyor, uzaklara dalıyordu. Bu bilinmez uzaklara kaçışı da onu gizemli kılıyordu. Selim korkuyordu. İçinde olup bitenlerle karşılaşmaktan, hayatındaki hiçbir şeyin ona yetmediğini görmekten ve en önemlisi de yüreğinin sesini duyup dinlemekten kaçıyordu. Farkındaydı, biliyordu ama kimseye açmıyordu kendini. Zümrüt'ten de derindi, ondan daha aydınlıktı ve belli ki çağrısı daha güçlüydü...

Zümrüt, Selim hakkında bunları düşünüyordu ve artık ondan daha fazlasını almak istiyordu. Ondan alırken, ona verecekleri de vardı tabii ki. İki güçlü ruh birbirlerinin açıklarını kapatabilir, birbirlerini büyütebilirlerdi. Elbette fazlasıyla da dost olabilirlerdi.

Zümrüt, onunla tanışmasından üç gün sonra bir kadının bir erkeğe hissedebileceği türden hisler beslemeye başladığını fark ettiği an durdurmuştu kendini. Her şey-

den önce adam evliydi ve evli bir erkekle asla birlikte ola-
mazdı, olmayacaktı.

Selim iyi bir dost olabilirdi. Ali gibi iyi bir dost... Hatta
belki ondan daha olgun, daha derin bir yoldaşlık kurabi-
lirlerdi. Selim, hayatındaki başka bir açığı kapatabilecek,
onu besleyebilecek güzel biri olabilirdi. Belki babasından
boşalan tahtı bile doldurabilirdi. Ama asla sevgili olamaz-
lardı...

Güneş batarken, gün boyu yaptıkları rutin kamp akti-
vitelerinin yorgunluğunu üzerinde hisseden Zümrüt, bü-
yük salonda Selim'i bekliyordu. Her gün iki kez birlikte
yürüyüş yapıyorlardı artık. Güneş doğarken ve batarken
buluşup doğaya karışıyorlardı birlikte. Selim yürüyüşten
önce duş almak için erkeklerin ortak kullandığı banyoya
girmişti. Ali'yse bu yürüyüşlere sadece iki gün eşlik et-
miş ancak daha sonra ortak alanda şömine başında kitap
okumayı tercih etmişti. Akşam yemeklerinden sonra üçü
de şöminenin başına geçip derin sohbetlere dalıyorlardı.
Bu konuşmalar, onların fiziksel ve mental yoğunluklarını
besleyen değerli bir aktiviteye dönüşmüştü giderek.

"Her geçen gün kendimi daha iyi hissediyorum. Tok-
sinlerimden kurtuluyorum."

Selim, gülümseyerek geldi Zümrüt'ün yanına. Eşofma-
nının üzerine rüzgârlığını almış, spor ayakkabıları için-
de gayet zinde ve enerjik görünüyordu. Selim'in bütün
kıyafetleri kaliteli ve pahalı parçalardan oluşurdu ama
Zümrüt'ün ne markalardan haberi vardı ne de o markala-
rın parçalarından...

Uzun yıllardır tanışıyorlarmış gibi iyi anlaşıyorlardı.
Benzer ruhlar birbirini bulduğunda, bazen gizemli bir çe-

kim olurdu ve insan karşısındakini yıllardır tanıyormuş gibi hissederdi böyle...

Selim, elini Zümrüt'ün saçlarının arasından uzatarak kızın omzuna dokundu ve denizin üzerine batan akşam güneşini izler gibi hayranlıkla baktı kızın yüzüne:

"Bugün sana anlatmak istediğim şeyler var."

"Her gün yeterince konuşuyorsunuz beyefendi. Bugün daha fazla mı anlatacaksınız?"

"Hayır. Daha derin anlatacağım. Belki de kendimden başkasına söyleyemediklerimi..."

Zümrüt, Selim'in yüzüne sükûnetle bakarken duyacağı her şeyi ruhuyla kabul edeceğini şimdiden gözleriyle ifade ediyordu.

Yürüyüşe başladıklarında bir süre sessiz kaldılar. Zümrüt, ormanın içlerine doğru adımlarını hızlandırıp Selim'i geride bıraktı. Çocukça eğleniyor gibiydi. Tebessümü taze açan çiçekler kadar büyüleyici...

"Terapiye mi ihtiyacın var?"

Selim de adımlarını hızlandırarak Zümrüt'e yetişmek telaşına düşmüştü...

"Belki de... Neden bilmiyorum ama seninle daha fazla şey paylaşmak istiyorum. Bu yaşıma rağmen, beni anlayabilecek biri olduğuna inanıyorum."

Zümrüt karşılık vermeden yürümeye devam etti. Bu bir kur muydu yoksa önyargısızca onu dinleyip kabul edecek güvenilir birini bulmanın ifadesi miydi sadece? Zümrüt, kur yapmayı pek konduramıyordu Selim'e. Değerli bulduğu ve insanlığına inandığı kişilerin konuyu hemen aşka meşke getirmelerini sıradan buluyor, yakıştıramıyordu. Fakat neredeyse her seferinde yanıldığını görüyordu. Onlar içlerindekini döküyorlar ve kendilerince itiraflarda bulunuyorlardı ama Zümrüt için hemen hepsi cinsiyetsiz arkadaşlardı.

Kurlarına karşılık verdiklerinde de aradığını bulamıyor, bulamadığı için de kendisini suçluyor, hayal kırıklığı yaşıyordu. Ailesini kaybettikten sonra başladığı ilişkilerde tutunma ihtiyacına ve destek arayışına yenik düşmüştü. Bir defasında kendisinden dahi vazgeçmiş, karşısındaki adamın uydusu olmaya başlamıştı. Hatta sevgilim dediği adamın en küçük eleştirisiyle bile yetersizlik hissine kapılır olmuştu. Oysa bu tutumuyla karşısındakinin güçsüzlüklerini, özgüvensizliğini ve kaprislerini taşımak zorunda kaldığını anladığında sırtını dönüp yürümüştü. Sonrasındaki başlangıçlarsa hep denemelerden ibaretti. İlişki yaşamış olmak için başlamıyordu hiçbir şeye. Yanında taşıyacağı bir müsveddeye ya da tutunacağı bir dala ihtiyacı yoktu.

Bu akşam da arazinin çevresinde belirledikleri mesafeyi tamamlayacaklardı. Tempolarını düşürmeden yürümeye devam ettikleri sırada, Zümrüt bozdu sessizliği:

"Anlatmaya başla bakalım, dinleyelim."

Selim, Zümrüt'ün bu rahatlığını seviyordu.

"Şimdi anlatmayacağım. Gece anlatacağım."

Zümrüt, yürüyüş konsantrasyonunu bozmadan karşılık verdi:

"Ali de dinlesin istiyorsun yani. Olur… Benim yorumlarımın yeterli gelmeyeceğini düşünüyorsun demek ki."

"Ben öyle bir şey demedim. Ali'yle yapacağımız sohbetin ardından hemen uyumak zorunda değiliz. Bu gece fazladan bir seans daha koyalım."

"Bakarız…" dedi Zümrüt…

Ne hayır demekti bu ne de evet... Çünkü hem istediği şeydi bu hem istemediği... Selim'le ilgili zihninde oluşturmaya başladığı profilin bir anda yerle bir olmasından korkuyordu. Selim gerçekten samimiyse eğer, o halde kendisinin de yüreğini açıp paylaşabileceği yeni biri var olabilirdi hayatında.

Yürüyüşü, belirledikleri güzergâh üzerinde elli dakikada tamamladılar. Bu küçücük sohbetin dışında parkur boyunca tamamen sessizdiler. Konuşmadan da anlaşabileceklerini hissettikleri eşsiz anlardı bunlar... İkisi de aynı şeyi hissetmişti. İkisi de farkında olmadan, aynı anda aynı şeyleri paylaşmışlardı birbirleriyle, sessizce... Henüz anlayamadıkları ve anlamlandıramadıkları bir şekilde...

Zümrüt'ün gençliği ve yaşam enerjisi Selim'e ne kadar iyi geldiyse, Selim'in olgunluğu ve yaydığı güven duygusu Zümrüt'e iyi geliyordu.

Kampın büyük salonunda akşam yemeği hazırlanırken, ayrı gruplara katıldılar. Bir grup yiyecekleri pişirmeye hazır hale getirip sofrayı kuruyor, diğer grup da pişirme işlemini ve bulaşığı üstleniyordu. Geriye kalanlarsa temizlik, çamaşır, odun kesme ve şömineyi yakma görevini devralmıştı. Faaliyet listesi her sabah Serdar tarafından açıklanıyordu. Birkaç gün üst üste aynı sorumluluğu alanlar da oluyordu. Serdar'ın kriterlerini bilen, anlayan yoktu ama o da diğer katılımcılar kadar görev ve sorumluluk üstleniyordu.

Bu akşamki menüde karabuğday salatası, vegan köfte, haşlanmış kuşkonmaz ve sebze çorbası vardı. Akşam yemek 18.30'da başlıyor, 19.30'da toplanıyordu. Saat 20.00'den sonra herkes serbestti. 22.00'de şömine sön-

dürülüyor, kulübelere dönüş başlıyordu. Odalarda bazıları
tek, bazıları iki, bazılarıysa üç kişi kalıyordu.

Bu akşam da her zamanki düzen içinde yemekler yen-
dikten sonra Selim, Ali ve Zümrüt, salonun giriş kapısı-
nın tam karşısına denk gelen koltuklara oturdular. Böy-
lece bütün salona hâkim konumdaydılar. Kamp sakinleri
özel meşguliyetlerine dalmışlardı. Kimisi bir köşeye çekil-
miş kitap okuyor, kimileri kelimelik oynuyor, kimileriyse
sohbet ediyordu. Resim yapan, kulaklığını takıp müzik
dinleyen ve yemek tarifi çalışanlar da vardı aralarında.

Serdar, bazı akşamlar etkinliklerin hedefine yönelik
konuşmalar yapıyor, bazı akşamlarsa salonun uzak köşe-
lerinden birine yerleşip kitap okuyor ve gece dağılmadan
yarım saat önce kalkıp odasına çekiliyordu. Onun bulun-
duğu her ortamda kamp sakinleri kendilerini gözleniyor
hissediyordu.

"İnsan yaratma, yapma, değiştirme, yıkma güdüleriyle
yaşıyor. Bir şeyi yaratıyor ya da kovalıyor. Aradığına ulaş-
tığındaysa, bu kez de değiştirme ve yıkma sürecini başla-
tıyor." dedi Selim...

Bağdaş kurup tüner gibi koltuğa oturan Ali, elindeki
çay fincanını bacaklarının arasına yerleştirdikten sonra
karşılık verdi:

"Çoğunluk bu süreçleri izleyemiyor. Hayatta kalma
mücadeleleri var. Yaşadıkları travmalar da buna eklenin-
ce yıkacakları bir şeyi yaratmaları çok zor. Yaratım sü-
reçleri tamamlandığında yıkılmasından çok korkacak ve
koruyacaklar... Baştan başlamayı göze alamayacak kadar
yorgun geliyorlar varacakları yere."

Ali ve Selim, Zümrüt'ün konuya nereden bakıp yorum

yapacağını merak ederek ona döndüler. Ali, Selim'in solunda Zümrüt'se sağında oturuyordu. Üçü de çukura gömülmüş ateşi, yerde oturdukları halde yukarıdan bakıp seyredebiliyordu. Arazinin kot farkından dolayı salonun yüksekte kalan tek bölümündeydiler bu gece. Zümrüt ateşe dalmış, Zümrüdüanka uçlu kolyesiyle oynuyordu. Gözlerini ateşten ayırmadan başladı sohbete:

"Bence öyle değil. İnsan hangi konumda olursa olsun, kendi dünyasında Selim'in söylediği süreçleri yaşıyor. İlişkileri örnek al. Sevdiğini sandığı kişide yok ederek ilerliyor insan... Önce ilişkiyi inşa ediyor, sonra tüketiyor, sonra yeniden inşa edeceği başka bir ilişki arıyor. Bir işe giriyor, bir süre sonra ondan da sıkılıyor. Hiçbir şey yetmiyor artık, yetinemiyor insan."

Zümrüt'ün ona katılması hoşuna gitti Selim'in. Bu güzel ve derinlikli kızın ilgisini çekip hayranlığını kazanabilmek ve aslında olduğu insanı yaşayabilmek harikaydı. Burcu'yla uzun süre önce kaybettiklerini, şimdi Zümrüt'ün yanında hatırlıyordu. Karısıyla yaşadığı çekişmeleri, üstü örtülü güç savaşlarını ve iletişimsizlikten dolayı ortaya çıkaramadığı bütün yanlarını gün ışığına taşıyordu. Zümrüt, yüzüne vuran ateşin yansımasıyla birlikte, doğaüstü bir varlık gibi görünüyordu. Gözlerini ondan alamayan Selim, Ali'nin söze devam etmesiyle yeniden sohbete geri döndü:

"Mücadele etmek bunun neresinde? İnsan mücadele etmeden yaşayamaz. Kimisi hayatta kalmak için, kimisi daha yukarılara tırmanmak için. Her birimizin mücadelesi farklı..."

Selim, Ali'ye hak vererek tamamladı sözü:

"Mücadele ediyor çünkü tutunacak bir şeye ihtiyacı var. Doğduğumuz andan başlayarak tutunacak bir şeylere ihtiyacımız var. O kadar bakıma muhtaç doğuyoruz ki, yaşamak için birilerine bağımlı olarak başlıyoruz hayata. Kendi ayaklarımızın üzerinde duracak hale geldiğimizdeyse artık birilerine bağımlı olmadan yaşayamayacak hale çoktan dönüşmüş oluyoruz. Canlılara olan bağımlılığımız, cansızlara da taşınıyor. Bir eşyadan bile vazgeçemeyecek hale geliyoruz. Zengin ya da fakir olmak önemsiz... Tutunacağımız şeyler farklılaşıyor sadece, o kadar."

Selim, "Zengin ya da fakir önemsiz..." derken, özellikle Ali'ye doğru eğilmişti manidar bir şekilde. Bundan önceki konuşmalarında Ali, Selim'in ekonomik kaygıları olmamasının bütün görüşlerini farklılaştırdığını dile getirmiş, zengin olduğu için onun bazı konuları anlayamayacağını iddia etmişti.

Selim'in kendisine yönelik yaptığı kinayeli tavrı fark eden Ali karşılık vermeden evvel, Zümrüt, gözlerini ateşten kaldırıp söze karıştı:

"Peki ya ünlü olmak? Zengin ya da fakir, bunu fark etmeden popüler olmaya çalışıyoruz. İnsanlar aile içinde, mahallede, toplumda hep öne çıkma gayreti içinde. Herkes gücü yettiği genişlikte ünlü olmak istiyor. Aslında ihtiyaç duydukları ilgiyi üzerlerinde toplayabilmek için dikkat çekmek amacındalar.

Bu noktada farkı yaratan şey, her ne kadar etkili olsa da sadece paranın sağladığı zenginlik değil. Varlık bilinci ile yokluk bilinci özgüven ile özgüvensizlik arasındaki fark... Mahallenin bilge kişileri, öne çıkıp ortalıkta görünenler değil genelde daha geride duranlardır. Ünlü

olmak, yokluk bilincinde olanların tercihi... Dikkat çe-
kemediklerinde kendilerini değersiz hissediyorlar. Bazen
ünlü olmak, maddi yoksulluğu örtmek için de iyi bir araç
olabilir. Param yok ama tanınıyorum. Nice yazar ve nice
sanatçı bundan beslenmiştir. Eğer bir insan kendisiyle bü-
tünleşmişse ve aradığını bulmuşsa neden kendini öne çı-
kartmaya çalışsın ki? Maddi zenginlik de öyle. Bence ger-
çekten ekonomik olarak kendini güvende hisseden biri
öne çıkmak için efor sarf etmiyor. Yoksulluk bilincinde
olan yapıyor bunu."

Ali, konuya kendi penceresinden baktı yine:

"Yoksullukla birlikte zorlu hayat koşulları en büyük
motivasyonu sağlıyor. Sayısız işadamı ve pek çok ünlü in-
san, yoksulluklardan ve zorluklardan beslenerek, kıçında
hissettiği ateşle sağladı enerjisini."

Ali'nin, Selim'e kıyasla daha sığ kaldığını düşündü
Zümrüt. Kendisi Selim'in ne anlatmak istediğini çok iyi
anlamıştı. Ali'yse, kendi penceresinden sığdırabildiği ka-
darını almıştı aklına. Zümrüt bu gece sadece Selim'le baş
başa konuşuyor olsaydı bu konuşma bambaşka bir yere
akabilirdi. Selim'in bu akşamüstü yürüyüş sırasında gece-
yi yalnız geçirme teklifini hatırladı Zümrüt. Heyecanlan-
dığını ve bunu istediğini fark etti sonra. Fakat Selim, ne
yemekte ne de sonrasında bu teklifini yinelememiş, hatta
ima bile etmemişti.

Selimse, Zümrüt'ün bu akşam söylediklerine nasıl tep-
ki vereceğini merak ediyor, bekliyordu. Sohbet devam
ederken, hep genç kızı izlemiş ve saat 22.00'ye yaklaş-
masına rağmen herhangi bir gitme hazırlığı görmemişti
onda. Bu iyiye işaretti aslında. Zümrüt'ün üzerindeki gün-

lük elbiseye baktı Selim. Başka kadının üzerinde olsaydı muhtemelen hiç ilgisini çekmezdi ama Zümrüt'e çok yakıştırıyor, hatta seksi buluyordu. Fakat Zümrüt'ün ustaca gizlenmiş dişiliğini çok güçlü hissetmesine rağmen aklına seks gelmiyordu. Seksten çok daha güçlü bir arzuydu hücrelerinde hissettiği.

Saat 22.00 olmasına rağmen hâlâ oturup sohbet ediyorlardı. Ateşten sorumlu kamp sakinleri şömineyi söndürürlerken, salondakiler de yavaş yavaş kulübelerine çekilmeye başlamışlardı. Şimdi 15 dakikalık bir toparlanma süreleri vardı. Sonrasındaysa günün görevlisi herkesin çıktığından emin olup kapıyı kilitleyecekti.

Nihayet Ali beklenen hamleyi yaptı:

"Bugün de maşallah ikinizin de çenesi düştü. Ben gider. Sabah görüşürüz, iyi geceler dostlar."

Ali yerinden doğrularak bardağını mutfağa bırakıp çıktı salondan. Artık ikisi kalmıştı sadece ve onlar da birazdan kalkacaklardı. Selim konuşmak istediği konuyu açmak ve sorularını bir an evvel sormak istiyordu fakat önemli bir sorunları vardı: Nerede konuşacaklardı? Birazdan salon kapısı kilitlenecekti ve dışarısı çok soğuktu. Gece açık alanda bir yerde konuşmaları mümkün değildi. Ayrıca gecenin çıt çıkmaz sessizliğinde rahat konuşulmazdı. Kulübelerden uzaklaşmaya kalkışsalar, etraflarındaki manzara hayli ürkütücü olacaktı.

Aslında Zümrüt'ü kulübesine davet edebilirdi ama bunu nasıl teklif edecekti? Zümrüt nasıl yorumlardı bu daveti? Biri görürse ne düşünürdü onlar hakkında? Gerçi burada herhangi bir sorun çıkmazdı, çünkü buradaki insanlar dedikodu malzemesi toplayıp senaryo yazacak tipler değidi. Toplumsal baskının, kendisine de nasıl yapıştığını gördü Selim.

Konuşmak için rahat bir ortama ihtiyacı vardı sadece, o kadar. Salondan aynı anda çıktıkları sırada birkaç dakika sonra odasına gelmesini isteyecekti Zümrüt'ten. Hem de o arada tuvalete gider, üzerini değişir, kulübesini düzenlerdi. Teklifini yapmaya hazırlanırken kalp atışlarının hızlanmaya başladığını hissetti.

Şimdiyse son bir kez daha küçük odasına bakıyordu Selim... Mumlar yanmıştı, telefonundan seçtiği müzik küçük kablosuz hoparlörden gecenin sessizliğine eşlik eder gibi çalıyordu. Zümrüt geldiğinde onu yatağa oturtacak, kendisi de ahşap sandalyeye kızın tam karşısına yerleşecekti. Üzerini değişmiş, parfümünü baskın gelmeyecek hafiflikte sıkmıştı. Bu nasıl bir heyecandı böyle? Oysa Zümrüt'ü davet ederken olağan bir durummuş gibi kolayca akmıştı her şey. Zümrüt, gayet rahat davranmıştı. Gece rahat konuşacaklarını düşünüp teklifi kabul etmişti hemen. Selim'se hissettiği gerginlikten dolayı utanmıştı. Gerilmesinin nedeni tamamen kendi zihninden geçenler yüzündendi. Abartılacak hiçbir şey yoktu oysa. Buluşma için belirledikleri sürenin üzerinden tam on dakika geçmişti. Zümrüt gelmemişti. Yoksa gelmeyecek miydi? Belki de uyuyakalmıştı? Selim'in endişesi dakikalar ilerledikçe iyice artmaya devam ediyordu ki birden kapı vuruldu.

Zümrüt, kulübeler arasındaki kısa mesafeye rağmen yine de çok üşüdüğünü belli edercesine titreyerek girdi odaya. Eşofmanın üzerine montunu geçirip gelmişti. Selim'in yüreği tarif edilmez hislerle doluydu. Baş başa bir odanın içindeydiler... İnanılır gibi değil... Burcu'dan ve kaosundan çok uzakta... Üstelik şu an fiziksel olarak olduğundan çok daha uzaklardaydı yüreği ve ruhunda hissettikleri...

Zümrüt'ün valizine koyduğu eşofmanları telaşla karıştırıp seçerken bile ne kadar heyecanlandığından ve kulübeden çıkmadan önce aynaya defalarca baktığından habersizdi Selim.

Botlarını çıkarıp içeri geçen Zümrüt, yatağın üzerine bağdaş kurarak oturdu. Montu üzerindeydi. Hâlâ üşüyordu sanki. Selim de sandalyeyi çekerek kızın karşısına geçti.

Sıcacık tebessümüyle Selim'i cesaretlendirmeye çalışarak sordu Zümrüt:

"Evet, artık ben seni dinleyeyim. Bakalım neler anlatacaksın?"

Selim felsefi konulardan başlayabilirdi konuşmaya ama bu çok da dürüstçe olmazdı. İçinden geçen gibi konuşmalıydı. Hem kaybedeceği ne vardı ki? Artık çok daha cesurca yaşama zamanı gelmemiş miydi? Yaşı elliye dayanmıştı ve geriye kalan zamanında daha cesur ve daha dürüst olabilirdi. Yüreğini daha fazla açabilirdi.

"Seninle konuşmak istedim. Çünkü hem yaşadıklarımı hem de hissettiklerimi sansürlemeden anlatabilmeye ihtiyacım var. Özellikle de seninle ilgili olanları. Bak baştan söyleyeyim, derdim şu anda sana kur yapmak falan değil. Benim de bilmediğimi sana anlatmak, anlatırken de fazlasını vermek istiyorum. Bir kere seninle olan durumum çok ilginç geliyor bana. Sadece birkaç gün oldu tanışalı ama sana çok güveniyorum. Sanki yıllardır tanışıyormuşuz gibi, her şey çok tanıdık. Ben insanlara kolayca açılabilen biri değilim. Karıma bile ne kadar az açılabildiğimi gördüm son zamanlarda onunla tartışırken. Sana karşı şu an neler hissettiğimi tanımlayamıyorum."

Başka biri konuşuyor olsaydı eğer, Zümrüt onun geceyi sevişerek bitirmeye çalışan ve bunun için de ucuz bir yol izleyen şaşkın erkeklerden biri olduğunu düşünürdü. Ancak öyle hissetmiyordu. Selim gerçekti, söyledikleri samimiydi.

"Bunlar benim için de geçerli. Ben de sana karşı güven hissediyorum ve paylaştıklarımızdan keyif alıyorum. Hatta şimdiden şunu söyleyebilirim ki dostluğuna değer veriyorum. Her geçen gün bu dostluğumuzun gelişeceğini düşünüyorum. Gelecekte kaybetmek istemeyeceğim bir paylaşım bu."

Selim konuşurken de Zümrüt'ü dinlerken de hep gözlerini kaçırmıştı. Genç kızın zarafetle bükülerek bağdaş kurmuş esnek bedenindeki küçük ayaklarına bakıyordu. Ayaklara özel ilgi duymadığı halde bu kızın ayaklarına sıkıca sarılabilir, saatlerce onları öpüp koklayabilirdi.

Yerinden yavaşça kalkan Selim, dar kulübenin içinde yürüyüp volta atarak konuşuyordu:

"Hayatımda istediğim her şeyi elde ettim. Kadınları da, parayı da, gücü de. Çocukluğumdan beri her neyi istiyorsam ona ulaştım. Kararlılıkla ve cesaretle... Aslında sadece bazı alanlarda güçlüydüm. Başka kulvarlardaki güçsüzlüğümden doğan güçtü bu. Duygularımı göstermekte ve ifade etmekte zayıftım. Çocukluğumun bunda büyük etkisi var. Aslında tüm mücadelem, belki de bugün geldiğim nokta içindi. Bir gün gelecek ve ben ne çalışmak ne de para için endişe duymak zorunda kalacaktım. Öyle de oldu zaten. Ancak bunu yaparken birçok şeyi ıskaladım. Duygularımı, aşkı ve insani zevkleri..."

Zümrüt, gözlerini bir an olsun üzerinden ayırmadan takip ediyordu Selim'i. Dikkatle ve ilgiyle dinliyordu onu. Yumuşak ama kendinden emin bir sesle böldü konuşmasını:

"Selim! Geç kalmış değilsin ki. Buraya gelmiş olman bile bir adım. Bundan sonrasında da kendinle daha fazla uğraşır, daha derinlere gitmeye çalışırsın. Bu konuda ben de sana rehberlik edebilirim. Her şeyden önce okuma listeni ben hazırlarım. İstanbul'a döndükten sonra da görüşmeye devam ederiz. Karınla neler yaşadığını bilmiyorum ama belki de uyanman için bir fırsat olmuştur. Olması gereken, olması gerektiği zamanda olur. Demek ki artık hazırsın. Belki de birçok insanın aklına getirmediklerinde derinleşmek için doğru zamandasın."

İstanbul'da görüşmeye devam edeceklerini bilmek Selim'i mutlu etti. Zümrüt'e karısı tarafından aldatıldığını anlatmak istedi ama şimdi sırası değildi. Bunu yapmaya hazır hissetmiyordu kendini.

Bir süre sonra Zümrüt montunu çıkarttı ve arkasına bir yastık alarak sırtını duvara yasladı. O kadar güzeldi ki. Selim, artık Zümrüt'ü kazanmak için yola devam edeceğinin farkındaydı. Aşk bu muydu acaba? Âşık mı olmuştu? Yüreğindeki heyecanı gizlemeye çalışırken, bir de Zümrüt'ün karşısındayken zihninde kopan fırtınayı da kontrol etmek zorundaydı.

Kulübenin içinde volta atmaya devam etti. Konuşurken arada bir küçük pencerenin önünde durup dışarıya bakıyordu. Aslında heyecanlı bir çocuk gibiydi ve bu heyecanı Zümrüt de çok net görüyordu.

Selim daha fazlasını söylemek istiyordu. Belki de bu

bir sonraki adımın yolunu açabilmek için gerekliydi. His-
settiklerinin Zümrüt'te bir yansıması varsa onu görebil-
mek ve ortaya çıkartmak için bunu yapması gerektiğini
biliyordu.

"Daha açık anlatmaya çalışayım. Sana karşı belki de
daha önce hiç hissetmediğim şeyler hissediyorum. Bu bir
yanılsama da olabilir ama yine de hissediyorum. Sakın
yanlış anlama âşık falan olmuş değilim. Tanımlamaya da
çalışmıyorum. Sadece sana anlatmak istiyorum o kadar.
Mesela sana sarılmak istiyorum. Cinsel hiçbir şey yok. Bu
başka bir şey..."

Selim konuşurken giderek yavaşlayıp, Zümrüt'ün me-
rakla bir sonraki cümlesini bekleyen güzel gözlerine odak-
lanarak yatağın kenarına ilişti. Genç kızın aydınlık yüzü-
ne yaklaşarak devam etti konuşmaya:

"Seni görüyorum. Ruhunu, içindekileri, yaralarını,
duygularını hissediyorum. Biliyorum çok saçma ama seni
benden bir parça gibi görüyorum."

Bu cümleler Zümrüt'e yabancı değildi. Çok iyi anlı-
yordu Selim'i. Onun oyun oynamadığından emin olduğu
için de söylediği sözlerdeki anlamı olduğu gibi görebili-
yordu. Selim'in duygu dolu bakışlarına gözlerini kilitleye-
rek konuştu Zümrüt:

"Bana sarılmak istediğini hiç söylemedin ki. Belli bile
etmedin."

Bu konuşma Selim'e, son seviştiği kadını hatırlattı.
Bülent'in kız arkadaşının yanında gelmişti bara. Kızın
takside sorduğu soruyla aynı netlikteydi bu cümle. Selim,
hislerini dile getirmekten korkuyordu kadınların karşısın-
dayken. Bu farkındalığını ve seviştiği kızı aklından hızlıca

uzaklaştırdı. Şimdi hiç zamanı değildi. Selim'in çaresiz heyecanı umuda dönüşüyordu. Belki de bu gece sarılarak uyuyacaklardı, hatta belki de sevişeceklerdi. Selim, Zümrüt'te hislerinin yansımasını görüp cesaretlenerek devam etti:

"Şimdi şurada sarılsak… On dakika bile olsa çok daha fazlasını duyardık içimizde. Sözcükler yanılabilir ama enerjiler asla."

"Hâlâ sormadın ki?"

Biraz tereddüt etti ve anlamsız bir iki mimik yaptıktan sonra cesaretle devam etmeye karar verdi:

"Şimdi sarılalım mı? Sadece on dakika?"

Zümrüt, hiçbir şey demeden, bağdaşını bozarak Selim'e uzandı. Yatağın ortasına doğru eğilerek, Zümrüt'ün hazırladığı pozisyonda uzandılar. Zümrüt başını Selim'in göğsüne yasladı. Sıkıca sarıldılar birbirlerine. Bir eliyle kızın saçlarını okşayan Selim, kuvvetlice çekiyordu onu kendine.

Bütün ruhu, Zümrüt'ün çiçek kokusuyla dolup taşıyordu. Her bir hücresi Zümrüt'le dopdoluydu. Tarifsiz bir huzur, tarifsiz bir mutluluk… Zümrüt, babası öldükten sonra bir daha hiç hissetmeyeceğini düşündüğü sonsuz bir huzurun içinde yüzüyordu. Selim, sevgiyle ve güvenle sıkıca dolamıştı kollarını. Saçlarında dolaşan parmaklarıyla şefkatle dokunuyordu… Bir zamanlar sadece anne ve babasında bulduğu güvenli limana demirlediğini hissediyordu Zümrüt. Sanki saçlarını değil, ruhunu okşuyordu.

Selim'in dokunmak istediği kızın bedeni değildi, bedeninin ötesinde gizlenenlerdi. Hayatına giren onca kadın, ilk evliliği ve Burcu… Hiçbirine benzemeyen, Tanrısal bir histi şu an yaşadığı. Ruhunu teslim etmeye hazır, içine çektiği her nefeste onu solur gibiydi.

Neredeyse hiç kımıldamadan öylece sarılarak yattılar. Zümrüt'ün gözleri kapanmış, Selim yüzünü kızın ipeksi saçlarına gömmüştü. Başını hafifçe çevirip kolundaki saate baktı Selim. On beş dakika olmuştu. Sabaha kadar böyle kalacaklardı, belki de sevişip çırılçıplak uyuyacaklardı. Selim bundan sonrasını düşünmeye başlarken kan basıncı hızlandı birdenbire, sertleşmeye başlamıştı. Kalçasını yavaşça geri çekti. Zümrüt'ün bunu hissetmesi her şeyi berbat edebilirdi. Yine de biraz daha ileriye gitmekten kendini alıkoyamıyordu. Kızın saçlarına bir öpücük daha kondurdu. Sonra alnına, yanağına, boynuna ve çenesine... Zümrüt'ün dolgun pembe dudaklarına doğru yaklaşıyordu giderek. Birazdan öpüşecek olmanın heyecanı, Selim'in kalbini Zümrüt'ün de duyabileceği kadar hızla çarptırıyordu. Zümrüt gözlerini açıp Selim'in elini tuttu. Adamın kolundaki saati rahatça görebilecek şekilde kendisine çevirdi.

"Süre çoktan dolmuş bile. Artık yatma zamanı." diyerek yataktan kalktı ve montunu giydi. Selim, biraz daha kalmasını ima eder gibi konuşsa da nafileydi. Zümrüt gidiyordu.

Kapıya kadar kıza eşlik eden Selim, kız tam çıkmak üzereyken kolundan tutup durdu ve kendine çekerek sıkıca sarıldı bir kez daha. Zümrüt'te de bu sarılmaya karşılık veriyor olsa da, Selim'in kollarındayken açtı kapıyı. Kulübeyi terk etmeden önce Selim'in gözlerinin içe bakarak gecenin son sözlerini söyledi:

"Duygularına bir anlam vermeye çalışma. Unutma ki,

eşinle sorunların var ve evli bir insansın. Kadının orada. Karışık duygular yaşayacağın, yanılsamalara düşeceğin bir dönem bu. Unutma."

Şefkatle Selim'in yanağını okşadı ve masum bir öpücük bıraktı giderken. Kapıyı kapattıktan sonra tüm ağırlığıyla yığılır gibi yatağına düşen Selim, gözlerini lambri tavana dikip daldı. Güzel bir geceydi. Şu anda hissettikleri çok değerliydi, kutsaldı ve ona yaşadığını hissettiriyordu. Yıllarca bunu hissedemediği bir kadınla evli olduğunu anladı sonunda. Burcu'nun da en az Selim kadar, bu duyguları yaşamaya hakkı vardı. Tüm yaşananlarda kendisinin sorumluluğunu bir kez daha gördü. Bu duruma katlanarak aslında birbirlerine haksızlık etmişlerdi. Şu andaki duyguları Zümrüt'le bir ömür geçirebileceğine inandırıyordu onu.

Zümrüt odadan çıkmadan evvel, ilişkinin sınırları gayet net hatlarla çizmiş olsa da, hayalini kurmak şu anda uykuya dalarken çok güzeldi.

Zümrüt de odasına girdiğinde Selim'i düşünüyordu. Eğer, karısından boşanmış ya da bekâr bir adam olarak karşısına çıkmış olsaydı acaba ona nasıl davranır, ne şekilde karşılık verirdi? Selim'in hissettirdikleri çok güzeldi. Belki de sadece bu gecelikti. Hem zaten bu gecelik olmasa ne fark edecekti ki? İstanbul'a geri döndüklerinde her ikisi de kendi hayatlarına yönelecekti. Selim karısına, Zümrüt yalnızlığına…

Yatağına uzanan Zümrüt'ün yine de tanımlamak istemediği bir huzur, geleceğe dair hiç düşünmek istemediği bir ışık vardı yüreğinde…

Bâtın XV

Masmavi bir gökyüzünün ortasında, bulutların üzerine uzanmışım. Bulutların bu kadar rahat olduğunu bilemez, tahmin bile edemezdim. Gözlerimi açtığımda nerede olduğumdan emin değildi. Aşağıya bakınca anladım. Önce çok korktum. Bulutların beni taşıdığını fark ettiğimde korkum azaldı, aşağı bakmaya devam ettikçe korkunun yerini muhteşem bir duygu kapladı. Üzerinde tutunduğum bulut beni taşırken boşlukta salınmanın benzersiz heyecanı içindeydim.

Yakınımdaki bulutta kel kafalı, yüzünde ve bedeninde tek bir tüy tanesi dahi olmayan, üzerinde eski Yunan Tanrılarını andıran beyaz örtüsüyle genç yaşlarda bir erkek bana bakıyordu. Bağdaş kurarak oturmuştu. Selam verip ona bir şeyler sormama fırsat vermeden konuşmaya başladı:

"Doğanın sırlarının unutulmadığı, mucizelerin günlük olaylar olduğu kadim zamanlarda, insanlar değer verirlerdi kadim olaylara. İnsanlar hürmet ederdi 'Bir'in yarattığı Tanrı ve Tanrıça'ya... Biçimler farklıydı, ritüeller ayrıydı... İnsanlık tarihinde zamanla daha da değişti biçimler, ritüeller...

O zamanlar Güneş'e bakardı erkekler, kafalarına boynuzlar takarlardı. Kadınlar ayın döngülerini izler, şifayı, sanatı, yaşamın inceliklerini Tanrıça'dan öğrenirlerdi. Tanrıça'nın sevgi ve merhameti kutsal sayılırken, tüm kadınlar kutsal ve değerliydi. Çünkü her bir kadın Ana Tanrıça'nın yaşayan mabediydi. Her bir kadında, Ana Tanrıça'nın yaşadığını bilirlerdi erkekler."

Sözünü bitirdiği anda, karşıdan bize doğru yaklaşmakta olan bir bulut kütlesinin üzerinde, sarındığı beyaz örtünün içinde vücudunun ihtişamı ve duruluğu dışa vuran yüzü peçeyle örtülü, omuzlarından dalga dalga akan sapsarı saçlarıyla bir kadın belirdi.

Genç adam sözlerini sürdürdü:

"İsis, hep olan, hep olacak olan... Hiçbir ölümlü insan, onun peçesini açamamıştır daha."

Bana doğru yaklaşan enerjinin gücüyle büyülenmiş gibiydim. Soru ağzımdan kontrolsüzce çıktı:

"Kimdir İsis?' Kimdir bu kadın?"

"Tanrıçaların Tanrıçası'dır o. Her birimizin içinde bir yerlerde zamana meydan okurcasına onun fısıltıları vardır hâlâ...

Evreni yaratırken 'Bir' olan yaratıcı', önce birbirini tamamlayan iki temel bilinci yarattı: eril ve dişil enerji. Uzakdoğu kültürüne göre yin ve yang. Evrenin tamamı, evrendeki her şey iki temel enerjiyle şekillendi.

Ataerkilleşen insanlık Eril enerjiye Tanrı, dişil enerjiye Tanrıça dedi. O zamanlar henüz semavi dinler yoktu. Tanrı ve Tanrıça 'Bir' olana doğrudan bağlı iki temel bilinci, eril ve dişil enerjiyi temsil ediyordu. Tanrı eril parçaydı, Tanrıça dişil; Tanrı ilahi erkeği, Tanrıça ilahi dişi...

Tanrı, yani eril enerji Güneş ile, Tanrıça ise Ay ile sembolize edilirdi. Tanrı, Baba idi; Tanrıça, Ana..."

"Bize yaklaşan İsis mi?"

Adam sanki sorumu duymamış gibi devam etti anlatmaya:

"Tanrıça, yaşamın dişil prensibi, sırların kraliçesi, gece gökyüzünü aydınlatan büyünün ve mistisizmin annesi, üzerinde yaşadığımız toprağın kendisiydi... Her şeyden önce Ana'dır... Çünkü tüm yaşama gebedir, yaşam verir. Toprak ana, Yer ana, Meryem Ana, Fatma Ana, Ay ana... Farklı isimlerle farklı suretlerle ama hep aynı sırla yansıdı insanlık tarihine, varoluşun gizemine.

Her şeyin dengesini o sağlar. Çünkü dişil enerji pasif, alıcı, dengeleyici yansıtıcı, değiştirici, dönüştürücü, şekillendirici, sezgisel ve uyum getiren olarak var olur. O berekettir, naifliktir, yumuşak başlılıktır, şefkattir yani rahimdir, besleyicidir.

Tüm şefkatiyle dengeyi sağlar evrende, avın avcıya olan üstünlüğü, avcının ava karşı olan zafiyetidir o, dengedir. Hırsın, egonun, güçlünün üstün olduğu zalim dünyada, yumuşak başlı olanı, zayıf olanı ve şefkati kalkan olarak kuşananı üstün kılandır... İşte bütün bu özellikler Tanrıça'nın özelliğidir."

Yüzü peçeli kadını taşıyan bulut, aradaki mesafeyi koruyordu. Kadın bizi izliyordu. Hareketsiz, durağan ama gözle görülemez o yüksek devinimini hissettirerek.

Gökyüzünde üç farklı varlık olarak, kendi bulutlarımızın hareketinde üçgen oluşturmuş yol alıyorduk. İçinde bulunduğumuz durumun muhteşemliğini, kadının eşsiz varlığı daha da yükseltiyordu. Bir süre sonra adam, düşüncemi okumuş gibi konuşmaya devam etti:

"Tanrıça şekillendirir, bereket katar. Güneş ışığı yaratır, içsel dinamikle bu ışığı yayar. Ay, önce Güneş'in ışığını alır, sonra bu ışığı yansıtır. Ay ışık üretmez. Güneş'ten aldığını şekillendirir, yansıtır.

Erkek sperm, kadın yumurta... Sperm hareketlidir, içsel, dinamik ve enerjik... Yumurta pasiftir, sabittir, hareketsizdir. Sperm yumurtaya özünü verir, aktarır. Yumurta alıcıdır. Ardından hızla o spermin verdiği özü kendi içinde böler, çoğaltır bereketlendirir ve bir bebek meydana getirir. Yani önce çoğaltır sonra şekillendirir ve doğumla onu meydana getirir. Doğumun özünü veren Tanrı'dır, doğuran ve yaşatansa Tanrıça...

Tohumu toprağa ekersin, beslersin, toprak tohumu ağaç yapar, meyve verdirir... İnsanlar bunun için ona 'toprak ana' derler. Kadim zamanlarda ve semavi dinlerde kadın toprağa ve toprak da rahim'e benzetilirdi bu yüzden.

Hıristiyanlıkta 'Meryem Ana', Yahudilikte 'Shechina', İslam'da Rahman ve Rahim olan Allah'ın adıyla... Rahman ve rahim hemen hemen aynı manaya gelir lakin rahman eril, rahim ise dişildir."

Kadının üzerinde bulunduğu bulut, benim üzerinde bulunduğum bulutla aradaki farkı kapatıyordu. Peçenin altındaki yüzü çok merak ediyordum. İyice yaklaşmıştı. Saçları, asil duruşu ve zarif bir bedeni vardı. Giderek öyle yaklaşıyordu ki neredeyse kokusunu hissedecektim. Kadının duymasını isteyerek adama doğru konuştum:

"Peki Tanrıça'nın kaynağı nerede? O nerede?"

Adam âdeta yoğun bir ışık kaynağından gözlerini kaçırır gibi başını öne eğerken, bu kez kadın başladı konuşmaya:

"Ben İsis... Ben doğadaki her şeydeyim. Güzel olan her şeyin içinde, acı veren her şeyin içinde."

Bedenim titremeye, yüreğim hareketlenmeye başladı. Kabıma sığamıyor, dilimi tutamıyordum:

"Nasıl anlayacağım senin sen olduğunu. Nasıl bileceğim seni?"

Hiç kıpırdamadan, duruşunu hiç bozmadan konuşuyordu güzel İsis:

"Her bir kadın benim bedenlenmiş halimdir. Doğanın içinde, özünde, kadim olan her şeyde... Ben her kadının içindeyim, kadın bedeni benim kutsal mabedimdir. Beni bir kadının kalbinde ara, benim şefkatimi bir kadının sarılmasında hisset."

Peçeyle örtülü yüzünü, başı önde eğik tutuyordu. Sonra genç adama doğru dönüp kaldırdı yüzünü ve devam etti:

"Ay ve kadınlar arasında doğrudan bir bağlantı vardır. Ay'ın hareketleri Tanrıça'yı taklit eder, kadının fiziksel süreçleri de Ay'ı... Dolunayda östrojen hormonunda artış sözkonusu olabilir ki bu dönemde kadınların hassasiyeti artar. Kadim bilgeler, Ay'ın fazlarının kadınları doğrudan etkilediğini söylerlerdi. Kadınların sezgileri daha güçlüdür çünkü ay sezgilerin gezegenidir ve sezgilerle kadim sanatların derin sırları doğrudan Tanrıça'yla ilgilidir.

Ben bütün sırlarımı Ay'la fısıldarım kadınlara. Ay ve her kadın arasında sırlarla dolu bir bağımız var. Bir kadının kalbine temas ederek veya içinizdeki kadını kabul ederek beni hissedebilirsiniz. Bir erkek bir kadının kalbine girdiğinde, onu anladığında içindeki 'kadını' kabul eder ve Tanrıça'ya ait parçasını ortaya çıkarır. Bir kadın da aynı şekilde bir erkeği anladığında içindeki güçlü 'erkeği' kabul eder ve Tanrı'ya ait olan parçayı ortaya çıkarmış olur. Böylece içimizdeki Tanrı ve Tanrıça uyanmış olur ki bu da eril-dişil enerjinin dengelenmesi demektir.

Bu da demek oluyor ki, hem kadının hem erkeğin, içindeki 'kadını' kabul etmesi benimle temas etmenin ruhsal yöntemidir."

Yüzünü çok merak ediyordum, heyecanımı tutamayacak kadar arzuluydum onu görebilmek için.

"Peçeni indirmeyecek misin? Seni görmeme izin vermeyecek misin?"

Bulutun üzerinde ayağa kalkıp kollarını iki yana açarak, söylediklerini bir türlü anlamayan küçük çocuğuna söz anlatmaya çalışan sitemkâr bir anne gibi başladı söze:

"Beni işitiyorsun ama duymuyorsun. Benim bir yüzüm yok. Baktığın her kadın, gördüğün her dişil enerji benim yüzüm. İnsanda, tüm canlılarda, doğanın her zerresinde… Beni görmek için neyi bekliyorsun. Şefkatimi, merhametimi, sevgimi, bereketimi en yakınındaki kaynakta yaşamak için neyi bekliyorsun?"

Sözlerini bitirir bitirmez, üzerinde bulunduğu bulut hızla yükseldi ve gözden kayboldu. O kadar kısa sürede görünme olmuştu ki hissettiğim hayal kırıklığını yaşama fırsatım bile olmadı.

Genç adama dönüp baktığımda, üzerime kilitlenmiş kararlı ve keskin bakışlarıyla karşılaştım. Beyaz, pürüzsüz, tüysüz ve yuvarlak başında koskocaman iki gözü dışında başka hiçbir şeyi yokmuş gibiydi.

"Tanrıça'sını yitiren, Tanrıça'sına saygı duymayan insanlık yok oluyor. Kadının sessizliği, doğanın bitişi… Eril enerji, dişil enerjiyi yok etmeden uyanması lazım. Dişil yok olursa, eril de yok olur. Her şey dişil ve erilin, Rahman ve Rahim olanın birlikteliğinde..."

Kendi bulutundan benimkine doğru uzanmasıyla her ikimizin bulut kütlesi de hızla aşağıya inmeye başladı. O kadar hızlıydık ki, her şey sadece mavi bir renkti artık...

Zâhir 15

Ali

Ali eşyalarını toplarken, yapmak istediği şeylerin hırsıyla yanıyordu âdeta. Bir hayali vardı, bir umudu. Çocukluğundan beri kendisini ezilmişlerin kalkanı gibi görmüştü ve günü geldiğinde karanlıkta kalanlara ışığı getiren kişi olacaktı. Büyüdüğü kenar mahallede güçsüz çocukların ağabeyi olmuştu okul yıllarında. Çok dayak yemiş, çok kavga etmiş, ancak ezilmemiş, ezdirmemişti...

Babası inşaatlarda çalışıyor, annesi de dört çocuğuna kol kanat geriyordu. Ali, iki ablasının ve küçük erkek kardeşinin sorumluluklarını kendi üzerinde hissediyordu. Zümrüt ona bir gün "Senin de bir çağrın var Ali..." dediğinde onu hiç anlayamamış ama sözleri de çok hoşuna gitmişti. Kendini özel hissetmişti. Birisi tarafından fark edilmiş olmak ruhunu okşamıştı.

Alevi olduğu için çok kereler dışlansa da o hiç kimseye sormamıştı mezhebini. Hiç önemsemedi. Din, dil, ırk, zenginlik, fakirlik onun takılıp tökezlediği şeyler değildi ama hep sorun olarak çıkıyordu karşısına.

Kimse ondan üniversiteyi kazanmasını beklememişti, ama o kazandı. Mücadele etmek için üniversiteyi bitirmesi önemliydi. Bilgi, en güçlü silahtı. Toplum onu doğduğu semte hapsetmeye çalışsa da o dışarıya çıkmaya çalışıyordu. Doğduğu andan itibaren ona kabul ettirilmeye çalışan sınırları, kuralları, şablonları, daha doğmadan ona biçilmiş olan hayatı reddediyordu. Okuduğu okullar ona pek bir şey vermedi. Okuldaki öğretmenleri de ders kitapları da ona bilmesi gerekenleri veriyordu sadece. Birilerinin belirlediği, birilerinin yeterli gördüğü şeyleri öğretiyorlardı sadece. Babasından aldığı mütevazı harçlığı, istediği kitapları satın almasına yetmeyince çalışmaya başladı. Bazen babasına yardım ederek, bazen mahalledeki esnafa çıraklık yaparak artırdı harçlığını. Böylece daha fazla kitap satın almaya başladı sahaflardan. Geceleri, erkek kardeşiyle paylaştığı odadaki yatağına uzanıp saatlerde kitap okurdu.

Dünya adil bir yer değildi. Bu adaletsizliği insanlar yaratıyordu. Sistemlerin suçu yoktu. Ali ne komünistti, ne sosyalist ne de başka bir şey. Hiçbir kimliği kabul etmedi. Siyasete ilgi duymadı. İnsanın ne siyasete ne de hatları keskin çizgilerle çizilmiş ideolojilere ihtiyacı vardı.

Üç kutsal kitabı defalarca okudu. Marx, Hegel, Spinoza, Jung'un felsefesini okudu. Parçaları doğru birleştirip oturttuğunda her şey çok netti. Bütüne ulaşmak için her farklı bir parça koymuştu ortaya. Hiçbiri asıl cevabı tek başına veremiyordu. Bir taraf olmak yerine hepsini kucaklamayı seçti Ali.

İnsanın kalbini dinlemesi, iyiliğe odaklanması, sevgiyi paylaşması... Gerçek güç buradaydı işte. Herkes zaten bir şekilde kendi yolunu çizer, ekmeğini kazanırdı. Kalbini unutan, kendisine yapılanlar ya da dayatılanlar yüzünden iyilikten uzaklaşanlar ve sevgiden korkanlar dünyanın bu hale gelmesini sağlamışlardı. Tek yol devrim falan değildi. Tek yol, her insanın ulaşabildiği kadar çok insana dokunarak ona unuttuklarını hatırlatabilmesiydi. Yine de sayısız gösteriye katılmış, sessizlerin ya da adaletsizliğe uğrayanların çığlıklarına koşmuştu, koşmaya da devam ediyordu. Hangi tarafta, kim olduğunun bir önemi yoktu. Birileri adaletsizliğe başkaldırıyorsa kendini yanlarında buluyordu.

İnandıklarıyla çeliştiği ya da karşıtlarıyla yüzleşmek zorunda kaldığı tek şey adaletsizlik oldu. Ne zaman birinin haksızlığa uğradığına tanıklık etse müdahale etmeden durmadı. Haksızlığa uğradığını sandığı insanların aslında haksız olduklarını görmeye başladığındaysa taraf olmadan tanık olmayı öğrendi. O süreçte "Hak" sözcüğüne çok takıldı. "Hak" ne demekti? Hakkı kim belirliyordu? Neyin hak olduğuna kim karar veriyordu? Bu soruların cevaplarını henüz çözememişti.

Yatağının üzerinde, eşyalarını yerleştirdiği çantasının fermuarını kapatırken aslında kafasından uzaklaştırmak istediği düşünceye teslim oldu. Zümrüt'ü, Selim'in kulübesine girerken gördüğünde merak, kıskançlık, aldatılmışlık hissetmişti. Karmakarışık bir duygu seli içinde boğulur gibi olmuştu âdeta. Zümrüt, onun en iyi arkadaşıydı, dostuydu. Onu hiçbir şekilde yargılamayan insandı, idealindeki kişiydi. Ona karşı birtakım duygular beslediğinden habersizdi. Aralarındaki dostluğa bu tür özel duygular konduramıyordu. Ama buna rağmen Zümrüt'ü o kulübeye girerken gördüğünde çok kıskanmıştı. Tamam, Selim iyi adamdı ama aklı Zümrüt'teydi.

Akşam kampın geniş salonunda sohbet ederlerken

gözlerini kızın üzerinden alamamıştı. Dikkatle onu izleyip durmuştu bütün gece. Ali bu ilginin farkındaydı. İkisini de gözlemişti. Zümrüt'ü de o kadar iyi tanıyordu ki bu adama karşı bir şeyler hissettiğini fark edebiliyordu. Selim ile Zümrüt'ün yaptığı yürüyüşler ve Zümrüt'ün Selim'den bahsederken ortaya çıkan heyecanlı halleri, Ali'nin zihninde uyuyan kurtları dürtmüştü. Ayrıca

Selim zengindi, saygındı, yaşına göre bilgiliydi. Neredeyse bütün dünyayı gezip dolaşmış, çok şey görüp yaşamıştı ama kendisi o yaşa geldiğinde çok daha bilgili olacaktı. En azından şimdilik böyle olmasını umuyordu Ali. Acaba Selim'in bu kadar parası olmasaydı bütün bunları yapabilir miydi? Para gerçekten de toplum içinde önemli bir fark yaratıyordu galiba. Zihnindeki kurtların hareketlenerek Zümrüt'le ilgili duygularını ve düşüncelerini su yüzüne çıkarmaya başlaması Ali'yi endişelendirdi. Zümrüt'ün güzelliğine, doğallığıyla bütünleşen zarafetine hayrandı.

Şu an en çok korktuğu şeyle yüzleşiyordu. Aslında Zümrüt'e karşı, Zümrüt'tün bildiğinden, onunla paylaşabildiğinden çok daha fazlasını taşıyordu yüreğinde. Bunu silmek için çok çalışmış, hislerini derinlere gömmüştü. O derinlerde Zümrüt tarafından seçilebilir olmadığına ve hatta bir anlamda ona layık olmadığına inanıyordu. Ama neden? Yeterince parası olmadığı için mi, işçi çocuğu olduğu için mi, lüks mekânlara giremediği ya da marka kıyafetler giyinemediği için mi? Neden? Topyekûn bir yetersizlik duygusu, özgüven eksikliği ve kompleks miydi içinde taşıdığı...

Zümrüt'le aynı odalarda defalarca yalnız kalabilmişlerdi. Üniversitedeki arkadaş ortamlarında, öğrenci evlerinde... Bir kez olsun dostluklarını zedeleyecek hiçbir imada bulunmamıştı Ali. Oysa ne de çok istiyordu hayatındaki tek kadının Zümrüt olmasını. Hayatı boyunca seveceği, uğruna savaşacağı o kadını... Bu defteri nicedir kapatmış, üzerini örtmüştü ama bugün her şey yeniden uyanmıştı.

Zümrüt şu anda ne yapıyordu acaba Selim'in kulübesinde. Sevişiyorlar mıydı? Bu düşünceye tahammül edemeyecekti. Derhal uzaklaştırdı zihninden. Onların sevişiyor olma olasılığı bile gözündeki Zümrüt'ü yerle bir ederdi. Selim kur mu yapıyordu kulübede? Belki de sadece salonda yaptıkları sohbetin devamını getirmek için buluşmuşlardı orada. Bütün bu sorular zihnini kurcalarken, başını kulübesinin camından uzatıp baktığında Zümrüt'ü odasına doğru yürürken gördü. İçinde genişçe bir ferahlık duydu. Yine de bu gece Zümrüt hakkında düşündükleri uzun zamandır üzerini kapattığı hislerin perdesini aralamıştı. Bunları derhal silmesi gerektiğini kendisine yineleyerek çantasını yatağının yanına indirip uzandı.

Bâtın XVI

"Gönlünü, ne kadar büyük olursa olsun,
O görünmez nesneyle doldur.
Yüreğin mutluluktan dolup taşınca,
Ona istediğin adı ver:
Mutluluk, Sevgi, Gönül, Işık, Tanrı...
İsim gürültüden başka bir şey değildir,
Göklerin ihtişamını bizden gizleyen bir sistir..."

Goethe

Zâhir 16

Selim-Burcu

Burcu, Selim'in göğsünde yatarken kocasının kokusunu çekiyordu içine derin derin. Ellerinden kayıp gidenin geri gelişiyle hissettiği minnet, şükran ve rahatlama, kâbustan uyanmak gibiydi. Kendini düşürdüğü rezil durumun giderek geçmişe gömülmesiydi başını sevdiği adamın göğsüne gömerek uyuması. Gerçi Selim, ilişkilerinin eski gibi olabilmesinin biraz süre alacağını söylemişti Burcu'ya... Ama olsun. Birkaç hafta önce yaşadıkları o yıpratıcı çatışmaya geri dönmektense her şeyin eskisi gibi olmasını beklemek çok daha iyiydi. Sonuçta düzenleri yine aynı şekilde devam edecekti. Hatta belki bu bir fırsattı.

Yaşananlardan sonra yaptıkları hararetli konuşmalar ve yazışmalar, aslında birbirlerini ne kadar ihmal ettiklerini ve zaman içinde giderek birbirlerine ne kadar da yabancılaştıklarını ortaya koymuştu. Her şeye rağmen geçmişteki güzel günlerine dönme şansları vardı.

Selim, Burcu'ya sarılırken aklında sadece Zümrüt vardı. Kollarında sevdiği karısı, çocuklarının biricik annesi ve uzun yıllarını paylaştığı kadın olduğu halde aklındaki kadın Zümrüt'tü... Onu gerçekten çok seviyordu. Kamp boyunca ve sonrasında da öyle çok düşünmüş, aklını ve zihnini yoklayarak her şeyi ölçüp biçip tartmıştı. Leonardo'nun maillerini, Burcu'nun ona yazdığı cevapları defalarca okudu yeniden. Leonardo'yla Burcu'nun birbirlerine gönderdikleri şarkıları dinledi.

Burcu'nun anlattığı platonik aşk hikâyesine inanıyordu. Bunu bahane edip aksayan bir ilişkiyi bitirebilir, bundan sonra serbest bir erkek olarak yoluna devam edebilirdi. Kendine bir daire hazırlayabilir, tek başına yaşayabilirdi. Kendini keşfedip hayatı anlama yolculuğuna çıkabilir, yepyeni bir dönemi başlatabilirdi. Buna rağmen, geçmişten gelen duygular bastırıyordu yeni planlarını. Çocukları ve Burcu'yla paylaştıkları yıllar, elleriyle büyük emekle yarattıkları düzen ve unutulmaz bir dolu anı...

Selim'i asıl bağlayan şey, kendisinin de yaşananlarda payı olduğu inancıydı. Burcu kocasını çok seviyordu. Burcu'nun güzel bir yüreği vardı, güçlü de bir karakteri... Gerçekten elinden geleni yapmıştı. Selim zamanla öylesine uzaklaşmıştı ki karısından ve evliliğinden, onu ne kadar yalnız bıraktığının farkına bile varamamıştı. Yan yana olup aynı evde yaşasalar da birbirlerinden ayrı ve uzaktılar. Bu boşluğu, Burcu'nun içine düştüğü ilgi açlığı yaratmıştı. Bütün bunlar olmasaydı Leonardo'nun adı hayatlarına hiç girmeyecekti.

O kampa gidene kadar bekârlığın nasıl bir deneyim olduğunu tatmıştı yeniden. Bülent'in evinde kaldığı iki hafta boyunca yaşadığı flörtöz ortamlar, kimseye hesap verme sorumluluğu taşımamak, dilediği saatte dilediği yere girip çıkabilmek, her şeyin onun isteğine bağlı gelişmesi... Bunun sonu yoktu... Düzen baskısı içinde yaşayan birçok erkeğin ve hatta artık kadınların da iç geçirdiği bu kaçış, aslında bir süre sonra yine düzeni ve sağlam bir ilişkiyi aratıp özleten bir süreçti. Rahatlık ve özgürlüğün birçok evli insana cazip gelmesinin tek nedeni, düzen içindeki sıkışmışlıklarıydı. Bu nefes alma süreci ve heyecan uğruna sağlam bir düzeni yıkmaya değmezdi. Her zaman başkaları olacaktı, aldatma olasılıkları olacaktı, arada bir belki yaşanacaktı... Yaşanmama olasılığı yok muydu? Kendi başlarına da gelmişti işte. Selim nasıl yurtdışı seyahatlerinde nefes alıyorsa, Burcu da Leonardo'da soluklanmıştı. Bu arayışa yer verilmeden olmaz mıydı, bu arayış başka bir şeylerle kapatılamaz mıydı?

Selim'in kampta katıldığı egzersizler ve Zümrüt'le yaptığı sohbetler, aslında kendine yeten bir insanın hobileriyle, spiritüel ve ruhani çalışmalarıyla heyecan arayışını ve cinsel açlığını kapatabileceğini gösteriyordu. Doğadan koptukça, kendinden uzaklaştıkça insan dünyevi araçlara sarılarak içindeki boşluğu doldurmaya çalışıyordu çalışmasına ama bu gerçeği biliyor olmak yetmiyordu. Çevresindeki herkes benzer çalışmalara katılıyor, kendini arama yolculuğuna çıkıyordu ancak yine günün sonunda günlük hayatlarının pençesinde, dünyevi hırslarının gölgesinde kalarak can çekişiyorlardı. Çünkü çalışmalar yüzeysel yapılıyordu. Alınması gereken önemli kararlar alınamadığından ve gereken cesaret ortaya konamadığından, bu tür çalışmalar pansumandan öteye geçmiyordu var olmanın dayanılmaz ağırlığı altında.

Tam bir ikilemin içindeydi Selim. Bülent'in yaşam tarzının tam tersi bir düzen de seçebilirdi. Evliliğini bitirebilir ve kendini kitaplarına adayarak yaşamını hobileriyle doldurabilirdi. Keşfetmeye ve içsel bir hac yolculuğuna çıkabilirdi. İçinde taşıdığı değerleri cesaretle ortaya çıkartabilir, günlük hayatın tuzaklarından, suni hırslarından ve yarıştan çekilerek olduğu insanı yaşayabilirdi. Kim olduğu belliydi de, ne olduğunu henüz kendisi de bilmiyordu.

Zümrüt, ona "çağrın var" demişti ve bu kesinlikle ilahi bir şeydi. Kendisi de çocukluğundan beri içinde farklı bir potansiyel olduğunu biliyordu. Çocukluğunda ve gençlik yıllarında çok daha güçlü olan bir potansiyeldi bu. İnsanların göremediklerini görebiliyor, başkalarının zor dediği şeyleri kolaylıkla yapıyor ve korunduğuna inanıyordu. Onu koruyan kahramanları vardı. Kimisi melek diyordu, kimisi başka bir şey. Selim'in kahramanlarıydı onlar, koruyucularıydı. Tanrı ile sohbet ediyordu. Tanrı'nın her yerde olduğuna inanıyor ve sadece bir mekânın çatısı altındayken O'nunla konuşulabileceğine katılmıyordu. Bulunduğu her yerde ve her an'ın içinde O'nunla konuşabiliyor, dua edebiliyor, gücünü hissedebiliyordu. Sonra büyüyüp hayata karıştıkça unuttu koruyucularını. Yüreğini dinlemeyi unuttu. Tanrı'yı unuttu. Kendini yaratan değerlerini unuttu. Nasıl da uzaklaşmıştı her şeyden?

Eve gelip, karısına çalışma odasında biraz zaman geçireceğini söyleyip masasına oturak başını ellerinin arasına aldığında, içinde dalgalanıp kabaran bu gelgitleri fazlasıyla sert hissetti. Panikledi. 50'li yaşlarına rağmen, henüz başladığı yerde olduğunu fark etti. Tamam, işinde başarılı olmuştu, övgüleri toplamıştı, babası gibi güçsüz bir adam olmamıştı. Milyonlarca insanın hayali olan konforlu, rahat bir hayatı vardı ancak Selim'in şu an masasının başındayken hissettiği tek şey, her şeyin boş dolduğuydu.

Belki kanayan bir yaranın üstünü örtmek ya da

Zümrüt'ün bahsettiği o çağrıdan kaçmak için doldurmuştu hayatını ama tuzağa düşmüştü.

Yerinden kalkıp, raflı dolaptan çıkardığı küçük hasır sandığın içinden eski fotoğraf albümlerini çıkardı. Bir zamanların rengârenk anlarını ölümsüzleştiren siyah beyaz kareler... Çoğu ölüp gitmiş insanlar... Zaman geçiyordu ve o da bir gün herkes gibi ölecekti. Ne için yaşamış olacaktı peki... Çocukluğunda dinlediği şarkıları çalmaya başladı internetten, duygulanmıştı. O bir korkaktı. Kaçmıştı. Hayatının en güzel yıllarını, sevdiklerini, hatta evlendiği kadını bile kendi egosu ve sahte başarıları için harcamıştı. Başarılı olmak, ilgiyi üzerine çekmek ve başkalarına karşı gücünü kanıtlayıp yapabileceklerini herkese göstermek için çabalamıştı sadece. Dünyevi ödüller hoşuna gitmişti Selim'in. İyi olan her şeyi çabuk sevmişti. İyi yemekler, güzel tatiller, iyi bir tekne, iyi bir ev, iyi kıyafetler, pahalı zevkler...

Acaba çok mu haksızlık ediyordu kendine? Sonuçta dünyevi hayattan koparak keşişe dönüşmek ya da ermiş gibi yaşamaya kalkmak da başka bir kaçış yolu sayılabilirdi. Günlük hayatın dayattığına tutunamayan nice insan, kendini dine, felsefeye, spiritüel çalışmalara adayarak kaçıyordu. Onlar da çok yapaydı. Başkalarının ona vereceği sevgiye muhtaç, aç ama kendi yüreğinde beklediği sevginin zerresini barındırmayan, her şeyden vazgeçmiş bir dolu insan ortalıkta sevgi böceği gibi dolanıp duruyordu. "Ben arındım, gerçeği buldum, artık tam ve bütünüm." diyerek gülümseyen ancak içi yangın yerine dönmüş, kavrulup duran öyle çok insan var ki, onlar da olamadıkları ve hiç olamayacakları biri olmaya çalışıyorlardı.

Bunun bir ortası yok muydu? Ya biri ya diğeri mi olmak zorundaydı? Aslında insan acı çekiyordu, varoluşunu anlamlandırmak ve yaralarını sarmak için tutunacak dallar arıyordu. Kendi varoluşunu çözemedikçe arayışı da hep devam edecekti. Sonuçta her birimiz bir şeydik ve o şey olamadıkça mutsuzduk. Her neysek oyduk günün sonunda. Ne kadar kaçmaya çalışırsak çalışalım, hayatımızı ne kadar doldurursak dolduralım bir gün geliyor ve şamar iniyordu insanın yüzünün ortasına.

Burcu'yla son zamanlarda yaşadığı şey sadece bir araçtı, bir sinyaldi o kadar, fazlası değil. Bu Selim'in yüzüne inen bir şamardı. Burcu sadece eşlik etmişti. Şimdi çalışma odasından çıkıp karısına bu evliliğe devam etme kararını açıklamadan önce bunları düşünmüştü saatler boyunca. Bundan sonrası için hayatına yeni bir yön verecekti. Bu yönde Burcu var olabilecek miydi, bilmiyordu? Hayatında neler olacaktı, kimler olacaktı, ne yapacaktı nereye akacaktı yaşamı? O an hiçbir şey bilmiyordu. Tek bildiği, 'bugün' yapması gereken şey evliliğini sürdürmek ve sorumluluğunu yerine getirmekti. Bir yanı, bu kararı için beyhude bir çaba; bir yanı, daha iyi bir Selim ve çok daha iyi bir Burcu'yla gerçek bir hayat, diyordu. Aslında canı yanıyordu. Canının yanmasının nedeni kendiyle olan savaşıydı. Kendisiyle savaşına, yaşamındaki varoluşsal sorularına daldıkça Burcu'yla yaşananlar ve Leonardo sadece bir teferruat olarak kalıyordu.

Ya Zümrüt? Peki ya o işin neresindeydi? Başka bir kadına neredeyse aşk hissediyordu. Ona böylesi bir his duyarken Burcu'yla yaşadığı evliliğin anlamı neydi? Daha önce de defalarca başka kadınlardan hoşlanmış, benzer hisler duymuştu. Burcu'ya verdiği zamanı ona adadığı yılları ve emeği kime verse başka bir Burcu olmaz mıydı? Hepsi aynıydı. Her ilişki başlıyor ve sonra inişe geçiyordu. Rutinlerle ve çocuklarla akışa teslim oluyor, sonra da ya bitiyor ya da zorunluluklardan dolayı devam ediyordu.

Zümrüt'le beraber olsa, birlikte yaşasalar, imza da atsalar bir gün gelecek ve bir başka Zümrüt aranacaktı. Zümrüt de, başka bir Burcu'ya dönüşmüş olacaktı diye geçiriyordu aklından ama bu düşüncelerinin ne kadar hızlı değişeceğini henüz bilmiyordu Selim.

Çalışma odasında tek başına derin düşünleri içinde yüzerken, Burcu da salonda bekliyordu onu. Selim'in bu evliliğe devam edeceğine inanıyordu ama yine de ayrılık kararı alma olasılığı da az değildi. "Acaba ayrılık kararı almasını mı istiyorum?" diye sorguladı kendini Burcu. Eğer konu sorunsuzca kapanacak ve yaşananlar hiç açığa çıkmayacaksa devam etme kararı almak iyi bir başlangıç olacaktı. Düzeni bozmak ve yeni hayatlara başlamak zordu. Üç aşağı beş yukarı o da Selim'le aynı sorgulamaları yaşıyordu içinde. Leonardo aklına bile gelmiyordu. Utandığı, artık tamamen kapanmasını istediği ve hiçbir şekilde eyleme dönüşmemiş bir yanılsamaydı o. Ancak, başka bir önemi vardı yaşadığı şeyin. Eğer böyle bir şey yaşandıysa demek ki bir açık vardı ilişkisinde ve buna benzerler şeyler bir kez daha yaşanabilirdi. Bir kez daha olmaması için, mevcut şartların değişmesi gerekiyordu. Bu da ilişkilerinin düzeltilmesi, unutulanların hatırlanması ve ilişkilerinde daha güçlü yeni bir sayfa açılması demekti. Bunun olma ihtimalini kestiremiyordu. Şu an için önceliği, Selim'in evliliklerine bir şans daha vermesiydi. Rutin de olsa şu an için çok özlediği eski düzenlerine bir an evvel geri dönmeleriydi... Sonrasını zaman gösterecekti.

Selim odasından çıkıp salona indiğinde, Burcu solgun yüzü ve meraklı gözleriyle dizlerini karnına çekmiş, ellerini bacaklarının arasına kıstırmış, kanepede oturuyordu. Selim karısının karşısındaki tekli koltuğa oturarak, hislerini ve düşüncelerini, Burcu'nun bilmesi gerektiği kadar paylaştı. Sonrasında Burcu tekli koltuğun önüne oturup, Selim'in ellerine sarılmıştı. Birkaç dakika sonra Selim de karısının yanına yere oturduğunda birbirlerine sarıldılar.

Bundan sonrası için, her konuyu bir kez daha masaya yatırarak uzun uzun konuştular baş başa. İkisinde de umut vardı. Birlikte yeniden tatil planları yapıyorlar, hayatlarına katabilecekleri yeni renklerden ve heyecanlardan konuşuyorlardı. Selim ara sıra karısının canını yakarcasına laf sokup susuyor, böylece bir anlamda o konunun devamlılığının kendi sayesinde olduğunun altını çiziyordu. Burcu da özel yaşamının, maillerinin ve telefonunun didik didik edilmiş olmasının ne kadar incitici olduğundan söz etmişti. Ancak ortaya çıkan gerçeklerin ağırlığı öyle fazlaydı ki, özel hayatına tecavüz edilmesi konusunda kendisini haklı görse de fazla bir direnç gösteremedi. Sürekli izleniyor olma hissinin rahatsızlığını ifade etmeye çalıştı. En azından bundan sonra Selim'in ona güvenmesini istiyordu.

Bütün günü birlikte konuşarak ve sarmaş dolaş geçirdikten sonra, gece karanlık yüzünü sabaha dönerken yataklarına uzanmışlardı. Burcu biran olsun yüzünü Selim'in göğsünden ayırmadı. Aşk yoktu aralarında. Bunca zaman ayrı kaldıkları halde şimdi yine sevişmeden uyuyacaklardı ama her şeye rağmen yadsınamaz bir gerçek vardı ki o da birbirlerini gerçekten çok sevdikleriydi.

Bâtın XVII

Büyük bir üniversite amfisindeki sıranın en önündeki tek kişi benim. Tüm duvarlar ceviz ağacıyla kaplanmış. Beş yüz-altı yüz öğrencinin rahatlıkla oturabileceği sıraların üzerine yerleştirilmiş küçük lambalarla loş bir aydınlık dolmuştu içeriye. Gizemli-mistik kokan bir salon burası. Sağıma soluma, arkama bakıyorum ama kimse yok. Karşımdaki boş alandaysa, büyük bir yay şeklinde görünen uzun bir masa var. Aslında tek parça bir masa değildi bu. Küçük masalar yan yana dizilerek üzerleri tek parça uzun bir beyaz örtüyle örtüldüğünden, ortada yay şeklinde tek bir masa varmış gibi duruyordu.

Yaklaşık 30-40 tane sandalye vardı yay masanın çevresinde. Her sandalyenin sırtlığına yazılmış olan isimleri okuyabilmek için yerimden kalkıp yaklaşıyorum: Sokrates, Platon, Aristoteles, Platon, Spinoza, Kant, Hobbes, Nietzsche, Bentham, Mill, Bergson, Sartre, Stirner, Proudhon, Aristippos, Epiküros, Sartre, Spencer, Lock, Feuerbach'a, Marx, Yunus Emre, Mevlana, Farabi...

İsimleri okumaya devam ederken kürsünün arkasında bulunan kapı açıldı ve içeriye birileri girmeye başladı. Sadece ayak sesleri yankılanıyordu amfide. Hiç konuşmadan giriyorlardı içeri. Onlarla birlikte ben de hızlıca yerime geri döndüm. Tek sıra halinde kapıdan geçip isimlerinin yazılı olduğu sandalyelere oturdular. Her birinin kıyafetleri, yaşları farklıydı. Saçları, sakalları, boyları, kiloları... Farklı zamanlardan, farklı çağlardan izler taşıyorlardı...

Herkes yerine geçtiğinde, sessizlik içinde sadece önlerine bakıyorlardı. Ne birbirleriyle konuşuyorlar ne de bakışıyorlardı.

Birkaç dakika sonra kapı bir kez daha açıldı. Sert ayak sesleri çıkaran iri yarı bir adam girdi içeri. Yaklaşık iki metre boyunda, siyah kostümlü, içine siyah tişört giymiş biri. Saçları kazınmış, pürüzsüz bir yüzü vardı ancak fazlasıyla sert bakışlıydı.

Hiç kimseye selam vermeden, hiçbir şey konuşmadan, oturanların arkasından dolanıp dik yürüyüşünü hiç bozmadan doğrudan bana yaklaştı ve tam da önümde durdu.

"Hoş geldin" diyerek elini uzattı.

Elini sıkarken ayağa kalkmak istedim ama o diğer elini omzuma koyarak kalkmama izin vermedi.

"Okuluma hoş geldin. Seninle ahlak felsefesini konuşacağız. Ahlak olgusunu anlayamayanlar ahlaksızlık timsali olur. Tarihin en büyük ahlaksızları, ahlak koyucularından bazılarıdır. Yolculuğun için önemli adımlardan birinde olduğunun farkında ol ve beni iyi dinle. Sonra ben de seni dinleyeceğim."

Benden herhangi bir karşılık beklemeden sırtını dönerek yay şeklinde dizilmiş duran konukların önünde durup sağ en baştan sol en başa adımlayarak kürsüye doğru yürüdü. Masadakilerle ne selamlaştı, ne konuştu ne de tokalaştı.

Kürsüye çıkıp üniversitede ders anlatan bir hoca edasıyla konuşmaya başladı:

"Ahlak ile yargı birbirinden ayrılamaz. Yargı bir durum, bir olgu, bir kavram üzerine taşınan ifadelerin toplamı olarak açıklanabilir. Yargının niteliği olgu ve değer alanlarına göre ayrılır. Hemen basitleştireyim, olgu alanı bilimsel yargılardır. Örneğin, su sıfır derecede donar. Nesnel ve kesindir. Ancak, değerler alanına baktığımızda kişiye bağlı olan, kişiden kişiye değişen öznel yargıları görürüz.

Öznel yargıları da kendi içinde üçe ayırabiliyoruz: güzel çirkin gibi estetik yargılar, iyi kötü, doğru yanlış gibi ahlak yargıları, günah sevap gibi dini yargılar.

Dini yargılar değişmez, dogmatik yapısıyla sorgulanamaz ve değiştirilemez. Estetik yargılarsa beğeniye dayalı, duygu ve sezgilerden beslenen yargılardır. Kişiden kişiye, toplumdan topluma değişir. Ahlaki yargılar da iyi ve kötü referans alınarak oluşur. İyi yapılması gereken, kötü yapılmaması gereken olduğundan kural koyucudur. Ancak bu kuralcılığı öznelliğini etkileyemez ve yine kişiden kişiye, toplumdan topluma değişebilir.

Özetle, genel anlamda 'ahlak' toplum içinde oluşan geleneklerin, değerlerin ve kuralların oluşturduğu; herhangi bir bireyin, herhangi bir grubun ya da bütün toplumun doğru veya yanlış, iyi veya kötü davranışlarını belirleyen, yönlendiren ve şekillendiren sistemsel yapı olarak karşımıza çıkar. Ancak bu tanımlamada bir sorun var. Çoğunluğun uzlaştığı normlara, kurallara uymayanlar her zaman ahlaksız mıdır? Ahlaksızlar çoğunluk olduklarında koyacakları kurallar ahlak kuralları olarak kabul edilecek midir? Hırsızların oluşturduğu bir toplulukta, hırsızlık yapmayanlar ahlaksız olacaktır.

İşte ahlak felsefesi bu paradokstan doğmuştur. Çoğunluğun ahlak anlayışını sorgulayan, yorumlayan, kendi yaklaşımlarını koyan filozofların, felsefecilerin, düşünürlerin yaklaşımlarıyla örülür. Bugün misafirimiz olan kişiler, okulumuzun varoluşuna yakın olanlardan sadece bazıları...

Ahlak felsefesi, insan yaşantısındaki değerleri, kuralları, yargıları, temel düşünceleri irdeler. Yani ahlak felsefesi en genel anlamıyla insan yaşantısının ahlaki boyutunu ele alır ve değerlendirir; insan davranışlarını ve bu davranışların doğru mu yanlış mı, iyi mi kötü mü olduğu sorularına cevaplar arar. Bu cevabı ararken temel ilkeleri, motivasyonları irdeler.

Bir kez daha özetlersek ahlak felsefesi, insanın eylemlerini ve bu eylemlerin dayandığı ilkeleri felsefi tabanda ele alır. Ahlak çerçevesinde hâkim olan prensipleri iyiliği, kötülüğü, mutluluğu, hazzı tanımlamaya çalışır, ahlaklı olmanın ne demek olduğunu sorgular.

Toplulukların büyük bir çoğunluğu için insanların sahip olduğu davranış şekli ve çoğunluk tarafından iyi sayılan değer hükümlerinin tümüne ahlak denmektedir.

Ancak iyi neye göre, kötü neye göre? Bu soruyu yanıtlamaya çalıştığımızda topluluk sayısı ya da insan sayısı kadar ahlaki değer ortaya çıkartabiliriz. Her birinin iyisi bir diğerinin kötüsü olabilecektir. Örneğin, çok eşli bir toplumda bir kişinin birden fazla insanla cinsel ilişkiye girmesi ahlaksızlık değilken, tek eşli bir toplumda bu durum ahlaksızlık olarak görülecektir.

Hangi tür davranışların iyi veya kötü olduğu, insanların ahlak kurallarına uymalarının gerekli olup olmadığı konusunda filozoflar da ortak bir fikre varamamışlardır. Hemen hepsi insanın belli bir kısım davranışlarını ahlakın çıkış kaynağı olarak ele aldılar. Kimileri mutluluğu, kimileri menfaati, kimileri de vazifeyi ahlakın temeli olarak benimsediler. Ve tarih boyunca çeşitli devrelerde bazı toplumları etkileri altına aldılar."

Konuşmasını kesip, kürsünün önüne geçerek yine misafirlerin önünde yürümeye başlayan adam bana dönerek,

"Şimdi ben misafirlerimizin ismini söylediğimde, ismini söylediğim misafirimiz kendi ahlak felsefesinin özünü ortaya koyacak. Yanılgıları ve farklılıkları daha net görebilmen için kronolojik sırayla hareket etmeyeceğim. Dikkatli dinle, sonrasında aslolana gideceğiz." dedi.

Konuşurken bana yaklaştı, sıranın arkasına geçti ve tam yanıma oturdu. Bakışlarını bir süre misafirlerin üzerinde gezdirdikten sonra konuklarının ismini birer birer söylemeye başladı:

"Aristoteles"

"Uçlarda dolaşmayanlar orta yolu bulup yürüyebilenler ahlak yolundan sapmazlar. Örneğin müsrif ile cimri olmak arasında orta yol cömert olmaktır."

"Bergson"

"İnsan neyin iyi neyin kötü olduğuna ancak sezgileriyle karar verebilir. Sezgilerine uygun yaşayan insan, ahlaklı bir yaşam sürer."

"Mill"

"Ne kadar çok insanı mutlu edebiliyorsan, ne kadar çok insana faydan dokunuyorsa o kadar iyisindir, o kadar ahlaklısındır."

"Bentham"

"Mill'e katılıyorum. Sadece eklemek istediğim, herkes için fayda sağlayacak olana odaklanmak gerektiğidir."

"Lock"

"Hoşnut olmak aslolandır. Yaşamdan, insandan, her canlıdan, cansızdan hoşnut olabilmek."

"Sokrates"

"İnsanın eylemleri belirlenmiş normlar ve değerlere göre şekillenir. Bu değerlerin kaynağı insan olamaz. İnsana düşen, bu değerleri dikkate alarak aklıyla karar vermesidir."

"Platon"

" İnsanın en büyük amacı yüce ideasına, iyi ideallerine ulaşmasıdır. Bu hedefe uygun olmayanlar ahlaksızlık sayılır."

"Spinoza"

"Toplumların yarattığı küçük düzen yasalarına değil, toplumların insanın dünyadaki her canlının, her şeyin bir parçası olduğu büyük düzenin yasalarına uygun yaşamaktır ahlaklı yaşamak."

"Spencer"

"Ahlakı sorgulamak yerine evrimi izlemek gerekir. Evrim süreci tüm ahlak normlarını düzenler, değiştirir."

"Feuerbach"
"İnsan bencil olabildiği ölçüde ahlaklı olabilir. Bencilliğini bilmeyen ahlakı bilemeyecektir."

"Kant"
"Belirleyici olan yaşam prensiplerinin eylemlerini kaynağı, niyetidir. Amaç, mutluluğu elde etmekten önce, iyi olanı gerçekleştirebilmektir. Ödevini yapan öğrenci gibi, inatla iyi olanın peşinden gitmek gerekir."

"Aristippos"
"Haz vereni iyi, acı vereni kötü olarak tanımlıyorum."

"Epiküros"
"Haz almak, her insanın yönelmesi gereken tek hedeftir. İnsanların yaşamdan haz aldığı toplumlarda, ahlaksızlık yaşanması zordur."

"Hobbes
"İnsan ahlaklı olmak istiyorsa iki güdüsüne sahip çıkmak zorunda... Kendini sevmek ve kendini korumak... Bu yüzden bana bencillik ahlakı savunucusu diyorlar ama yaşamdaki en önemli şey, tartışmasız olarak bireyin başarısı ve mutluluğudur."

"Proudhon"
"İnsanın doğası, insan eliyle kurulmuş kurumlar tarafından engellenmemelidir. Baskıcı kurumların yok edildiği, insanların kurallarla sınırlanmadığı bir dünya sürekli iyi olanı üretir."

"Stirner"

"Proudhon ve bana anarşizmin temsilcileri diyorlar. Bireyin kendisi dışında hiç kimseye ve hiçbir şeye karşı bir sorumluluk taşımadığına inanıyorum."

"Nietzsche"

"Genelleştirilip dayatılan tüm değerler, düzen unsurları hepsi insanı yok etmek için var. Mutluluk hazdan değil, güçten gelir. İnsan, geleneksel değerleri yıkıp kendi değerlerini yaşayabildiğinde kendini aşarak *üst insan*'a ulaşır."

"Sartre"

"Genel bir ahlak, genel bir yol olamaz. Herkes kendi özünü kendisi belirleyerek yürüyecek. Kendi değerlerini, kendi varoluşunu böyle yaratabilir. Tüm sorumluluk insana aittir ve vazgeçemeyeceği tek şey özgürlüğüdür."

"Farabi"

"İnsanlar akıl yoluyla bilgiye, bilgiyle de iyiliğe ulaşabilir. Bunun dışında izlenecek, aklın unutulacağı her yol kayboluş olur."

"Yunus Emre"

"Her insanda onu dünyaya bağlayan bir benlik vardır. Ne var ki benlik, insanı bencil, çıkarcı, hırslı yapar; onu sevgiden, dolayısıyla Tanrı'dan, özden uzaklaştırır. O halde benliği etkisiz kılmak gerekmektedir. Bunun yolu da sevgidir, aşktır. Sevgiyle *bencil benlik* yok edilerek yerine *ilahi benlik* konulabilir. İlahi benlikte Tanrı'ya yaklaşır ve kendi içinde Tanrı'yı bulur."

"Mevlana Celaleddin Rumi"

"Ben bir hikâye aktarmak isterim. Karanlık bir ahıra fil getirip insanlara göstermek isterler. Hayvanı görmek için herkes toplanır. Fakat ahır o kadar karanlıktır ki hiçbir şey görmek mümkün değildir. Göz gözü görmeyen o yerde fili tanımak için elleriyle dokunmaya başlarlar. Birisi eline hortumunu geçirir, *'Fil bir oluğa benziyor'* der. Başka birinin eline kulağı geçer, 'Fil bir yelpazeye benziyor' der. Bir başkası filin ayağına dokunur, *'Fil bir direğe benziyor'* der. Bir başkası da sırtına değer, *'Fil bir taht gibidir'* der. Herkes filin neresine dokunmuşsa, fili ona göre anlatır. Hiçbirinin tarifi diğerine uymaz. Hepsi doğru söylemektedir ama hiçbirinin tarifi de fil değildir. Bu hikâye, hakikatin birliğine karşın; çokluğa nispetle idraklerde çoğaldığını açıklamaktadır. Hiçbir idrak yanlış değil; fakat hakikate nispetle mutlaka belli ölçüde eksiktir. Nihayetinde ayna neden icat edilmiş, ne işe yarar? Herkes nedir, kimdir, kendisini bilsin diye değil mi?"

Mevlana, kendisine söz verilen son isimdi. Adam, "Bugün için teşekkürler…" diyerek yerinden kalktığında, konuklar da aynı anda sandalyelerin geri çekerek ayaklandılar. Amfide yoğun bir hareketlenme başlamıştı yine. Konuklar yerlerinden kalkarak sakin ve dingin bir şekilde geldikleri gibi sırayla geldikleri kapıdan dışarı çıktılar.

Konukların çıkışını izlerken, adını bilmediğim adam sıraya elini vurarak dikkatimi kendine çekti. Gövdesini bana döndürerek devam etti. Artık koca salonda baş başaydık.

"Gördüğün gibi her biri farklı bir referanstan ahlakın temelini, ahlaklı olmanın prensibini tanımlamaya çalışıyor."

"Neden aralarında hiç kadın yoktu."

Konuklar, yaklaşımlarını sırayla paylaşırlarken kafama takılan soru buydu. Konuşmacıların hepsi erkekti.

"Haklısın. Ataerkil toplumun, kadın filozofları gölgede bırakmasının, çalışmalarını engellemesinin, daha çok sanat, yaşam, bilim gibi toplumsal yapıları oluşturacak alanların dışına itmesinin sonucu. Gerçekte, erkek dünyasının yaklaşımını erkekler farkında olmaksızın, kadınlar ve erkeklerin kadınlarla iletişimi şekillendiriyor. Aslında benim seni getireceğim noktanın kapısını açtın. Ahlak, ahlak koyuculara göre şekillendikçe insani değerleri törpüleyen, insanı baskı altına alan, yeteneklerini ve varoluşunu şekillendiren bir engele dönüşüyor.

Çoğunluğun çıkarlarını kollayan, Nietzsche'nin ürettiklerinde sık sık ifade ettiği gibi, yönetenlerle yönetilenleri belirleyen kurallar bütününe dönüyor. Nietzsche, dini de aynı kulvara yerleştirmiş gibi algılanmıştı, oysa o inancı değil, istismar edilen dini, istismar eden din adamlarını hedefe koymuştu. Ona göre Tanrı'yı kendi çıkarları için kullanan bir zümre vardı."

Ayağa kalktı, sıradan çıkıp yeniden orta alana yürüdü. Beni yanına çağırdı ve tam ortadaki alanda karşısında durmamı istedi.

"Eğer şimdi ben sana bir yumruk atarsam, seni düşürüp yerde tekmelersem bu ahlaksız bir davranış olur. Hele ki, fiziksel olarak ben senden bu kadar üstünken... Ancak sen benim bir yakınımı taciz ederken ben bu salona girmiş olsam veya sen benim paramı çalmış olsan veya toplumun yüce ilan ettiği değerlere saldırsan ve sonrasında ben sana yumruk atsam alkışlanırım."

Bana bir yumruk atsa kendime gelmem birkaç haftayı

alırdı herhalde. Bir an anlattığını kanıtlamak için uygulamalı göstermesinden korktum. Neyse ki konuşmasına devam etti:

"İyi ve kötü kadar, özgürlük, erdem ve vicdan ahlak felsefesinde belirleyici rol oynar. Vicdan, senin eylem ve tutumlarını değerlendirdiğin süreçtir. Her insan bütünün muhteşem bir parçası olduğundan, Yaradan'ın ve evrenin tüm şifrelerini içinde taşıdığından her insan kendi iç dünyasında gerçek ahlakı bulur. Toplum zihnini ekip biçtiğinde, seni biçimlendirdiğinde özden uzaklaşabilirsin. Yine de gerçeği bulabileceğin, gerçek erdemi keşfedeceğin yer senin derinliklerin olacak. Karasız kaldığında, ikileme düştüğünde doğru yanıt sadece senin içinden çıkacak olandır. Yüreğin seni yanıltmaz, kaynak ile gerçeklerin gerçeğiyle bağ kuracağın yer yüreğindir, zihnin değil."

Konuşurken işaret parmağıyla beni işaret edip, sonrasında da işaret parmağını göğsüme bastırarak konuşmaya başlamıştı:

"Kocasının emirlerine itaat etmediği için cezalandırılan bir kadına yardım ettiğin için sana ahlaksız denilirse bu iyi bir şeydir. İçinde bulunduğun grubun karşıt düşüncesine sahip birine haksızlık yapıldığını gördüğünde müdahale ettiğin, hatta yardım ettiğin için ahlaksız, hain denirse insani değerlere baktığında bu da iyi bir şeydir."

Daha cümlesini bitirmeden arkasını dönerek kapıya doğru yürüdü. Kapıdan çıkmadan önce durup bana baktı ve son cümlesini söyleyerek gitti:

"Sen şimdi biraz burada kal, anlamaya çalış, ihtiyacın olan tüm ahlaki eğitimi bu kısacık zamanda aldığının farkında ol."

Zâhir 17

Selim-Bengü

Zümrüt'ün gelişi bile mutsuz yaşamında beklediği gibi bir fark yaratmamıştı. Evde bir ses olmuştu sadece. En azından onu yargılamadan dinleyen biri vardı. Bengü, Zümrüt'ten çok daha fazlasını beklese de, Zümrüt eve yerleştiğinden beri doya doya vakit geçirememişlerdi. Neyse ki Zümrüt kamptan geri döndükten sonra en azından bir süre ayrılmayacaktı.

Bugün kendi için bir şey yapmış ve ilkbaharın bu güzel ve güneşli gününü bankada geçirmemek için müşteri ziyareti uydurmuştu. Satıcıların sık kullandığı taktiklerinden birini çok az kullanıyordu Bengü... Stresli iş ortamlarında çalışanlar, âdeta bir çocuğun okulu kırması gibi sahte ziyaretler ya da müşteri görüşmeleri yazarak kaçıyorlardı. Satışçılar genelde daha avantajlıydı ama her çalışan kendine şirketten bir yol buluyordu sıkıştığında... Mesela, haftanın bazı günlerinde şirket dışı toplantı alırken öğleden sonraya randevu verip, akşamüzeri şirkete geri dönmek zorunda kalmayacak şekilde planlar yapılabiliyordu.

Öğlene doğru bankadan çıkan Bengü, kendini İstiklal Caddesi'ne atmıştı hemen. İş kıyafeti ve topuklu ayakkabılarıyla buralarda yürümeyeli çok uzun zaman olmuştu. Şu an üzerindeki kıyafetlerle yıllar öncesinin Beyoğlu'na çok daha yakışıyordu aslında. Eski sokakların dokusuna çok daha uygundu kişiliği de, kıyafeti de... Epeydir Nişantaşı, Etiler ve Bebek üçgenine sıkışmıştı. Gece hayatı, içinde olmayı sevdiği şatafatlı ortamlar, "network" denilen insanlardan kurulan basamak ağını örebileceği mekânlar...

Genelde bütçesini dengeleyememesinin nedeni de gezmesi, kıyafetleri ve kozmetik harcamalarıydı. Sevmediği bir işi yaparken ve hayatında özlemini duyduğu bir ilişki yokken, kendini mutlu edecek bir şeyler buluyordu kendine.

Seksin kendisi için ne kadar önemli olduğunun farkındaydı. Bazen yaptığı yaramazlıklar sonradan kendi kendisini ağır eleştirmesine neden oluyordu ama yine de vazgeçemiyordu. Seks de başka bir kaçış yoluydu. Özgür, seçilebilir ve hedonist tarafını besleyen bir aktivite olmasının yanı sıra, vazgeçilmez bir ihtiyacıydı. Zaman zaman sekste aşırılığa gitmesinin çocuklukta yaşadığı Orhan travmasından kaynaklanıp kaynaklanmadığını çok irdelemişti. Konuyu psikoloğuyla konuştuğunda bu olasılığın düşük olduğunu öğrenmişti. Çoğu taciz olayında seksten soğuma ve kaçış sözkonusu olabiliyordu. Çok daha az vakada aşırılığa yönelim görülse de kendisininki anormal bir durum değildi. Her kadın gibi onun da seks ihtiyacı vardı, hayatında özel biri olmadığı için engeli de yoktu. Her erkek bedeninde onu bütünüyle saracak ruhu aradığını henüz kendisine itiraf edemiyordu.

Erkekler garipti. Ciddi bir ilişki hedefiyle bir araya gelinse bile, ilk buluşmada, bilemedin ikinci ya da üçüncü buluşmada konu dönüp dolaşıp sekse geliyordu. Yatsan hafif kadın, yatmasan kız kurusu... Evlenecekleri zaman "Aman bakire olsun...", mümkünse erkek eli bile tutmasın... Hâlâ birçok erkek bakireliği sorguluyordu, kendileri bakirmiş gibi.

Bunları sorgulamayı çoktan bırakmıştı ama yine de erkeklerin tuhaflıkları, bazen kabalıkları ve bazen gereksiz çocuklaşmaları anlamsız geliyordu. Hayatına giren erkekler de bir garipti. Bengü, artık doğru erkek kalmadığına inanıyordu ancak seçtiği erkeklerin ona bu duyguyu hissettirdiğini şimdilik göremiyordu. Gece mekânlarında, popüler ortamlarda ağzı iyi laf yapanların, güçlü adamı oynayanların ağına hemen yakalanıveriyordu. Kendisi değişmeden, seçtiği adamlar da değişmeyecekti. Çöplükte altın aramak gibi bir şeydi izlediği yol. Popüler gece mekânlarında mutlu çiftler bile çok azken, mutlu olabileceği adamı nasıl bulacaktı ki?

"Piyasa yapma"ya imkân sağlayan mekânlar daha da popüler hale geliyordu. İnsanlar, hem içlerindeki kadın ve erkekleri serbest bırakıyorlar hem de seçilebilir veya seçebilir olduklarını yaşamaya çalışıyorlardı bu yerlerde. Abartılı bir gösteriş, seksapeliteyi ucuzlaştıran kıyafetler, müzik, alkol, gürültü, avcılar ve avlanmaya gönüllü avlar...

Birçok insan sırf o ortamlardaki varlığını zihninde canlandırarak spor yapıyor, alışverişe gidiyor, solaryuma giriyor, hatta otomobil satın alıyordu. Her şey ilgiyi üzerine çekebilmek, seçilebilir olmakla ilgiliydi. Varoluşsal sorunlardan uzaklaşmak için seçilen bir kaçış yoluydu. Magazin sayfaları, bu kaçışı ve kayboluşu yaptıkları haberlerle tarihe işliyordu.

Sayfaları izleyenlerin de dengesi bozuluyordu. Öyle ki, azınlığın yansımasıyla çoğunluk hevesleniyordu. Herkes kendi çapında özenişini eylemlerine döküyordu. Erkekler öyle kadınlara ulaşamadıkları için hayıflanıyor, gencecik erkekler-kızlar, enerjilerini değmeyecek bir hırsa akıtmaya başlıyorlardı.

Parasız hayat mümkün değildi ama artık para kazanmak için giderek her yol mubah hale geliyordu zaten. Yolsuzluktan hileye, para uğruna her şey olağandı. Üstelik kadınlar için başka bir yol daha vardı. Dişilikleri yazık ki artık para yerine geçebiliyordu.

Sanki o mekânlar prestijdi, ayrıcalıktı. Orada olamasalar bile, sosyal mecralarda oradaymışlar gibi kendilerini gösterip konum bildiriyorlardı. Oysa her insan zaten olduğu haliyle prestijliydi. İkonlara, etiketlere ihtiyacı yoktu.

Bengü de bunları çok sorgulamıştı ancak sorgulamaktan da yorulmuştu artık. Arada derede bir yerlerdeydi. Bir de arkadaşların tanıştırdığı insanlar vardı. Belki doğru biri çıkar diye, onlarla da birkaç kez görüşüyor, bir iki kez akşam yemeği yiyordu. Bunlar da genelde yaşça büyük adamlardı. Ya boşanmış ya da hâlâ evlenecekleri birini bulamamış müzmin bekârlar... Bengü için hemen hepsi çok sıkıcıydı. Yine de her birinin iyi taraflarını görmeye çalışıyor, ciddi bir ilişkiye başlayabilme umuduyla deniyordu.

İlişki yaşamak için ilişki yaratmak anlamsız olmasına karşın, içindeki boşlukta bir umut yaratıyordu. Zaten şimdiye dek hiçbir tanışma yemeğinden doğru düzgün bir şey çıkmamıştı.

Kadınları anlamak zordur denir hep... Bengü için erkeklerdi tanıması daha zor olan. Gariotiler. Ana kuzusu ile erkek olmak arasında sıkışıp kalmışlardı. Son seviştiği adam da bir garipti mesela. Tek gecelik bir ilişki, sıradan bir giriş, gelişme, sonuç şeklinde yaşanmış olsa da güzeldi. Adamda farklı bir şeyler vardı. Evden ayrılıp gidiş şekli çok edepsizceydi ama kaba biri olduğu söylenemezdi. Muhtemelen işi vardı ve erken gitmesi gerekiyordu. Yoksa sohbet edilebilir biriydi. İstese Bülent'ten telefonunu alıp arayabilirdi. Sadece sevişmek için bile olsa bir kez daha buluşmak istiyordu onunla.

Tünel'de, Galata sokaklarında dolanırken yan yana dizili duran küçük dükkânlara girip çıktı. Son yıllarda hızla tarihsel mirasından ve dokusundan uzaklaşarak popülerleşen bu sokaklarda dolaşmaktan keyif alıyordu. Belki birkaç yıl sonra bugün uyuşturucuyla, fuhuşla, göçmenlerle anılan Tarlabaşı'nda da aynı şekilde yürüyebilecekti.

Bu kentsel dönüşüm denen şey rant uğruna bir şehri yok etme yarışına dönüşmüştü ama Bengü bununla ilgili düşünüp fark etmekle uğraşamayacak kadar sorun yaşıyordu. Hayatlarının kalabalığında kaybolup, yaşadığı şehri yok sayan milyonlarca insan gibi. İnsanlar artık kendi yaşam kavgaları içinde öylesine kaybolmuş haldeler ki, bu aşamada ülkenin elden gidiyor olmasını bile umursayacak güçleri kalmamış.

Galata'nın alt sokaklarına indiğinde karnı acıkmıştı. Topuklu ayakkabılarla indiği yokuşu çıkmak gözünde büyüyünce, yokuş aşağı yola devam edip son günlerin popüler semtlerinden biri olan Karaköy'de karnını doyurmaya karar verdi.

Karaköy yeni bir sentez sunuyordu insanlara. Beyoğlu kimliği ile Etiler, Bebek Nişantaşı üçgeninin kimliğini buluşturuyordu. Ardı ardına açılan restoranların birçoğu kendince ünlenmişti. Son zamanlarda sık duyduğu restoranlardan birine girdi Bengü. Mekân gayet şık dekore edilmiş, ahşap masaları ve tasarım odaklı mobilyalarla sıcak bir ortam gibi görünüyordu. Sanatçı ruhlu ama paralı bir insan karakterine sahip olan bu mekânın sokağa taşan balkonundaki tek boş masasına oturup menüye göz gezdirmeye başladı. Canı pizza veya risotto çekiyor olsa da formunu düşünmek zorunda olduğunu düşünüp salata seçti. Yanına da bir kadeh beyaz şarap söyledi. Tablo tamamlanmıştı. Öğleden sonra iş kıyafetleriyle şehrin gözde semtlerinden birinin gözde mekânında salata ve şarap... Film karesi gibi...

Yemeği bittikten sonra kibar ve yakışıklı garsonundan bir espresso istedi Bengü... Şarabının son yudumunu içerken, etrafı izlemeye devam etti. Geldiğinden beri hiç ara vermeden gözleriyle tarayıp duruyordu... Masada yalnız olduğu zamanlarda zaten ya telefonuna bakar ya da etrafı seyrederdi. İşi kırdığı bugün, telefonuna daha az ilgi gösteriyordu.

Mekânın giriş kapısında kırmızı pantolon, lacivert dökümlü gömlek giymiş şık bir adam gördü. Orta yaşlı ama dikkat çekiciydi. Görülen o ki garsonlar da onu gayet iyi tanıyorlardı. Böylesi bir ilgi ve saygıyla karşılandığına göre buralarda tanınıp itibar gören paralı biriydi. Garsonlar adama Bengü'nün oturduğu balkona kadar refakat edip masasını açtılar. Havaya dolan bu parfüm kokusu tanıdık gelmişti Bengü'ye. Bu adamı tanıyordu. Evet bu oydu. Son seviştiği adam... Yok artık. Bu kadar olurdu.

Adamı daha bugün aklından geçirmişti, aramayı bile düşünmüştü. Tesadüfe bak ki akşam olmadan karşısına çıkıvermişti işte. Bengü bu tesadüfü, çekim yasası dedikleri şu meşhur ama fazlasıyla sulandırılmış teoriye bağladı.

Adam balkonun diğer köşesindeki masada, yüzü Bengü'ye dönük şekilde oturmuştu. Arada üç masa daha vardı. Bengü'yü görmesi zordu. Zaten çevresiyle ilgilendiği de pek söylenemezdi. Spor klasik kıyafetini tamamlayan Tumi marka sırt çantasından kalınca bir kitap çıkaran adam, büyük bir dikkatle kitabını okumaya daldı.

Normal şartlarda Bengü yerinden kalkıp da adamın yanına gidip kendini göstermezdi ama bu karşılaşmayı evrenin bir işareti olarak kabul etti ve ilk hamleyi yaptı. Bacaklarının üzerine serdiği peçeteyi masaya koyup kol çantasını yanına alarak adamın masasına doğru yürüdü.

"Günaydın demekten kaçtığın insanlarla kahve içme alışkanlığın var mıdır?" diye sordu Bengü, kararlı ve özgüvenli bir tavırla.

Selim, Zümrüt'ün önerdiği kitaptan başını kaldırdığında karşısında duran genç kızla göz göze geldi. İsmini bilmediği ancak seviştiği bu kızı hatırladı hemen. O gece olan biten her şeyi saliseler içinde geçirdi aklından. Kibar bir adam olarak kendisine yakışanı yaptı ve eliyle karşısındaki sandalyeyi işaret ederek:

"Bu ne hoş tesadüf... Buyur lütfen..." diyerek kadını masasında davet etti.

Aslında hiç de hoş bir tesadüf değildi. Selim, Burcu'yla ilişkisine yeniden başlarken kendine bir söz vermişti. Karısını asla aldatmayacaktı. Bu sözü verirken tutabileceğine inanmamış olsa da, en azından deneyecekti. Şimdi adını bilmediği bu kızla yaşadıklarını düşünürken aynı şeylerin bir daha olmasına kesinlikle izin vermeyecekti.

Kızın dudaklarındaki şeftali parlaklığı dikkatini çekti Selim'in. Dudak parlatıcılarının, kadınların neden vazgeçilmez aksesuarlarından biri haline dönüştüğünü düşündü. Davetlerde, yemeklerde, sokakta sürekli tazelendiğine tanık oluyordu. Tuvalete giden kadınlar, geri döndüklerinde dudakları her zaman daha parlak ve taze görünüyordu. Selim, kızın dudaklarını seksi bulmuştu.

Az önce verdiği kahve siparişi, Bengü'nün espressosuyla birlikte gelmişti masaya. Havadan sudan bahsettikleri birkaç gereksiz cümlenin ardından, Bengü konuyu beraber oldukları geceye getirdi hemen.

"Sabah nasıl da kaçtın öyle. Bir hoşça kal öpücüğü bırakabilirdin. En azından nezaketen bir not yazabilirdin. O kadar mı kötüydü?"

Sitemkâr da olsa gayet işveli konuşuyordu Bengü. Fakat Selim o sabah evden neden kaçarcasına gittiğini dürüstlükle söyleyemezdi kıza. Bengü'nün parfüm kokusu burnuna ulaştıkça kaçtığı şeyler de tetikleniyordu. Henüz farkında değildi ama flörtöz rüzgâr esmeye başlamıştı bile havada.

"Uyandırmak istemedim. Benim de çok erken saatte bir toplantım vardı. Seni arayacaktım ama telefonunu da bulamadım."

"Boş versene. Aramak istesen Bülent'ten alırdın telefon numaramı, arardın."

Doğru, Bülent'ten alıp arayabilirdi ama bu aklına bile gelmemişti çünkü aramayı hiç düşünmemişti.

"Haklısın" diye karşılık verdi Selim, kızın gözlerine bakıp fısıldayarak...

Sohbet akmaya başlamıştı kendiliğinden. Bengü bir anda yaşam öyküsünü anlatırken bulmuştu kendini. Selim de konuyla çok ilgileniyormuş gibi bakıyordu yüzüne. Oysa zihnindeki savaşa odaklanmıştı tamamen. Bu kızla bir kez daha sevişebilirdi. Hatta şu anda ısrar ederse ve oyunu doğru oynarsa buradan kalkıp derhal kızın evine giderek çılgınca sevişebilirdi yine. O zaman daha ilk evrede Burcu'ya ihanet etmiş olacak, enerjiyi bozacak, aynı sancılı döngüye geri dönecekti. Düşüncelerini engellemeye çalışıyordu ama kasıklarındaki kıpırdanma kontrol edilebilir gibi değildi.

Bengü, Selim'in onu dinlemesinden ve sorduğu sorulardan etkileniyordu. Bu adamdan öğreneceği çok şey olabilirdi. Çevresi de iyiydi. Konu konuyu açarken döndüler dolaştılar yine sekse geldiler. Bengü'nün arkasındaki iki masanın boşalmasıyla birlikte, seksle ilgili daha derin konulara girebilmişlerdi.

Selim, cinselliğin özel bir paylaşım olduğunu, tek gecelik bile olsa duygularla yaşanabileceğini anlatırken, aslında kelimelerini özenle seçerek karşısındakinin duymak istediği cümleleri kuruyordu. Üstelik bu şehirde birçok erkeğin tanımadığı bir içerik ve tarzla... Selim bu tavrıyla Bengü'yü etkilediğinin farkındaydı. Ondan her ne kadar kaçmak istese de kızın etkilendiğini görmekten hoşnuttu. Bu onun zayıflığı mıydı? İlgi arsızı, sevgi yoksunu muydu? Bu kızdan almaya çalıştığı şey neydi ki? Zümrüt'le kamptaki konuşmaları, Zümrüt'ün önerdiği kitaplar, izlediği videolar mı karıştırıyordu aklını yoksa? Selim, bir yanıyla oyuna teslim olup konuşuyor, diğer yanıyla da konuşanı, oyunu oynayanı gözlemliyordu. Gözlenen ve gözlemci, iki ayrı tarafta durmak zihni bulandırıyordu.

Bengü'nün sorusu Selim'i afallattı:

"Neden sıra dışı sevişmeyi seviyorsun? Hiç öyle sevişebilecek bir adama benzemiyorsun? Ben de benzemiyorum ama değil mi?"

Selim çabuk toparlayıp, durumu kotaracak cevabı verdi. Ancak sonrasında bu sorunun cevabı için mesai harcayacaktı.

"Aslında her insanın içinde cinsel fanteziler var. Bunu yaşayabileceği, paylaşabileceği, önyargısız insanlarla karşılaştığında ortaya çıkmasına izin veriyor. Çok da sıra dışı bir durum değil bence."

"Sadece fantezi mi? Erotik sitelerdeki videolar, yazılan öyküler sence sadece fantezi mi? Birbirimize kullandığımız kaba saba sözcükler, bir anlamda uyguladığımız şiddet. Bugün internette biraz dolaştığında gördüğün şeyleri bir süre sonra insanlar da hayatlarına taşımak istiyorlar. Filmlerde gördüğün çevrende duyduğun çoklu seksi, eş değişimleri, hele dışkılı seksi, birbirlerine işkence yapmalarını 'fantezi' kelimesi açıklamaya yeter mi? Bir de buna yakın birçok fantezi, kitlesel kitaplarla, kitapların filme çekilmesiyle normalleştiriliyor."

"Bence sadece insanın içindeki harekete geçiriliyor."

Bengü bir soruyla Selim'in sözünü kesti:

"Neden sadece bazılarımız için? Birçok insan bunlara tiksinerek bakıyor ama birileri yaşıyor. Hangisi normal?"

Selim bu konunun dışına çıkmak istiyordu. Bir şekilde sohbetin yönünü değiştirmeliydi.

"Ne önemi var? İsteyen istediğini yaşıyor. Belki de en marjinal olanı, cinselliği en çok bastıranlar yaşıyor. Konuşacak çok şey var ama bu ortam uygun değil."

Bengü bu son cümleyi teklif gibi algıladı:

"Başka bir ortamda konuşalım diyorsun. Ortadan kaybolan sensin. Sen söyle ne zaman, nerede konuşalım."

Bengü zemini hazırlamış, ortayı yapmıştı, şimdi Selim golü atabilirdi. Aslında atmak da isterdi ama yapamadı. Bu kızla sevişmeyi düşünüyorsa, istiyorsa o halde Burcu için ilişkisi hakkında kendine verdiği sözlerin ne anlamı vardı. Heyecan yine yasak elmadan geliyordu. Bir şeylerin yenilenmesi için bir şeylerin değişmesi gerekiyordu. Bu kez farklı duracaktı, ne kadar baştan çıkarıcı olsa da farklı duracaktı.

"Ben evliyim ve seninle karşılaştığımız zaman eşimle ciddi sorunlarım vardı. Onları aştık ve şu anda evliliğime devam ediyorum."

Kendince kendine yakışan cümleleri kurmuştu. Ancak bu karşı taraf için kırıcı olabilirdi. Bira daha yumuşatarak devam etti:

"Seninle görüşmek isterim. Buluşup yemek yer, kahve içeriz. İstersen yazışabiliriz de."

Aslında bu önermede gizli bir ajanda vardı. Selim kendisini güvenli alana çekerken, sözünü tutamayacağı günler için yakınında olacak, arzuladığı bir kadın yaratıyordu. Bunun farkındaydı ama engel olamıyordu. En azından bu hal, vicdanını rahatlatıyordu.

Bengü açısından çok alışılmış, sıradan ve erkeklerin ikiyüzlülüğünü gösteren ucuz bir cevaptı bu. Karşısına çıkan neredeyse bütün evli erkekler, ya evliliklerinin ne kadar kötü gittiğini anlatmışlardı ona ya da neden evli olduklarını açıklamaya çalışmışlardı. Selim'in önerisine sadece imalı bir gülümsemeyle karşılık verdi. Selim ise gülüşteki serzenişi anlamazlıktan geldi. Bengü, bu adamla iletişimini sürdürmek istiyordu. Bu konuşmayı daha fazla uzatmaya gerek yoktu. Sonrasında iletişim kapısını açık bırakarak masadan kalkma zamanı gelmişti.

"Neden olmasın. Benim kalkmam lazım. Telefonunu söyle yazayım ya da ben söyleyeyim sen yaz."

Bengü çantasından telefonunu çıkartana kadar Selim masanın üzerindeki telefonunu not almaya hazır hale getirmişti. Selim, kızın ismini bilmiyordu hâlâ ve bunu ona fark ettirmek büyük kabalık olacaktı. Muhtemelen kız da Selim'in adını hatırlamıyordu.

Selim'in aramasıyla Bengü'nün telefonu çalmaya başlarken Bengü telefonu çantasından çıkartmıştı. Hızlıca menüye girdi ve numarayı kaydederken 'Selim' dedi. Numarayı doğru isimle kaydediyordu. Adını hatırlıyordu. Bülent onları tanıştırırken Selim duyamamıştı, sonrasındaysa önemsememişti ama kız duymuş ve unutmamıştı işte. Selim de kızın telefonunu kaydederken ne yazacağını bilemedi. Ama sonra Dora geldi aklına. Bu ismi bir kod adı olarak kullanabilirdi. Renk vermemeye çalışıyordu ki, Bengü ismini söyledi.

"Efendim?"

"Bengü…"

"Ha yok o değil… Telefonu yavaş kullanıyorum biraz ama henüz bunamadım. İsimleri o kadar çabuk unutan birine mi benziyorum?"

Bengü, kol çantasını eline alıp Selim'e gülümseyerek

cevap vermeye hazırlanıyordu ki işittiği kadın sesiyle sustu.

"Biraz geç kaldım, kusura bakma."

Aslı, üzerinde renkli küçük çiçekler olan beyaz elbisesiyle bir genç kız kadar taze ve güzel görünüyordu. Elindeki telefonu bırakıp Aslı'ya yönelen Selim, onu Bengü'yle tanıştırdı. Bengü'yle ilgili merakını ustaca gizlemeyi başaran Aslı, küçük ve kibar bir tebessümle tokalaştı kızla. Bengü de en az Aslı kadar meraktaydı. Acaba bu kadın Selim'in karısı olabilir miydi?

Aklında bir dolu soruyla, "Ben de zaten kalkıyordum." diyerek mekândan çıkan Bengü'nün yüzü solmuş, canı sıkılmıştı birdenbire. Aslı, Bengü'den boşalan sandalyeye otururken; Selim, onları tanıştırmak zorunda kalmasından dolayı biraz rahatsızdı. Ne de olsa Aslı'ya bir gecelik macera yaşadığı bu güzel kızı anlatmak zorunda kalacaktı. Diğer yandan Bengü'yle ne gereksiz ve sıkıcı bir sohbet yaptığını düşündü. Bengü bu anlamda Selim'in hiç tarzı değildi. Oysa Zümrüt'le tanıştığı o kampa katılmasının nedeni, Bengü'nün evinden kaçarcasına çıkarken bulduğu broşürdü...

Bâtın XVIII

Yaklaşık on-on beş metre yükseklikte, dört bir yanı yerden tavana binlerce kitapla dolu bir kütüphanenin tam ortasında duruyorum. Ciltlerce kitap, kitaplığın üst raflarına ulaşılmasını sağlayan ahşap merdivenler, salonun ortasına simetrik yerleştirilmiş okuma masaları. Oxford tarzı döşenmiş, yerden aydınlatmalı bu kütüphanenin derin sessizliği, kitabın büyülü kokusuna karışmış.

Salonun karşı duvarında 'Danışma' levhasının altında duran yazı masasının tam arkasında bir kadın oturuyor. Ona doğru birkaç adım atmamla birlikte başını önündeki masanın üzerinde dizili duran kitaplardan kaldırıp, okuma gözlüklerinin üzerinden bana bakıyor. Koca kütüphanede sadece ben ve kütüphane görevlisi... Ben kadına doğru yürümeye devam ederken o da ayağa kalkarak masanın önüne geçiyor. Orta yaşlarda, saçları sıkı topuz... Siyah bir döpiyes giymiş ve ayakkabılar rugan. Hafif tombulca ama güler yüzlü. Beni tebessüm ederek karşılıyor.

"Hoş geldin. Hangi konudaki kitaplarla ilgileniyorsunuz? Aradığınız bir kitap var mı?" diye sorduğunda, tasarlamadığım kelimeler dökülüyor ağzımdan:

"Evrenin yasalarını, işleyiş prensiplerini anlamaya çalışıyorum. Fazla zamanım yok, doğru kaynaklara ulaşmam gerekiyor."

Kadın gülümseyerek karşılık veriyor:

"Hiçbirimizin zamanı bol değil. Konu her ne olursa olsun önemli olan elbette ki doğru kaynaktan beslenmek. Bu konuda çok iyi olduğumuz için buradasın. Dur bakalım sana nasıl yardımcı olabilirim."

Tekrar masanın arkasına geçerek, büyük boylarda kalınca bir dosyayı masanın altından çıkartıyor. Dosyaya yer açıp, yavaşça sayfalarını çevirerek, her bir sayfaya sakince göz atmaya başlıyor. Ardından sağ elinin beş parmağını açtığı son sayfanın ortasına yerleştirerek gözlerini kapattığında, duvarlardaki kitaplar yavaş yavaş hareket etmeye başlıyor. Tavana kadar uzanan kitaplar raylı bir sistemle ilerler gibi hareket ederken, büzüştürülen bir tiyatro perdesi gibi toplanıp birleşmeye başlıyor. Hareket giderek hızlanıyor. Sayfa sesleri, rafların kayıp gitmesi ve ahşap gıcırtısı... Kitaplar birleştikçe raflar boşalıyor. Hareketlilik arttıkça artıyor. Birbirinin üzerine düşüp yok olan domino taşları gibi kitaplar da bir araya gelince, sonunda kadının arkasındaki duvarın baş hizasındaki rafta tek bir kitap kalıyor.

Sessizlik yeniden salona hâkim olduğunda, gördüğüm duvarlar bomboş... Kadın gözlerini açıp, arkasındaki duvara ilerliyor ve raftaki tek kitabı alarak yanıma geri geliyor. Hiç konuşmadan elinde tuttuğu o kitabı bana uzatıyor. Kitabı elime alıp ismine bakıyorum:

"KYBALION"

Kitabın adını okuduktan sonra başımı kaldırıp kadına soruyorum:

"Bir tek bu kitap mı?"

Kadın gayet ciddi bir ifadeyle yanıtlıyor:

"Fazla zamanın olmadığını ve gerçek kaynağa ihtiyaç duyduğunu söylemiştin. Elinde tuttuğun bu kitapta yazılanları temel alarak yazılmış binlerce kitap, oluşturulmuş yüzlerce düşünce akımı, hatta dünyaya yön veren ideolojiler var. Sorduğun sorunun cevabını alacaksın."

"Kim yazmış, ne anlatıyor"

"Gel sana biraz özetleyeyim, sonra sen okursun…"

Okuma masalarından birinden bir sandalye alıp kadının önündeki masaya çekerek oturuyorum. Kadın da kendi sandalyesine yerleşiyor yine. Masanın üzerindeki kitaplar da artık yok…

"Kökeni antik Mısır'a inen kadim bilgilerin, "hermetic" felsefenin ve felsefenin temel köklerinin yorumlandığı modern bir üslupla kaleme alınmış ince bir kitap olmasına rağmen, evrenin işleyişini, temel prensiplerini, insanın varoluşunu hiç anlatılmadığı kadar net anlatmıştır.

Üç kadim bilge tarafından okunması kolay bir dilde yazılan *Kybalion*, 7 temel yasa üzerinde yoğunlaşır.

Kybalion özetle şunları söyler:

"Yedi Hakikat" prensibi vardır; her kim ki bunu bilip anlarsa, sihirli

dokunuşu, Tapınak Kapılarını sonuna kadar açan "Büyülü Anahtar"a

sahiptir.

Bu yedi prensip, bir yanda yaşamın devamını sağlarken diğer yanda, insan ile Tanrısal Zekâ arasındaki köprüyü oluşturan, "İlâhî İrâde_Kanunları" ya da "Kozmik Yasalar"ı belirler.

Bu yedi prensip şunlardır:

1.Zihinsellik Prensibi
2.Tekabül Prensibi
3.Titreşim Prensibi
4.Kutupluluk Prensibi
5.Ritim Prensibi
6.Sebep Sonuç Prensibi
7.Cinsiyet Prensibi."

Dinleyip dinlemediğimi kontrol eder gibi bana doğru biraz eğildi, gözlerimin içine baktı ve tekrar arkasına yaslanıp anlatmaya devam etti:

"Zihinsellik prensibi, maddenin enerjinin bir şekli olduğunu, maddenin gerçeklik olmadığını ifade eder. Gördüğümüz her şey insanın psikolojik ve beyinsel yapısından kaynaklanan bir yanılsamayken, evren, zihinsel bir yaratım sürecidir. Evren Bütün'ün, semavi dinler için Tanrı'nın, zihinsel yaratımıdır ve tam yaratılanlar için de geçerlidir. Bu prensibi anlayabilen için diğer prensipleri anlamak çok daha kolaydır. Zira evrenin zihinsel doğasını kavrayan, aydınlanma yolunda büyük bir adım atmış demektir.

Tekabül prensibi, evrendeki her nesnenin, her varoluşun birbirine bağlı ve özdeş olduğunu anlatır. Kuantum fiziğinin ortaya koyduğu gibi atom altı dünya, bağımsız tek tek nesnelerin var olamayacağını gösteriyor. Tüm bilgiler, her an her yerde, evrenin her bir parçasında yer alıyor. Madde, enerjinin yoğunlaşmış halidir. Algılayabildiğimiz dünya, ne maddedir ne de ruhtur. O görülmeyen enerjinin, belli bir düzeyidir. Hepimiz aynı bütünün parçalarıyız ve içimizde aynı özü taşıyoruz. Birbirimize ve tüm Evren'e karşı sorumluyuz. Bir an için Evren'i bir insan bedeni, bütün yaratılmışları da, onun hücreleri olarak düşünürsek, bundan çıkacak sonuçlar ilginç benzetmelerle açıklanabilir.

Bütün hücreler birbirinden haberdardır. Birinin iyiliği hepsinin iyiliği, birinin bozukluğu, hepsinin yani bedenin bozukluğudur. Bütün hücreler hem kendilerinden hem de birbirlerinden sorumludurlar. Hepsi aynıdır, eşdeğerdir. Çabaları bireysel gibi görünmekle beraber, aslında bütün içindir. Bizler bir bütünün parçalarıyız. Bedendeki kanserli hücre, kendi iyiliği ve gelişmesi için aşırı derecede büyür. Yanındaki hücrelerin gıdalarını da kendine alır, diğer hücrelerin aleyhine giderek gelişir. Tek başına her şey iyidir ve o hücre kocaman olmuştur. Ama bütün açısından bakınca o bütünlük bundan zarar görür ve hücrenin aşırı büyümesi, bedenin ölümüne yol açar. Kanserli hücre de kendini büyütüyor sanırken, bindiği dalı kesmekte ve diğer hücrelerle birlikte kendi sonunu ve yok oluşunu hazırlamaktadır.

Bu gerçeği görebilmek, yani tekabül prensibi doğanın, evrenin birçok gizini çözebilmek için kendimizden hareketle akıl yürütebilmemizi olanaklı kılar."

Boğazını temizler gibi birkaç kez öksürdükten sonra kaldığı yerden devam etti:

"Titreşim prensibi evrendeki her şeyin sürekli bir hareket halinde olduğunu söyler. Hiçbir şey durmaz, her şey hareket eder, her şey titreşir.

Ayrıca bu prensip madde, enerji, zihin hatta ruhun çeşitli yansımaları arasındaki farkların büyük ölçüde farklı titreşim oranlarına bağlı olduğunu açıklar. Bütün'den en kaba madde formuna kadar her şey titreşim içindedir. En yüksek titreşim ile en düşük titreşim arasında sayısız titreşim ve form vardır. Çok yavaş titreşen kaba madde formları da hareketsiz gibi görünürler. Titreşim ne kadar yüksekse, Evren hiyerarşisindeki yer de o kadar yüksektir.

Sağlık, vücuttaki elementlerin temel nitelikleriyle ilgili tüm güçlerin, kusursuz uyumudur. Hastalık dediğimiz şey ise, elementlerin uyumsuzluğundan kaynaklanır. Ortaya çıkan durum, bedeni teşkil eden elementlerdeki temel bozulmadır. Bedenin dıştan görünen cismi, güzel bir elbise gibidir. Her yönü ile güzelliğin ta kendisi sayılabilecek bu görüntü, doğaya özgü ilahi güzelliğin yansımasıdır. Güzellik içinde yaşamak istiyorsak, evimizi güzel kılmamız yani bedenimizi uyumla doldurmamız gerekir.

İnsanoğlu akıl gücünü kullanarak, kendini, derece derece, bir kutuptan diğer kutba, bir titreşim halinden diğer bir titreşime dönüştürebilir. Şifa hali, bir yandan Tanrı ile birleşmenin şuuru, diğer yandan fiziksel beden, akıl ve ruhun entegrasyonu ile kazanılır."

Kadının, konuşurken açıkladığı her prensibin ardından küçük molalar vermeye çalıştığını ark ettim. Yine susmuştu. Derin bir nefes alıp bana baktı. Ben nasılsa kitabın tamamını okuyacağım için her duyduğumu anlayıp anlamadığım konusunda endişelenmiyordum.

"Kutupluluk prensibine göre, her şey ikilidir, her şey iki kutba sahiptir, her şeyin kendi zıt çifti vardır, benzeyen ve benzemeyen aynıdır. Kısacası düalite. Zıt olanların doğası birdir, dereceleri farklıdır.

Tez ve antitez doğada birdir, derecede farklıdırlar... Zıtlar yalnızca derecede farklı olan aynı şeydir. Zıt çiftler uzlaştırılabilirler.

Bu prensip, her şeyde iki kutup ya da iki yön olduğunu, zıtların gerçekte yalnızca aynı şeyin iki ucu olduğunu ve bu uçlar arasında o şeyin çeşitli derecelerinin var olduğunu ortaya koyar. Senin de bildiğin, sıcak ve soğuğun sadece ısının farklı dereceleri olması gibi. Bu gerçeğin farkında olmak duygusal ve zihinsel simya için kolaylaştırıcı rol oynar."

Dirseklerini masanın üzerine koyan kadın, ellerini çenesinin altında birleştirerek devam etti:

"Ritim prensibi der ki: Her şey akar. İçe ve dışa doğru... Her şey dalgalanır, yükselir ve alçalır. Her şeyde sarkacın salınımı vardır. Sağa salınım, sola salınımla aynıdır. Her şey denizlerdeki met ve cezir hareketleri gibi gider ve gelir. Her şeyin bir çıkışı ve düşüşü vardır.

Etki ve tepki, ilerleme ve gerileme, doğuş ve batış, düşüş ve kalkış birlikte vardır. Bu yasa dünyaların yaradılışında ve yok oluşunda, ulusların yükselişinde ve çöküşünde, canlıların hayatında ve nihayet insanın zihinsel hallerinde her an gözlemlenebilir. Bu salınım, hayatın ritminin ta kendisidir."

Yerinden kalkıp masanın etrafından dolanarak sandalyemin arkasına geçen kadın, ellerini omuzlarıma koydu...

"Sebep sonuç prensibi yaşamın temel dinamiğini açıklar. Her sebebin bir sonucu, her sonucun bir sebebi vardır. Bu prensip, her sebep için bir sonuç olduğu, her sonucun bir sebebi olduğu gerçeğini açıklar. Hiçbir şeyin *'kendiliğinden olmadığını'*, *'yasaya göre olduğunu'* rastlantı diye bir şey olmadığını, var olan başka planlar olsa da, yüksek planlar alt planlara egemen olsa da, hiçbir şeyin tümüyle bu yasadan kaçamayacağını açıklar.

Halk yığınları kendilerinden güçlü olanların iradelerine ve arzularına kendini kaptırır. Kalıtım, telkin ve diğer dışsal sebepler onları hayat satrancının piyonlarına dönüştürür. Fakat üst plana yükselenler, kendi ruh hallerine, karakterlerine, özelliklerine, güçlerine ve çevrelerindeki ortama egemen olup piyon değil piyonu hareket ettiren el olurlar. Hayat oyununun oynanmasına yardım ederler. Prensibin oyuncağı olmak yerine onu kullanırlar."

Ellerini omzumdan çeken kadın, yeniden yerine geçti.

"Cinsiyet prensibiyse, her şeyin bir cinsiyeti olduğunu söyler. Her şeyde cinsiyet vardır. Her şeyin sürekli aktif olan eril ve dişil prensipleri vardır. Bu sadece fiziksel olanda değil, zihinsel ve ruhsal boyut için de geçerlidir. Fiziksel boyutta prensip cinsiyet olarak ortaya çıkar. Daha yüksek boyutlarda prensip daha yüksek formlara bürünür fakat prensibin varlığı sabit kalır. Bu prensip olmadan ne fiziksel, ne zihinsel ne de spiritüel yaratım olamaz.

Cinsiyet prensibi meydana getirmekten, yeniden canlandırmaktan ve yaratmaktan hiç vazgeçmez. Her şey, kadın-erkek, her insan bu iki unsur veya prensibi kendi içinde barındırır. Erkekte dişi, dişide erkek vardır. Bu prensip hayatın birçok gizeminin çözümünü içinde saklar."

Anlatacaklarını bitirdiğini ifade eder gibi yerinden kalkan kadın, benim de kalkmamı bekledi. Ardından bana geldiğim kapıyı işaret ederek,

"Şimdi kitabınla birlikte buradan çıkıp sana anlattıklarımın derinliklerini keşfetme zamanı. Soru işaretlerine kilitlenme, düşünme, anlamaya çalışma, zihnini serbest bırak." dedi.

İtaatkâr bir misafir gibi, söyleneni yaptım ve kitabımı ellerimin arsında sıkıca tutarak geldiğim kapıya doğru dönüp yürümeye başladım. Tam bu sırada ahşap gıcırtıları ve sayfa sesleri doldurdu bütün salonu. Raflardaki kitaplar yeniden eski yerlerini almaya başlamışlardı. Muhtemelen benden sonraki misafire hazırlanma süreci başlamıştı onlar için.

Zâhir 18

Selim-Aslı

Karısıyla barışıp eski düzenlerine dönmeleri yetmez-
miş gibi bir de platonik aşk eklenmişti hayatına... Aynı
zamanda bir gecelik macera yaşadığı yeni bir sevgilisi de
olmuştu ve onunla da uzun uzadıya yazışıp mesajlaşacak-
lardı.

Selim'in bütün bu anlattıklarını büyük bir sabırla, sa-
kin kalmaya çalışarak dinleyen Aslı, âşık olduğu ve yıl-
lardır hayalinde yaşattığı adamla ilgili hislerini yüreğinde
kilitli tutarken kızmaya başlamıştı artık kendisine.

Belki de birlikte olup mutluluğu yakalayabileceği bu
adam, şimdi göz göre göre ellerinin arasından kayıp gidi-
yordu. Aslı, uzun yıllardır onun Burcu'yla yaşadığı evliliğe
saygı duymuş, onu güvenli bir limanda tutarak sevmeye
devam etmişti ama şimdi başkaları da giriyordu Selim'in
hayatına.

Aslı, "Konuşmak için neyi bekliyorsun? Neden kor-
kuyorsun? Seni ne tutuyor?" diye sorup duruyordu kendi
kendine.

Buluştukları restoranda yemeklerini yedikten sonra
Karaköy'ün ara sokaklarındaki küçük kahvelerden birine
girip oturdular. Küçük hasır sandalyeler rahat değildi ama

otantikti, farklı bir keyif veriyordu, sıradanlığı bozmak gibi... Sürekli elbisesini düzelten, bacaklarının açılmasından endişe eder gibi çantasıyla sürekli kamufle olmaya çalışan Aslı içinse, hasır sandalyeler fazlasıyla rahatsızdı. Selim küçük çocuklar gibi önlerindeki mangalda pişmekte olan Türk kahvesine bakıp keyifleniyor, mangalın sağını solunu kurcalıyordu muzırca.

Aslı, her zaman en iyi yaptığı şeyi yaptı ve kendisi için aradığı cevabı Selim'e sordu:

"Gerçekten ne istiyorsun Selim? Ne hissediyorsun?"

Selim, mangalın kulpunu kurcalamaya devam ederek sanki kendi kendine konuşuyormuş gibi fısıldadı:

"Ne istediğimi bilseydim, o bildiğimi yapıyor olurdum."

Bunun gerçek olmadığını kendisi de biliyordu. Aslında ne istediğinin farkındaydı. Fakat o istediği şey hem uzak geliyordu Selim'e hem de konfor alanının dışında kalıyordu. Her ikisi de bu cevabı yüzeysel bulmuştu içten içe...

"Elimde sihirli bir değnek olsaydı Zümrüt'le yepyeni bir hayata başlardım. Onun saflığında, onun dinginliğinde onun enerjisinde. Şu anda onun belki aklına bile gelmiyorum. Gelsem de onun beklentilerinin uzağında duruyorum. Eğer istediğim gerçekten buysa neden evliliğimi sürdürüyorum? Burcu'yu seviyorum ama Zümrüt'ü düşündüğümde hissettiklerimden çok farklı, başka bir şey... Zümrüt dışında biri bile belki bana aynı hisleri yaşatabilir, çünkü aslında o kişi benim için bir başka kapı açıyor. Belki de sadece bir araç. Yapmam gerekeni yapacak cesaretim yok ve ben bir dayanak arıyorum. Tutunacağım güvenli bir dal bulmadan harekete geçmiyorum. Kaç yaşına geldim ve hâlâ bir korkak gibi davranıyorum. Alışkanlıklarımdan kopamadığımı biliyorum. Bal gibi de korkuyorum." dedi Selim, kahveyi közden alıp fincanlara dökerken...

"Kendine bu kadar haksızlık etme. Burcu'yu ne kadar sevdiğini ikimiz de biliyoruz."

Selim, alaycı bir gülümsemeyle hem kahve köpüklerini fincanlara eşit olarak dağıtmaya çalışıyor hem de Aslı'ya yanıt veriyordu:

"Seni de çok seviyorum Aslı ama seninle evli değiliz, sevgili değiliz. İşte Burcu'ya olan sevgim de böyle bir şey..."

Aslı'nın bir anda yüreği kabardı, yine o tarif edemediği karıncalanmalar başladı bedeninde. Selim ona "Seni seviyorum" demişti. Bunu Aslı'nın duymak istediği tonda ve romantizmde söylememiş olsa bile heyecan vericiydi. Yalnız üzücü olan, Selim'in Aslı'ya duyduğu sevginin dostça olduğunun altını çizmiş olmasıydı.

"... Dostça, arkadaşça, yürekten en derinden ama onu arzulamıyorum. Heyecan duymuyorum, belki sadece ona kıyamıyorum. Biliyorum o da aynı şekilde seviyor. Hissediyorum. Barıştığımızın üzerinden bak kaç gün geçti bir kere bile sevişmedik, doğru dürüst öpüşmedik. Sadece sımsıkı sarılıyoruz. Aslında korkakça davranıyoruz. Birbirimizi kaybetmekten korktuğumuz için ayrılamıyoruz."

Aslı, belki az önceki heyecanın etkisiyle, belki duyduğu yeni kadınların isimlerinin uyandırdığı kıskançlık hissiyle dizginleyemediği bir çıkış yaptı:

"Selim beni dinle. Kırk beş yaşındasın artık. Bu saatten sonra hayatımızı korkulara mahkûm edemeyiz. Yüreğinden geçeni yap. Durma, tutma kendini. Etrafımızdakiler, arkadaş çevremiz de aynı şeyleri yaşıyor. Cesaretleri olmadığı için onlar da güvenlik alanlarını terk edemiyorlar. Sıkışıp kalıyorlar. Sen bunu yapabilecek olansın. Bir kendine gel, aynaya bak. Ne kadar güçlü olduğunu ben biliyorum. Korkak davranmaktan vazgeç."

Aslı, Selim'i korkak olmakla suçlamıştı. Aynı şeyi az öne kendisi de itiraf etmiş olmasına rağmen, bunu dışarıdan duymak savunma güdüsünü hareketlendirdi birden. İnsan kendisi için en ağır eleştirileri yapıyor olsa bile, o eleştirip zayıf gördüğü noktalar başkaları tarafından kurcalandığında savunma kalkanları harekete geçiyordu işe böyle... Akraba, yakın dost, sevgili fark etmeksizin...

Selim, ona akıl veren Aslı'nın da aynı durumda olduğunu yüzüne çarpmak istercesine gözlerini kadının gözlerine dikerek sordu:

"Sen niye yapmıyorsun? Senin de kardeş gibi yaşadığın bir kocan var. Üstelik senin çocuğun da yok. Neden aşka izin vermiyorsun, neden ayaklarını yerden kesecek, kendini çok daha iyi hissedeceğin bir ilişki için fırsat yaratmıyorsun? Sen de devam ediyorsun?"

"Selim sen salak mısın? Benim aşkım yıllardır çok yakınımda ama ulaşamayacağım bir yerde. Senin bahsettiğin o sihirli değnek bende olsa seni alır, seninle hayatı yaşar, senin Zümrüt'le yaşamak istediklerini ben de seninle yaşardım."

Şu an kesinlikle bu cümleleri kurmak istiyordu Selim'e. İçinden geçen buydu. Kendini durdurmayıp konuşmaya devam ederse eğer, sonrasında pişmanlık duyacağı bir açık verebilirdi. Kahvesinden küçük bir yudum alıp sakinleşmek için kendisine zaman yarattı:

"Haklısın ben de benzer durumlar yaşıyorum. Neredeyse vefa borcuna dönen bir ilişki. Dostça, kardeşçe... Kendimi anne gibi hissettiğim bir evliliğim var. Belki ona acıyorum, bensiz yaşayamayacağına inanıyor, onu yarı yolda bırakmaktan korkuyorum. Hem benim âşık olmadığımı nereden çıkartıyorsun ki... Yaşadığın dalgalanmaları, kararsızlıkları dünyada bir tek sen yaşamıyorsun ki. Hepimiz yaşıyoruz."

Aslı'nın samimi cevabı Selim'in savunma kalkanlarını aşağıya çekti.

"Âşık olsan ben bilirdim. Hayatımızdaki neredeyse her şeyi biliyoruz."

Aslı'nın içine saklanmış cesur kız ortaya çıkıp her şeyi söyleyerek ortalığa dökmek istiyordu ama söylenemezdi ya da söylenmemeliydi. Aslı'nın içindeki kontrolcü kadın, muhafazakâr kadın, ailesinin öğretileriyle sınırları çizilmiş kadın... Hepsi birden cesur kızın üzerine çullanmışlardı. Bunca kadının baskısına rağmen, cesur kız küçük de olsa bir kapı aralamayı başarabildi.

"Düşün ki seninle bile paylaşamamışım. O kadar derinlerde bir yerlerde saklı tutmuşum."

Selim, yakın dostunun kendisinden bir şey saklamış olmasından rahatsız olduğunu, bu aşkın kendisiyle bir ilgisi olup olmadığını sorgulamaya fırsat bulamadan telefonu çaldı. Arayan Burcu'ydu. Yirmi gün sonra gerçekleşecek bir davet için kıyafet seçmeye Galata'ya gelmişti. Davet öncesi iş için iki haftalığına yurtdışında olacağından dolayı davet kıyafetini önceden hazır etmek istemişti. Selim, karısına yanlarına gelmesini, ona bir kahve ısmarlamayı teklif etti. Telefonu kapattığında Aslı'ya karısının geleceğini söyleyen Selim, yarım kalan konunun üzerine gitmek istemediğinden susmayı tercih etti. Aslı da az önce Selim'e aralarında geçen diyaloğun sonsuzluğa gömülmesini diliyordu. Öyle de oldu. Fakat Selim'in de bu diyaloga geri dönmek istememesinden dolayı konunun kapandığını fark edemedi Aslı.

Burcu, arabayla geldiğinden dolayı kendi kendine söylenirken Galata'yla Karaköy arasındaki iki kilometrelik mesafeyi dakikalardır aşamamış olmaktan şikâyetçiydi. Ancak biliyordu ki, sıkılsa da sinirlense de bu trafiği çekmek zorundaydı. Seçiminin sonucu onu bu duruma getirmişti.

Koltuğunu biraz geriye yatırdı, müziğin sesini açtı. Evliliklerinde değişen hiçbir şey yoktu. Az sonra Selim'in yanında olacaktı. Dün gece de yanındaydı. Selim'in yanında olmak güzeldi ama yetmiyordu. Sıkışık trafikte arabanın içinde olmak gibiydi. Araba konforluydu, rahattı ama şu an aslında yaşamından çalıyordu. Arabasını otoparkta bırakabilir, tarihi tünele gidip mesafeyi yürüyerek inebilirdi. Böylelikle gideceği yere daha hızlı varabilir, yolda yeni bir şeyler keşfedebilir, hareket etmiş olur, küçük bir maceraya bile çevirebilirdi yolculuğunu. Ancak ne arabasını bırakmaya kıyabildi ne de konforu terk etmeye...

Zihninde yaptığı bu benzetme aslında şu an evliliğinde içinde bulunduğu durumla pek örtüşmüyordu, ancak son dönemde her şeyi evliliğiyle kıyaslar olmuştu. Hem huzurdu hem karmaşa... Hem istediğiydi hem istemediği... Hem dışına çıkmayı arzuladığı hem de kaybetmekten korktuğu... Leonardo aklına bile gelmiyordu. Birkaç resmi yazışma dışında hiç iletişimleri olmamıştı. Ancak Leonardo hayatlarına neden girmişti? Şu anda başka birisinin hayatına girmesine izin vermeyeceğinden emindi ancak bu koşullu bir şartlanmaydı. Yaşadığı utancı bir daha yaşamamak için, düştüğü duruma bir daha düşmemek için...

Oysa ne değişmişti ki... Yine hayatında heyecan yoktu, yine arzu yoktu. Selim'le yeniden başlamalarının üzerinden çok kısa bir zaman geçmiş olmasına rağmen her şey çok hızlı bir şekilde yüzleşme öncesindeki rutine dönüyordu. Birlikte arkadaşlarıyla görüşmeye başlamışlar hatta aynı kısır döngüde gerçekleşen meşhur ev sohbetlerini yapmışlardı bile. İlişkilerinde şimdilik Selim daha ilgiliydi, kendisiyse biraz daha odaklıydı hepsi bu kadar.

Belki de uzun süreli ilişkilerde, evliliklerde daha fazlasını beklemekti bu kadar her şeyi sorguluyor olmanın yolunu açan, hayal kırıklığı yaşatan.

Yan koltuktaki çantasından rujunu çıkartıp, önündeki güneş siperliğindeki aynada tazeledi... Hazır el atmışken gözlerinin altına kalem çekip, rimelini de yeniledi. Sabahları işe yetişmek için evden hızla çıkıp makyajını arabada yapmak zorunda kalan kadınlar geldi aklına. Sıradanlığın içinde boğuluyordu.

Selim ne hissediyordu? Gerçekten göründüğü kadar bu evliliği isteyip sahipleniyor muydu? Kendisinin düştüğü duruma Selim düşmüş olsaydı eğer, Burcu bu evliliğe devam eder miydi? Burcu, Selim'in başka bir kadınla ilişkisi olduğunu yakalasaydı neler olurdu? Düştükleri bu ikilemde ayrılsalardı Burcu'ya kalacak olan ihale, kocasını aldatan kadın, sorumsuz anne... Burcu açısından bu yük taşınamaz bir bedel olacaktı. Aslında yaşadığı şey kendisine göre ne kadar masumane bir süreç de olsa, yaşadığı çevre ve toplum olaya kendisi gibi bakmayacaktı.

Israrla yol vermek istemeyen sürücülerin arasından sıyrılıp yolun sağ tarafına geçmeye çalışırken yaşadığı bir tür aydınlanma, son haftalarda yaşadıklarının üzerine doğdu sanki. Bütün gücüyle kornaya basıp, kendisine küfreden arkasındaki araca baktığında sadece evliliğinin değil bu şehrin de, ülkenin de, yaşantısının da topyekûn üzerine geldiğini hissetti. Belki de cesaretle ayağa kalkmak demek, hayata sil baştan başlayabilmekti.

Selim ile Aslı'nın oturduğu kafeye ulaştığında kendini oldukça iyi hissediyordu Burcu. Arabaya binerken sıradanlığın içinde boğulmuş, kafası soru işaretlerine gömülmüş, enerjisi çekilmiş, korkan, eziklik hisseden o kadını, arabadan inerken arka koltukta bıraktığını hissediyordu.

Aslı'yı yanaklarından öpüp, Selim'in dudağına küçük bir öpücük dokundurduktan sonra, *'evli ve mutlu kadın'* görüntüsünün altında yaşanan dönüşümü görebilecek olan tek kişi tabii ki yine başka bir kadındı. Aslı, bu üçgenin kenarlarından biri olmak istemiyor, hele ki bugün gereğinden fazla kendini açık ettiğini düşündüğünden dolayı artık Selim'in hayatındaki kadınlara tahammül edemediğini fark edip huzursuzluk hissediyordu.

Aslı, Burcu'nun masaya gelişinden hemen sonra izin isteyip, ayrılırken ondaki huzursuzluğu da yine bir kadın fark etti. Burcu o an zihninden geçen düşünceleri Aslı'yla pek örtüştüremese de kadınsal güdülerinden gelen mesajın da farkındaydı. Bir kadın, yanındaki erkeğe karşı duygusal hisler besleyen diğer kadını asla ıskalamaz, gözden kaçırmazdı.

Bâtın XIX

Dört duvarı da simsiyah büyük bir odadayım. Kapı yok, pencere yok. Zemin de siyah... Cam kaplı tavansa bembeyaz bir ışık kaynağı... Belki güçlü bir projeksiyon, belki onlarca ampul ya da başka bir şey. Oda bomboş. Başka hiçbir şey yok. Ayaktayım.

Odanın içinde yürüyorum... Çıkacak bir kapı, bir aralık, bir delik arıyorum. Yekpare duvarların dışında hiçbir şey yok. Odanın tam ortasında duruyorum. Hiçbir hareket, hiçbir ses yok.

Ayak seslerim bile yok, çünkü ayaklarım çıplak. Üşümüyorum. Sonunda yürümekten, bir çıkış aramaktan vazgeçiyorum. Burada kalmak gerekiyor. İlk uyandığım küçük hücreyi hatırlıyorum. Onunla kıyasladığımda çok daha ferah bir yerdeyim ama orada en azından bir yatağım vardı.

Duvarlardan birinin önünde yere oturup, sırtımı yaslıyorum. Gözlerimi kapatıyorum. Nasıl olsa olması gereken, olması gerektiği zaman olacak... Şu anda, şu an'ın benden istediği hiçbir şey yok. Gözlerimi kapatıp, bekliyorum.

Duvarın dibinde ne kadar oturduğumu bilmiyorum. Bir anda sürgülü bir kapının açılma sesine benzer bir gürültüyle gözlerimi açıyorum. Karşımdaki duvarın, sağa doğru kayarak açılmakta olduğunu fark ediyorum. Duvar açıldıkça gökkuşağının yedi rengi çıkıyor ortaya. Alabildiğine uzun...

Ayağa kalkıyorum, gökkuşağına doğru yürüyorum. Birkaç adım kala açılan duvardan hızla içeriye birisi giriyor ve tam önümde duruyor. Zayıf, uzun boylu genç bir adam... Hayır hayır... Orta yaşlarda kısa boylu, kısa saçlı sert ifadeli bir kadın... Hayır şimdi de ak sakallı, uzun beyaz saçlı, orta boylu, şişman bir dede. Kıyafetlerini seçebilmeme fırsat kalmadan karşımdaki sürekli değişip duruyor. Olduğu yerde, farklı bedenler, farklı renkler, farklı kıyafetler, farklı yaşlar...

Karşımdaki beden değişmeye devam ederken duvar yeniden kapanıyor. Bedenin geçişleri gittikçe hızlanıyor... Kadın, erkek, çocuk, siyahi, beyaz, kısa, uzun, şişman, zayıf, çekik gözlü, Hindu, Arap... Neredeyse gözümü açıp kapayıncaya kadar hızla değişirken aniden sabitleniyor.

Kırklı yaşlarında, orta boylu, bir yoginin orta karar zayıflığında, ne kaslı ne de kassız temiz bir beden... Koyu gri bir tişört, siyah bol bir kanvas pantolon, yalınayak... Sakallı, tepesi açılmış kısa saçları ama her şeyin önüne geçen gözleri. Gözleriyle aramda duran yuvarlak formdaki gözlükleri... Huzurla bakıyor, huzurla gülümsüyor.

Hiçbir şey konuşmadan bana doğru yürüyor, kenara çekilmesem ben yokmuşum ya da içimden geçecekmiş gibi ilerliyor. Yol veriyorum, arkamda kalan duvarın dibine kadar yürüyor. Bağdaş kurup yere oturuyor. Meraklı gözlerime, huzurlu bakışlarını dikerek, avucunun içiyle yere vurup yanına oturmamı işaret ediyor.

Güven ve huzur saçıyor enerjisi. Yanına gidip, oturuyorum.

"Merak ediyorsun değil mi ben kimim ya da **neyim,** diye?"

"Evet. Sen kimsin, neden bu odada ikimiziz?"

"Aslında sana garip gelecek birçok şey yaşadın bu yolculuğunda ama unuttun. Her başlangıçta bir **önceki**ni unuttun. İnsanın nereden, nasıl geldiğini **unutması** gibi..."

Ben hâlâ biraz önce izlediğim insan geçişlerini **anlama**ya çalışıyorum. Onlarca belki de yüzlerce beden, **karşımda** oturan bedende yer değiştirdi.

"Bedenin nasıl o kadar hızlı hareket ediyor? Çocuk, yaşlı, kadın, renk renk, yaş yaş..."

Çok basit bir soruymuş ya da yaptığı çok sıradan bir şeymiş gibi küçümseyen bir gülümsemeyle karşılık veriyor:

"Benle sen arasında bir fark yok. O gördüğün bütün bedenler bende olduğu gibi sende de var. Gördüğün, dokunduğun, kokladığın, seviştiğin, sarıldığın, hissettiğin her şeyin özü bir... Sadece yanılsamalar, illüzyonlar, formlar, kılık kıyafet gibi nesnelerde olduğu gibi zihnin oyunlarında çokmuşuz, çok şeymiş gibi algılanıyor. Okyanusun ortasındaki akvaryumu dünyası zannedensin sen, o kadar."

Oturduğu yerde bir bacağını ileriye doğru uzatıp, diğer bacağını karnına çekerek dirseğini dizine yaslayıp devam ediyor:

"Tüm boyutlarda olduğu gibi, bedenlenmiş yaşamlarımızda da yolculuk durmaksızın devam ediyor. Her bilgi, her sembol, her durum hazır olduğunda ya da hazırlanabilmen için önüne geldi. Aslına bakacak olursan, şu anda çok iyi hatırladığın hücredeki uyanışın yeni bir aşamaydı. Bitmedi. Devam edecek. Ancak bu aşama için, bir üst aşamaya geçişinde, yükselişinde, tekâmülünde bedensel varoluşunla, dünyevi gerçekliğinle son kapıya yaklaştın. Bu aşama için alman gereken damıtılmış hammaddeyi bitirmek üzeresin. Bu aşamanın sonunu benimle tamamlayacaksın."

"Ya sonra ne olacak?"

"Sonrasında yolculuk bir başka boyutta devam edecek. Belki dünyada bir kimlikle, belki evrende bir varoluşla ama devam edecek."

"Buna kim karar verecek?"

"Her şeyin kararını veren BİR... O da sen. Sen de BİR, ben de BİR."

"Nasıl?"

"Sorularının cevabını dışarıda bulamayacaksın. Bana sorma, kendine sor, sendeki bana, sendeki Bir'e sor. Göreceksin ki sorduğun soruların cevaplarını zaten biliyormuşsun. Seninle bu odada geçireceğimiz kısa ya da uzun olmayan zamanda, neden bu soruları sorduğunu sana söyleyeceğim. Yalnız unutma ki, kaynak alıcısını bilemez. Benim cümlelerimde sen, senin alabileceğini alacaksın. Ne kadarını alacağını bilemem. Şunu biliyorum, şu an karşımda olduğuna göre duymaya hazırsın. Her şey taş taş üstüne dizilir gibi diziliyor.

Hücreden şu ana sadece her aşamada alman gerekenleri alıyorsun. Hemen söyleyeyim, benimleyken de aşka, sevgiye neredeyse hiç girmeyeceğiz. Neden? Çünkü aşk, sevgi ve etrafında dönen kavramlar, bu aşamaları geçememişler için sadece altı boş kelimelerden ibaret. Zamanı geldiğinde, onları da kaynağından içeceksin ama bu yolculuğunda değil."

Yeniden bağdaş kurdu ve huzurlu dingin bir sesle kaldığı yerden anlatmaya başladı yine:

"Benden duyman gerekenleri sana vermeye başlayalım artık."

Bir kez daha soruyorum:

"Peki ama sen kimsin?"

"Ben zamansız ve kimliksiz olanım. Sen gibi."

Omzuma dokunup, benim oturmaya devam etmemi ifade ederek kendisi kalktı ayağa:

"Şimdi artık sen sadece bir dinleyicisin. Soru sormak yok. Soracağın her soru zihninin bir tuzağı olacak, düşündüğün her şey gibi. Sadece dinle. Hiçbir şey yapman, sorgulaman gerekmiyor. Dinlemeye teslim ol. Sadece dinle."

Zâhir 19

Selim-Zümrüt

Zümrüt'ün yaptığı resimlerinin tarzı gittikçe değişiyordu. Daha soyut ve daha renkli tablolar çıkmaya başlarken sembolleri de fazla kullanır olmuştu. Ezoterik, dini, felsefi sembolleri resimlerine yediriyor, resmin bütününde geride tuttuğu bu semboller aslında resmin efendisine dönüşüyordu.

Son birkaç yıldır ezoterizmle ilgili çok fazla kaynak okumuş, araştırmalar yapmıştı. Sembollerin günlük hayatlardaki anlamlarını, yansımalarını fark ettikçe daha da yoğunlaşmıştı. Aradığı birçok sorunun cevabını kadim bilgilerde bulabiliyordu. Bulduklarını paylaşabilmek için resim yaptığını ve ortaya çıkardığı tabloları aslında araç olarak seçtiğini, her geçen gün daha iyi anlıyordu.

Bengü, Zümrüt'le akşamları birlikte geçireceklerini umduğu sohbet saatlerini artık onun tuvaliyle paylaşıyordu ve buna alışmıştı. Zümrüt'e çok müdahale etmiyor, resme ara verdiğinde yanına gidip ihtiyaç duyduğu o sohbetleri ancak Zümrüt izin verdiği ölçüde gerçekleştirebiliyordu.

Zümrüt'ün yaşamında resim kadar yer tutan başka bir şey daha vardı. O da Selim... Son günlerde anlayamadığı bir nedenle Selim'le olan iletişimi hayli artırmıştı. Zümrüt'ün önerdiği kitaplardan okuduğu parçaları kendi fikirleriyle değerlendirip tartışmaya açarak, oldukça uzun mailler yolluyordu. Maillerdeki yaklaşımlar Zümrüt'ün ilgisini çekiyor, düşüncelerini provoke ediyordu. O da aynı şekilde uzun maillerle karşılık veriyordu.

Selim'in ilgi odağında bütünüyle Zümrüt vardı. Bu ilginin nedeni ona karşı hissettiği duygular değildi sadece. Zümrüt'ü kendi dönüşümünün nedeni olarak görüyordu. Zümrüt çok önemli bir nedendi, Zümrüt bir fırsat, Zümrüt yeni bir başlangıçtı.

Burcu'nun yurtdışına gittiği akşam, Selim çalışma odasına kapanıp oturdu. Bütün hayatını odanın boşluğuna döktü. Yüreğinde sıkıştırdıkları, korkuları, erteledikleri, yaraları, günahları, sevapları... O gece Selim'in miladı olacaktı.

Kurduğu kâğıttan evler, teker teker yıkılıyordu gözlerinin önünde. Unuttuğu için kendinden ve özünden koptuğu gerçekleri su yüzüne çıkıyor, her birini yeniden hatırlıyordu. Elde ettiği her şey, evliliği de dahil, sabun köpüğüydü. Görmek istediği her şeyi, görmek istediği şekilde hayatındaki olgulara giydirdiği sahtelik, cam bir vazonun yere düşmesi gibi tuzla buz oluyordu şimdi.

Varoluşunun ağırlığının hissedildiği ve kaçmak yerine teslimiyetin devreye girdiği bir doğum sancısı bu...

Etkilere tepki vererek geçen ve kontrol etme yanılgısıyla kontrol edilmesine izin verilen yılları hiç görmediği kadar net görüyordu. Aslında ne kadar da çok korkuyordu. Kaybetmekten, incinmekten, zayıf düşmekten... Kazandığını sanırken sürekli kaybettiğini, incinmemek için güçlü olmaya çalışırken daha fazla kırılganlaştığını, yarattığı kâğıttan evlerle hayata karşı zayıfladığını görüyordu artık. İnsanın gerçek yok oluşu, varoluşundan vazgeçtiğinde başlıyordu.

Burcu'yla evlenmemiş olsaydı, Burcu'nun yerine koyduğu başka biriyle evlenmiş olacaktı. Rastlantısal olarak ilk tanıştıkları anda Burcu olması gereken yerdeydi. O anda bir başkası da olabilirdi, çünkü gerçekte olan Selim'in yaratacağı modeli oluşturacağı kadın figürüydü. Milyonlarca insan gibi, o da düzenini kuracağı, olması gerekeni olduracağı aracı seçmişti sadece. Hayatımıza giren herkes ve her şey, sadece bizim içimizdeki vizyonu gerçekleştiren araçlardan fazlası değildi.

Selim o gece aslında çok iyi bildiği bir şeyi gerçekleştirmek için kendine söz verdi. İçinden geleni, onu yaratanı, Yaradan'ın yüreğine üflediğini serbest bırakacak, takip edecekti. Bu ulvi bir şey değildi, insan olmanın gerekliliğiydi. Ancak o da herkes gibi geç olduğunu düşündüğü bir zamanda farkındalığını yaşıyordu. İnsanların kendini arama süreci hiç bitmiyordu. Bunun için son yıllarda onlarca yol deniyordu, insanlık tarihinden bugüne dinler, tarikatlar, düşünce akımları, felsefik yaklaşımlar... Son yıllarda tüketim toplumunda harcıâlem, göstermelik, suni yollarda ve kurslarda avunuyordu insanlık. Bunu dahi yapamayanlar, dünyanın mengenesinde önüne konmuş hedeflerle, savaşlarla, sahte aidiyet hisleriyle ve kutuplaşmayla yok oluyordu. Her şey Selim'in gözlerinin önünde giderek netleşirken, Selim tekrar tekrar kendine söz vermeye devam ediyordu. Korkmadan, beş harften oluşan 'Selim' kelimesinin altını doldurmak yerine, Selim'in ne ifade ettiğini ortaya koyacaktı. Kim olduğundan sıyrılıp, ne olduğuna odaklanma yolculuğunun başlangıcıydı bu söz.

Kırılma bazen bir anda yaşanır. Bir trafik kazası, çok sevdiğin birinin aniden hayatından çekip gitmesi veya ölümü, bir sabah uyandığında bir şeylerin kafana dank etmesi... İşte bu akşam durum tam da böyleydi Selim için. Yılların biriken enerjisi fay hattındaki kırığı bulmuş ve tüm gücüyle ortaya çıkıyordu. Bu patlamadaki en büyük desteği Zümrüt'tü. Çünkü biliyordu ki gün ağarıp da sabah olduğunda, yerleşmiş eski alışkanlıklarla, içinde oluşan duygu dikitleri ve sarkıtları birbirine geçerek boşluğu dolduracaktı. Farkına vardığı şeyin, onun gerçekliği haline dönüşmesi bir zaman alacaktı, son nefese kadar sürecek bir süreç...

Odasını toparlayarak başladı işe. Kıyamadığı, vazgeçemediği ne varsa torbalara doldurup çıkardı. Masasının üzerindeki kalabalığı temizledi. Sadeleşmeye odasından başlıyordu.

Yaşamımızdaki boşlukları doldurabilmek için, ihtiyacımız olmayan eşyalarla ve insanlarla nefes alamayacak halde tıka basa dolduruyoruz... Oysa sadece ihtiyacı kadarıyla ve gereksiz olanların hamallığından kurtularak zaman ve enerji kazanabilir insan.

Odasının sadeleşmesi bittiğinde günün ilk ışıkları pencerelerden sızmaya başlamıştı. Masasının üzerinde sadece dizüstü bilgisayarı kalmıştı. Başına oturup Zümrüt için yazdığı maili gönderdi.

"Ne yaparsan yap insanlar seni yargılayacak. Ya İsa'nın çarmıha gerilmesi gibi 'Sacrifise – Fedakârlığı' her gün yapacaksın ya da vicdanın anahtarlarını elinde tutacaksın. Ya kendinden vazgeçeceksin ya yalanı yaşamaktan. Neden yalanı seçiyor insan?"

Selim'in bu maili attığı saatlerde Zümrüt resim yapmaya devam ediyordu. Birkaç saat sonra işe gidecek olmasına rağmen tutkusu uğruna ayaktaydı. Tutkusu, uykuyla takas edilebilecek kadar güçlüydü. Gece insanları, gündüz insanlarından farklı bir dünya yaşıyor olabilir miydi? Zümrüt, kendini bildi bileli geceyi gündüze, gece insanlarını gündüz insanlarına tercih ediyordu. Gündüz, gece için vardı. Gündüzü dolduran gürültü ve kalabalık, gecenin özgürlüğü için bir araçtı.

Yanındaki koltukta duran telefondan mail geldiğini duyuran sesi işittiğinde, telefonunu eline aldı ve yazıyı okur okumaz hiç düşünmeden cevabını yazdı:

"İsa (başına 'Hz.' Kısaltmasını koymuyordu çünkü İsa peygamber değil, Mesih'ti) yaptığı şeyi fedakârlık olarak görmüyordu. Adını fedakârlık koyduğun her şey bir karşılık için yaptığından fazlası değildir. İsa, kendi gerçekliğini gerçekleştirmek için çarmıha gerilmeyi kutsadı. Hayatında hiçbir şeyi, bir şeyi satın almak için yapmadığında gerçeğinle karşılaşırsın. İsa güvenlik alanını terk etmekte bir an bile tereddüt etmedi. Yaşamında güvenlik alanını terk etmediğin sürece hiçbir şey elde edemezsin.

Vicdanın anahtarları, ümit etmenin ikiz kardeşi. Ümitse, insana acı verir. Bilir misin ki Pandora'nın kutusu açıldığında içinden çıkan en son şey ümit oldu. Ümit acı çekmeyi uzatır, umut acı dayanıklılığını artırır. Oysa acının bitmesi için kaynağını yok etmek zorundasın ki o zaman da ümit ölür. Bu yaşamda en kötü ölürüz, fazlası yok. O yüzden yalanı yaşamayı seçmek, birkaç gün ömrü kalmış insanın '*ben iyiyim hiçbir şeyim yok*' demesinden çok da farklı değil. Yalanı yaşayarak mutlu olamazsın. Biliyorum ki uyanıyorsun."

Zümrüt, maili gönderdikten sadece birkaç dakika sonra aynı mail bildirim sesi duyuldu yine. Selim'den yanıt gelmişti hemen. Aralarındaki bu felsefi yazışmanın altında ikisinin de farkında olduğu flörtöz bir oyun vardı.

"Mutlu olmak kısır insanın tek derdi? Öyle olsa bile sürekliliği mümkün değil, mümkün olmamalı da. Bir şeyin varlığı yokluğuyla ölçülür. Hiç değilse ara sıra mutsuz olmalısın ki mutluluğu bilebilesin. İnsanın arayışı bitmiyor. Arayış ancak ölüm geldiğinde bitecek. Benim derdim mutlu olmak değil, gerçek olmak. Mutluluk aslolanı, huzuru, içsel barışı getirmiyor. Onu bize verecek tek şey yüreğimizdekilerin özgür kalması. Bu da acı verici olur ve insan acı çekmeyi arar. Acı çekmeden sanatçı olunur mu? Sanatçı, çektiği acıyla üretiyor."

Tuvalinin karşısından kalkarak koltuğa geçen Zümrüt, yazmaya devam etti. Selim'in yazdıkları ilgisini çekmişti. Resim yaparken hissettiği tutkuyu duyuyordu içinde:

"Sevgili Selim, sevgili dost, sanatçıya addettiğin acı senin tanımladığın acıdan çok farklı. Sanatçı buna acı demiyor. Sanatçı buna ilham diyor. Yaşadığı sancılaraysa yaratım süreci diyor. Çünkü kaynağa bağlanıyor, özün ağırlığı günlük hayatın tutsağı bir insanın taşıyabileceğinden çok daha ağır. Bu ağırlığı dengelemek için, boşaltmak için üretiyor. Bir taşla iki kuş vuruyor anlayacağın.

Spor salonunda koşu bandının üzerinde delice koşan insan da bir yerden sonra içinde birikeni boşaltmak için yapıyor bunu. Sabahın bir körü Bebek'te, Caddebostan'da, sahillerde buluşan kalabalıklar sadece spor yapmak için mi buluşuyor. Piyasa yapmak ya da sosyalleşmek amaçlarını bir kenara koyarsak, duygusal birikimlerini boşaltmak için koşuyorlar. Biliyor musun, insan en çok kendinden nefret ediyor, kendinden kaçıyor. Velhasıl sadece mutluluğu değil, hiçbir şeyi arama. Aramak yerine aradığın şey ol. Ol ki, olduğun şey sana gelebilsin, çoğalabilsin."

Selim, Zümrüt'ün son yazdıklarını okuduğunda karın bölgesinde iç gıcıklayıcı yoğun bir hareketlilik hissetti. Şu anda en çok istediği şey, Zümrüt'le kamptaki kulübeye geri dönüp ona sımsıkı sarılarak kokusunu içine çekmekti. Mailde yazdığı "dost" sözcüğüne takılıp kalmıştı aklı. Selim, Zümrüt'le dost olamazdı, bunu çok iyi biliyordu. "Piyasa yapmak, aradığın şey" yazmıştı... Bütün bunların hepsini hızlıca zihninde birleştirdiğinde aslında konuyu tam da istediği yöne çekebilecek cümleleri kurabildi:

"Aradığın şey olmak sana aradığın şeyi getirmeyebilir. Örneğin aşk. Gerçekten aşkı yaşayabileceğin birinin gelmesi için aşk'la dolu olman yetmez. Senin aşk'la dolu olduğunun, sana akıtabileceği bir damla aşkı olmayabilir. Aşk yerine neyi koyarsan koy sonuç aynı olur.

Şu anda sana yazmaya devam ediyorum, çünkü sen de yazıyorsun. Daha önemli olansa ikimiz de aynı frekanstayız. Sen ve Ben... Şu ana kadar paylaştığımızdan çok daha fazlasını yaşayabileceğimizi biliyoruz."

Selim'in enerjisindeki değişim Zümrüt'ü gülümsetti. Zümrüt cümlelerin sesini duyabiliyordu âdeta, taşıdıkları enerjiyi hissedebiliyordu. Kamptaki adamla şu an yazıştığı adam arasında farkı görebiliyordu. İkisi aynı adamlar değildi. Her nasıl ve ne sebeple olursa olsun bu durum Zümrüt'ün içini ısıttı. Çünkü Selim, ona göre çağrısı olan bir adamdı. İnsanlardaki bu çağrı, Yaradan'ın yarattıklarının bazılarına yerleştiriş olduğu şifreli bir mesajdı.

Zümrüt, Selim'in flörtöz yaklaşımını anlayabiliyor, üstelik bu yaklaşım onun hoşuna bile gidiyordu. Zümrüt de bu oyuna dahil olacaktı ancak Selim'in yolundan değil, kendi bildiği yoldan yürüyecekti. Ayaklarını oturduğu koltuğun önünde duran sehpaya uzatan Zümrüt, yanıtı yazıp gönderdi:

"Gerçek aşkı yaşayan, bir başkası için o aşkı yaşamaz. Zaten o, biri için yaratmamıştır aşkını. Aşk'ını yaşayacağı biriyle yaşar ya da yaşamaz. Kendine benzemeyen aşkı yanına yaklaştırmaz. Yaklaştırdığında da ortaya çıkan şey aşk olmaz. Şu an sen de ben de farkındalığımızı yaşıyoruz. Bu yüzden yazışıyoruz. Ben de, çok daha fazla şey paylaşabileceğimizi ve birlikte üretebileceğimizi biliyorum. Daha önce konuştuğumuz buluşmaları gerçekleştirelim artık. Sana göstermek istediğim yerleri ve insanları göstereyim. Sana önerdiğim kitapların dışında, senden yapmanı isteyeceklerimi de buluşmamız sırasında anlatırım. İkimiz için de güzel olacak."

Selim her ne kadar Zümrüt'ü çekmek istediği kulvara almayı başaramadığı için bozulsa da, heyecanından hiçbir şey eksilmedi. O kapı açılmayacak bir kapı değildi, sadece anahtarları farklıydı. Aslında bu durum, Zümrüt'ü daha çekici ve gizemli kılıyordu. Şimdi Selim'e düşen, Zümrüt'ün çizdiği yolda yürümeyi hızlandırmaktı ki bu aynı zamanda Selim'in kendi dönüşümü için de çok değerliydi.

"O zaman, kendi gibi aşkla dolu olan kişi de geldiğinde aynı onu bekleyen gibi açık olmalı. Neyse, bu saatte aşka fazla takılmayalım. O halde en kısa zamanda buluşuyoruz. Ben sana uygun olan gün ve saatleri yazarım. Senin için de uygun olan bir gün buluşalım. Bu durumda ilk programı sen yapıyorsun."

Zümrüt bu son maili okurken, Bengü'nün saatinin alarmı yankılanmaya başladı evin bütün duvarlarında. Bengü'nün işe gitme saati gelmişti. Yatağından çıkabilmek için zayıf bir hamle yapsa da elinde alarmını susturduğu telefonuyla birlikte yastığına geri dönerken, Zümrüt de birkaç saat uyuması gerektiğini düşündü. Biraz kestirse hiç fena olmazdı. Oturduğu yerde keyifle gerinip kısa ama tatlı bir uykuya dalmak üzere kendi odasına geçti.

Selim'in uyumaya hiç niyeti yoktu. Yeni hayatının bu ilk gününü uykuyla eskitmek istemeyecek kadar tutku doluydu. Diğer mail adresini kontrol etmek için imleci posta kutusunun üst sıralarına taşırken Bengü'nün mesajıyla karşılaştı. Bengü geçen gün Selim'in telefonuna mesaj atarak ondan mail adresini istemiş, Selim de genel yazışmalar için kullandığı bir tanesini vermişti.

Bengü, Selim'e attığı bu maili kendini çok yalnız hissettiği bir anda yazmıştı. Ne olursa olsun Selim'le hiç değilse sanal ortamda iletişimini sürdürmek istiyordu. Onda farklı bir şeyler olduğundan bahsediyordu yazdıklarında ve ondan bir şeyler istiyordu. Eğer Selim de bunu istiyorsa, bundan sonraki ilk maili onun yazmasını bekliyordu. Selim eğer Bengü'ye bir cevap yazmazsa Bengü bir daha mail atmayacaktı ona.

Selim normal şartlarda böylesi bir talebe belki de hiç

karşılık vermeyi düşünmezdi fakat şu anda kendini iyi hissetmesini sağlamıştı okudukları. Genç bir kızın kahramanına dönüşüyordu giderek. Derinlere inmenin sarhoşluğuyla karşılık verdi Bengü'ye:

"Niye yaşıyorsun?"

Bengü, Zümrüt gibi zorlamayacaktı onu. Çünkü Bengü, Selim'in gözünde birkaç basamak daha aşağıdaydı. Daha sığ ve daha sıradan... Yazdıklarına da bir özgüven gösterisi olarak yansıyacaktı görüşünü. Ayrıca âşık olduğu kadın değil, sadece bir gece için seviştiği kadındı. Kısa bir süre sonra hislerinden ve düşüncelerinden dolayı utanacağından habersizdi. Hayatında son kez insanlar arasında sınıflandırma yaptığını bilmiyordu.

Bengü alarmı ikinci kez susturup üçüncüsü çalıncaya dek uykusuna geri dönmeyi düşünürken, Selim'in sorusu belirdi telefonun ana ekranında. Gözleri cam gibi genişçe açılan Bengü, yatağında doğruldu hızlıca. Uyku mahmurluğuyla anlamaya çalıştı Selim'in bu soruyla ne ima etmeye çalıştığını. Mesajı yollayan Selim'di ama bu soruyu soran kimdi acaba? Kısa bir bocalamadan sonra anladı ki, mesajı atan da soruyu soran da Selim'di... Ama yine de tuhaftı. "Neden yaşıyorsun?" da ne demekti şimdi. Bengü okuduğu maili garipseyerek ama Selim'den mesaj gelmesinin de verdiği heyecanla cevap yazdı:

"Önce günaydın... Ne için olacak, doğduk ve yaşıyoruz. Sabah sabah nereden aklına geldi. Daha geceliğim üzerimdeyken yatakta karşılaştığım günün ilk sürprizi oldu bu mail. Duştan sonra belki daha uzun yazarım. Bu arada mail attığın için teşekkürler. Bol bol öpücükler."

Selim, Bengü'den gelen maili okurken hissettiği karıncalanma bu kez karnında ve göğsünde değil kasıklarında oluşmuştu. Gecelik, duş ve o gece yaşananlar... Bengü'nün diri ve çıkık kalçası, dolgun göğüsleri, dişiliği... Selim'in aklından geçen şey şuydu:

"Her şeyi yeniden başlatacağım derken geçmiş alışkanlıklar çıktı yine karşıma. Bu bir sınav... Gece düşündüklerim ve Zümrüt'le yazıştıklarım ve bugünden itibaren hayatıma katacağım onca farklılıklar varken şimdi bu hissettiğim şey çok basit."

Fakat aklından geçen ikinci düşünce işleri değiştirecekti:

"Seks hayatın bir parçası... Şu an da bu gayet eğlenceli, hatta neredeyse masum bir oyun. Çıkacağım derin yolculuğu etkilemez. Hayatımda olan bir şey de yok zaten. Zümrüt sadece bir umut benim için. Aklına Zümrüt'ün Pandora'nın kutusu ile ilgili yazdıkları geldi. Her şey bir anda değişmez. Sadece şu an var."

Ardından telefonunu eline alan Selim, Bengü'ye yazmaya başladı. Kasıklarındaki karıncalanma, sabırsızlığının tetikleyicisiydi. Ancak birkaç mesajdan sonra Selim'in akşamdan kalmış olabileceğini düşünen Bengü, adamın sadece sanal bir seks oyunu istediğini düşünerek mesajlaşmayı bitirdi ve duşa girdi.

Aynı evde yaşayan iki genç kadın, birbirlerinden habersizce aynı adamla yazışmışlar gibi görünüyor olsa da, aslında iki kadın bir erkeğin iki ayrı yanıyla yazışmıştı.

Bâtın XX

Tekâmül... Varoluşun her bir parçasında süre giden devinimin her bir adımıyla örülen yol. Ruhsal tekâmül, bedensel tekâmülden veya evrimden farklı yol alıyor. Bir de üzerine insanlardan oluşan toplulukların, toplumların tekâmülü vardır ki, o da uygarlık seviyesini belirler. Uygar bir toplum ruhsal gelişmeye uygun ortamı sağlar. Karşılıklı saygı ve dayanışma ve insanın her türlü yönünü özgürce geliştirmesi, ruhu besler. Bebeklikten başlayarak insan, ruhsal ve bedensel tekâmülünü gerçekleştirebileceği uygun ortamı bulur. Uygarlık denilen kavram, düzgün davranış ve dayanışma şekilleri barındıran topluluklarda var olur.

Ruhsal tekâmülün bireysel boyutu olduğu gibi kitlesel boyutu da var. Ancak kitlesel tekâmül bireysel tekâmülle başlar. Sen ancak kendini değiştirebilirsin. Kendini değiştirmeye başladığında dünyayı değiştirirsin. Ancak ruhsal tekâmüle girmeden ve insanüstü olma yollarını aramadan önce, insan olmayı öğrenmemiz gerektiği sarsılmaz gerçek. Ancak yaşamın amacı ruhsal tekâmülse, insanların bunu pek başaramadıkları, hayatta çok basit dersleri öğrenmekle ömürlerini tükettiklerini izliyoruz. Âdeta daha uzun bir yaşam gerektiği veya sınıfta kalanın tekrar aynı dersleri alabilmesi için bir yöntemin gereği hissedilir.

Çünkü insan genelde potansiyelinin çok gerisinde yaşıyor, hatta yaşadığının farkında bile değil.

Uygarlıktan uzak topluluklar, bireyin tekâmülünü yaşatmamak için belki farkında olarak ya da belki farkında olmayarak çalışıyorlar. Bir bebeği, bir çocuğu sadece istedikleri formatta yüklemeye, yaşatmaya ve dünyevi bir sistemin içinde tutmaya çalışıyorlar. Anne babalar kendi yaşadıkları talihsizliğinin farkında olmadan, çocukları için de aynı cinayeti işliyorlar. "Cinayet" diyorum, çünkü bir insanın doğasını yaşamasına izin vermeden, kendini bilmesine olanak tanımadan, sadece kendilerine benzeterek, neredeyse kopyalayarak yaşatmaya çalışmaları bir ruhun öldürülmesidir.

Bütün varlıklar tekâmül eder. Bütün insanlar, bütün cisimler, bütün olaylar, kısaca her şey değişir, başkalaşır, çeşitli biçimlere girerek gelişir. İnsan ve insanlık, sürekli bir ilerleyiş ve gelişmeye yönelik dizayn edilmişken, insan eliyle yaratılmış sistemler, kurallar, ruhani/spiritüel, insani bir hava katılmış bencil ahlaksızların dayatmaları bu değişimi durdurmaya çalışıyor. İnsanın doğasına saygı duymayan her yaklaşım insanın varoluş hakkını, özgürlüğünü dizginleyen her ideoloji, insanın ve insanlığın katilidir.

Hayatın sonsuzluğunda tekâmülün sonu yoktur. O halde varlık ne kadar gelişirse gelişsin, tekâmülünün sonuna varamayacakken, dünyaya hâkim olan zihniyet topyekûn insanın gelişimini kesmeye çalışıyor. Sözde gelişim ve ilerleme ise sadece sınırları çizilmiş olarak ve kurulmuş sistemlere hizmet için insanları yönlendirmekten ibaret. Sonuç mu? Dünyaya bak. İnsanlığa bak. Savaşan, çırpınan, şuursuzca maddeyi tüketen, maddeyle yetinmeyip ruhu öldüren bir dünya...

Dünya, sonsuz evrende bulunan tekâmül okullarından biridir. Yaratıcı nasıl sonsuzsa, "O"nun bilgisi ve tekâmül ortamları da sonsuzdur. Evrende her yer varlıkla ve hayatla doludur. Her ortam bir tekâmül yeridir ve varlıklar burada yaşayarak bilgi ve tecrübe edinirler. Tekâmül için tekrar tekrar doğuş gerekir ancak bu tekrar tekrar dünyaya gelmek demek değildir. Evrenin sonsuzluğunda bambaşka boyutlarda devam edebilir.

Dünyada geçirilen sınırlı zamanda kendi tekâmülünü tamamlayamamış bir insanın, başka boyutlara ve başka yaşamlara kafa yorması bir avuntudan öteye geçemez. İçinde bulunduğumuz mekân ve zamanda tekâmülünü gerçekleştiremeyenin, başka zaman ve boyutlara dair ahkâm kesmesi ironiktir. Sevgiyi bilmeyen bir insanın, sevgi üzerine konuşması kadar ironik...

Tekâmül, adım adım gerçekleşiyor. İnsana düşen, aldığı her nefeste değişime, yenilenmeye, öze yaklaşmaya ve hayatına taşımaya açık kalmak... Bu yüzden kurallardan, sınırlardan, dayatmalardan, kalıplardan, at gözlüklerinden sıyrılmak, sorgulamak, insanın yaşamdaki önceliği olmak zorunda. Kendi tekâmülüne saygı duyan, başkalarının tekâmülüne de saygı duyar ve onun yolunu açmak için el verir.

Zâhir 20

Selim-Zümrüt-Ali

Ali, bilgisayarının başında oyuna dalmıştı. Gecenin üçünde uyanmış binlerce insanın eşzamanlı oynadığı internet oyalamacasına dalmıştı. Kendini bildi bileli geceleri huzurlu uyku uyumuyordu. Gece boyunca birkaç kez uyanıyor, kitapları karıştırıyor, internette dolaşıyor, oyun oynuyor ya da sigarasını sarıp derin düşüncelere dalıyordu. Evi de, hayatı gibi dağınıktı. Önemsemiyordu ki. Eşyalar, kıyafetler sadece var olmaları gerektiği için vardı. Kıyafetler çıplaklığı örtmek, dış etkenlerden korunmak içindi. Üşümemek, çıplak dolaşmamak... Ev eşyalarıysa işlevleri kadar vardı. Bir çaydanlığın amacı sadece çay içebilmeyi sağlamaktı. Ultra lüks tasarım harikası bir çaydanlığa neden ihtiyacı olsundu ki.

Eski bir apartmanın zemin katında kurduğu düzeninde her şey ihtiyacı olduğu kadardı, fazlası değil. Yatacağı yatak, öteberisini koyabileceği bir dolap, oturabileceği, uzanabileceği bir kanepe, ulusal kanalları izleyebileceği bir televizyon, arkadaşları için iki koltuk, otururken bardağını koyabileceği bir sehpa, yemek pişireceği bir ocak, birkaç tencere, tava ve diğer eşyalar. Her bir parça işlevselliği kadar vardı. Doğada olduğu gibi...

Televizyon teknolojisi ne kadar gelişmiş olursa olsun sonunda önemli olan şey yayını izlemekti. Telefonu da konuşarak iletişimini sağlasın, mesajlaşmaya yarasın, ara sıra da internete bağlansın yeterdi. Bütün eşyaları böyle görüyordu Ali. Otomobili yoktu ama olduğunda da bir yerden bir yere gitmesine yarayacak sıradan bir araçtan öteye geçmeyecekti. Anlayamıyordu. İnsanların makinelere, kumaşa, aksesuarlara ödediği büyük paralar ona çok anlamsız geliyordu. Bir kol saati sadece saatin kaç olduğunu göstermek için vardı. İnsanlar, her an tükenmekte olan zamanlarını daha lüks, daha modern, daha moda olan için ipotekliyordu onun gözünde. Bunun için özgürlüklerinden vazgeçiyor, onurlarından ve kendilerinden uzaklaşıyorlardı. Ne gerek vardı ki. Ali, bütün bunları saçma sapan bir rekabet ve yarış olarak görüyordu. O, bu yarışın içinde yoktu.

Onun içinde olduğu yarış, tüm bunların gölgesinde kalan, gerçekte bunlar yüzünden ortaya çıkan dünyadaydı. Yoksulluk, savaş, açlıkla boğuşan insanlar... Hoşlanmadığı ortamlara girmek zorunda kaldığında, insanların konuştuklarını anlamakta zorlanıyordu. Yeni ayakkabı modelleri, bilmem kaç fonksiyonlu televizyonlar, bilmem ne kadar akıllı cep telefonları... Bir asgari ücretlinin maaşı restoranlarda akşam yemeği ücreti olarak ödenirken, o maaşla koca bir ay boyunca ailesinin geçimini idame ettirenler aynı restoranın önünden bile geçemiyordu. Aynı şeyi Ali de yapamıyordu ama yapanları da hiç anlamıyordu. Altı üstü karın doyurmak... Yaşamak içindi yemek yemek.

Işıltılı, havalı mağazalarda mücevher gibi sergilenen ayakkabıların üretimi için dünyanın bir yerlerinde çocuklar karınlarını doyurabilmek uğruna çalıştırılırken, o çocuklar hâlâ ayakları çıplak yaşıyorlardı. Dünyanın bir yerlerindeki çocuklar, dünyanın bir yerlerindeki insanların petshop'lardan oyuncak niyetine aldıkları kedi, köpeklerden çok ama çok daha kötü koşullarda, acınası hallerde yaşıyorlardı.

Dünyanın bir yerlerinde kapalı bir kutuda yaşayan insanların, dünyanın bir yerlerinde yaşayan kaybolmuşlara benzememesi ve tüketimin durmaması için ölesiye savaşıyordu insanlık. Sadece topla tüfekle değil; ekonomiyle, politikayla, ideolojilerle...

Ali'nin bildiği bir şey vardı ki yolun sonuna gelinmişti. Ne kadar baskı olursa olsun, bozuk düzen, yalan dünya ne kadar korunmaya çalışırsa çalışılsın deniz bitiyordu. Dünyanın o bir yerlerinde yok olan yaşamların, yok olma sebepleri insanların arasına karışıp kayboluyordu artık. Mesafeler yoktu, kaos artıyordu.

Kaos arttıkça, baskı artıyordu. İnsanlar sürekli gözleniyor, düşünmeleri yasaklanıyor, kendilerini ifade etmelerinden bile korkuluyordu. Kanser hücrelerine yapılan kemoterapiden daha ağır bir baskıydı bu. Wall Street'ten İstanbul'a biber gazlarıyla böceklermiş gibi mücadele edilen insanlar çoğalıyordu.

Internet'in işlevi paylaşmaktı, haber almaktı, sesini duyuramayanların sesini duyurabileceği bir ortamdı ki orada da baskı artıyordu. Sanal dünyada da ordular kuruluyor, konuşanlar engellenerek susturuluyordu. Patlayan su borusunun üzeri bezle baskı yapılarak suyun dışarı fışkırması engellenmeye çalışılsa da eninde sonunda o su dışarı akacak ve odayı basacaktı.

Hâlâ insanlığın uyanamamasını anlayamıyor, öfkeleniyordu Ali. Gelinen noktada, herkesin bindiği dalı kestiği tablo nasıl oluyor da görülemiyordu. Yerküre de isyanlardaydı. Kuraklık, kirlilik, artan felaketler, depremler, seller... İnsanlığın uyanması için daha ne olması gerekiyordu. Koca bir insanlık son gaz duvara çarpmaya doğru yol alırken, nasıl derin bir uykuydu ki bir türlü uyanılamıyordu. Hal böyleyken, şehir insanı neden mutsuz olduğunu, aşkı bulamadığını, hayatlarında hep bir şeylerin eksik olduğunu sorguluyor ve farkındalık adı altında kendini bulmaya çalışıyordu.

"Kişisel gelişim" sözcüğünü o kadar çok duymaya başlamıştı ki, aynı şeyi yinelemekten yorulmuştu. Sadece şunu soruyordu Ali: "İnsan insanlığından ve doğadan uzaklaşırken nasıl gelişebilirdi ki?"

İnsan, insan olmaktan çıkıyordu. Aslında bu arayışlar bir tür timsah gözyaşıydı. Sokağa baktığında, yaşama karıştığında, dar çevreni terk ettiğinde, modern dünyanın esaretini gördüğünde gelişmeye başlardın zaten. Yaşam, yaşayarak öğrenilecek bir şeydi. İnsanın ivedi ihtiyacı, gelişmekten önce dönüşmek, unuttuklarını hatırlamak olmalıydı.

İlk başlarda Selim'den hazzetmemesinin nedeni Selim'i de o kefeye koymasından dolayıydı. Adamın parası vardı, rahatı yerindeydi, ölene kadar güvende yaşayabileceğini sandığı bir gücü vardı, sırça köşkte yaşıyordu ve felsefe yapıyordu. Sosyal olaylarda, ölüm kalım mücadelesinde rahat koltuklarında, yemek masalarında oturdukları yerden sosyal mecrada kahramanlığa soyunan sahte isyancılara benziyordu. Sızlayan vicdanlarını rahatlatmak için, konfor alanlarını hiç riske etmeden Twitter'da, Facebook'ta ruhani, toplumsal mastürbasyon yapan güruhtan biriydi Ali'nin gözünde.

Ancak, Zümrüt'ün üçünü bir araya getirdiği Whats-App grubunda yaptıkları yazışmalarda Selim'in son günlerde yaptığı paylaşımlar, Ali'nin algısını değiştirmeye başlamıştı. Selim ya ilk tanıştıklarında olduğundan farklı birini yaşıyordu ya da dönüşümü başlıyordu. Zümrüt'ün bu dönüşümdeki payı neydi acaba? Sevgili değillerdi, olsalardı Zümrüt bunu Ali'ye söylerdi.

Ali, internet oyununda yarattığı kahramanlarıyla yeni coğrafyalar fethetmeye devam ediyordu şu an. Hayatın her noktasına yayılan "savaş" olgusu, oyunlara da taşınmıştı artık. Oyun konsüllerindeki oyunlar, yenidünya düzenine zemin hazırlıyordu. Algı yönetimi, yeni araçların eklenmesiyle iletişim tarihinde ulaşılmamış bir noktaya gelmişti. Bu oyunlarda küçük çocuklar ve gençler kıyasıya rekabet ederken oyunun hedefleri arasında Ortadoğu'yu ele geçirmek, Rus ajanları yok etmek, Çin hedeflerini vurmak gibi onlarca hedef, ince ince bilinçaltına kodlanarak yerleştiriliyordu. Örneğin oyunlardaki sokak savaşlarında ne tesadüftür ki, en pis sokaklar, en gürültülü en kargaşalı ortamlar Ortadoğu sokaklarındaydı. En acımasız düşmanlar ya Müslüman'dı ya Rus'tu ya da çekik gözlüydü. Bu kadar çok olmasa da düşmanların Batılı olduğu, Yahudi olduğu oyunlar da vardı. Nifak tohumları oyunlara kadar sızmış, zihinlere farkında olmaksızın ekiliyordu. Zihinleri ele geçirme savaşı medyadan sanata, oyundan müziğe her yerde kıyasıya devam ederken, gecenin bu saatinde milyonlarca insan neden bir oyunun başındaydı?

Ali'nin bu duruma da kendince bir yanıtı vardı. Hele ki çocuk ve gençlerde artık psikologların konuşmaya başladığı oyun bağımlılığının nedeni onun için çok basitti. Hayatlarının her alanına ailesi, çevresi, öğretmenleri tarafından müdahale edilen, yönetilen bireyin, kendini hâkim ve etkin hissettiği, patron olduğu, kendi yarattığı karakterler üzerinde Tanrı rolünü oynayabildiği tek alan oyunlardı.

Toplum, çocukları ve gençleri kendi malı gibi görüp özgür iradelerine saygı duymuyordu, onlar da cam ekran aracılığıyla ulaştıkları birtakım yazılımlarla kendi dünyalarının efendisi olmaya çalışıyorlardı. Sokakta bile özgürce yürüyemedikleri, seslerini duyuramadıkları, gerçek anlamda kimse tarafından dinlenilmedikleri bir dünyada yazık ki bu yazılım oyunları da bir kaçış alanıydı sadece. Herkes onlara nasıl olmaları, ne yapmaları, neye inanıp neye saygı duymaları, neyden nefret etmeleri gerektiğini söylüyordu. Ancak o çocuklar, o gençler marangozun yonttuğu tahta askerler değildi ve eninde sonunda kendini marangoz sananlar bunu anlayacaklardı. Bazılarını sistem çoktan fethetmişti. At gözlükleri taktırılmış ya da ana damarları kesilmişti. Bazıları bazı şeyler için körü körüne canlı kalkana dönüşmüşlerdi. Bazıları da sadece başarılı olduklarında, seçilebilir addedildiklerinde, birtakım etiketler kullandıklarında değerli olacaklarına inandırılmış, çocuk yaşta sadece zengin ve ünlü olma hayallerine gömülmüş, okula gittikleri kıyafetlerin üzerindeki marka logoları için endişelenir olmuşlardı. Bugünü yaratan büyükler, geleceğin kâbusunun tohumlarını da ekiyorlardı.

Ali, mutfağa geçip çay demledi. Üniversite yıllarında

kaldığı evden farklı değildi burası da. Üniversite evindeki böcekleri saymazsak eksilen, değişen pek bir şey yoktu düzeninde. Bu gece uykusuna geri dönmeyecek, sabah erken saatlerde Zümrüt ve Selim'le buluşacaktı. Zümrüt, kendisinden Sokak Çocuklar Vakfı'nın atölyesine bir ziyaret ayarlamasını istemiş ve günün geri kalanında da semtlerinin Devlet Hastanesi'ne ve ardından Darülaceze'ye gideceklerini söylemişti. Bir cumartesi günü için, ilginç bir programdı bu ama Ali için farklı değildi. Hafta sonları eğer varsa bir protesto gösterisi yürüyüşüne katılırdı ki uzun zamandır fırsat bulduğu her cumartesi, çocuklarını faili meçhul cinayetlerde yitirmiş annelerin eylemine gidiyordu.

Sistem o yaşlı annelerden bile korkuyordu... Ali buna bir türlü anlam veremiyordu. Sokakta yürüyüp slogan atan, kendince tepkisini dile getiren gençlerden korktuğu gibi korkuyordu annelerden de. Dünya paranoyak bir endişe yaşıyordu. Yarattıkları canavarın kendilerini yutmasından korkanlar panikliyordu.

Aynı saatlerde Selim ve Zümrüt de uyanmıştı. Selim, Zümrüt'le geçireceği günün heyecanındaydı. Bugün onu görmekle kalmayıp, götüreceği sürpriz yerlere de birlikte gideceklerdi.

Her gün birbirlerine gönderdikleri birkaç kısa mesajı ve birkaç dakikalık rutin konuşmaları saymazsak, Burcu'yla neredeyse hiç iletişim kurmuyorlardı. Karısının Leonardo'yla görüşüyor olabileceği endişesini birkaç kez hissetmiş olsa bile buna ihtimal vermiyordu artık. Aslında bu durumu giderek önemsemediğini fark ediyordu her defasında. Yaşamda buldukları, keşfettikleri, kendi

için hayatına eklediklerini zihninde, ruhunda, bedenin-
de o kadar yoğun hissediyordu ki evliliğinde yaşananlar
sığ kalıyordu. Kafasına taktığı birçok sorun sığ görünmeye
başlamıştı gözüne.

Makroya yoğunlaştığında, mikronun illüzyon yanları
çok net görülüyordu. İşi için stres yaşayan, işini kaybet-
mek endişesiyle yatağa giren, istemedikleri ortamlara, say-
gısız insanlara katlanmak zorunda olduklarını hisseden,
sistemin kendilerini değersiz hissettirdiği büyük çoğunluk
bir uyanabilseydi, bir görebilseydi illüzyonu; dünya nasıl
da hızla değişirdi. Trajikomik olan, o çoğunluk üzerinde
bir yaşama sahip olduklarını, yönettiklerini sananların da
aynı illüzyonun içinde uykuda olmalarıydı.

Zümrüt, aynanın karşısında bu kadar uzun zaman ge-
çirmesine anlam vermeye çalışırken, gerçeğe direnmedi.
Selim'le buluşmak farklı bir heyecan veriyordu. Onunla
aynı frekansın titreşimlerinde olduklarını biliyordu artık.
Bu heyecan vericiydi. Bazen konuşmadan anlaşabilmek,
fiziksel olarak yan yana bulunmadıkları halde temas ha-
linde olmak, aynı dili konuşabilmek demekti, aynı fre-
kanstaki benzer ruhların birlikteliği...

Kendi frekansında olmayanları çevresinde tutmama-
yı gençlik yıllarında seçmişti. Onlar sadece enerji çalan
vampirlere benziyorlardı. Yükselecek bir ruhu aşağıya çe-
kiyorlardı. Kendi frekansında olmayan biriyle yakın ileti-
şimde olmak, insanı en çok yıpratanlar listesinin başın-
da geliyordu. Hatta bazıları frekansları arasında uçurum
olanlarla aynı yatağı paylaşmaya çalışıyorlardı.

Selim'le aynı yatağı paylaşıp paylaşmama konusu
Zümrüt'ün gündemi dışındaydı. Ne istiyor, ne istemi-

yordu. Ne planlıyor ne de planlamıyordu. Her şey akışta olması gerektiği gibi olurdu zaten. Şu anda onu heyecanlandıran şey, kendini açabileceğini bildiği biriyle ruhani ve düşünsel olarak birbirlerini besleyebilecek olmalarıydı. Durumu daha renkli kılan, dişil enerjisinin karşısındaki partnerin eril enerjide oluşuydu.

İstanbul'un tarihi dokusuna uzak, İstanbul ruhundan kopuk yeni kurulan semtlerden birinin asfalt çalışmaları bir türlü bitmek bilmeyen dar sokaklarından birinde, küçük bir börekçide buluştular. Selim, yeni hayatında beslenmenin önemini hatırlamış, ruhsal olarak daha yüksekte kalabilmek için hayvansal gıdayı asgariye indirmiş, daha çok çiğ ve organik gıdalarla beslenmeye başlamıştı. Alkali diyeti değildi yaptığı, Selim diyetlerin neredeyse hepsini saçma buluyordu. Bedeni, ihtiyacı olan her şeyi söylüyordu. Bedenini zihninden bağımsız kalarak dinleyen herkes, bedeninin ihtiyacı olan kaynağı doğru seçiyordu. Birçok hastalıkta olduğu gibi, fazla kilolu insanların sorununun kaynağı da yaşanmamış, biriktirilmiş duygulardı.

Selim buluşacakları semtin tozlu yollarını dikkate almadan mavi tonlarda şık bir pantolon, dökümlü bordo bir gömlek ve füme renk kısa bir rüzgârlık giymişti. İlk karşılaştıklarında Ali'yi ve Zümrüt'ü şaşırtan sağ el bileğindeki dövmesini gizleme gereği duymamış, yeni hayatıyla birlikte zevkleri arasına kattığı küpesini de çıkartmamıştı buluşmaya gelirken. İnsanların yaşadıkları çevreye göre şeklini, şemailini değiştirmesi ikiyüzlülükten başka bir şey değildi Selim için.

Börekçinin kromlu ahşap masalarından birine geçip

oturduklarında Zümrüt, Selim'in bileğini ellerinin arasına alarak dövmeyi inceledi. İç bileğe orantılı yerleştirilmiş bir RA gözü... "Her şeyi gören göz."

Gözün orta kısmına ustalıkla yerleştirilmiş küçük bir semazen şekli vardı. Selim için ne anlam ifade ettiğini, bu dövmeyi neden yaptırdığını sormadı Zümrüt... Sadece "Güzelmiş" dedi ve sustu.

Selim, kendi kendisine verdiği sözleri hatırlamak ve attığı adımları cesaretlendirmek için bu sembolü bedenine kazımak istemişti. Kulağını deldirme kararıysa dövmecide spontane olarak doğmuştu. Aynaya baktığında görüntüsünü yakıştırmıştı kendine.

Aklında olan bir şey daha vardı. Burcu döndüğünde farklı olmak istiyordu. Zümrüt'ün yanında olmak istediği adamken, Burcu'nun yanında taşıdığı kimlik farklıydı. Selim artık yeni bir başlangıç yapıyordu hayatında fakat ona bu değişimi sürekli hatırlatacak bir motivasyona ihtiyacı vardı. Bu değişimden caymasına engel olacak ve ona gerçek amacını sürekli hatırlatacak bir güç... Bu yüzden de dövmeciye gitmeye karar verdi. Silinmez bir motivasyon kazımak istiyordu bedenine ki verdiği değişim kararından cayması mümkün olmasın.

Zümrüt, dövmesini ilgiyle incelerken, Selim de onu hayranlıkla izliyordu. Dizlerinin üzerinde biten beyaz askılı elbisesi içinde kuğu gibiydi. Omuzlarının üzerine aldığı bolerosu, kolyesi, küpeleri, hafif makyajı ve babetleriyle kusursuzdu, çok güzeldi. Topuklu ayakkabı giymeyi seven Zümrüt'ün babet seçmiş olması, bugün bol bol yürüyeceklerinin işareti olabilirdi. Hem işin güzel tarafı Selim'le boyları da denk olmuştu. Zümrüt'ün yanında kısa görünmek takıntısı yoktu Selim'in, sadece yüzünün güzelliğini daha doğru açıdan görmek için boylarının denk olmasını tercih ediyordu.

Selim'le Zümrüt'ün kıyafetleri Ali'nin hiç dikkatini çekmiyordu. Kimsenin ne giydiğine bakmıyordu zaten... Zümrüt fark etmese Selim'in dövmesini de fark etmezdi, küpesini de... Kendinin ne giydiğiyle bile ilgili değildi ki. Her sabah olduğu gibi bu sabah da evden çıkmadan önce koltuğun üzerinde tomar halinde duran kotunu, holdeki çamaşır kurutma askısında günlerdir sallanıp duran tişörtlerinden birini alıp birkaç dakikada giyinmişti.

Börekçiden sonraki ilk durakları, Sokak Çocukları Vakfı'nın atölyesiydi. Vakıf ağaçların olmadığı, her geçen arabayla birlikte toza bulanan, terk edilmişlik hissi veren, ruhsuz bir sokağın bitimindeydi. Sanki mahalleden ve insanlardan kopuk olması özellikle istenmişçesine...

Tek katlı, bir depodan devşirme atölyenin kapısından içeri girdiklerinde yaklaşık yirmi beş-otuz çocuk, duvar dipleri boyunca yerleştirilmiş duran tezgâhlarda bir şeylerle uğraşıyorlardı. Kimisi bezden çanta yapıyor, kimisi ahşap oyuyor, kimisi oyulmuş ahşapları boyuyordu. Duvarların ve tezgâhların renksizliğini, içeridekilerin renkli enerjisi örtüyordu. Yaklaşık 500-600 metrekarelik sütunsuz boşluğun dört bir yanında faaliyet vardı.

Sokağa bakan büyük camın önündeki dört çocuk, okuma yazma öğreniyordu. Gönüllü bir öğretmen, çocukları etrafına toplamış, alfabedeki harfleri yazdırıyordu. Kapıdan girdiklerinde onları atölyenin sorumlusu karşıladı. Yirmili yaşlarına rağmen kırk yaşındaymış gibi gösteriyordu. Yüzünde yara izleri, dişlerinde karanlık boşluklar, tişörtünden uzanan ince kollarında jilet çizikleri vardı. Misafirlere atölyeyi gezdirmeye başladı. Heyecanlıydı. Çocukları ve buradaki genel faaliyetleri anlatırken kendinden de bahsediyordu. Burada olup, yaşama tutunmak için bir şeyler üretmeye çalışanlar, onun gibi küçük yaşlarda sokağa itilmiş, bazıları madde bağımlısı, bazıları fuhşa ve hırsızlığa zorlanmış toplumun istenmeyen bireyleriydiler. Onların sayısının onlarca katı akranları dışarıda yok oluşlarını sürdürürken, onlar bir şekilde yaşama tutunarak, tüm yaşanmışlıklara rağmen toplumun benimsediği bir parça olmaya çabalıyorlardı. Ortaya koydukları irade, sokağa itilen diğer çocuklar için umut olacak, daha önemlisi o çocuklara, sokak köpeklerine müdahale eder gibi saldıranların önyargılarını da yerle bir edecekti.

Zümrüt, oymaları boyayan gençlerin yanına oturarak sohbet etmeye ve renklerle ilgili tüyolar vermeye başladı. Ali, zaten çocukların çoğu tarafından tanınıyordu. Ali'ye ismiyle sesleniyorlar ve yaptıkları eski muhabbetlere göndermeler yapıyorlardı.

Selim ise atölyenin içinde dolaşıyor, gençlere laf atarak iletişim kurmaya çalışıyordu. Kasılıyordu. Nasıl iletişim kurması gerektiği konusunda emin değildi. Zümrüt, çocukların yanına oturduğunda, bekleyerek değil açıklıkla ve doğallıkla ortama katılması gerektiğini anladı. Tam o sırada Zümrüt gözleriyle Selim'in arkasında kalan iki duvarın kesiştiği köşeyi işaret ediyordu. Selim arkasını döndü. Köşeye yerleştirilmiş üçgen masanın kenarında oturmuş, renkli boncuklardan bileklik yapan genç bir kız vardı. Muhtemelen on altı ya da on yedi yaşındaydı. Selim dönüp tekrar Zümrüt'e baktığında kızın yanına gitmesini işaret ettiğini anladı. Selim de aldığı sessiz komutla bileklik yapan kızın masasına doğru yürüyüp, karşısındaki ahşap tabureye oturdu.

Kız büyük bir dikkatle boncukları ince ipten geçiriyor, küçük düğümlerle birleştiriyordu. Tertemiz ve masum bir yüzü vardı. Dudağında birkaç dikiş izi, gelişigüzel toplanmış saçları, kollarını kıvırdığı gömleğinden açıkta kalan kollarında yanık izleri...

Selim, sohbet etmek için boncuklarla ilgili bir şeyler geveledikten sonra kız sohbeti Selim'in beklediğinden çok daha hızlı başlattı. Kızın ismi Yeşim'di, on yedi yaşındaydı. Önündeki iplerden birini Selim'e uzatıp boncukları dizmesini söyledi. Selim söyleneni yapıp boncukları ipe geçirirken aralarındaki sohbet devam etti. Selim, kızla ilgili sorular sormaktan kaçınsa da kız, buraya gelen her ziyaretçinin çocukların hikâyelerini merak ettiğini, bu yüzden Selim'in de sormak istediği bir şey varsa rahatlıkla sorabileceğini söyledi. Buna rağmen Selim kız hakkında hiçbir şey sormadı.

Bu kız gibi diğerlerinin rahatsızlığı da dışarıdaki çoğunluk tarafından farklı görülüyor olmalarıydı zaten. Engellilerden travestilere, yaşlılardan sokak meczuplarına, çoğunluğa benzemeyip her farklılık taşıyana onların farklı olduklarını yüzlerine vururcasına bazen acıyarak, bazen dışlayarak hissettiriyordu toplum. Oysa yaşamlarıyla, bedenleriyle ve ruhlarıyla farklı olanların ilk beklentileri, farklı olduklarının altı çizilmeden toplumun bir parçası olabilmekti.

Yeşim neden hapse girdiğini söylemeden, Selim hiçbir soru sormadığı halde tahliye olduktan sonra sokaklarda yaşadığını ve uyuşturucu haplar kullandığını anlattı. Hastanelik olduğu bir akşam tesadüfen İsmail'le karşılaştığını, sonrasında onunla yeni bir hayata yürümeye başladığını anlattı. İsmail, atölyenin sorumlusu ve vakfın başkanı olan çocuktu. Kız, Selim'e hayallerinden de bahsetti. Ona sorular sordu. Selim'in boncukları takarken girdiği komik hallere gülüp dalga geçti. Selim bir ipi doldurana kadar, kız beşinci bilekliğe başlamıştı bile.

Zümrüt, Selim'e seslendiğinde artık gitme zamanları gelmişti. Atölyede üretilen parçaların satışa sunulduğu tezgâhların başına geldiler ve burada üretilen torbalara yine buradaki çocukların kendi elleriyle ürettiği ürünlerle doldurdular altı torbayı da. Vakfın neredeyse tek geliri, ürünlerin satışından elde edilen gelirdi. Ürünlerin ücretini kendi aralarında üçe bölerek birlikte ödediler. Selim, hepsini tek başına ödemeyi istemiş olsa da, bunun yapmaması gerektiğini anlamıştı hemen.

Atölyeden çıkıp elli metre yürüdükten sonra Selim, Zümrüt ve Ali'den izin isteyerek atölyeye geri döndü. Satılan ürünlerin arasından bir tane ahşaptan oyulmuş küçük penguen satın aldı. Çıkarken az önce aldıklarının neredeyse yirmi katı parayı İsmail'e vererek onu dışarıda bekleyen arkadaşlarının yanına döndü. Onlara pengueni almak için geri döndüğü açıklamasını yapsa da, Zümrüt Selim'in neden geri döndüğünü çok iyi biliyordu, onu hissediyordu.

Selim'in birkaç sokak öteye bıraktığı arabasına doğru yürürlerken Zümrüt, Selim'e Yeşim'i nasıl bulduğunu sordu. Selim, kızın ne kadar hayat dolu olduğundan, sevimliliğinden, temizliğinden söz etti. Bunun üzerine Yeşim'in çocuk yaştan itibaren karısını öldüren öz babası ve abisi tarafından yıllarca tecavüze uğradığını, sonrasında evden kaçtığını ve sokaklarda yaşadığı dönemde dükkânında ona tecavüz etmeye kalkışan bir kasabı kasap bıçağıyla öldürdüğünü anlattı Ali... Kimsenin söyleyecek sözü kalmamıştı artık. Sustular...

Bugünkü ikinci durakları hastane olacaktı ama yolda Zümrüt fikir değiştirince önce Darülaceze'ye geldiler. Selim'in yıllar önce bir tanıdığını ziyaret etmek için geldiği bina çok değişmişti. Geçmişe nazaran çok daha düzgün, yaşanılabilir, insani bir yere dönüşmüştü. Bahçede yürüyen, baklada oturan, kafeteryada televizyon seyreden yaşlı ev sahiplerinin yanından geçerken binanın arka tarafında kalan yarı bağımsız binaya girdiler. Binanın ikinci ve son katındaki iki büyük kapıdan birini çaldı Ali. Kapı açıldığında, yaşları yetmişin üzerinde bir çift karşıladı onları.

Zümrüt, Selim'i ve Ali'yi tanıştırdı. Ahmet Bey, gri kumaş pantolonu, beyaz gömleği, siyah degradeli kemeri ve siyah deri terlikleriyle bir İstanbul beyefendisiydi. Zeynep Hanım da siyah döpiyesi, imitasyon inci kolyeleri, özenle taranmış kumral saçları ve kısa topuklu siyah terlikleriyle gerçek bir İstanbul hanımefendisiydi. Açık bir mutfak, mutfak tezgâhının birkaç metre önünde duran küçük bir yemek masası, karşısındaki pencerenin önüne ve sağdaki duvara yerleştirilmiş iki köhne kanepeden ibaret bu odadaki ikinci kapı, içinde banyosu da bulunan küçük yatak odasına açılıyordu.

Kanepelere oturup, karşılıklı hal hatır sorduktan sonra ülke gündemine dair bir sohbet başladı aralarında. Sohbet devam ederken, Zeynep Hanım kahve yapmak için mutfak tezgâhına doğru hareketlenirken Zümrüt de onunla birlikte ayaklandı. Erkeklerin muhabbeti nasıl olduysa bir anda futbola gelmişti. Tonton çift, etrafına neşe saçıyordu âdeta. Ara sıra patlayan kahkahaları, hızlı konuşmaları ve yaşlı bedenleri pek izin vermese de hiperaktif enerjileriyle yaşlılığın tadını çıkarır gibiydiler.

Selim, Ahmet Bey'in beyaz saçlarının gürlüğüne takılmıştı. Saçların seyrekleştiği bir alan aradı kafasında ama bulamadı. Selim'in dikkatini çeken diğer şey de odanın duvarlarına zevkli bir kombinasyonla asılmış tablolardı. Yatak odasına açılan kapının iki yan duvarında on bir tane büyüklü küçüklü tablo asılıydı. Diğer duvarlardaki tabloları da bu listeye katınca neredeyse küçük bir resim sergisi salonunda oturuyorlardı. Tabloların iyi ellerden çıktığı belliydi. Muhtemelen koleksiyonerlik yapıyorlardı ve buraya yerleşirken de tablolarını yanlarında getirmişlerdi. Bu kurumda böylesi konforlu bir bölümde konaklayabilmeleri de ancak hatırı sayılır bir bağışla mümkün olabilirdi. Birçok insanın arzu edeceği türden bir yaşlılık dönemiydi onlarınki. Birbirlerine olan saygı ve sevgileri, her an hissediliyor, dokundukları her şeye yansıyordu.

Yaklaşık bir saat oturduktan sonra kalktılar. Vedalaşırlarken, Zümrüt arabadan inerken yanına aldığı torbalardan birini Zeynep Hanım'a uzattı. Bu güzel çiftin hiç başlarına gelmeyen acıklı olaylar yaşayanların ellerinden çıkmış el emeği göz nuru bu ürünlerin artık yaşlı çiftin mutlu enerjisine karışacağını düşündü Selim.

Binanın ortak bahçesinden otoparka yürürlerken Ahmet Bey ile Zeynep Hanım'ın hikâyesini Zümrüt anlattı bu kez.

Her ikisi de İstanbul'un köklü ailelerinin çocuklarıydı. Evliliklerinin ardından Ahmet Bey, tekstil işinde devam etmiş İstanbul'da ondan fazla butik açmıştı. Zeynep Hanım'sa Güzel Sanatlar Fakültesi'nde dekanlık yapmış, yurtiçi ve yurtdışında çok sayıda sergi açmış, döneminin önde gelen ressamlarındandı. Yetmişlerin sonunda her şey tersine dönmeye başlamıştı. Önce Ahmet Bey iflas etmiş, kısa bir süre sonra da Zeynep Hanım'ın, seksen dönemindeki duruşundan dolayı önce hakkında soruşturma başlatılmış, ardından da ismi fişlenerek kara listeye alınmıştı. Yaşadıklarından sonra mesleğine küsmüş hatta resim yapmayı bile bırakmıştı. Üç erkek çocuklarını zar zor okutmuşlardı. En büyük oğulları, Amerika'da burslu okurken okyanus kıyısında yüzdüğü bir sırada kontrolden çıkan bir teknenin çarpması sonucu ölmüştü. Bu hazin olaydan sadece altı ay sonra küçük oğulları da yazlık dönüşü geçirdiği trafik kazasında hayatını kaybetmişti. Ortanca oğulları kardeşlerinin ani ölümlerinden duyduğu ağırlıktan kaçarcasına, önce anne babasından, sonra anılarını taşıyan bu topraklardan uzaklaşmıştı. Amerika'da yaşıyor, ayda bir kez belki anne babasını arıyor, yılda bir iki gün yanlarına geliyordu.

İstanbul'da yalnız kaldıklarında durumları kötüleşmeye devam etmişti. Moda'da aile yadigârı konaklarını da borçları ödeyebilmek için satmışlardı. Sonrasında kendilerine küçük bir ev tutmuşlar ve Ahmet Bey de altmışlı yaşlarında olmasına rağmen taksicilik yapmaya başlamıştı. Mutlu ve zengin dönemlerindeki eski dostların hiçbiri

ortalıkta yoktu. Eski Türk filmlerindeki senaryoları arat-
mayacak şekilde taksisine aldığı bir adam eskiden kendi
yanında çalışan işçilerinden biriydi. Bir zamanlar maddi
manevi destek verdiği bu işçi genç, uzun zaman sonra ba-
şarılı bir işadamı olarak çıkmıştı karşısına. Eski dostunun
vefa borcunu ödemek istemesiyle kendilerini şimdiki yer-
lerinde bulmuşlardı.

Hikâye, Selim'in tahmin ettiğinden çok farklıydı. O
neşeli çiftin bu kadar büyük kederler içinden geçmiş ola-
bileceklerini tahmin bile edemezdi. Yaşanan onca acık-
lı şeye rağmen bugünlerini kutsayan neşeleri ve aşkları
Selim'in alması gereken ilk mesajdı. İkincisiyse: Hayatta
her an her şey değişirken, bir şekilde yaşama tutunabil-
mek gerekirdi. Ahmet Bey ile Zeynep Hanım, bir şekilde
günü de, hayatı da devam ettiriyorlardı.

Zümrüt'ün bugün için planladığı son durak olan hasta-
neye gitmeden önce öğle yemeği yemek için hastanenin
yakınlarında bir yere oturdular. Ev yemekleri yapan, iki
Boşnak kadının işlettiği küçük, şirin bir lokantaydı. Üç
masanın ancak sığabildiği arka taraftaki bahçeye geçtiler
hep birlikte.

Yaptıkları iki ziyaret de Selim'i fazlasıyla etkilemişti.
Ali'yle Zümrüt, bu ziyaretleri sık sık yapıyor, gönüllü ola-
rak birçok kurumda görev alıyorlardı zaten. Özellikle de
Ali... İlk iki ziyaretin ardından içinde biriken sorular ve
hissettiği çalkantı Selim'in yüzüne yansıyordu.

Ali, kamptaki konuşmalarına gönderme yaparak orta-
ya bir cümle attı:

"İşte bugün görüştüğümüz insanlar da tıpkı şu hasta-
ne binasında yatanlar kadar mutlu olmak için daha fazla

çaba sarf etmek zorundalar. Hayatlarını ellerinden alan o kadar üzücü olayla karşılaşmışlar ve karşılaşıyorlar ki..."

Selim çatalıyla böldüğü etli yaprak sarmasından gözünü ayırmadan sanki bu yorumu bekliyormuş gibi, hemen tamamladı Ali'nin yarım kalan cümlesini:

"Mutluluk dışarıda aradığın ya da bulmak istediğin bir şey değil. İnsanların, az önce senin de ifade ettiğin mutluluk tanımı sadece şu: Aynı şeyleri yineleme arzusu. Değişime direnerek mutlu olma çabası. Mutluluğun giydirildiği hayal ne ise o bir saplantı, o yaşanırken de onu yineleme arzusu bir diğer saplantı."

Zümrüt, Selim'in cümlelerinden çok etkilendi. "Aynı şeyi yineleme arzusu…" Bilgece bir cümleydi bu… Sadece bugünkü ziyaretlerle sınırlı kalmayan, her şeyin ötesine geçen bir bilgelik… Aynı şeylerin yinelenmesini engelleyecek, akışı değiştirecek bir şeyle karşılaşıldığında insan mutsuz oluyordu.

Ali esprili bir edayla konuyu bugün katılacağı bir gösteriye getirdi:

"Daha biz bu mutluluk meselesini çok konuşuruz. Hastaneden sonra ben İstiklal Caddesi'nde bir yürüyüşe katılacağım. Aylardır atama bekleyen öğretmenlerin buluşması var bugün. Atanıp, her gün gidecekleri, her gün yineleyebilecekleri bir işleri olması için yürüyecekler bugün."

"Yineleyebilecekleri" sözcüğünün her bir harfine baskı yaptı konuşurken. Selim, sadece gülümsedi. Ali, her geçen gün daha fazla sempatisini kazanıyordu. İçi dışı birdi. Gizli bir ajandası yoktu. Belki Zümrüt'le ilgili hissettiklerinde dürüst olmayabilirdi ama Selim, kişi karşısındakini de kendinden bilir misali Ali'nin Zümrüt'e karşı bir ilgisi olduğunu hissetmeye başlamıştı. Anlık bir bakış, küçük bir mimik… Kanıtın nereden geldiğinin bir önemi yoktu, hissediyordu. Zümrüt ya görmezden geliyordu ya da önemsemiyordu. Farkına varmıyormuş gibi davranmak, güzel, ağırbaşlı bir reddediş şekli olabilirdi ama Selim'in sevgilisi olmuş olsa kabullenemeyeceği bir yöntem olurdu. Çünkü umursamazlık bazen onaylanma algısı yaratırdı. Bir diğeri de Zümrüt zeki ve oynamak istediğinde bunu çok iyi yapabilen bir karakterdi. Selim, artık bir ilişki yaşarsa isteyeceği ilk şeyin ruhların, yüreklerin ve günde yaşananların çırılçıplak berraklığı olduğunu biliyordu. Zümrüt'le arasındaki yaş farkını düşününce bunun gerçekleşmesindeki zorluğu görüyordu. Yaşanmışlıklar olgunlaşmada önemli pay sahibi olsa bile hayat biraz da kilometre işiydi. İlk kez, Zümrüt'ten daha aydınlık olduğunu hissetti. Bilgelik oyununda önde olduğunu hissetmekten fazlası değildi…

Yemekten sonra hastaneye girdiklerinde Zümrüt onları doğrudan onkoloji servisine götürdü. Odalardan birine girdiklerinde ellili yaşlarında bir kadın, odada tek başına hasta önlüğüyle yatağının üzerinde puzzle yapıyordu. Yatağın sırt bölümü dikleştirilmiş, bacaklarının üzerinde bir mukavva üzerinde puzzle parçalarını birleştirmeye çalışan, saçları seyrekleşmiş, yanakları hızlı kilo kaybıyla çökmüş ama gözleri ışıl ışıl bakan bir kadın. Kadın misafirlerini güler yüzle karşıladığında Selim, kadından yayılan sevgiyi çok güçlü algıladı.

Zümrüt kadının kolundaki seruma zarar vermemeye dikkat ederek sarıldı ona. Ardından Ali de sarıldı. Selim yeni tanıştığı kadının elini sıkarken birbirlerine isimlerini söylediler. Kadının ismi Aysun'du. Zümrüt'ten üzerindeki puzzle'ı alıp masaya koymasını istedi. Henüz puzzle'ın çok küçük bir bölümü tamamlanmıştı. Puzzle kutusunun üzerinde yazan beş bin rakamı Selim'in hiçbir zaman uğraşmak istemeyeceği bir miktardı. Kadın, hasta yatağında daha fazla oyalanabilmek için zorlu bir oyun seçmiş olmalıydı.

Aysun'un neşesi, her ne kadar durumu çok iyi görünmese de kadının iyileşmeye olan inancının yüksek olduğunu düşündürttü Selim'e. Gerçekten de sorduğu sorular, verdiği yanıtlar ve sohbeti ölümü bekleyen bir hastanınki gibi değildi. En ufak bir şikâyeti, yakınması ya da hastalık hakkında konuşması yoktu.

Selim, bu odadan ayrıldıklarında kadının hakkında ne öğreneceğini merak ederken Aysun, kendisinden bahsetmeye başladı:

"Bugün doktorumla iddialaştık. En fazla iki ya da üç hafta yaşayacağımı söylüyor ama ben bir ayı devireceğim. Bak görürsünüz."

Selim'in tüyleri diken diken oldu bir anda... Nefesi göğsünde sıkıştı. Masanın üzerindeki puzzle kutusuna kaydı gözleri. Beş bin parçalık bu puzzle'ı yaparak geçireceği ve hatta belki tamamlayamayacağı son birkaç haftanın içindeydi...

"En azından bu puzzle bitecek. Benden kalacak son hatıra olacak bu."

Aysun cümlelerini bitirdiğinde kimse "Öyle şeyler deme. İyileşeceksin. Saçmalama." gibi şeyler söylemedi. Ali de, Zümrüt de en az Aysun kadar sakin karşılıyorlardı durumu ve kabulleniyorlardı. Kimse de bir teselli çabası yoktu.

Sonraki konuşmalarda Selim ortamdan koptu. Kadın neredeyse yaşıtıydı. O yatakta kendi de yatıyor olabilirdi. Hele şimdi. Hayatında yeni bir sayfa açarken, yaşadığını hatırlarken, yapmak istediği pek çok şey varken, kendini bir an için bile olsa o yatakta, kanser hastası olarak hayal etti. Dayanabileceği bir şey değildi.

On beş yirmi dakika sonra vedalaşmak için yerlerinden kalktıklarında belki de bir daha göremeyeceği misafirlerine ve bir aya kalmadan ölmüş olacağının bilincinde bir kadın olarak Selim'in gözlerine içtenlikle gülümsüyordu Aysun... Selim, kadının elini sıkarken darmadağın olmuştu.

Odadan çıkarlarken Zümrüt, elindeki torbaların birini masanın üzerine bıraktı. Bu kez arabadan inerlerken tüm torbaları yanlarına almışlardı. Kapıdan çıktıklarında Ali, koridorun karşısındaki sebilden su almaya giderken, Zümrüt de Selim'in karşısına geçip onu öpecekmiş gibi yakınlaşıp gözlerinin içine bakarak konuştu:

"Hayatın sana verdikleri değil, senin hayata ne verdiğin gerçek olandır."

Hastanenin dolambaçlı koridorlarından geçip çocuk servisine geldiklerinde, kapının penceresinden içeri baktılar. Bir palyaço çocukları etrafına toplamış oyun oynatıyordu. Çocukların olduğu alana geçmeden girişteki lavaboda ellerini dezenfekte ettiler, maskelerini taktılar. Aysun'un odasına girerken de maske takmaları gerekiyormuş ancak Aysun bu konuda büyük arıza çıkartmış ve ziyaretçilerinin odalarına maskesiz girmeleri konusunda doktorları ikna etmiş.

Kapıdan geçmeden önce Zümrüt kalan torbaları üçü

arasında bölüştürdü. Torbalarda vakıfta üretilen oyuncaklar vardı. Zümrüt torbaları doldururken hediyelerin tanzimini yapmıştı. Odaya girdiklerinde Zümrüt, çocukların arasına karıştı hemen. Ali ile Selim de peşinden giderek çocuklarla kaynaştılar. Palyaço abartılı bir hoş geldiniz narası attı misafirlere. Palyaçolar çocukluğundan beri Selim'e hüzünlü görünürdü. Maskeli bir palyaço, çok daha hüzünlüydü.

Selim artık sesleri duymuyordu. Geçmişi, geleceği, bugünü birbirine geçmiş hüzün ile huzur arasında bir şeyler doluyordu içine. Hayat faniydi, hayat anlıktı, hayat kendinden vazgeçemeyecek kadar kırılgandı. Her şey hareket halindeydi, etrafında her şey dönmeye başladı. Zümrüt'e âşıktı. Bu dünyanın ve bu yaradılışın ortasında ona istediğini verebilecek tek kadındı o. Bir yandan yüreği aşkla dolup taşarken, diğer yandan da "ne saçmalıyorum ben böyle" deyip duruyordu kendi kendine. İç sesleri birbirine karışmıştı.

Hastaneden ayrılıp arabaya binerek Nişantaşı'na doğru yola çıktıklarında, yanında oturan Zümrüt'ü elde etmekten başka bir isteği yoktu. Zihnindeki gürültü çok fazlaydı. Yine içindeki sesler birbirine karışarak yükselmeye başlamıştı. İçindeki bir ses bunun bir "elde etmek" arzusu olduğunu söylerken, başka bir ses de "bu elde etmek farklı" diyordu.

Arabaya bindiklerinde yanında oturan Zümrüt'e bakan Selim, camdan dışarıyı seyreden bu güzel kızın açığa çıkan boynuna yüzünü yaslayıp sadece onun kokusunu içine çekmeyi hayal ediyordu. Ona sarılmayı ve onunla sadece bu hayatın içinde değil çok daha yükseklerinde de var olabilmeyi diliyordu. Daha önce yaşadığı hiçbir şeyde hissetmediği bu duyguları onunla birlikte gerçek kılmak istiyordu.

Bir yandan arabayı kullanıyor bir yanda da hislerini tarif etmeye çalışıyordu kendine ama yapamıyordu. Yüreği sıkışıyor, göğsünden bir şeyler taşıyor, bedenine sığmıyordu. Zümrüt'ten başka bir odağı yoktu artık. Zümrüt, Selim için aynı zamanda yeni başlangıcının, ne olduğunu yaşama yolculuğunun en büyük parçası, arayışına açılan kapının eşiğiydi.

Burcu hem vardı hayatında hem de yoktu… Çocukları hayatının ayrılmaz parçasıydı. Onlarla ne kadar az yazışır olmuştu. Çocukları, kendi kanatlarıyla uçmaya başlamışlardı artık. Her ikisinin de Türkiye'ye dönmeyeceklerini biliyordu.

Ali'yi Beyoğlu'na yakın bir yerde indirip Nişantaşı'na doğru yollarına devam ettiler birlikte. Bu Cumartesi akşamında da trafik çok yoğundu yine, sokaklar doluydu. Nişantaşı, eski belediye başkanının tabiriyle İstanbul'un içindeki Paris'ti. Selim, konfor alanına girdiğini hissetti. Yılların getirdikleri bir anda silinmiyordu ama en azından hayatın bu sokaklardan, bu konfor alanından ibaret olmadığını hatırlamıştı.

Nerdeyse durmuş trafikte kaldırımlardaki kalabalığa daldı gözleri. Alışveriş edenler, dükkânlara ellerinde torbalarla girip çıkanlar, harıl harıl çalışan esnaf, servis yapan garson, ellerinde tahlil raporlarıyla tetkik merkezinden çıkanlar, istedikleri her şey aileleri tarafından satın alınan çocuklar, kırmızı ışıkta duran arabalar, ellerindeki mendil paketlerini satmaya çalışan çocuklar… Bu kalabalığın içinde zengin, fakir, hizmet eden-edilen, sağlık sorunları yaşayan, belki de kanser olduğunu yeni öğrenmiş olan, egosu tavan yapmış, duyarlı, duyarsız kaç farklı profil, kaç farklı ruh vardı. Ne kadar çok insan varsa o kadar çok hikâye ve gerçeklik vardı. Bunu göremeden ve yanındakini duyamadan nasıl da yürüyüp gidebiliyordu insanlar?

Zümrüt hiç konuşmuyor, düşünebilmesi için Selim'i rahat bırakıyordu âdeta. Sadece arada sırada radyo kanallarını değiştiriyordu. Koltuğunu biraz geriye yatırmış, o da kaldırımlara bakıyordu. Selim, Zümrüt'ün düşüncelerini merak ediyordu. O da düşünüyor muydu, o da görüyor muydu Selim'in gördüklerini? Elbette ki görüyordu.

Selim bu yüzden onu kendinin bir yansımasından çok parçası gibi görmeye başlamıştı. Bu farkındalığı ve hatırlayışı o tetiklemişti. Üstelik bir dost olarak değil bir gün beraber olacağı kadın olarak hissediyordu onu. Burcu hâlâ hayatında olmasına rağmen, Zümrüt henüz hiç öpüşmeden ve hiç sevişmeden hayatının kalanını paylaşmayı düşlediği kadındı.

Nihayet arabayı otoparka bıraktıktan sonra Nişantaşı'nın gözde restoranlarından birine girdiler. Restoran teras katındaydı. Güneş yeni batmış, ufukta kalan son kızıllık gittikçe kayboluyordu. İstanbul'a hâkim duran manzarayı en iyi konumdan gören bir masaya geçtiler.

Yemeklerini beklerken şaraplarını yudumluyor, konuşmadan İstanbul'a bakıyorlardı. Bir kez daha sessizlikte buluşmuşlardı ama Zümrüt bu suskunluğun daha fazla uzamasına fırsat vermedi:

"Nasıl hissediyorsun? Daha geniş sorayım nasıl gidiyor?"

Selim, şarabından bir yudum daha alarak, düşünmeden, içinden geldiği gibi yanıtladı Zümrüt'ü:

"Çok hızlı bir dönüşüm yaşıyorum. Hayattaki kırılmalarla, birikenlerin ağırlığıyla aslında günlük hayatın arkasında bazen sesini çok kısarak da olsa yaptığım konuşmalarla. Sanki bir şeylerin zamanı gelmişti ve son zamanlarda yaşadıklarım ve senin gelişin hareketi tetikledi. Olması gereken olmaya başladı. Senin 'çağrın var' demeni anladığımı sanıyorum. Çocukluğumdan beri içimde farklı bir şeyler vardı. Yaradan'la, hayali korumalarımla konuşur, inandıklarımı gerçekleştirdiğim hayalini kurardım. Sonra dünyanın günlük hayatı beni içine çekti. O dönem âdeta bir kış uykusuydu. Uykudan uyandım. Yaptığım, yaşadığım için pişman değilim. Yaşadıklarım, bugünü görebilmem içindi."

Zümrüt, dikkatle Selim'i dinliyordu. Dinlediklerinden etkileniyordu. Artık onun da etkilendiğini kabul etme zamanı gelmişti. Şarap kadehini masanın üzerinden kaldırmadan iki elinin arasına alarak, Selim'e doğru biraz eğildi.

"Gitme zamanı geldiğinde gitmek gerekir. Gitme zamanı bir kez değil birçok kez gelir. Gitmen gerektiğinde gidemediklerin, bırakman gereken zamanda bırakamadıkların seni yolculuğundan, kendinden, hatta insan olmaktan uzaklaştırır. Bir ihtimal rüya görmek için uyanık kaldığımız, uyumak için yaşadığımız gibi, başımıza gelenler, yaşadıklarımızın hepsi gitme zamanları içindir."

"Asla senden gitmek istemiyorum..." diye geçirdi içinden Selim. Zümrüt'ün söylediklerini çok iyi anlıyordu. Göz göze yeniden sessizliğe gömüldüler karşılıklı. Garson, yemek servisi için masaya geldiğinde birbirlerine kenetlenmiş duran bakışlarını ayırdılar. İkisi de birbirlerinden gelen enerjinin, hislerin ve yoğunluğun farkındaydı.

Selim tabağındaki eti bıçağıyla keserken Zümrüt'le ilgili duygularını onunla paylaşmak istiyordu ama buna cesareti yoktu.

Selim kendini açmaya hazırlanırken, Zümrüt bambaşka bir konuya geçti:

"Neler yapacaksın? Kendi yolculuğunu nasıl güçlendireceksin?"

Küçük bir duraksamadan sonra hiç tasarlamadan içinden geldiği gibi konuştu:

"Kitap okumaya daha fazla yoğunlaşacağım. Verdiğin listedeki kitapları okuyorum. Özellikle Nietzsche'den etkilendim. Beslenmeme dikkat ediyorum. Sırtıma çantamı alıp bir Avrupa turuna çıkmak ya da Hindistan, Peru gibi mistik coğrafyalara gitmeyi planlıyorum."

Cümlesini tamamladıktan sonra dudaklarını büzüp "Daha ne yapayım?" dercesine baktı Zümrüt'e:

"Anlamak için uzaklara gitmen gerekmiyor, kendini bulmak için uzaklara gitmen gerekmediği gibi. Bugün yaşadıklarımızdan kaç bilgelik hikâyesi çıkar sence? İnsanlara karışmaya devam etmelisin. Bence bir şey daha eklemelisin listene. Daha derine, felsefenin ardında, kadim bilgilere yoğunlaş. Nereden başladığının, nereye gittiğinin bir önemi yok. Üç kutsal kitabı oku. Göreceksin her şeyin kaynağı bir ve tek. O kaynağa hangi araçla, hangi kapıdan geçerek gittiğinin bir önemi yok. Mesela yarın kalk kiliseye git, sonra camiye, sonra sinagoga, oradan da bir cemevine git, Mevlevihane'ye git... İlk fırsatta kalk Konya'ya git, Mevlana'yı ziyaret et. Mardin'e, Urfa'ya,

Kapadokya'ya git. Görebildiğin her yerde ihtiyacın olanı toplayacaksın. Yap ama bütün bunları. Güven bana."

Uzun zaman önce diyaloğu kestiği Yaradan, kaynak, mimar, öz ile yeniden iletişim kurmaya başlamıştı. Zümrüt'ün yarın için verdiği fikir güzeldi. Zümrüt'le birlikte gerçekleştirmeyi tercih ederdi ama belli ki o yarın olmayacaktı. Selim için de bu yolculuğu tek başına yapmak daha gerçekçiydi. Büyükada'dan başlayacaktı yolculuğa. Çocukken gittiği, anneannesinin götürdüğü Aya Yorgi Kilisesi'nden...

"Söz! Yarın başlıyorum."

Selim, konuyu istediği yere çekebilmek ve Zümrüt'ün araya girip konuyu bir başka yere götürmesine izin vermemek için nefes bile almadan devam etti:

"Aramızdaki yaş farkına rağmen bu kadar iyi anlaşıyor, birbirimizi bu kadar iyi anlıyor olabilmemiz çok güzel. Aramda yirmi yaş fark olan birisinin hayatımda bu kadar etkili olabileceğini düşünemezdim. Çevreme de yaklaştırmıyordum. Son günlerde ne kadar çok şey değişti hayatımda? Birkaç hafta önce olsaydı buraya gelmeden mutlaka eve uğrar, üstümü değiştirirdim. Şimdi umurumda bile değil."

Selim sonunda konuyu Zümrüt'e karşı duyduğu hislere getirmişti. Zümrüt de bunun farkındaydı, aynı durumda olan diğer kadınların da kolayca fark edebileceği gibi. Erkeklerin hislerini ve niyetlerini saklayıp örtme çabaları gayet beyhudeydi.

"Yaş farkını dile getirmen çok anlamsız. Sana yakışmıyor. Senin bu gece üzerindeki kıyafetleri umursaman gibi, benim aklıma bile gelmiyor. Son günlerde hayatında çok şey değişmedi. Kendini kandırma, haksızlık etme. Birçok insan birkaç günde değişeceklerine inanıyor, değişemezler, değişemeyecekler de. Senin yaşadığın gerçek bir değişim, gerçek bir dönüşüm. Ancak son günlerde olan değil, bugüne kadarki tüm hayatında hazırlandığın bir sonuç bu. Aslında bir başlangıç... Bana karşı yoğunluğunu biliyorum, hissediyorum. Hissettiklerini yanlış yorumluyor da olabilirsin. Bir karın var, çocukların var."

Zümrüt cümlesini bitirdiğinde Selim kendini frenleyemeyecek, duramayacaktı. Bir kez daha planlamadan ve hiç düşünmeden konuşmaya devam etti:

"Beni aldatan ve benim defalarca aldattığım karım."

Hiç duraksamadan evliliğindeki bütün çatışmaları anlatmaya başladı. Geçmişten bugüne olan biten her şeyi anlattı. Leonardo'yu bile... Kendisinden başka kimsenin bilmediği, kendisinin bile unuttuğu kadınlardan bahsetti. Bir dostunun verdiği öğüdü unutmuş gibiydi: "Aldattığında kendine bile söylemeyeceksin. Bir başkasına asla..."

Selim bütün samimiyetiyle, olduğu gibi her şeyi Zümrüt'e anlattı. Sadece Zümrüt'e âşık olduğunu söyleyemedi. Şu anda hissettiklerinin gerçekliğinden emin olmaya ihtiyacı vardı. Her ne kadar kabul etmek istemese de vardı.

Zümrüt'ün Selim'in gerçekliğinden, samimiyetinden en küçük bir kuşkusu yoktu. Ancak dalgalanmalarını, içinde bulunduğu karışıklığı ve dönüşümün sancılarını görüyordu. Selim'e karşı hissettiklerini büyütmeden içinde saklamaya devam edecek ve bekleyecekti. Selim'e karşı duyduğu hisleri düşünüyordu ki telefonu çaldı. Ali, binanın kapısındaydı ancak onu içeri almıyorlardı.

Selim'in gerekli talimatı vermesiyle binaya girebilen Ali, yanlarına geldiğinde gözleri kıpkırmızı, kıyafetleri kırışmış, yorgun bir haldeydi. Masaya geçerken diğer müşterilerin dönüp dönüp ona bakmalarından ve garsonların aşağılayıcı tavırlarından Selim rahatsız olurken, Ali'nin hiçbir şeyi fark edecek hali yoktu.

"Bir kez daha böcek muamelesi gördük. Biber gazıyla açlığımızı doyurduk."

Zümrüt ve Selim'in yanlarına oturdu, garsonun uzattığı menüden hızlıca yemeğini seçti. Son birkaç saatte yaşadıklarını, biber gazıyla nasıl püskürtüldüklerini, öğretmenlerin gözaltına alınmasını ve kendisinin de yaklaşık bir saat dil döktükten sonra gözaltı aracından çıkışını anlattı. Eylem alanından biraz daha ileriye yürümek istemişler, ön gruptaki birkaç kişinin taşkınlığı yüzünden su ve biber gazlı müdahaleyle karşılaşmışlardı. Taşkınlığı yapanların öğretmen olduğundan şüphelendiğini söyleyerek konuyu kapattı. Sonrasında ülkeyi kurtaran klasik masa sohbetlerinden birini başlattılar.

Selim ve Zümrüt'ün aklında Ali gelmeden önceki konuşmaları vardı. Şu an başka şeylerden bahsetmelerine rağmen birbirlerini hissediyor, enerjileriyle konuşmaya devam ediyorlardı.

Gecenin sonunda Selim'in tüm ısrarlarına rağmen Ali'yle Zümrüt taksiye bindiler. Selim eve döndüğünde kendini yorgun hissediyordu. Yarın Zümrüt'e söz verdiği gibi yoğun bir programı olacaktı. Duşunu aldıktan sonra uyumadan önce kitabını da yanına alarak yatağına uzandı. Telefonun alarmını kurduğu sırada Bengü'den gelen mesajı gördü. Selim'in maillerine hiç bakmıyor olmasına sitem ediyordu. Şu anda Selim'in önceliği olmayacak bir mesaj ve taleplerde bulunuyordu. Bugün Burcu'yla da hiç yazışmamışlardı. Burcu birkaç gün sonra gelecekti yurtdışından. Bunları düşünmekten kaçarak, kitabını açtı ve sayfaları arasına gömüldü.

Birkaç sayfa okuduktan sonra gözkapakları ağırlaşmaya başlayınca fazla zorlamadı. Abajurun ışığını kapatıp başını yastığına gömdü. Uykuya dalarken tüm enerjisiyle ruhunu Zümrüt'ün yanına gitmeye zorladı. Zümrüt'ün bilmediği evinin bilmediği odasında nasıl uyuduğunu zihninde canlandırmaya çalışarak, onu hayal etti. Yanına uzandı, saçlarını okşadı, kokusunu içine çekti ve uykuya daldı.

Bâtın XXI

Sırların evrensel dili olan sembolizm; gizleyerek açıklar, açıklayarak gizler. İnsanlar, binlerce yıldır, bir düşünceyi anlatabilmek için birçok yollar denediler. Bir düşüncenin anlamını, kademeli şekilde insanların anlayışlarına ve olgunluklarına göre birtakım kalıplar içine koyup sundular. Bazen daha güçlü anlatabilmek için, çoğu zaman koruyabilmek için...

İnsanlık boyunca birçok öğreti ve yaklaşım baskıyla yok edilmeye çalışıldı. Kitaplar, sanat eserleri, bilgiyi, düşünceyi aktaran araçlar her neyse, karşısında olanlar tarafından bazen vahşetle, bazen katliamlarla yok edilmeye çalışılırken, semboller birer sığınak oldular. Semboller sayesinde, bilgi görünenin içinde göze batmadan yaşayabilirken, görünmeyenin mesajını aktarabildi ve sadece gören gözler onu görebildi. Yani doğrudan doğruya bir düşünce, bir bilgi açıklanmamış, üstü âdeta örtülerek bohçalandıktan sonra aktarılmıştır. Sembolizmin bilimsel metotlarla işi olmaz. Bilim cevapları, sembolizm ise soruları arar.

Semboller bilimi, değişik realite planları arasında, görünmez âlemle görünür âlem arasındaki benzeşime dayanır. Sembolizme göre, yüksek düzenin realitesi, daha aşağı seviyedeki bir düzenin realitesi, daha aşağı seviyedeki bir düzenin realitesi ile temsil edilir. Ama bunun tersi olamaz, bir sembol daima, en azından bir üst anlamı ifade etmek için mevcuttur, varlık sebebi budur. Tüm evren tam bir ahenk halindedir ve "Yukarıdaki aşağıdakine, aşağıdaki de yukarıdakine benzer". Dolayısıyla beş duyumuzla algılayabildiklerimizin tümü, aslında görünmez âlemin bir sembolü durumundadır.

O işareti, o resmi, o tiyatro oyununu, o şiiri, o edebi eseri, o halk masalını vs. Herkes kendine göre yorumlayacak ve bir anlam çıkaracaktır. Semboller, sonsuzluğa yönelmemiz hususunda bize sevgiyle yardım ederler. Zira sonsuzdan geliyoruz ve şu dünyadaki yolculuğumuzu sonsuzluğa doğru yapıyoruz. Ve işte semboller, zamanın ölçüsüzlüğünde yolumuzu kaybetmemize mani olan yol gösterici levhaları ve koruyucuları temsil ederler.

*"Olguları yorumlamaya veya inançları anlatmaya yarayan semboller sistemi"*dir.

İnsanlar ilk çağlardan beri sembolleri kullanagelmişler, dönemlerinin, kendilerine göre özel ve gizli kalması gereken bilgilerini, bazı semboller aracılığıyla anlatmışlardır. İlk çağlarda evrenle ilgili bilgiler, psikolojiyle ilgili bilgiler, ezoterik bilgiler hep semboller aracılığıyla aktarılmıştır.

Mitler, efsaneler, folklorik öyküler, masallar ve çeşitli sanat eserleri bizlere bu sembollerin aktarılmasını sağladılar. Da Vinci, Michelangelo, Dali sembolleri ustalıkla kullanan sanatçılara sadece birkaç örnek olurken, nice sanatçı sembolleri kullanmıştır.

Burada karıştırılmaması gereken işaretle sembol arasındaki farktır. Sembol belli bir düşünceyi ve olguyu ifade etmek için kullanılır. İşaretse bir düşünceden çok bir hareketi ya da eylemi ifade eder. Örneğin kırmızı, trafikte dur işaretidir, ama kanı sembolize ettiği için durulması, dikkat edilmesi gereken yerlerde kullanılır. "A" harf olarak bir nidayı işaret eder, ancak sembol olarak boğa çağından beri boğayı sembolize eder, çünkü ters dönmüş düşünürsek ∀, boğa başına benzer.

Sembollere geri dönersek, her sembolün, kendi döneminde bir düşünceyi anlatmak için kullanıldığını söylemek gerekir. Başka bir deyişle bir sembolü yorumlarken kendi döneminde ele almak gerekmektedir.

Sembollerle ilgili olarak bilinmesi gereken bir husus da, bir sembolün birden fazla anlamı olabileceğidir. Kişinin tekâmül seviyesine göre sembollerin içindeki derin anlamı anlaması olanaklı olacaktır. Bir başka deyişle sembollerin açıklamaları çeşitli seviyelerde olabilir, bunların anlaşılması ancak o yolda alınan yolla orantılıdır.

Efsanelere, kutsal metinlere ve menkıbelere işlenmiştir. Onların anlamını bilenler, onları deşifre ederek gizli anlamlarına kavuşmuşlardır. Ayrıca, harfleri sayılara, sayıları harflere çeviren çeşitli şifreler, çeşitli kavramları ifade eden geometrik şekiller, piktogramlar ve ideogramlar geliştirilmiş, her nesneye ve canlıya çeşitli mecazi anlamlar verilmiştir.

Semboller basit veya karmaşık şekillerden meydana gelebilir. Bunlar, sayı, harf, geometrik bir şekil, doğadaki bir canlı, eşya veya bunların birleşimlerinden oluşabilir. Hepsinin üzerinde bir düşünce gücü yüklüdür ve kesinlikle rastlantısal özellikler taşımazlar. Semboller ilgisizlere fazla bir şey ifade etmezler. Fakat anlayanlara ifade ettikleri anlamlar çok derindir.

Semboller, farklı tecrübe düzeylerine ulaşmamızı sağlarlar ki onlar olmadan bunlar sonsuza dek bizlere kapalı kalırlardı. Çünkü onların bilincine bile varamazdık. Sembollerin temel işlevi, farklı şekillerde ulaşılamaz hakikatlerin düzeyine varmaya ve hiç düşünülmemiş bakış açılarını insanların anlayışına sunmayı sağlar.

Sembolizm, bir düşüncenin veya olayın sayılar ve şekillerle anlatılmasıdır. Bir açıdan kullandığımız harfler ve rakamlardan tutun, etrafımızda gördüğümüz geometrik şekillerde, doğanın yarattıklarında ve oluşlarda dahi sembolizmi görebiliriz. Fakat bizler genellikle bunları taşıdıkları anlamlardan çok, karşımızdakilere bildiklerimizi aktarmak için kullanırız. Oysa her harfin, rakamın, geometrik şeklin taşıdıkları anlamlar ve enerjiler vardır. Sembolizmin en önemli yanı, bir sembole yüklenen anlamın yıllarca değerini kaybetmeden korunabilmesidir.

Haç, Ankh, Çintemani'den kırmızı güle, beyaz çarşafa, kıyafetlerden takılara nereye bakarsan bak sembolleri bulursun. Onları okuyabilmek ve anlayabilmek, yaşamın gizlerinde bambaşka kapılar açar. İnsanlığın varoluşundan bu yana, insanlar bilgilerini ve düşüncelerini sembollere işledi, sembollerle yaydı, nesilden nesile taşıdı.

İnsan, doğaya bakarken, şehirlerin sokaklarında gezerken, binalara, tarihi eserlere bakarken, müzeleri dolaşırken sembollere dikkat ederse, zihninde bambaşka ufuklar açabilir. Çünkü görünmeyen, ustalıkla görünene işlenmiştir, görebilen gözler için...

Zâhir 21

Selim-Burcu

"Bence ayrılma vakti geldi. Ne kadar zorlasak da devam edemeyiz."

Burcu, zihninde defalarca canlandırdığı bu ayrılık sahnesini şimdi canlı canlı yaşıyordu Selim'in karşısında. Salondaki L koltuğun ortasında oturuyordu. Üzerinde havaalanından geldiğinden beri aynı kıyafetleri vardı. Aynı makyaj ve aynı takılarla duruyordu hâlâ. Birazdan geldiği gibi gidecekti sanki. Güçlü bir duruş sergiliyordu ama yüzü, gözleri bambaşka konuşuyordu. Acı çekiyordu. Cümlelerini kurarken Selim'in gözlerine bakamadı. Ağlamak üzere olduğunu görsün istemiyordu. Sesinin titrekliğini kontrol ederken, kararlılığını zedelemekten çekiniyordu.

Yurtdışına gittiği andan itibaren evliliğini sorguladı. Selim'i çok seviyordu ama evlilikleri iyi gitmiyordu. Kendi hayatında bir şeylerin değişmesi gerekiyordu. Kendi içindeki dalgalanmaları, sıkışmışlığını, yalnız kaldığında açıklıkla yüreğine baktığında yakından gördü hakikati. Yıllardır birbirlerinin bağlayıcısı olmuşlardı. Burcu uçmak istiyordu. Kendini yeniden bulmak... Konfor alanını terk etmeyi göze alarak tek başınalığını yaşamaya ihtiyacı vardı. Belki başka bir ilişki de yaşayabilirdi ama Leonardo aklında bile değildi. Aksine yeni bir ilişkiyi hiç mi hiç istemiyordu. Son yıllarda ne kadar çok acı çektiğini, bunu nasıl kapatmaya çalıştığını anladığında çok derin bir acı hissetti.

Selim'le birlikte güzel şeyler paylaşmışlar, birlikte çok şey başarmışlardı. Altın yürekli bir adamdı o. Çok ama çok iyi bir insandı. Her kadının birlikte olmak isteyeceği bir erkekten vazgeçebilmeyi göze alıyordu Burcu. Durumu etrafındaki insanlara anlatması, çocuklara açıklaması kolay olmayacaktı. Küs değillerdi, kavgalı değillerdi, onu çok seviyordu. Birçok insan için anlaşılabilir olmayacaktı ama sevgi yetmiyordu işte. En büyük korkusu Selim'in hayatından çıkıp gitmesi olasılığıydı. Selim'in hayatından çıkmasını değil sadece kocası olmamasını istiyordu. Hatta Selim'e bu süreçte daha fazla ihtiyacı olacaktı. Onsuz kalmak korkutucuydu.

Günlerce sil baştan düşündü her şeyi... Tarttı ölçtü, biçti ve sonrasında olacaklarla ilgili farklı senaryolar yazdı. Evliliğine devam edebilirdi ancak devam ettiğinde sadece kendine değil, Selim'e de ihanet etmiş olacaktı. Belki Selim'e aşkı hissettirip ona hak ettiği gibi bir ilişki sunabilecek başka biri girebilirdi hayatına. Evlilikleri devam ettiği sürece ikisi de yıpranacak, eksilecekti. Birçok arkadaşı bu koşullarda evliliklerini bitirmeyi göze alamıyor, evliliklerini zorla sürdürüyorlardı. Bazıları yasak ilişkilerle, bazılarıysa karıkoca sürekli hır gür içinde yaşayarak korkaklıklarının bedelini ödüyorlardı. Sorumluluklar büyük bir yalandı. Beceremeyeceklerine inandıkları şey boşandıktan sonra birbirlerinin hayatlarında kalabilmeleriydi. Ayrılmak dendiğinde, boşanmak kelimesi kullanıldığında birbirlerinin hayatından tamamen çıkmak anlaşılıyordu sadece. Oysa olması gereken bu değildi. Evliliğin çok majör bir sorun olmadıkça sürdürülmesi gerektiğine, düzenin bir şekilde devam etmesine ve zaten evliliğin böyle bir şey olduğunu savunanlara inat, Burcu kararını uygulayacaktı. Evliliğin bitmesi, ilişkinin bir başka boyuta geçişi olacaktı. Hele ki çocuklar varken ilişkileri hep devam edecekti. Üniversite mezuniyetlerinden düğünlerine kadar onların yanlarında olacaklardı. Karıkocadan önce anne babaydılar... Yaşlandıklarında da birbirlerine değer veren, birbirlerini çok seven iki insan olarak sarılabilir, sohbet edebilirlerdi yine. Burcu'nun kestiremediği, korktuğu tek şey Selim'in tepkisiydi.

İstanbul'a dönmeden önce avukatıyla görüşmüş, konuyla ilgili çocuklarıyla bir ön görüşme yapmıştı. Aralarında bazı sorunları olduğunu, bu konuşmayı babalarına haber vermemelerini istemişti. Ortada henüz resmi bir şey olmadığını söylemişti onlara. Burcu kısa bir süre sonra Amerika'ya yerleşmeyi planlamıştı. Türkiye'ye dönmeyecekti.

Son iki haftada yaşadıklarını, düşüncelerini, hissettiklerini, hepsini olduğu gibi Selim'e anlattı. Selim sadece dinledi. Arka arkaya yaktığı sigaraları derin derin içine çekerken gözleri doldu, yüreği kabardı. Burcu'ya kahve yaptı, ona kahve likörü doldurdu. Kendisi viskisini yudumladı. Burcu konuşurken kâh salonun bir köşesinden diğerine yürüdü, kâh oturdu, kâh ayakta durup sırtını duvara yasladı.

Burcu ilk etapta içinde biriktirdiği her şeyi olduğu

gibi söyleyip sustu. Selim'in vereceği ilk tepkiyi, yüreği ağzında bekliyordu. Kendini iyi hissetmiyordu, düşündüğünden çok daha zordu. Karşısındaki insanı bu kadar severken bunları söyleyebilmek çok acı veriyordu. Selim'i kırmaktan, sonrasında acı çekmesinden delicesine korkuyordu, o yükü taşımak çok zor olacaktı.

Burcu, derin bir sessizliğe daldığında Selim de alnını bahçeye açılan sürgülü cam kapıya dayamış, bahçeyi seyrediyordu. Neo, Selim'in sabah verdiği kemikten arta kalanları gömmek için toprağı kazıyordu. Bakışları bahçedeki çınar ağacının altındaki koltuğuna yöneldiğinde, Leonardo ile Burcu'nun yazışmalarını okuduğu o anlara gitti. Sonrasında yaşananları zihninden geçirdi. Zümrüt'ü düşündü. Bengü'yü ve evliliği boyunca hayatına girmiş bütün kadınları... Çocuklarını, kendi ailesini, iş hayatını, yaşanmışlıklarını... Son dönemden başlayıp gittikçe genişleyen hızlı bir kısa film dönüyordu zihninde.

Zümrüt'e duyduğu hisleri düşündüğünde olmasını istediği şey aslında Burcu'nun bu söyledikleriyle birlikte kendiliğinden oluşuyordu. Tek başınalığına geçiş yapacaktı. Belki Zümrüt'ü kazanacaktı, yeni hayatı için ihtiyaç duyduğu ve doğru olan başlangıç için Burcu bu adımı atmıştı. Zümrüt'ün yanındayken bu anı hayal etmiş olsaydı büyük ihtimalle rahatlama hissederdi ama şu an canı yanıyordu.

Burcu'yu gerçekten seviyordu. Onunla büyümüştü, hayalini kurduğu başarılarını gerçekleştiğinde Burcu hep yanındaydı ve destekçisiydi. Aşkıydı, sevgilisiydi, sevişmeye doyamadığı kadındı. Yoksa değil miydi? Zümrüt'e karşı hissettiklerini daha önce hiç deneyimlemediğini biliyordu ama ilişki anlamında daha hiçbir şey paylaşmamışlardı Zümrüt'le. Nasıl olacaktı sonrası? Her şey çok güzel olsa bile bir gün gelecek Zümrüt'le şu anı yaşayacak mıydı? Burcu'nun yerinde Zümrüt mü oturuyor olacaktı? O zaman var olanı yıkmanın ne anlamı vardı ki?

Bir yanda konforlu güvenlik alanı, diğer yanda gelecekle ilgili bilinmeyen sayısız olasılıklar... Her yeni seçim, diğer seçimdeki tüm olasılıklardan vazgeçmek demekti. Oysa insan, hepsini istiyordu, mümkün olmayanı... Her vazgeçiş bu yüzden çok acı veriyordu, acı yaşamamak için olması gereken vazgeçişten vazgeçiliyordu.

Bu anın yaşanmasında başrol kendisindeydi. İlk o uzaklaşmaya, kopmaya başlamıştı. Burcu da tutamamıştı onu. Uzaklaşmasının nedenlerinin arasında Burcu'nun yaklaşımları da vardı. Suçluluğu hissederken yine ikilemler duyuyordu. Ne geçmişin ne de aslında kimin suçlu olduğu sorgulamasının hiçbir önemi yoktu şu anda. Ölümcül hastalığını öğrenmiş umutsuz bir hastanın geçmişini sorgulamasının hiçbir anlamı olmadığı gibi. Hayat akıyordu, sürekli değişiyordu, insanın olayları, sonuçları nasıl karşıladığı, nasıl durduğu kaderi oluyordu. Hayatın içinde her şey vardı. Şu an da virajlardan geçme zamanıydı. Gitme zamanı...

Burcu, dakikalardır Selim'in tepkisinin ne olacağını bekliyordu. Sessizlik acıtıyordu, gözlerinden yaşlar süzülmeye başladı. Çok zordu. Yerinden kalkıp, Selim'e arkasından sımsıkı sarılarak yüzünü omuzlarına gömmek istiyordu. Ona sarılmaya öyle çok ihtiyacı vardı ki...

Selim alnını camdan kaldırdı. Jaluzileri indirdi. Müzik setinin yanına gidip telefonunu sisteme bağladı. Burcu'yla yatağa uzanarak dinledikleri şarkıların listesini açtı. İlk çalan Kazancidis - Iparho oldu. Yavaş yavaş Burcu'ya yaklaştı. Burcunun tam önünde durdu. Burcu başını kaldırdı, göz gözeydiler. Gözleri çok şey anlatıyordu. İkisinin de gözleri dolmaya başladı. Doldu taşmaya... Aynı anda birer damla gözyaşı yanaklarından süzülürken Selim Burcu'nun ellerinden tutarak onu ayağa kaldırdı ve sıkıca sarıldılar. Dans eder gibi ayakta birbirlerine sarılmış halde ağlıyorlardı. Selim, Burcu'nun başını göğsüne bastırdı. Burcu da Selim'in vücudunda en sevdiği yere, boynuna yüzünü sakladı. O kadar sıkı sarılıyorlardı ki, bedenlerini, yüreklerini bütünüyle hissediyorlardı.

Selim, Burcu'nun şakaklarını, kulağını, boynunu kokluyor, öpüyordu. Yanaklarından süzülen gözyaşlarını dudaklarıyla kurutuyordu. Selim başını kaldırarak, Burcu'nun yüzünü avuçlarının arasına aldı. Burnunu burnuna yaslayarak, ağlayan gözlerine baktı:

"Seni seviyorum." dedi.

Burcu da içi yanarak aynı kelimelere karşılık verdi kocasına. Tekrar sarıldıklarında, artık yeni bir dönemin başladığını biliyorlardı. Bugüne birlikte varmışlardı, birlikte altından kalkacaklardı. İkisini de en çok üzen, birbirlerinin üzüldüklerini görüyor olmalarıydı.

Birbirlerinin bedenlerinden ayrılmadan kanepeye oturdular. Burcu, Selim'in dizlerine uzandı, yüzünü Selim'in karnına yasladı. Selim, Burcu'nun gözlerine bakarak uzun bir konuşmaya başladı. O da içindekileri dökmek istiyordu.

"Seni seviyorum. Seni anlıyorum. Kolay değil. Çocuklarımızı birlikte büyüttük. Uzun yılları birlikte paylaştık. Neo'yu beraber bulduk. Nasıl oldu da böyle uzaklaştık, nasıl oldu da bu hale geldik? Bil ki her zaman yanında olacağım, her ihtiyacın olduğunda, sen beni her çağırdığında."

Burcu'nun yüzündeki ağlamaklı ifadeye acılı bir tebessüm eklendi. Ürkek çocuklar gibi sordu:

"Evime gelebilecek miyim? Türkiye'ye, İstanbul'a geldiğimde eşyalarımıza dokunabilecek, Neo'ya sarılabilecek miyim? Akşamları bahçede şarabımızı içebilecek miyiz?"

Bu sorunun cevabını şimdiden geleceği düşünerek vermek zordu. Şu anki hislerine güvenerek yanıtladı Selim:

"Burası ikimizin evi ve öyle kalacak. Ne zaman istersen…"

Yeniden ağlamaya başladılar. Selim'in mutfaktan getirdiği rulo havlu neredeyse bitecekti. Burcu burnunu silerken hıçkırıkları sakinleşmişti. Selim yeni bir endişesini fark etti. Ya bu anlar bir yanılsamaysa, ya bir süre sonra Burcu, yanlış bir karar verdiklerini söyleyip geri dönerse. Belki de şu anda Selim'in yapması gereken şeyler vardı, Burcu'yla ilişkisini sürdürebilirdi. Duygusallığın esaretinde yeniden evliliği kurtarmayı isteyebileceğini sanıyordu. Tereddüt ettiği halde yine de sordu:

"Birbirimizi bu kadar seviyorken, ayrılmak bu kadar acıtıyorken tekrar mı denesek? Emin misin, emin miyiz? Dönüşü olmayan bir karar veriyoruz."

Sorusunu güçlendirmek ve gelgitler arasında bir görünüp bir kaybolan kızgınlığının etkisiyle Burcu'nun canını acıtarak sonuçları ona da göstermek için biraz yüklendi:

"Sonuçta gideceksin ve yalnız bir hayata başlayacaksın. İkimiz de yeni ilişkilere başlayacağız, belki evleneceğiz. Birbirimizin düğününü göreceğiz. Belki Leonardo hiç olmasaydı, hayatına sokmasaydın bu duruma gelmeyecektik."

Kendisi bile yaşadıkları bu durumda Leonardo'nun hiçbir etkisi olmadığından eminken, karısının canını acıtarak kendi sorumluluğunu hafifletmek istiyordu.

"Hâlâ Leonardo mu diyorsun? O bir sonuçtu, sebep değil. Ben bile şu anda onları nasıl yazdığımı anlayamıyorum ama yazacak duruma gelmişsem zaten asıl mesele orada. Ayrıca denedik, hiçbir şey değişmedi. Sen de biliyorsun. Bugünün önünde sonunda yaşanacağını senden uzaktayken çok iyi anladım. Hem sen daha biz ayrılmadan nasıl yeni bir ilişki düşünebiliyorsun. Ben aklıma bile getiremiyorum, getirsem de midem kaldırmıyor. Sen yeni dönemine hazırlanmışsın bile. Küpeni, dövmeni görmedim sanma."

Dövmesiyle, küpesi aklına bile gelmemişti Selim'in.

"Ne alakası var. Kendime biraz daha fazla zaman ayırıp, kendimi dinlemeye başladım o kadar. Ayrıldıktan sonra yeni ilişkiler yaşamamızdan doğal ne var ki? Hem bilirsin ben çabuk kompartıman değiştiririm."

Doğru söylüyordu. Selim çabuk kompartıman değiştirirdi, Burcu da bunu iyi biliyordu. Selim'in başladığı bir iş ya da yatırım başarısız olduğunda sanki o iş hiç yapılmamış o başarısızlık hiç yaşanmamış gibi hemen yeni bir projeye başlıyor, öncekini gündemine bir kez olsun taşımıyordu. Bir şey bitmişse bitiyordu.

Selim'in yeni bir ilişkiye başlama ihtimali şu an Burcu'nun çok canını yakıyordu ama olacaktı. Bir gün Selim, bu kanepede başka bir kadınla uzanacaktı. Selim'i dengeleyen fazladan bir şey vardı: Zümrüt'ün varlığı. Şu an ne kadar acı çekiyor olsa da, sonrasında, Burcu gittiğinde Zümrüt kalacaktı geriye. Zümrüt olmasa bile hayatında bir başka Zümrüt yaratacağını çok iyi biliyordu Selim. Burcu'ya daha çok üzüldü. O gerçekten yalnız kalacaktı. Kendisi yeni bir ilişkiyi başlatırken, ayrılık acısını bertaraf ediyor olacaktı. Selim başka bir kadında teselli bulurken Burcu yalnız kalacak, üzülecekti. Bu farklı, yeni bir suçluluk duygusuydu.

Gün boyunca kanepede yer değiştirerek konuşma devam ettiler. Bazen birbirlerinin bedenlerine uzandılar, bazen yan yana oturdular. Sarılmaktan hiç vazgeçmeden konuşup ağlaşıyorlardı. İçlerinde kalanları döküyorlardı. Anıları hatırlıyorlardı, detayları tartışıyorlardı. Ara sıra onca gözyaşının arasına tatlı gülüşler de sızıyordu.

Selim, bir an durdu. Şu ana kadarki bütün davranışları Burcu'nun Selim'ine aitti. Asıl olduğu Selim böyle mi davranırdı? Kısmen evet, kısmen hayır... Yerinden kalkan Selim, odanın içinde biraz yürüyüp volta attıktan sonra bu kez kanepenin uzak köşesine geçip oturdu.

"Burcu, bundan sonra nasıl ilerleyeceğiz? Avukatınla görüştüğünü söylemiştin. Hızlıca işlemleri başlatalım. Sürecin uzatılması anlamsız olur. Hiçbir boşanma kolay değil, duygusal olarak. Şu anda yaşadığımız acı o kadar doğal bir acı ki. Bu evde geçirdiğimiz yıllar, bu eşyalar, anılarımız, paylaştıklarımız, yaşadıklarımız. Bu acıdan kaçmayacağız. Üzülerek, kahrederek değil, kutsayarak yaşayacağız. Birbirimize kızarak, öfkelenerek değil, sarılarak.

Sonuçta birbirimizin hayatından çıkmıyoruz. Sevgiyi ve dostluğu kaybetmek korkusuyla ilişkilerinde devam etmeyi seçen milyonlarca çiftten biri olabilirdik ama değiliz. Son yıllarda bir dostla, arkadaşlarla, anneyle, kardeşle paylaşacaklarımızdan daha farklı bir şey paylaşmadık ki.

Bu paylaşımları sürdürmek için evli olmamız gerekmiyor. Haklısın."

Burcu yattığı yerden doğrulmuş, Selim'in dediklerini algılamaya çalışıyordu. O kadar çok ağlamışlar o kadar çok konuşmuşlardı ki uyuşturucu kullanmış gibi, kafası vücuduna, zihni ruhuna ağır geliyordu. Selim'in son cümleleri Burcu'ya kendini daha iyi hissettirdi.

Birbirlerini tetikliyorlardı. Biri ağladığında diğeri ağlıyor, biri sağlam durduğunda diğeri de sağlam duruyordu. Birbirlerini aynalıyorlardı âdeta. Burcu uçağa binip gitse yine hızlıca kendi hayatlarına döneceklerdi. Ayrılık, onlara daha iyi geliyordu. Şu anda bulundukları ortam, birbirlerinde gördükleri geçmiş, yüzlerce unutulmayan anı, durumu dramatikleştiriyordu. Nice insan, insani duygulardan ve doğal acılardan korkup kaçındığı için, kendisini her gün yok eden seçimlerini ısrarla sürdürüyordu. Bu durum da içine düştüğümüz bir başka illüzyondu.

Burcu doğrudan sürecin nasıl işleyeceğini anlatmaya başladı:

"Avukata vekâlet vermem gerekiyor. Mahkeme başvurusunda birimizin olması yeterli… Vekâleti verdikten sonra birkaç parça eşyamı toplayıp gideceğim. Burada kalan eşyalarımı kolilerle boş odalardan birine koyarız. Yurtdışına yerleştiğim zaman kargoyla ya da geliş gidişlerimde peyderpey götürürüm. Mahkeme olmadan ailelere, çocuklara hiçbir şey söylemeyelim. Onları hazırlayalım. Bir iki gün sonra birlikte internet üzerinden görüntülü bir konuşma yaparız. İstersen yakın dostlarımızı çağırıp ben gitmeden ayrılığımızı paylaşabiliriz."

Soğukkanlılıkla süreci anlatmaya çalışırken sesi titriyordu Burcu'nun. Ayrılmaya karar verdikleri, konuştukları ve ilk gün yaşadıkları çalkantı çok olağandı. Uzun zamandır bu anları yaşamamak için bitişi ertelemiş olduklarını düşünüyordu Selim. Acıyı kutsamak için ne kendinin ne de Burcu'nun frene basmasına izin verecekti. Selim, şu anları daha derin yaşayıp, içinde kalan acının boşalmasını istiyordu. Kendi çalışma odasına çıktı. Yıllardır çekmecelerden çıkartmadıkları gençlik fotoğraflarını, flört zamanlarına ait hatıra eşyaları ve geçmişten iz taşıyan ne varsa alabildiği kadarını yanına alarak salondaki kanepeye geri dönmek üzere odadan çıkarken aklına Zümrüt geldi. Telefonu cebinden çıkarıp,

"Eşimle ayrılıyoruz" yazdı ve yolladı. Aynı mesajı Aslı'ya da iletti. Biri artık kendince aradaki engelleri ortadan kalkan yeni aşkı, diğeri ezeli dostuydu.

Salona indiğinde Burcu yoktu. Seslendi. Bir an için Burcu'nun gitmiş olacağını düşündü ama tuvaletteydi. Geldiğinden beri ilk kez tuvalete gitmişti. Selim de, Burcu tuvaletten çıkana kadar, albümleri, mektupları, objeleri sehpanın üzerine yaydı. Çalan şarkı listesini değiştirdi. Daha acıklı şarkılar seçmeye çalışıyordu ama öyle bir liste yoktu. Telefonun içinde başka başka listelerin arasında dolanıp bakındı. Gidişata göre şarkıları kendi seçecekti. Hava kararmıştı, hiçbir ışık açmadı, sadece saat otomatlı açılan bahçedeki lambaların aydınlığı vardı o kadar.

Acıdan kaçmak, sadece acıyı derinleştirirdi. Burcu tuvaletten geldiğinde, Selim sehpanın üzerindeki mumları yakıyordu. Biraz önce eve alınan Neo da çoktan kanepeye yayılmıştı. Burcu önce Neo'ya sarıldı. Neo da hemen sırtüstü dönüp göğsünü Burcu'ya kaşıttı. Burcu gülerken ağlıyordu. O kadar sevgi doluydu ki Neo'yu ilk aldıkları günlerdeki Burcu'yu görüyordu Selim. Yıllar nasıl da değiştiriyordu insanları, duyguları, algıları... O kız nereye gitmişti, Selim nereye gitmişti? Selim, Neo'nun önünde dizlerinin üzerine oturdu, ikisine birden sarıldı. Neo bir şeylerin ters gittiğini anlamış, şımarıklığı bırakmıştı. Sanki üçü birden ayrılıklarına ağlıyorlardı.

Birkaç gün sonra verdikleri ayrılma kararını etraflarındaki insanlara da açıkladılar. O akşam Serpil, Neslihan ve Murat içkileri ellerinde, çınar ağacının altında kendi aralarında tartışıp durumu anlamaya çalışıyorlardı. Aslında bir şey anlayamamışlardı ve anlamayacaklardı. Muhtemelen açıklayamayacakları bir şey olmuştu. Selim ve Burcu, yakın arkadaşlarına ortak bir mail atmışlar onları eve barbekü partisine davet etmişlerdi. Paylaşmak istedikleri bir haberleri olduğunu belirtmişlerdi. Mail grubunda türlü spekülasyonlar dönmüş, bazıları yeni bir bebek mi geliyor diye bile sormuştu.

Davetlilerin hepsi geldikten sonra, henüz barbekü yakılmadan ilk içkilerin ikramı sırasında Selim ve Burcu ayrılmaya karar verdiklerini birlikte, el ele açıklamışlardı. Ardından birbirlerini çok sevdiklerini, kötü bir şey yaşamadıklarını, sadece bu evliliği bitirmeye karar verdiklerini söyleyip, hiçbir şey yokmuş, tıpkı eski davetlerde yaptıkları gibi geceye ve akışa karışmışlardı. Hâlâ birbirlerine seslenirken, "aşkım" diyorlar, her fırsatta el ele tutuşup, sarmaş dolaş oluyorlardı.

Aslı mesajı aldıktan sonra Selim'e cevap göndermiş ve dönmesini beklemişti. İki gün sonra Aslı'yı arayan Selim, konuyu hiç uzatmamış ve durumu özetleyerek kapatmıştı telefonu. Zümrüt'le yaptığı telefon görüşmesi çok daha uzun sürmüştü. Aslı'nın âşık olduğu adam gözlerinin önünde boşanıyor, yıllardır beklemekten korktuğu o an sonunda gelip çatıyordu ama gel gör ki adam başka bir kadına gidiyordu. Aslı, Selim'in bir düğününe ve yeni bir aşkına daha tanıklık edemezdi, etmeyecekti.

Selim ve Burcu, kalabalığın içinde göz göze geldiklerinde ağlamaklı olduklarını fark ettikleri an uzaklaşıyorlardı birbirlerinden. Ayrılmaya karar verdikleri günün ardından birkaç gün evden çıkmadılar. Ağladılar, sarılıp uyudular, geceleri beraber yanak yanağa yattılar. Diğer yandan da yasal süreci işletiyorlardı. Dördüncü günün sabahında aile avukatı Akif Bey, bütün şıklığı ve ciddiyetiyle, vekâletnameyi getirdi eve. İkisi de protokolü imzaladılar, başvuru dilekçesini hazırladılar. Anlaşmalı ayrılıyorlardı, hiçbir mal paylaşım, velayet, nafaka sorunu konuşulmuyordu.

Bir gece önce protokolün şartlarını konuşurlarken Burcu herhangi bir şey yazmaya gerek olmadığında ısrar etmiş, en güvendiği protokolün Selim'in yüreğinde durduğunu söylemişti. Selim, ölümlü dünya diyerek ısrarcı olmuş, yazılı bir şey imzalanması gerektiği konusunda ısrarcı davranmıştı. Burcu hiçbir talebi dile getirmeyince, Selim mal paylaşımından nafakaya bütün esasları ve rakamları kendi yerleştirmişti protokole. Belki de gereğinden fazla adil davranmıştı ama Burcu'yu kendinden ayrı görmüyordu. Gelecekte onun refahı, kendisininkinden daha öncelikliydi. Hatta avukat Akif Bey, evrakları toplarken "Emin misiniz?" diye sorma ihtiyacı hissetmişti Selim'e... Pek çok çiftin boşanma avukatlığını yapmıştı

Akif Bey. Severken ayrılanlara da tanıklık etmişti ama böylesini görmemişti. İmzaları atarken Burcu'nun eli ağlamaktan sarsılıyor, Selim ona sarılıyordu. Akif Bey evraklardaki boşlukları doldururken, ayakta sarmaş dolaş duruyor, birbirlerini öpüyorlardı. Türlü senaryolar geliyordu insanın aklına, acaba tehdit mi ediliyorlardı, vergi borcu yüzünden, yasal bir nedenden dolayı mı yoksa ölümcül hastalık gibi bir sebepten mi ayrılıyorlardı. Etraflarındaki kimsenin anlayamayacağı gibi, Akif Bey'in aklından da bunlar geçiyordu.

Avukat gittikten sonra, Berk ve Pelin'le internet üzerinden görüntülü görüştüler. Ne karar alırlarsa alsınlar, aralarının iyi olduğunu çocuklarına göstermek istemişlerdi. Burcu, çocukların yanına gittiğinde biraz daha detay paylaşacak, dava tamamlandıktan ve resmen boşandıktan sonra anlatacaktı. Başka kimseye, aile büyüklerine verecekleri hesapları yoktu. Her çekirdek aile bağımsız, kendi içinde kendi dinamikleriyle yaşıyordu. Onlar da evlendikleri günden bu yana hep bu prensibi uygulamışlardı.

Burcu'nun gitme tarihi yaklaştığında arkadaşlarına davet metnini birlikte yazdılar. En zoru da Burcu'nun bavullarını hazırlamaktı. Eşyalarını birlikte topladılar. Burcu evini terk ediyordu, evindeki eşyalarını alıyordu. Selim, Burcu için çok üzülüyordu. Sevdiği evinden, yuvasından, bahçesinden, kendi eliyle ektiği çiçeklerinden ayrılıyordu Burcu...

Acıyı hafifletmek için Selim, Burcu'ya sürekli daha fazla eşya almamasını zaten sık sık geleceğini, bu evin her zaman için Burcu'nun evi olduğunu söyleyip duruyordu. Gerçekten Burcu evde kalmak isteseydi, kendisi çıkıp gitseydi, daha az acı çekecekti.

Burcu'nun Gençlik yıllarında, çocukluğundan kalan eşyaları kolilerken Burcu, o yaşlarda hayalini kurduğu evliliği yakalamış, şimdiyse bitiriyordu. Belki bir daha hiç evlenmeyecekti, belki yalnız ölecekti, belki delice pişman olacaktı ama korkarak saklanamazdı. Denemek, görmek zorundaydı. Her seçim, her türlü sonucu getirebilirdi. Olması gereken olacaktı.

Geceleri yatağa uzandıklarında, karanlıkta, birbirlerinin yüzüne bakmadan sorular soruyorlardı birbirlerine.

Burcu "Gerçekten biri var mı hayatında en azından aday var mı?" diye sordu bir defasında.

"Bir ilişkim yok. Adayım var mı, bilmiyorum. Zaman gösterecek." dedi Selim de. Zümrüt konusunu açamıyordu. Burcu gidene kadar kendisini bile uzak tutmuştu Zümrüt'ün hayatından. Zümrüt, Selim'in mesajına cevap vermemişti.

"Sonradan pişman olmayacaksın değil mi? Eminsin değil mi? Yapabileceğim bir şey var da yapmıyor muyum diye endişeleniyorum." dedi Selim.

"Kararımda bir değişiklik yok. Hata yok. Sadece süreci yaşarken içim acıyor. Seni seviyorum, hayatımda hep olmanı istiyorum."

"Ben de seni seviyorum Burcu. Son nefese kadar ne zaman ihtiyacın olursa yanında olacağım. Senin yanımda olacağını da biliyorum."

Arkadaşlarının hepsi gittikten sonra bahçede oturdular. Kendilerine küçük bir meze tabağı yapıp, bir de ufak rakı açtılar. Yarın Burcu gidecekti ve sanki bu geceye sığdırabilecekleri kadar çok şey sığdırmak istiyorlardı.

Sezen Aksu-Akşam Güneşi'ni açtılar. Burcu'nun her

rakı masasında mutlaka çaldırdığı şarkıydı. Birliktelikleri, ortak hayalleri batıyordu. Az konuştular, uzun uzun birbirlerinin ellerini avuçlarının arasına alıp bakıştılar. Ara sıra peçeteyle gözlerindeki yaşları sildiler. Biliyorlardı ki, bir daha böyle bir rakı masasını karıkoca olarak paylaşamayacaklardı. Sandalyelerini yaklaştırıp sarıldılar. Selim, derin derin Burcu'nun kokusunu içine çekerken, Burcu avucunda tuttuğu Selim'in ellerini öpüyordu. Şarkı bittikçe bir Sezen Aksu'dan, bir Orhan Gencebay'dan çalıyordu Selim.

Yatağa girdiklerinde, son kez birlikte uyuyacaklarının da farkındaydılar. Nefeslerini kesecek kadar birbirlerine sıkı sarıldılar. Sekse dair hiçbir şey yoktu aralarında, uzun zamandır da olmamıştı zaten. Birbirlerine sevgi yüklü iki bedenin, iki ruhun sarılışıydı.

Ertesi sabah çok daha zor olacaktı. Burcu kapıdan çıkarken Neo'yla ve Selim'le uzun uzun vedalaştıktan sonra seri hareketlerle taksiye binip uzaklaşacaktı. Selim'in onu havaalanına götürmesini istemeyecekti. Burcu'nun gidişinden sonra Selim de odasına çekilip böğüre böğüre ağlayacak, acısını dibine kadar kustuktan sonra bahçeye çıkıp Zümrüt'ü arayacaktı. Evet... Bunların hepsi yarın sabah olacaktı.

Şimdiyse son kez yan yana uyuyacaklardı. Belki hiç zamanı değildi ama Selim konuşmak istiyordu. Zümrüt'ü anlatmak, paylaşmak... Zümrüt'ten bahsetmeyerek dürüst davranmamış olacaktı Burcu'ya... Yarın gittiğinde pişman olup geri dönme ve yeniden bu ilişkiye başlama ihtimalinin Burcu'nun aklının bir köşesinde kalmasını istemiyordu. Öyle olmasa bile Burcu'nun yalnız kaldığı zamanlarda

"Selim acı çekiyor mu?" diye üzülme ihtimalini de ortadan kaldıracaktı. Söylemek istemesinin bir diğer sebebi de, kendini koşullandırmak istemesiydi. Zümrüt'ün hayatındakini payını artıracak, şu anda aslında ortada bir şey yokken enerjiyi genişleterek Zümrüt'ü yaşama olasılığını yükseltecekti.

Birkaç dakika sonra Selim yatakta son kez uyuduğu karısına, telefonundan Zümrüt'ün resimlerini gösteriyordu. Selim ortaya yeni ilişkilere başlama ihtimalleriyle ilgili bir cümle savurduğunda Burcu daha fazlası olduğunu görerek üzerine gitti. Zaten açılmaya hazır olan Selim, anlatmayı istediğinden çok daha fazlasını anlattı. Zümrüt hakkında bildiği, hissettiği her şeyi...

Burcu, bu kadar erken olmasından çok, kocasının genç bir sevgili adayı bulmasından dolayı sarsıldı... Ayrıca rahatlamıştı da. Selim'in kompartıman değişikliğine bu kadar kolay ve çabuk hazırlanması, Burcu'nun ayrılma kararının doğruluğunu göstermişti. Ayrıca, Selim'i üzdüğü için veya zor durumda bıraktığı için üzülmesine de gerek kalmamıştı, kendini rahatlamış hissediyordu. Kadınlık gururunun sesini ne kadar kısmak isterse istesin kısamadı. Genç, taze bir kız... Selim aradığını bulamayacak diye düşündü.

Abajuru kapatıp, yeniden sarıldıklarında duygular daha da karışmıştı. Öyle ya da böyle yarın sabah yeni bir yolculuğa çıkıyorlardı.

Bâtın XXII

Genç bir adam, bilge bir kişi olmak istiyordu ve bu isteğini gerçekleştirebilmek için ülkenin en büyük bilgesine gitti.

"Ben de bilge olmak istiyorum, bu konuda işe nereden başlamalıyım, ne yapmalıyım?" diye sordu.

Bilge genci süzdü ve şöyle cevap verdi:

"Her akşam aynanın karşısına geçip, 'Ben neyim?' diye sor. Bu soruyu her gün tekrarla ve beş yıl sonra bana gel."

Genç adam bu cevaptan tatmin olmamıştı. Bu kadar kolay olamazdı. Bilgenin kendisiyle ilgilenmek istemediğini ve ona bir şeyler öğretmekten kaçındığını düşündü. Bunun üzerine başka bir bilgeye gitti. Ona da bilge bir kişi olmak istediğini ve ne yapması gerektiğini sordu. Cevap basitti:

"Bilge kişi olmak çok zor ve meşakkatli bir iştir. Bunun için çok acı ve zorluk çekmen gerekiyor. İki yıl boyunca buradaki atları tımarlayacaksın onları besleyecek ve temizleyeceksin. İki yıl sonra da bana tekrar geleceksin..."

Bu ödev gencin aklına yatmıştı. Bilge olmak çok zor olmalıydı ve zorluklara katlanmalıydı. İki yıl boyunca karşılıksız çalıştı ve tüm bu pis işleri yaptı. İki yıl sonra tekrar hocasına gitti. Hocası da ona karşılık verdi:

"Şimdi beş yıl boyunca her akşam aynanın karşısına

yarım saat geç ve 'Ben neyim?' diye sor ve her defasında bu soruyu cevapla."

Genç şaşırmıştı. İlk gittiği bilge de aynı şeyleri söylemişti. Demek ki bilge kişi olmak için bunu yapmak zorunluydu. Ancak bunu yapmak için neden iki yıl boyunca atların tüm pis işlerini yaptığını anlayamadı. Oysa ilk gittiği bilgenin dediğini yapsaydı en az iki yıl kazanmış olacaktı.

Geri dönüşü yoktu, aynanın karşısına geçti ve "Ben neyim?" diye sordu. Sonra da "Ben etten kemikten meydana gelmiş bir insanım" diyerek yanıtlandı kendini. Aynada yüzüne bakıyor ve bu cevabı veriyordu. Daha aynanın karşısına geçeli henüz beş dakika olmasına rağmen çok sıkılmıştı ve önünde daha yirmi beş dakikası vardı. Çok zorlansa da yarım saati bu şekilde bitirdikten sonra aynanın karşısından kalktığında çok büyük bir iş başarmanın mutluluğunu taşıyordu üzerinde. Atları tımarlarken böyle bir duyguyu bu şiddette hiç yaşamamıştı.

Ertesi akşam yine aynanın karşısına geçti ve aynı soruyu sordu kendisine. Aslında bu soruya verdiği cevabı hiç önemsemiyordu. Laf olsun diye cevaplarını değiştiriyordu bazen. Dakikalar geçmek bilmiyordu. Günler geçtikçe bunalmaya başlamıştı. Atları tımarlamak çok daha kolaydı. Atlarla konuşur, şarkılar söyler zamanı geçirirdi. İki yıl boyunca atların kişnemelerinden onların ne dediğini bile anlar olmuştu. Artık ayna karşısında oturmak bir hücrede yaşamaktan farksızdı ve bu böyle beş yıl devam edecekti...

Aylar sonra bir gün, bir değişiklik yapmaya karar verdi. Aynanın karşısında durup "Ben neyim?"' sorusunun özüne inmeye karar verdi. İnsanın nereden ve niçin geldiğini düşünmeye başladı ama bilgisi yetersizdi. Çok tıkanmıştı bu soruyu düşünürken. Ertesi akşam elinde bir kitapla geldi aynanın karşısına ve ayna o andan itibaren karanlık bir hücre olmaktan çıkmıştı onun için... İnceledi, araştırdı ve artık ayna saatinin gelmesini sabırsızlıkla bekler oldu.

Beş yılın sonunda spermin yumurta ile birleşmesinden başlayarak, insanın yaratılışına ilişkin tasavvufi konularda, sosyal ilişkilerde, psikolojide, matematikte ve daha birçok konuda bilgi sahibi oldu. Çevresindeki insanlarla konuşurken artık insanlar onu dikkatle dinlemeye ve ona sorular sormaya başlamıştı. O ise her gece aynanın karşısına geçmek için sabırsızlanıyordu.

Yıllar yılı her gece karşısına geçtiği ayna, genci aydınlatmaya devam etti. Artık o bir genç değil olgun biri olmuş ve ülkede adını duymayan kalmamıştı.

Bir gün yirmili yaşlarda bir genç kapısını çaldı. Herkes gibi kendisine soru sormaya gelen biri olduğunu düşündü. Genç, sorusunu sordu:

"Sizden önce bu ülkenin en büyük iki bilgesine gittim. Yeterli cevap alamadığım için size geldim. Çünkü siz bu ülkenin en bilge ve sözüne güvenilir kişisisiniz. Siz bana söyler misiniz?"

Bilge: "Eğer onlar cevap veremediyse benim de vermem mümkün değil ama sen yine de sor."

"Ben de bilge olmak istiyorum. Ne yapmalıyım?"

"Her gün aynanın karşısına geç ve 'Ben neyim?' diye sor. Sorunu her defasında cevapla."

"Hepiniz cahilsiniz. Başınızdan bizleri savmak için sözbirliği etmiş gibi aynı cevapları veriyorsunuz."

Sözlerini bitiren genç arkasını dönüp gitti.

Bilge düşündü. Yıllar önce kendisi de aynı durumdaydı. Gencin arkasından baktı ve gülümsedi. Zamanında bu hatayı yapmadığı ve hakikatin içinde olduğu gerçeğini ıskalamadığı için şükretti.

Zâhir 22

Selim-Zümrüt

Yolculuk keyifli gidiyordu. Araba, dağın çevresini dolaşan iki yanı ağaçlarla kaplı virajlı yolda giderken, başını koltuğuna yaslamış dışarıyı seyrediyordu. Ağaçları, aralarda geçtikleri köylerdeki evleri, köyün insanlarını... Hayat güzeldi. Her şeye rağmen güzeldi. Genç yaşına rağmen çok şey yaşamış, olgunlaşmış, hayatı biraz rölantiye almıştı. Elbet devran dönecek, iyi şeyler de başına gelmeye başlayacaktı. Her ne yaptıysa, neyi başardıysa tek başına, yüreğinden aldığı güçle yapmıştı. Birçok yaşıtı yaşadıkları benzer olaylarda hayattan kopuyor, yoldan çıkıyor, psikiyatrlara koşuyorken o inatla ayaklarının üzerinde duruyordu.

Yalnız kaldığında neler yaşadığını bir tek o biliyordu. İsyanı, ağlamaları, içindeki çığlığı... Duyurmuyordu kimselere, kendi yaşıyor, kendi yönetiyordu. Çevresindekiler için güçlü ve akıl danışılabilecek genç bir kızdı. Oysa evine döndüğünde, kulaklıklarını takıp müziğiyle baş başa kaldığında sıkışan yüreğiyle, gördüğü rüyalarla, korkularıyla, tek başınalığında yaşadıklarını kimse bilmiyordu. Bilmeleri neyi değiştirecekti ki zaten...

Annesiyle babası geri mi gelecekti? Babasından çok annesinin gidişini kabullenmemişti, kabullenememişti...

Annesi, babasının özellikle son yıllarda iyice artan olum-
suzluklarına rağmen kızı için hep iyi görünmüş, mutlu ka-
dını oynamış, o da çektiklerini içinde yaşamıştı. Kızını,
ruhuyla sarmış, kızının kendini bırakabildiği ve hiç dü-
şünmeden güvenebildiği tek liman olmaya devam etmişti.

Annesi kendinden çoktan vazgeçmişti, kızı için var
oluyordu. Zamansız gitmişti. Usul usul çeyiz hazırladığı
kızının düğününü göremeden, başarılarını yaşayamadan,
kızının bir gün annesi için ulaşacağı hayallerini gerçek-
leştirmesine fırsat vermeden aniden gitti.

Babasına, annesinden dolayı kızgındı. Son yılların-
da iletişimleri bozuktu, annesinin ölümünden sonra bir
yanıyla onu suçlar olmuştu ama sonuçta o da babasıydı.
Biliyordu ki, bugün olduğu kız babasından çok şey almış,
dürüstlüğünü, cesaretini beslemişti. Babasının gurur du-
yacağı bir kız olmayı ne kadar çok istediğini onu kaybet-
tikten sonra anladı. Babasının ona sımsıkı sarılıp, onu ne
kadar sevdiğini söylerken kulağına onunla gurur duydu-
ğunu fısıldayışını hayal ediyordu tüm karşılaştığı zorluk-
larda. Bu cümleleri söyleyemeden gitmişti babası da.

Babası ona hiçbir zaman evladıyla gurur duyduğunu
söyleyememişti ama bunu en çok da kendisi yapabilmek
isterdi aslında. "Seninle gurur duyuyorum babacığım." di-
yebilseydi keşke. Bu denli gecikmiş olmasaydı hiçbir şey...

Hayatına giren erkekler, ya onun yaşanmışlıklarını,
derinliğini anlamaya hiç çalışmıyorlar ya da bunu yapa-
bilmek için yetersiz kalıyorlardı. Kendi frekansında olma-
yanlarla uğraşmaktan vazgeçtiğinde ilişkilerinin üzerinde
bıraktığı yorgunluğu anladı. Bir şekilde annesiyle boşalan
limanın, çok daha küçüğü de olsa bir benzerini bulmaya

çalışmıştı. Hayat mücadelesinde durabileceği, soluklanabileceği, sığınabileceği...

Bir liman ararken aslında kendisinin liman olduğunu anladığında ilişkilerden de çekti elini ayağını ama yine de belki biri çıkar umuduyla kapılarını sonuna kadar kapatmadı. İşine odaklandı, odaklanmak zorundaydı. Sığınabileceği hiçbir liman yokken ayakta durmak için işi önemliydi.

Görünenin ardındakine dokunabilen kişi Selim olmuştu. Kampta başlayan tanışıklıkları arkadaşlığa, arkadaşlıkları, dostluğa, dostlukları başka bir şeye dönüşüyordu. Eşiyle ayrılma kararının ardından iki hafta boyunca her gün mesaj atmıştı Selim. Zümrüt de aynı yoğunlukta karşılık vermişti. Bir şekilde hayatlarını paylaşıyorlardı. Kamptaki buluşmalarında yaptıkları paylaşımlar, konuşmalar ve felsefi tartışmalar bir kapı açmıştı onlara ve şimdi çok daha fazlasını paylaşıyorlardı birlikte, hem de sanal olarak. Sanal olması bir algı yanlışıydı aslında. Aradaki mesafeler, fiziksel uzaklıklar sadece bir yanılsamaydı.

Selim, giderek daha derin yazmaya, duygularına dokunmaya, kapılarını çalmaya başlamıştı Zümrüt'ün. Selim'in ruhu derindi, Zümrüt'ün dışarıya yansıttığı duygu ve tutumların ardındakine ulaşabiliyordu.

Hafta sonu küçük bir tatil için birlikte Ağva'ya gideceklerdi. Gün boyu yaptıkları yazışmalarda tatilin programını yapıyorlardı. Gün içinde yaşadıkları ve hissettikleri şeyleri paylaşıyorlardı. Hatta gece yatağa girdiklerinde bile yazışmaya devam ediyorlardı.

Selim'in eşinden ayrıldıktan sonra yazdığı şeylerde yaşadığı güçlü dönüşümü fark ediyordu Zümrüt. Selim'in bu derinlikli içsel yolculuğu çok etkileyiciydi. Duvarlarının ötesine geçiyor, kabuğunu kırarken şimdiye dek dizginlediği adamı serbest bırakıyordu.

Selim arabayı kullanırken kalbinin giderek hızlı atmasını ve göğsündeki sıkışmayı belli etmemeye çalışıyordu. Çok heyecanlıydı. Zümrüt, onun âşık olduğu kadındı. Her ne kadar ona ulaşabileceği mesafe uzun olsa da, son iki haftadır paylaştıkları şeylerin içinde bir umut ışığı görmüştü Selim. Zümrüt'ün dünyasında bir yer edindiğin farkındaydı ama devamının gelip gelmeyeceğini ya da ne zaman geleceğini bilmiyordu henüz. Ve bu bilinmezlik yormaya başlamıştı onu. Her geçen gün daha fazla sabırsızlanıyordu.

Zümrüt'ün kapılarının ardında neler olduğunu görmüştü. Derin, yüksek frekanstaki ruhunu, sevgi yüklü, onurlu hassas yüreğini görmüştü. Yaptıkları, konuşmalar, yazışmalar, tartışmalar gördüklerinin gerçekliğini güçlendirmişti. Zaman zaman toy taraflarının, gençlik hırsı ve heyecanlarının ortaya çıkması doğaldı. Selim'in onun zihnini okuduğu anların farkında olmuyor, aslında açık bir kitap gibi okuyor olsa bile Selim, oyununu yine de bozmuyordu.

Selim, kamptaki ilk karşılaştıkları andan itibaren yüreğinde aynı sıkışmayı hissediyordu. Bu karşılaşma bir tesadüf olamazdı. Olacak olan, olması gereken zamanda olurdu. Zümrüt'le hayatı paylaşmaya başlaması da olmasını beklediği bir şeydi ve bunun için de artık çok sabırsızdı.

Hayatının odağına Zümrüt yerleşiyordu. Hiçbir kadın dikkatini çekmiyordu. Sadece bir önceki hafta Begüm'le yazışırken konu yine dönüp dolaşıp sekse geldiğinde, Selim kapıdan çıkıp derhal Bengü'ye doğru gitmeye hazırdı. Giyinmiş, hazırlanmış, hatta kapıdan bile çıkmıştı fakat sonrasında bahçeden dışarı adım atmadan geri dönmüştü. Sadece Zümrüt'e karşı dürüst olamamak değildi mesele, kendine de ihanet etmek istemiyordu. Geçmişteki döngüsünü başlatmamak için geri dönmüştü. O gece kendine bir söz verdi. Zümrüt hayatında olduğu sürece başka bir kadınla beraber olmayacaktı. Bu sözü verirken bir yanı bunun imkânsızlığını dile getirse de Selim sözünü tekrarladı kendisine. İnsanın yıllarca tek bir kişiyle olması çok zordu, belki gerçekçi bile değildi ama bu kez denemek istiyordu. Sözünü sadece kendisine değil; koruyucularına ve Tanrı'ya karşı da verdi. Onlardan beklediği destek için bir tür rüşvetti bu söz.

Zümrüt'e Ağva'da tatil yapma teklifinde bulunduğu mesajı yazıp gönderdikten sonra, yanıt gelinceye dek yerinde duramadı Selim. Oysaki sadece iki dakika sonra yanıt gelmişti Zümrüt'ten.

Ağva önemliydi… Çünkü bundan sonrası için her şey netleştirecekti. Selim öyle bir noktaya gelmişti ki, dost olarak iletişime devam edemezdi artık. Eğer bu yakınlıkları bir ilişkiye dönüşmeyecekse iletişimi kesecekti. Son günlerde gerçekten acı çekmeye başlamıştı. Sarılmak, dokunmak, içine çekmek istiyordu Zümrüt'ü... Libidosu devreye girmiyordu. Bu başka tür bir arzuydu, Selim'in daha önce hiç tatmadığı. Onu bir kadın olarak sadece bedeniyle değil, ruhunu kendi ruhuna sarmalayarak içine almak istiyordu.

Şu yaşadıklarını ve hislerini çevresindeki insanlara anlatmış olsa çok iyi biliyordu ki "yeni boşanmış erkek sendromu" diyeceklerdi durumuna. Öyle olmadığını çok iyi biliyordu Selim.

Rezervasyon için kalacakları yere birlikte karar verirlerken Selim, şansını demek isteyerek mesaj yazdı Zümrüt'e. Otellerin doluluğu nedeniyle tek bir suit oda kiralamak zorunda kalabileceklerini söyledi. Zümrüt de öyle bir şey olması durumunda gidebilecekleri başka bir otelin linkini göndererek konuyu net bir tavırla kapattı.

Ağva'daki altı odalı butik otele yerleşmeden önce sahildeki kahvede kahvaltı edeceklerdi. Arabaya binerken olduğu gibi kahveye birlikte yürüdükleri sırada Selim kendisiyle kavga ediyordu yine. Zümrüt'le yan yana yürürken hâlâ elini kolunu nereye koyacağını şaşırıyor, ağzında bir şeyler geveliyor, kıza dokunmaya çalışıyor ama nasıl davranması gerektiğini bir türlü kestiremiyordu. İlişki öncesindeki en sancılı dönem bu olsa gerekti. Ortada bir şeyler var ama olan bir şey yok...

Cuma günü trafiğin yoğun olmasına rağmen sabahın ilk saatlerinde yollar boştu, planladıklarından bile erken saatte varmışlardı Ağva'ya. Zümrüt, yıllık izninden bir günü daha harcıyorken böyle erken saatlerde buraya gelmek iyi olmuştu. Selim içinse bu küçük tatil, Zümrüt'le baş başa geçirebileceği daha fazla zaman anlamına geliyordu ve canına minnetti.

Sabahın ilk saatlerinin ayazı oldukça sert hissediliyordu. Selim sigara içmek istediğinden kumsal tarafındaki ahşap masalara oturdular. On beş dakika içinde serpme kahvaltı menüsü büyük bir cömertlikle dizilmişti masanın üzerine. Havadan sudan, Ağva'da neler yapacaklarından konuştukları sırda Selim kendini daha fazla tutamamış ve konuyu kendinden yola çıkarak ilişkilere getirmişti:

"Ayrılma kararından sonra kendimi çok rahatlamış hissediyorum Üzerimden büyük bir yük kalkmış gibi ferahladım. Artık bundan sonrasında senin de sık sık söylediğin gibi 'kim' değil de 'ne' olduğumu yaşayacağım. İşle ilgili bir beklentim yok. Unumu eledim, eleğimi astım. Aşk hayatımdaysa eğer gerçekten âşık olacağım bir kadın sözkonusu olursa, ancak o zaman bir ilişkim olur. Hayatımın odağına koyabileceğim, her şeyimle hissedebileceğim bir aşk."

Zümrüt, ekmeğini zeytinyağına bandırıp çayını keyifle yudumlayarak dinlemişti Selim'i. Lokmasını yuttuktan sonra karşılık verdi:

"Benim için ilişki çok uzak. Olmaz demiyorum, gelmez demiyorum ama önceliklerim farklı."

Selim bu cümlelerin onlara zaman kaybettireceğini düşünüp rahatsız oldu. Sigarasından bir nefes çekip çayına şeker atmadığı halde karıştırmaya başladı. Zümrüt'ün göstermeye çalıştığı kadar ilgisiz olmadığını biliyordu. Zümrüt, bütün masumiyetine, saflığına karşın belki de erkeklere güvensizliğinden ya da tek başınalığını kaybetmekten, teslim olmaktan korktuğundan dolayı bu oyunu oynamayı iyi biliyordu. Erkekleri nasıl idare edeceğini de biliyordu ama stratejileriyle toyluğu karışıyordu birbirine. Muhtemelen bir ilişki yaşarlarsa bu ilişkilerinde sorunlar çıkartacaktı ama iyi huylarının ve güzel ruhunun yanında bunların önemsiz şeyler olacağını düşündüğü için aldırmıyordu Selim.

Kahvaltıdan sonra sahilde yürüyüşe çıktılar birlikte. Rüzgâr vardı… Selim üşüyordu. Üzerine ince bir yağmurluk almıştı sadece. Havanın bu kadar sert olabileceğini hesaba katmamıştı. Arabaya gidip montunu da almıyordu, Zümrüt'ü yalnız bırakmamak ve onunla birlikte yürümeye devam etmek için zamanın kesintiye uğramasını istemiyordu. Rüzgâr o kadar sert esiyordu ki Zümrüt yüzünü eğmek zorunda kalıyordu. Selim ona sarılmakla sarılmamak arasında gidip geliyordu sürekli. Birkaç dakika bu halde yürüdükten sonra Zümrüt'ün üşümesini bahane ederek teklifsizce sarıldı kıza.

Böylece konu yine ilişkilere geldi:

"Yeniden evlenip evlenmeyeceğim konusunda emin olamıyorum." dedi Selim, Zümrüt'ün umduğu yanıtı vermesini heyecanla bekleyerek:

"Ben en az dört ya da beş yıl kadar evliliği hiç düşünmüyorum."

Zümrüt bir kez daha önünü kesmişti Selim'in... "Bu hafta sonu nasıl biter böyle..." diye içinden geçiren Selim, yine de gelecekten umutsuz değildi. Zümrüt, Ağva'da daha fazlasını istemiyordu o kadar. Masalarına döndükten sonra kahvelerini içip kalktılar.

Selim, nasıl bu kadar çocukça davrandığına şaşırıyordu. Belki de kız karşısında çok daha kararlı ve erkekçe bir davranış modeli bekliyordu ama Selim bunun doğru olmadığını biliyordu. Kız öyle birini arıyor olsaydı eğer, çevresinde zaten fazlaca vardı o modellerden. Yakışıklılık, etkili fizik ve karizma bekliyor olsa, eh ondan da yeterince mevcuttu etrafında. Üstelik Selim'in rekabet edemeyeceği yaşlarda alternatifler vardı. Fakat Selim buna benzer rekabetleri çoktan geride bırakmıştı. Kadın ve erkek; yaşayacakları heyecan ve seks için fiziğe ya da görünüme bakıyor olabilir ama konu aşk ve ilişkiler olduğunda adam gibi adam, kadın gibi kadın aranıyordu. Yüksek enerjili bir seçilebilirlik ancak ruhsal olgunlukta seçilebilir olmakla mümkündü. Zümrüt'ün aynı bu şekilde düşündüğüne emindi Selim. Çünkü öyle olmasaydı şu anda Zümrüt, onun yanında olmayı seçmezdi. Bu sırada aklına Bengü geldi. Zümrüt Bengü gibi bir kadın olsaydı, Selim onu yaşamının içine bu denli almazdı elbette. En fazla Bengü'nün durduğu yerde durabilirdi Zümrüt de...

"Beyaz Ev" tabelasını gördüklerinde Selim yavaşlayarak arabayı park etti. Altı odalı butik otelin bahçe kapısından gencecik bir delikanlıyla otuzlu yaşlarında iki kadın çıkarak yanlarına geldiler. İsminin Berat olduğunu öğrendiği genç, birkaç küçük çantayı odalarına götürürken, otelin sahipleri Rengin ve Aslı, Selim'le Zümrüt'ü otelin restoran ve dinlenme bölümüne buyur ettiler.

Restoranda sekiz masa, büyük bir şömine ve şöminenin önündeki alanda, üç büyük kanepeyle ahşap bir sehpa vardı. Taş duvarlarda elişi ürünler, tablolar ve kapının karşısında kalan duvarda kitaplar çarpıyordu göze ilk etapta... Selim'in dikkatini çeken şey burada her eşyanın özenle yerleştirilmiş olmasıydı. Ayrıca otele girdiklerinden beri güçlü bir huzur havası hâkimdi ortama.

Rengin ve Aslı genç yaşta şehirdeki yoğun hayatlarından koparak buraya gelmişler, eski birkaç dökük evden oluşan alanı şimdiki şık haline getirmişlerdi. Samimi ve cana yakın insanlardı. Müşterilerini özel misafirleri olarak gördükleri de fazlasıyla hissediliyordu.

Selim ve Zümrüt'e hemen Türk kahvesi ikram ettikten sonra küçük ama sıcak bir sohbet geçti aralarında. Ağva'nın son yıllardaki gelişiminden ve otelciliğin zorluklarından bahsettiler kısaca. İkisi de orta boylarda, gayet sade ve mütevazı hanımlar olan Rengin ve Aslı'nın güler yüzlülüğü, Selim'de daha fazla konuşma isteği uyandırmıştı ama bu arada odalarının hazır olduğu haberi geldi.

Odalarına gitmek için otelin ön tarafıyla nehir arasında kalan iskeleden geçerlerken, Zümrüt iskelenin ucuna yürümek isteyince nehrin kıyısına kadar geldiler.

Bahçeye yerleştirilmiş hasır oturma grupları ve ağaçlara asılmış olan rengârenk kandiller muazzam görünüyordu. İki büyük kangal köpeği dolanıyordu ortada. On beş yaşından küçüklerin kabul edilmediği otelde, evcil hayvan kabul ediliyordu. Kangallarsa otelin köpekleriydi.

Selim ve Zümrüt'ün odaları birbirine çok benzer yapıdaydı. Altlı üstlüydü ve nehre bakıyordu. Genişçe bir balkon ve nehre bakan pencerenin önünde dörtgen bir jakuzi vardı. Oturma alanında rahat bir kanepe, televizyon koltuğu ve yatak bulunuyordu. Odanın banyosu, tam da Selim'in sevdiği gibiydi. Tamamen camdan, küvetsiz bir duş alanı, kahverengi tonlardaki mermerlerle kaplanmış duvarlar...

Bir iki saat kadar odalarında dinlendiler, öğle yemeklerini sabaha göre çok daha sıcak bir havada iskelede yediler. Artık alıştıkları felsefi konulardan, tartışmalardan fazla birbirlerinin kişilik özellikleri etrafında dönüp duruyordu sohbetleri. Hiç konuşmadıkları kadar çok havadan sudan konuşuyorlardı.

İlginç olan, mesajlaşırken şu an burada olduklarından daha samimi, daha yakın, duygusal ve flörtöz olmalarıydı. Konuşmaları tıkanıyordu ara sıra... Selim, zaten daha nasıl davranacağını bilemiyor, kasıldıkça kasılıyordu. Bu durumunu aşabilmek için çocukça davranıyor, espriler yapıyordu. İkisi de oldukları hallerinden uzaktılar.

Öğleden sonra Zümrüt üzerine montunu alarak bahçedeki hamağa uzanıp kitabını okurken, Selim de Singularity'nin internet adresindeki makaleleri bilgisayarına indirdi. Beş çayında peynirli ıspanaklı gözleme yediler. Bütün gün son derece huzurlu ve uyumluydular. İyi anlaşıyorlardı, eğleniyorlardı, gülüyorlardı. Otel sahibi Rengin, onların beraber olduklarını düşünüyor ama neden ayrı odalarda kaldıklarını anlamıyordu. Aralarındaki o adı konulamayan garip gerginliğin dışında keyifli bir gün geçiriyorlardı.

Akşam yemeğini için, restoran bölümünde şöminenin karşı duvarındaki masalardan birine oturdular. Yemek yerlerken iki de sık sık şömineye dalıyordu. Bu şömine, sohbetleri tıkandığı an kaçtıkları bir alana dönüşüverdi kısa sürede.

Cumartesi ve Pazar günlerini nasıl geçireceklerinin planını yaptılar birlikte. ATV turundan tekne gezisine keyifli birkaç etkinlik ayarladılar. Selim beraber plan yapmaktan keyif alıyor olsa bile şimdiden Pazartesi'yi düşünmeye başlamıştı. Belki tamamen bir yanılsamanın içindeydi. Pazartesi sabah uyandığında uzaklaşmaya başlayacaktı Zümrüt'ten. Zorlamanın ve kendisine daha fazla acı vermenin bir anlamı yoktu.

Sonra Burcu aklına geldi. Ayrıldıkları gün içine umut olan o kız, şimdi karşısında duruyordu işte fakat hepsi bu kadardı. Bir hüzün ve hayal kırıklığı hissediyordu. Âşık olmanın yan etkilerinden biri de hiç kuşkusuz, âşık olunan kişiye karşı kırılganlığın artışıydı.

Yemekten sonra Zümrüt'ün kapısının önünde ayrıldılar. Sabah erkenden kahvaltıda buluşacaklardı. Selim de Zümrüt'ün hemen üst katındaki odasına gidip üzerindekileri çıkartmadan yatağına uzandı. Burada olmaktan dolayı keyifliydi ama sanki bambaşka olabilirdi. Mesela nehrin kıyısında Zümrüt'e sarılarak karabatakları seyredebilir, hamakta yan yana uzanabilir, aynı yatakta sarmaş dolaş uyuyabilirlerdi. Hayali buydu ve bunlar olmadıkça hiçbir şey yetmiyordu. Tarif edemediği bir enerjiyle Zümrüt'e çekiliyordu. Alt odadaki enerjisinin varlığını hissediyordu.

Odanın karanlığında telefonun ışığı yandı. Zümrüt mesaj atmıştı. Banyodaki musluğun nasıl açıldığını soruyordu. Selim de bilmiyordu. Hemen kendi banyosuna gidip musluğu kontrol etti. Birkaç kez denemesine rağmen o da açamadı. Sonunda armatürdeki minik kolu keşfetti, onu da aynı anda yukarı kaldırmak gerekiyordu.

Mesajlaşma bu şekilde uzayıp gitti. Sonunda iskeleye çıkmaya karar verdiler ve Zümrüt'ün kapısının önünde buluşup, bahçeden iskeleye geçtiler. Hasır kanepelerin minderleri gece nemlenmesin diye kaldırılmıştı. Selim, minderleri koltuğun üzerine indirip Zümrüt'e yer gösterdi. Yan yana oturup geceyi izlemeye başladılar. Kurbağa sesleri, köpek ve çakal ulumaları dışında hiç ses yoktu. Selim, derin derin nefes alıyor ve bir şey yapması gerektiğini hissediyordu ama yapamayacaktı. Kısa bir sarılmayı bile teklif edemedi. Etseydi de bu ortamda çok çocukça kalacaktı. Üşüdüklerini hissettiklerinde kalktılar. Selim'in canı çok sıkılıyor, yüreği daralıyordu.

Zümrüt'ün kapısına geldiklerinde Selim, "iyi geceler" demeye hazırlanıyordu ki Zümrüt önce davrandı konuşmak için:

"Hadi gel sana bir çay yapayım donduk."

"Sabah erken kalkacağız. Boş ver şimdi yatalım."

Selim deli gibi o odaya girmek istiyor ama ağzından neler çıkıyordu böyle. Zümrüt'ün nezaketten sormuş olabileceğini düşünüyor, gereksiz bir şekilde geceyi uzatmak istemiyordu.

Zümrüt ısrar ettiği halde Selim bir kez daha reddetti. Sonra birlikte çay içmek için odaya girdiler. Bu aradaki hızlı geçişi ne Selim ne de Zümrüt anlayabildi.

Odaya girdiklerinde Zümrüt su ısıtıcısına yanındaki plastik şişeden su koydu, makineyi çalıştırdı. Poşet çayları açtı, bardaklara koydu, su ısınırken yağmurluğunu çıkardı. Yağmurluğun altında bir gecelik, geceliğin altında da bir pijama vardı. Selim, jakuzinin arkasında kalan kanepeye oturdu, montunu televizyon koltuğunun üzerine bıraktı. Hâlâ öğleden sonraki kıyafetleri üzerindeydi.

Zümrüt, odanın kör noktasında geceliğin altına giydiği pijamasını çıkartırken, Selim'e de müzik açmasını söyleyip tuvalete girdi. Selim cep telefonundan The Fountain filminin müziklerini çalmaya başladı. Müziğin tınıları odaya dolmaya başladığında, yüreği neredeyse gözleri dolacak kadar sıkıştı, sanki göğsünün üzerinde taşıyamadığı bir ağırlık vardı.

Zümrüt tuvaletten çıkınca ısıtıcıda kaynayan suyu, bardaklardaki poşet çayların üzerine döktü. Selim de tuvalete gitmek için yerinden kalktı. Zümrüt'ün yanından geçerken omuzlarına dokundu. Dayanılmaz bir acıya dönüşüyordu arzusu. Tuvalete girdiğinde çocukluğundan bu yaşına taşıdığı alışkanlığıyla önce musluğu açıp sonra sifona bastı, ardından işemeye başladı. Sessiz bir ortamda işeme sesinin duyulmasını istemiyordu hele ki duyacak olan bir kadınsa. İşemesi bitene kadar tekrar tekrar sifona basıyordu.

Yerine geldiğinde Zümrüt küçük bir sehpayı kanepenin önüne çekip çay fincanlarını üzerine yerleştirmiş oturuyordu. Bacaklarını kalçasının altına toplamış, üzerine otelin şallarından birini örtmüştü. Selim, Zümrüt'ün bacakları görünmesin diye o şalı örttüğünü düşünerek, hislerinin ne kadar uzağında durduğuna hayıflandı.

Çaylarını içerken yine aralarında bir gerginlik ve tıkanma vardı. Selim buna kendisinin sebep olduğunu düşünür olmuştu artık. Konuyu hep aşka meşke getirdiği için belki de Zümrüt'ü geriyordu. Bu düşünce onu başka bir yere getirdi. Kaybedeceği ne vardı ki? Eğer Ağva'dan dönüşlerinde aralarında ilişkiye dair bir gelişme olmazsa zaten iletişimi azaltmayı istiyordu. Eğer açıkça kendini ifade edemezse, konuşamazsa sonrasında içinde hep bir şeyler kalacaktı. Ayrıca, Ağva'ya baş başa gelmeyi kabul etmişti, gecenin bir saati odada yine yalnızdılar. Bu sırada Aziz Nesin'in bir sözü geldi aklına:

"Bir kadın ile bir erkek baş başa akşam yemeği yiyorsa her an her şey olabilir. Eğer gecenin ilerleyen saatlerinde hâlâ birlikte bir şey yapıyorlarsa yatak çok yakın işini bilene." diye yazmıştı.

Gerçi Selim bu kadar sert bakmıyordu ama olasılığı artırıyordu. Nietzsche, efsane aşkı Lou Salome'ye yazdığı mektuplarından birinde de şöyle demişti: "Bir erkek ile bir kadın baş başa kalıyorlarsa, hele ortamda içki, keyif verici bir şeyler varsa, müzik dans varsa sevişmek çok uzak değil." Her ikisi de başka bir şeyi ima ediyordu. Eğer ortada bir enerji, bir elektrik, bir çekim varsa doğruydu. Bunlar yoksa sadece bir potansiyeldi, harekete geçip geçmemesi taraflara bağlı olan. Selim konuşacaktı, daha fazla susmanın anlamı yoktu:

"Seninle o on dakikalık sarılmamız çok güzeldi, çok yoğundu..."

Zümrüt, kanepede yanında oturan Selim'in omzuna yasladı başını. Selim de bir anda kontrolsüzce sarıldı. Sanki günlerdir, saatlerdir beklenen o eşsiz an'a kavuştu. Cümlelerin bir anlamı kalmamıştı. Selim'in bütün hücreleri havalanmaya başlamış, kalbi daha önce hiç denemediği bir hız rekorunu denercesine hızlı atmaya başlamıştı. Zümrüt biraz daha Selim'e dönerek daha sıkı sarılmasına izin verdi. İkisi de birbirine kenetlenmişti sanki.

Bundan sonrasında yaşanan aşk ve tutku dolu o eşsiz anları Selim'in zihni, ruhu ve enerjisi anlatabilirdi ancak:

"Müzik, loş ışık ve kollarımda Zümrüt. Dua ettiğim, yardım istediğim, hissettiğim, hayalini kurduğum an bu andı, şu andı, fazlası değildi. Gözlerim doluyordu. Yüzünü boynumda hissediyordum. O da benim kokumu içine çekiyordu. Bütün gün yaşadığımız gerginlik, anlamsız cümleler, hepsi bu anın gecikmesindendi belki de. Derin derin saçlarını, omzunu, boynunu koklayıp, alabildiği kadar kokusunu içine çekiyordum. Bir ömür yaşamak istediğim, hissetmek istediğim bu andı. Bir bedene sarılmıyordum. Zümrüt'ün benliğine, ruhuna, geçmişine, geleceğine, evrene, varoluşuma sarılıyordum.

Ellerim omuzlarında sırtında, ellerinde, bileklerinde, kollarında dolaşırken dünyanın en değerli, en hassas varlığına dokunuyordum. Saçlarının arasında kayboldum. Zihnim, düşüncelerim uçup gidiyordu. Sadece an vardı. Zamanın, mekânın, insanın olmadığı, şu andan başka hiçbir şeyin olmadığı.

Kulaklarının arkası, insan kokusunun en yoğun olduğu noktadan onun kokusunu içine çekmeye devam etti. Boynuna, boynundan omzuna her zerresini kokluyordum. Göğüsleri göğüslerimde, elleri omuzlarımda, sırtımda dolaşıyordu. Daha sıkı saha sıkı sarılmak istiyordum ama oturma şeklimiz izin vermiyordu. Kalçasının altına topladığı bacaklarını indirip biraz daha döndü bana doğru...

Çenesini, yanaklarını, kirpiklerini, kaşlarını koklarken minik minik öpücükler bırakıyorum. Bir elim saçlarının arasında, derinlerinde kaybolurken diğer elimle bedenini sarıyorum. Dudaklarım alnından, şakaklarında, kulaklarına, boynuna omzuna iniyor. Öpücüklerin sayısı artıyor. Her milimini koklayarak geçtiğim yerlerin her bir milimine öpücüklerimi bırakıyorum. Bu başka bir şey bu bir ön sevişme değil. Kutsal, nesnesiz, bedensiz...

Yavaşça varlığımı üzerine doğru bırakıyorum, daha rahat sarılmak, daha fazla onu hissetmek istiyorum. Sırtını kanepeye doğru bırakıyor, sırtının altındaki kolumla ona rehberlik ediyorum. Sırtüstü uzanıyor, ayaklarını uzatması için kanepenin önüne eğiliyorum, ben de yanına uzanıyorum. O bana ben ona doğru dönerken kolumu başının altına yastık yapıyorum. Yan yana, nefes nefese göz gözeyiz. Gözler, ruhuna açılan kapı... O kadar derinlerde konuşuyor, iletişim kuruyoruz ki. Özden, töze geçiyor bedenlerimiz, ruhlarımız. Boşta kalan sol elimle yüzünü keşfediyorum. Kaşları, gözkapakları, dudakları, alnı, kaşları, burnu...

Dudağımın hizasından, burnundan nefesini hissediyorum. Nefesine âşığım, nefesinde kayboluyorum. Biraz başını kaldırdığında dudaklarımız değmekle değmemek arasında teğet geçiyor. İki dudağının kesiştiği altın noktayı kokluyorum, minik bir öpücük bırakıyorum ve kalbim artık yerinden fırlayacak. Arzusunu arzumla hissederken sertleşiyorum, biraz geri çekiliyorum, sertliğimi şu an hissetmesini istemiyorum. Elim yüzünden boynuna, kollarına, eline, karnına iniyor. Sonra aynı yolu izleyerek geri dönüyor, dokunmakla dokunmamak arasında kalıyorum. Dudaklarımızın kenarları sabitleniyor. 300 Spartalı'ın hazine odasının kapısını açmalarını bekler gibi, aralanmasını bekliyorum. Bir temas, bir temas daha... Kesişme noktasında küçük bir aralık, ilk ıslaklık, ilk dil teması, dudaklar aralanıyor, daha fazla ıslaklık, daha fazla temas ve öpüşmeye başlıyoruz. Çölde susuz kalan birinin suyla buluştuğu an gibi dudaklarımızda kayboluyoruz. Öpüşmemiz hızlanıyor, alt dudağını ısırıyorum hafifçe birbirimizi dudaklarımızdan içimize katacak gibi sert, tempolu öpüşmeye başlıyoruz. Ellerim karnından göğüslerine, göğüslerinden kalçalarına teğet geçerek ilerliyor, diz kapaklarına iniyorum.

Aniden yavaşlıyoruz. Yeniden koklamaya başlıyorum, boynunu, geceliğinin üzerinden göğüslerine, karnına, ellerine iniyorum. Başının altındaki kolumu serbest bırakarak biraz daha geceliğinden kasıklarına değmeden, koklayarak dolaşıyorum. Ellerim ayaklarına ulaşıyor. Ayak bilekleri, ayakları...

Yeniden yukarı tırmanıyorum, koklayarak derin derin içime çekerek. Ellerim bacaklarından, kalçasında, beline, göğüslerine geri geliyor. Çok sıcak, çok yoğun, boyut değişiyor, başka bir zamanda, başka bir yerdeyiz. Hissettiğim aşk... Dudaklarımız kenetleniyor bir kez daha. Onu istiyorum, içinde olmak istiyorum, en derininde ıslaklığını hissetmek, bütünleşmek, bir olmak... Boynunda göğsüne inerken dilimi daha çok kullanıyorum. Tadını alıyorum, tadını hissediyorum. Omzunu kıs kısa emiyorum, dokunuşlarım, öpüşlerim, sarılışım sertleşiyor. Daha sık alıp vermeye başladığı nefesi kulaklarımda, ritmini artıran bedeninin salınımları bedenimde...

Yavaşça sırtüstü yatmasına yol veriyorum doğruluyorum, üzerindeyim. Sertliğim karnında ve artık hissediyor. Ellerini sırtımdan kalçalarıma indiriyor. Geceliğinin tek askısını omzundan dilimle indiriyorum, omuz başında kalabilirim bir ömür. Dilimle, dudaklarımla, hafifçe dişlerimle keşfediyorum. Boynuna, boynundan göğsüne inerken, geceliğinin üzerinden dudaklarımla göğüs uçlarını öpüyorum, dilimle dokunuyorum, kokusunu içime çekiyorum. Gecelik iniyor. Yüzüm göğüslerinin arasında, değmiyorum, kokluyorum, dudaklarımla hızlıca değmeden dolaşıyorum, ilk temas dilimle sonra dudaklarımla. Göğüs uçlarının çevresinde dilimle daireler çiziyorum. Ben yokum, o yok, boşlukta salınıyorum. Zihin bütünüyle kapanıyor. Sadece bedenim, ruhumu takip ediyor.

Göğüslerinden karnına, karnından kasıklarına, geceliğinin üzerinden kasıklarını kokluyorum, öpüyorum. Bacaklarını aralıyorum, derin derin koklayarak geceliğinin, çamaşırının üzerinden kadınlığını teğet geçiyorum, gecelik kalçalarına kadar sıyrılıyor, çıplak teninde bacaklarının arasından ayaklarına yol alıyorum. Kokluyor, öpüyor, bazen emiyor, bazen minik ısırışlarla keşfediyorum. Ayakları... Her parçası, her hücresi kutsal. Ayak bileklerinden topuğuna dilimle tabanından geçip parmaklarının arasında dolaşıyorum. Dudaklarımın arasında onu hissediyorum.

Tekrar yukarı çıkarken diğer ayağından, bileğinden, bacağından devam ediyorum. Sıcaklığını, kanının akışını, adını... Dizlerinden başlayarak geceliğiyle yükseliyorum. Kasıklarına kadar geceliği dudaklarımla taşıyorum. Çenem kadınlığında, aşağı inmesine izin veriyorum, çamaşırının üzerinden dudaklarımla onu hissediyorum. Islaklığını çamaşırına taşınan kısmından hissederken dudaklarımla dilimle dolaşıyorum, evrenin merkezini, kara deliklerin çıkışını bulmak gibi...

Çamaşırını dişlerimden yardım alarak aşağıya çektiğimde ıslaklığını yanağımda hissediyorum. Biraz geri çekiliyorum birkaç santim. Derin derin nefes alıyorum, enerjisini hissediyorum ve yeniden yaklaşıyorum. Islaklığını hissediyorum. Dudaklarımda dilimde, damağımda... Kendimi bırakıyorum. Aşkı içiyorum, aşkı hissediyorum. Kendimi bırakıyorum. Her bir hücresini ıskalamadan öpüyorum, emiyorum, dilimle derinliğine iniyorum. Elleriyle başımı bastırıyor, bacaklarını iyice açıyor, dilimin daha derinlere gitmesine yardım ediyor.

Elleriyle beni yukarı çekiyor, öpüşmeye devam ediyoruz. Öpüşürken ellerini erkekliğimde dolaştırıyor. Düğmelerimi arıyor, buluyor, açmaya başlıyor. Elini pantolonumdan içeri kaydırdığında ellerinin sıcaklığını, enerjisini hissediyorum. Dudaklarımızı ısırıyoruz. Hızlıca pantolonumu kalçalarıma kadar indiriyor, yardım ediyorum. Pantolon yetmiyor üzerimizdeki her şeyi hızlıca çıkartıp, boşluğa gönderiyoruz. Çırılçıplak kaldığımızda kalbimin altında atan kalbini hissediyorum. Elleriyle erkekliğimi kadınlığının hizasına getiriyor. Dudaklarını bırakıp, başımı geri çekiyorum. Gözler... Gözleriyle konuşuyor, gözleriyle sevişiyor. Birazdan Big Bang yaşanacakmış, Leyla ile Mecnun buluşacakmış, tüm evren her şeyin bir ve tekliğinde buluşacakmış gibi âdeta...

İlk ıslaklık, kayganlık ve kayboluş. Gözlerimi, gözlerinden ayırmadan yavaşça içinde ilerliyorum. Onlarca kadın gözlerinde yer değiştiriyor ben içindeki tüm kadınlara âşığım. Bakışları sertleşiyor, kalçalarımdaki ellerinin baskısını, tırnaklarını hissediyorum. Ritim yükselirken, tutkunun, beklenen enerjilerin birleşmesiyle dokunuşlar, sertleşiyor. Boynunu kavrıyorum, çenesini... Elimi ısırıyor, ondan gelen acı tarifsiz bir haz veriyor. Kollarında ölebilirim, kollarında hücrelerime ayrışıp yok olabilirim. Hazza, daha fazlasını aramaya teslim oluyoruz.

Hızlıca yüzüstü çeviriyorum. Ensesi, kürek kemikleri, koltukaltlarından doladığım ellerimle dudaklarını hissediyorum, parmaklarımı emiyor. Bir senfoninin en yüksek anlarına gidişi gibi yükseliyor ritmimiz. Kalçaları kasıklarımdayken yüreğim bedenime sığmıyor artık.

Bu kez o hızlıca dönerek beni sırtüstü yatırıyor. Boynumdan, göğüslerime kasklarıma iniyor. Dudaklarını hissediyorum. Dudaklarının arasındaydım. Aşkı hissediyorum, saf sevgiyi, bir ömür yanımda kalmasını istediğim, yanında yaşlanmayı hayal ettiğim kadın. Ne kadar âşık olduğumu paylaşmaya başlayınca daha yoğun hissediyorum. Sertliğim ellerinde, dudaklarının arasında onu yaşıyorum. Üzerime oturduğunda en derinlerdeyken onu seyrediyorum. Göğsümü ellerine destek yaparken saçlarını savuruyor. Bakışları gözlerimdeyken gözlerini sıkıca kapatıp açıyor. Ritmi gittikçe hızlanıyor. İçinde bastırdığı ya da kontrollü yaşadığı kadın açığa çıkıyor. Dedemin cümlesi kulaklarımda yankılanıyor 'Her kadının için bir de fahişe kadın yaşar aşkla keşfedilmeyi bekleyen.'

Ona ne kadar âşık olduğumu fısıldıyorum, biliyorum güvenmeyecek, biliyorum şu anda havaya savrulmuş bir sözcük olarak kabul edecek ama yine de söylüyorum:

'Sana âşığım sensiz yaşamak istemiyorum, bu insandan insana aşk değil çok daha fazlası, sende kayboluyorum, seninle yaşlanmayı, ölene kadar elini tutmayı istiyorum ve delice seni arzuluyorum.'

Başını geriye doğru atarak ileri geri gittikçe hızlanmaya ve baskıyı artırmaya başladı. Klitoris orgazmına alışmış olduğunu hissettiğimde gerçek bir orgazm yaşaması için sonrasında defalarca onunla sevişmem gerekecekti. Yeniden vajinal orgazma geçişi uzun zaman alacaktı ve ben her defasında onunla ilk kez gibi sevişecektim.

'İlk kez biriyle ruhumla sevişiyorum.'

Beklenmeyen cümle... Belki söylediğinin farkında değildi. Kapılar tam kaynağa açıldığında, içeride kalanlar ya da en derindeki yanılsamalar taşabilirdi. Belki sonra pişman olacaktı. Nedeni ne olursa olsun, nereden gelirse gelsin tarifi olmayan hisler. Zümrüt'le beraberdim... Beraber olacaktık, hayatımın odağı olacaktı. Dünyadaki tüm kadınlar Zümrüt'ün bedeninde toplanıyordu. Artık dayanamıyordum, her an boşalabilirdim. Gözlerimle ifade ettim. Gözleriyle beni bırakmayacağını içine boşalmama izin vereceğini söyledi. Korunmuyorduk ve umurumda da değildi. Ondan şu an bir çocuğum olsa kabulümdü, mutluluğumdu, varoluşumun devamıydı.

Üzerimde ulaştığı hız kontrolden çıktı, kanepe çatırdayarak sarsılıyordu, belden yukarısını iyice geriye yatırmış, ellerini göğüslerimden alıp kalçasının hizasında kanepeden destek alarak quanta'nın ışık hızına ulaşma anını yaşıyordu. Bedenlerimiz sarsılmaya başladığında, o, ben, kanepe, oda, otel, Ağva, İstanbul, Dünya her şey ama her şey 'bir'di.

Yanıma uzandığında bana sarılırken bu kez çok daha güçlü bir enerjiyle doladı kollarını bedenime. Tükenmemiz gerekirken çoğalmıştık. Onu nasıl sevdiğimi, nasıl âşık olduğumu söylemekten kendimi alamıyordum. Her an ağlayacak kadar yoğun olan bu duyguları ayrıştıramıyordum. Huzur, acı, tutku, endişe... Evet! Endişem de var. Çünkü bir gün bu bitebilirdi, tükenebilirdi, güne bulaşabilirdi."

Sonraki iki gün boyunca bu gece sevişirken birbirlerine söyledikleri her şeyi karşılıklı oturup konuşmaya devam edeceklerdi. Ancak samimiydiler. Birçok insanın inanmayacağı, gerçekçi bulmayacağı kadar gerçektiler. Doğru insanlar, doğru frekanslar, doğru ruhlar birleştiğinde olan buydu. Bunun dışında olan her şey zorlamaydı.

Selim, sarılırken aldatma endişesini hatırladı. İhtimal dışıydı, hayatında ilk kez bir şeyi fark etti. Gerçek aşk olduğunda aldatma olasılığı yoktu. Zümrüt'ü bilemezdi, bilemeyecekti de. Ama bu kez kendisi adına neyin ne olduğunu çok iyi biliyordu. Koruyucularına teşekkür etti içinden. Onlara verdiği sözü tutacaktı. Ortaya konacak tüm iddialar, sadece gerçek olmayan bir aşkın, ilişkinin bahanesi olabilirdi. Bu gece bir son değil bir başlangıçtı...

Selim sınanacaktı, içindeki minik düşünce kurtçukları canlanacaktı, gelgitler, kıskançlıklar yaşayacaktı, aldatmanın kıyısından dönecekti ama henüz hiçbiri yaşanmamıştı. Olasılıklar havuzunda yüzüyorlardı. Bundan sonra yaşanacak beklenmeyen olaylar, Zümrüt'ün bildiği ancak Selim'in henüz bilmediği, bir başka boyutta anlayacak olduklarıydı.

Bâtın XXIII

Cevapları hep dışarıda arıyor insan. Kendi olmaktan kaçıp, her şey olmaya çalıştığı gibi, varoluşu da kaynağı da dışarıda arıyor.

Evren, bir matematik ve geometri düzeni içinde hareket ediyor. Astronomi, fizik ve bilim dallarıyla ilgilenenler evrenin mükemmel bir ritmik düzen içinde hareket ettiğini, yaşadığını gayet iyi biliyor. Tanrı'nın varlığını bu mükemmel düzen içinde görmek mümkündür. Çünkü O'nun varlığına inanmayan bilim adamları bile, en son teknolojiyi kullanarak elde ettikleri bulgularda, evrenleri yaratan yüce bir gücün varlığını kabul ediyor. Bu güce kimileri Allah, kimileri Evrensel Zekâ, kimileri Mimar, kimileri Yahova, kimileri Kaynak, kimileri Birincil Enerji, kimileri başka isimler verebilir. Ama bu mükemmel matematik ve geometrik düzeni kuran güce ne denirse densin varlığı inkâr edilemez.

İlk insandan bugüne insan hem varoluşunu anlamlandırmaya çalışırken, hem evrenin, dünyanın, doğanın muhteşem işleyişini, sistemini açıklamak isterken kendinden yüce bir gücün varlığına ihtiyaç duydu. Son birkaç bin yılda semavi dinler geniş bir hâkim alan bulurken, Budizm, Paganizm, Şamanizm ve daha birçok inanç sistemi bir biçimde evreni açıklamak, kabul edilen açıklamaya göre yaşamı dizayn etmek için var oldu. Buraya kadar hiçbir sıkıntı yok. Sıkıntı, farklı anlamlandırmaların, farklı ritüellerin birbirini çekemez olması, saygı duymaması hatta savaşmasında. Hatta aynı sistemin içindeki alt başlıklar bile birbiriyle mücadele eder oldu: Katolik, Protestan, Evenagelist, Alevi, Sünni, Şii...

Bu mücadeledeki temel sorun, dünyevi sistemi, sosyal düzeni kontrol etme ve yönlendirme çabası... Bütün inanç sistemlerinin odak noktası daha iyi bir dünya, daha iyi bir insan idealiyken, günlük hayata yansıyanlar büyük bir çelişki... İnsanları yönetme, kitlesel olarak yönlendirme çabasında olan erkler, inanç sistemlerini tarih boyunca kullanmaya çalışmışlar ve maalesef birçok defasında bunu başarmışlardır. Milyonlarca insan bu çabadan zarar görmüş, bireyin keşfi durdurulmuş, insanlar ölmüş, göçmüş, ağır hasarlar görmüşlerdir.

Elbette ki toplumları oluşturan insanların bir arada yaşayabilmesi için inanç önemli bir unsurdur ancak bir başka inanç sistemini kabul etmiş, insan veya toplulukların haklarına karşı bir silaha dönüştürüldüklerinden top, tüfekten çok daha tehlikeli ve zarar verici olmuştur.

Kimisinde cennete gitmek kimisinde, kemale ermek, kimisinde yontulmuş taş olmak, kimisinde Nirvana'ya ulaşmak, kimisinde "Bir" olmak... Hepsinde, öze yaklaşmak, insan olabilmek, her şeyden önce insanı görebilmek. Semavi dinlere baktığımızda, Yaradan'a inanan bir insanın, Yaradan'ın bir başka yarattığına zulmetmesi, zarar vermesi, haklarını gasp etmesi, yok sayması, küçümsemesi nasıl açıklanabilir? Bu durum bir inançla gelen inançsızlık olur ancak. Bir başka ifadeyle inancın kötüye kullanılması, yaratıcı kaynağın temizliğinin kirletilmesi olur.

İnsan neye inanmayı seçerse seçsin, kaynağa hangi adı verirse versin, onunla hangi ibadethanede buluşursa buluşsun her şey bir ve tek. Işığa varabilmek için hangi aracı kullandığın değil, nasıl yol aldığın önemli. Din, dil, ırk insanları ayrıştıran değil, zenginleştiren alt başlıklarken hepsinden ve her şeyden önce insanı görebilmek...

Evrenin tüm şifrelerini, Yaradan'ın öz değerlerini yüreğinde taşıdığını unutma.

O yüzden bir sen var senden içeri. Oraya giremediğin sürece, her şey yüzeysel, her şey fani... Semboller, yazıtlar, kitaplar, dinler... Hepsi sana ihtiyacın olanı veriyor, içeriye doğru yaptığın yolculukta. Bunu sakın unutma.

Zâhir 23

Aslı

Kocasına aşksız adanmışlığı, âşık olduğu adamın uzaklığı, hayatının tekdüzeliği, geçmişiyle hesaplaşmaları, gelecekle ilgili kararsızlıkları Aslı'yı artık dayanamayacağı kadar çok zorluyordu.

Hayatı boyunca kendini bildi bileli bir şeylerle mücadele etmek zorunda kalmıştı. Bir gün gelecekti ve bütün bu mücadele ettiklerine değecekti. Hayatında bir şeyler değişecekti ama o bir gün hiç gelmedi. Yaşı ilerledikçe gelecek güne olan umutları da azalıyordu. Üstelik artık umutlar yerini vazgeçmişliğin ataletine bırakırken yine de hayatındaki tek ışık Selim'di. Hiçbir zaman gerçekleşmeyecek bir hayal de olsa, günlük yaşamına katlanabilme gücünü veren, siyah beyaz yaşamına renk katandı.

Aslı'nınki öyle bir kabullenişti ki, Selim Burcu'yla evliydi ve çocukları vardı. Şu durumda ikisi de istese bile gerçekleşmeyecek bir hayaldi bu. Ancak şimdi Selim boşanıyordu, hatta Selim'in hayatına yeni bir aşk giriyordu. Selim'in hayatındaki önceki kaçamakları önemsiz olmuştu. Burcu olduğu sürece önemsizdi. Aslı'nın o hep beklediği gün gelmişti sonunda fakat gelmemesi gereken bir zamanda... Hatta hiç gelmeseydi daha iyiydi.

Evli bir insana âşık olup o ilişkiyi yaşayabilmek için çaba göstermenin yıpratıcılığını bilmeyenler için konuşmak ve yargılamak kolaydı. Neredeyse her seferinde toplumun yargıladığı, ayıpladığı, toplumsal bilinçte cezaya layık görülen hep o 'öteki' diye adlandırılan üçüncü kişiydi. Oysa 'öteki"nin ödediği bedeller 'asıl'ların ödediği bedellerden daha ağırdı. Kimin öteki, kiminin asıl olduğu belli değildi.

Belirli zamanlarda buluşmalar, limitli görüşmeler, kapalı kapılar ardından ya da gözden uzak köşelerde dokunabildiğin, görüşebildiğin, daracık zamanlar içinde birlikte bir şeyler yiyip içebildiğin, istediğinde arayamadığın, aranmayı beklediğin...

Bazı öteki kadınlar asıl kadından daha gerçek seviyordu. Bazılarıysa sadece doyumsuzluk duygusundan, açgözlülükten çapkınlıktan ya da rekabet güdüsünden dolayı yapıyorlardı bunu. Aslı, etrafında gördüğü ya da dinlediği ilişki örneklerinde, öteki kadınların izlerini arardı. Açgözlülüğün, doyumsuzluk duygusunun yarattığı "öteki kadınları" önemsemez ama asla yargılamazdı.

Sonuçta herkes kendi seçimlerini yaşıyordu, yargılamak bir başka kula düşmüyordu. Aslı, aşkını hiç kirletmemişti. Yüreği yerinden sökülecek gibi olsa bile kendinden vazgeçmek pahasına annesini utandırmamıştı. Ancak yaş ilerledikçe, bilinçaltı anneye olan itaatkârlığı yerini gizli bir öfkeye, nefrete döndürüyordu. Bir ömür annesini utandırmamak, babasının gurur duyduğu kızı yaşatmak için kendi varoluşuna ihanet ettiğini anlıyordu. Belki de bu yüzdendir, hayatımızda en değerli bulduklarımıza karşı nedenini çözemediğimiz bir duygu tıkanıklığı yaşarız. Ailelerimiz, psikiyatride 'bakmakla yükümlü olduklarımız' sınıflandırmasına giriyordu yani atsan atılmaz satsan satılmaz, kaçamazsın. Uzaklaşsan da kaçamazsın, yok saysan da kaçamazsın.

Aslı, etrafında gördüğü 'öteki' örneklerin yaşadığı durumları deneyimlemekten o kadar çekinmiş, o kadar kendisinden uzak tutmuştu ki, hislerini Selim'e belli etmek bir yana zamansız çıkışları ve davranışlarıyla hedef şaşırtmaya bile çalışmıştı. Zaman zaman Selim, Aslı'nın duygularını hisseder gibi olduğunda dahi, çok geçmeden kendiliğinden hiç iz ve kuşku bırakmayacak şekilde silinmişti o soru işaretleri. Aslı, duygularını kontrol edebilmeyi, kendini saklamayı, yaşamak istese bile yaşayamayacaklarının üstünü örtmesini annesinden öğrenmişti.

Yaptığı evlilik ve seçtiği yaşam tarzı, annesinin ona bir mirasıydı tıpkı milyonlarca kadının yaşadığı gibi. İnsanın yaşı kaç olursa olsun, birçoğumuz bir şekilde annemizin, babamızın bize uygun gördüğü hayatları yaşıyorduk. Ailesinin üzerindeki ektiklerini reddettiğini sananlar bile aslında ailesinin gölgesinden, özellikle de annenin gölgesinden kurtulamıyordu. Belki onlar da ektikleri bu tohumların çocuklarının yaşamlarını nasıl etkileyeceğinin farkında olsalardı bunu yapmazlardı. Aynaya baktıklarında gördükleri, kendi ailelerinin bıraktığı izlerdi ne de olsa. Bilselerdi aynı izleri kendi çocuklarının yüzlerine çizmeye kalkışmazlardı.

Aslı kocasını aynı Selim'le Burcu'nun birbirlerini sevdikleri gibi seviyordu. En iyi dostuydu kocası onun. Arkadaşıydı, hatta neredeyse çocuğuydu. Kocası her şeyiyle kendini Aslı'ya teslim etmiş, yıllardır hafta sonu programlarını bile Aslı'ya bırakmıştı. Zaman geçtikçe inisiyatifi iyiden iyiye Aslı'ya devretmiş ve artık tamamen ona bağımlı hale gelmişti. Aslı'sız bir şey yapamayacak bir adama dönüşmüştü. Bu hale gelmesinde Aslı'nın payı da vardı elbette. Aslı da bunun farkındaydı. Fakat iş sonuçlara geldiğinde, nedenlerin bir önemi kalmıyordu.

Aslı nasıl olsa her şeyi tek başına yapabilirdi. Annesi ona dik durmayı, kimseden bir şey istememeyi de devretmişti miras olarak. Kocasından kavanozun kapağını açmasını bile beklemez onu da kendisi yapardı. Aslı her şeyi kendi halledebilir, kimseden bir şey istemezdi. Kocası için yarattığı bu dünya artık kendisinden çok kocası adına vicdanını rahatsız etmeye başlamıştı. Belki de kocasının tekâmülünü engelliyor, onu Aslı'sız yaşayamayacak hale getirmesiyle kocasının yok oluşunun nedeni oluyordu. Neredeyse kocasına acıdığı için hayatından çıkmıyordu ama artık anlıyordu ki aslında bu şekilde ona ihanet ediyordu.

Aslı'nın kocasına acımasının önemli bir başka nedeni de çocuklarının olmamasıydı. Sorun kocasındaydı. Üstelik son beş-altı yıldır bir de ereksiyon sorunu başlamıştı. Tedaviyi reddettiğinden artık cinselliği de tamamen çıkarmışlardı hayatlarından. Her şeye rağmen Aslı artık bir dönemin sonuna geldiğinin ağırlığını hissediyordu. Selim olsa da olmasa da bu evliliği bitirecekti, fakat nasıl bitireceğini bilmiyordu.

Selim'le ilişkisinde de bir dönemin kapandığının farkındaydı. Her geçen gün içinde yaşadığı aşk ona daha ağır geliyor, bir de üzerinde Selim'in boşanması eklenince içinde sakladığı duyguları mezara götüremeyeceğini bili-

yordu. Hissettiği şey, Zümrüt'le Ağva'daki otelin kanepe-
sinde çaylarını içerken Selim'in hissettikleriyle aynıydı.
Kaybedeceği ne vardı? Belki kazanacağının önünü kesi-
yordu, belki artık taşıması gereksiz bir yükün hamallığını
yapıyordu. İstese de istemese de, erken ya da geç de olsa o
gün gelmişti artık.

Son nefese ertelenen her şeyin, hiç olmadığı kadar ağır
bir yük oluşturacağını hissetmeye başlamıştı nihayet. Ya-
şadıklarımızdan çok yaşamadıklarımızın yorduğu bu ha-
yatta, hiçbir yaşanan, yapılan, "Acaba yaşasaydım, yap-
saydım nasıl olurdu?" sorusu kadar ağır değildi.

Bâtın XXIV

Ego, korkaktır. Ego, dostundan çok düşmanın olarak çalışırken, "İnsan mı egosunu, egosu mu insanı kullanır?" soru işareti olarak kalır.

Dünyada, insanın sınırlı zamanında ona verilmiş kimliği, mevcut sistemdeki kimliği egonun ta kendisidir. Doğduğu aile, dini, dili, mesleği, kimliği oluşturan her ne varsa egoyu oluşturur ve ego onları yaşatır. Ego, insanın dünyevi kimliğinden fazlası değildir. Kıssadan hisse, ego seni açıklamaya, seni anlatmaya yetmez, çünkü sen kimliğinden, egondan ibaret değilsin. Ego, sen değilsin.

Egonun temeli "kaybetme korkusu"na dayanır. İnsan, biçimlendirilmiş zihniyetinden dolayı, tüm yaşamı boyunca, sadece ve sadece verilerle, değerlerle, tabularla yaşar ve ölür. Ego seni, insan eliyle yaratılan gerçekliğin, tek gerçek olduğuna inandırmaya çalışır.

Öğrenci üstadına sorar:
"Ego nedir?"

Üstat yüzünü buruşturarak öğrenciye döner ve "Bu ne kadar aptalca bir soru, bunu sadece bir aptal sorabilir." der. Öğrenci allak bullak olur, öfkeden kıpkırmızı kesilmiştir. Üstat gülümser ve şöyle der:

"İşte ego budur!"

Ego son derece başarılı bir illüzyonisttir. Her şeyi kendisi için kullanıp, görüneni sana farklı yansıtmaya çalışır ve öyle var olur. Gerçekliğinin sorgulanmasından, sarsılmasından o kadar korkar ki, kendini kamufle etmek için dikkatini dışarıya yöneltir. Senin, içeriye bakmak yerine dışarıya bakman egonun varlığını sürdürebilmesi için elzemdir.

Egonun doğasında yoksunluktan, rekabetten, kıyaslamaktan doğan nefret vardır. Bu bazen farklı politik kimliğe sahip insana duyulan kızgınlıktan, işyerindeki diğer çalışanlara duyulan kıskançlığa, sevgiliye kırgınlıktan, yoluna çıkan bir böceği öldürmeye kadar farklı tezahür eder.

Olan sadece şudur:

İçerideki öfke, içerideki nefret, içerideki korku dışarıda olana yansıtılmaktadır. Ancak kaynak içeridedir. Dışarıda olanı affedebilmek için önce içeride olanı affedebilmek gerektiği gibi. Örneğin aldatan sevgiliye duyulan öfke, o sevgiliyi seçtiği veya o sevgilinin kendi yetersizliklerinden dolayı gitmiş olduğunu hissettiği için insanın kendisine duyduğu öfkeden alevlenir.

Ego güvensizdir.
Ego korkar.
Ego kontrol eder.
Ego tedbir alır.
Ego tetikte yaşar.
Ego dinlemez.
En çok bildiğini yapar.
Ve çoğu zaman hoyratça direnir.

Aile, toplum, çevre suçluluk duygusunu, günahı, kuralları, şablonları hayatına sokarken egoyu güçlendirdi. Ego da her sıkıştığında bunları sana karşı kullandı.

"O insana iyilik yapamazsın, o bizim düşmanımız, bizden değil..."den tut, "Saçmalama, bu senin hakkındı, onu senden nasıl alır! Vur, kır, parçala..."ya kadar her gün onlarca kez seni dışarıya yöneltiyor.

Ego, tüm işlevlerin ona ait olduğuna inanır, onların ne olduğunu bilmemesine rağmen. Bu karıştırmaktan da ötedir. Bu, megalomani ile karışıklık arası özel tehlikeli bir karışımdır, egonun her şeye ve herkese en ufak bir neden olmadan saldırma eğilimine yol açan. Tam budur egonun yaptığı. Tepkilerinde kestirilemezdir çünkü algıladığı şey hakkında en ufak bir fikri yoktur. Bütünlüğü parçalayarak anlama girişimi açıkça egonun her şeye karşı tipik çelişkili yaklaşımıdır. Ego, anlayışın, gücün ve hakikatin ayrılıkta yattığına inanır ve bu inancı teyit etmek için saldırması şarttır. Bu inancın teyit edilemeyeceği gerçeğinden bihaber ve ayrılığın kurtuluş olduğu fikrine saplanmış olarak ego, algıladığı birbirleri ile anlamlı ilişkileri olmayan ve dolayısıyla herhangi bir mana içermeyen her şeye onları küçük, birbirleri ile bağlantısız parçalara bölerek saldırır.

Ego sürekli anlamı kaos ile değiştirir. Çünkü ayrılık kurtuluş ise uyum tehdittir.

Gerçeklik sadece bulutsuz bir zihinde doğar. O her daim vardır ve kabul edilebilir ancak onu kabul etmek senin ona sahip olma istekliliğine bağlıdır. Gerçekliği kavramak, gerçekdışılığı olduğu gibi yargılama istekliliğini içermelidir. Hiçliği göz ardı etmek, onu sadece doğru yargılamak ve hakikate uygun bir şekilde değerlendirerek bırakmak demektir. Bilmek illüzyonlarla dolu bir zihinde doğamaz. Çünkü, hakikat ve illüzyon bağdaşmazlar. Hakikat tamdır ve sadece bir zihnin bir parçası tarafından tanınamaz. Ego, yargılamadan, eleştirmeden, ayrıştırmadan var olamaz.

Dünyaya ve senin dünyana ait cevapların egonun sana göstermeye çalıştığı gibi dışarıda değil, senin içinde, çok daha derinlerde. Ego sana diyor ki, dışarısı kötü, insanlar anlayışsız, sen ve ben (ego) birlikte olarak halledebiliriz. Ayrışarak, bölünerek, gururla, kibirle, dünyada elde edeceklerimizden gelecek güçle

Ego, seni dışarıya bağımlı kılar. O kadar korkuyordur ki yok olmaktan, dışarıdan destek ile yaşam alevini güçlendirmeye çalışır. Her zaman başkalarından destek almak zorunda hissettirir insanı. Seni takdir edecek, ne kadar güzel ya da ne kadar zeki olduğunu söyleyecek birileri... Böylece zeki, güzel, yakışıklı, başarılı, güçlü ve daha birçok şeye inandırabilir seni.

Bu eşlik ettiğinde seni de içine çeken zavallı bir çırpınıştır. Çünkü bu dünyayı değiştirmeye çalışmak, sinemada görüntüsü kaymış bir filmi, beyazperdeyi çekiştirerek düzeltme çabasıdır. Projektörü düzeltmek tek çözümdür.

Bir toplumun parçası olduğun sürece ego her zaman varlığını sürdürecektir, sürdürmelidir de. Ancak sen, egonun farkında olarak, onun sana sunduğunun, sana anlattıklarının çok daha fazlasının ve gerçeğinin daha derinde olduğunun, görünenin arkasında gizlendiğinin farkındalığında tuzaklarına düşmeden onu yönetebilirsin. Bugün, birçok insan, egosunun kölesiyken, gerçek insan egosunun efendisidir.

Zâhir 24

Selim-Zümrüt

Zümrüt bahçede Neo'yla oynarken, Selim de cam kapının önünde durmuş salondan bahçeyi seyrederken bir anlığına da olsa bulunduğu mekândan uzaklara gitti. Her şey çok hızlı gelişiyor, yaşamın zaman mekân mesafesi hızla kapanıyordu. Sadece birkaç hafta içinde Zümrüt'le yıllardır berabermiş ya da yıllardır beklediği kadın gelmiş ve geçen tüm zaman aralığını kapatmış gibiydi...

Zümrüt ilk kez Selim'in evine gelmişti ve ilk kez Selim'in evine Burcu'nun dışında başka bir kadın giriyordu. Selim için ev kutsaldı. Evine girebilen insanlar çok azdı. O seçkin azınlık da Selim'in dünyasına girebilenlerdi sadece. Aslında Selim'e kalmış olsaydı Burcu kadar çok davet de vermezdi evinde. Hiç değilse davetlilere müdahale edebilmiş, mümkün olduğunca evin mahremiyetini korumuştu geçen yıllarda.

Birkaç hafta önce Burcu, Neo'yla vedalaşırken yaşadığı duygu seli, Neo'yu Burcu ile birlikte aldıkları günler, ismini koyuşları ve şimdi Neo'yla oynayan Zümrüt... Geçmiş, gelecek aynı anda aynı noktada yaşanırken farklı katmanlar üst üste geçmiş tek bir karede birleşiyordu.

Selim'in algıları neredeyse çocukluk yıllarına dönmüş,

her geçen gün görünenden daha fazlasını görmeye başlamıştı. Yeniden düşünceleri okuyabilmeye başlamış, sezgilerini kullanmayı hatırlamıştı. Rüyalarını yeniden okuyabiliyor, yönlendirebiliyor, yolculuğa çıkabiliyordu. Yavaş yavaş yeniden görünmeyen varlıklarla, geçmiş ve gelecek boyutlarıyla iletişim kuruyor, yolculuklar yapıyor ama Zümrüt'le bunları paylaşmaktan kaçınıyordu. Kafayı yemiş olabileceğini düşünebilirdi. Oysa sadece henüz Zümrüt'ün nelere, hangi yetilere sahip olabileceğinin farkında değildi.

Bahçe, eşyalar ve Neo aynıydı... Evde değişen tek şey, hayatındaki kadındı. Yıllar geçiyor, mekânlar, hayatımıza giren yüzler değişiyor. Yüzler, mekânlardan daha hızlı değişiyordu. Şehrin sokaklarında yürüdüğün insanlar sürekli değişirken, sokaklar aynı sokaklar. Yemek yediğin mekânlar aynı mekânlar, tatile gittiğin yerler aynı yerler. Dünya aynı dünya.

Burcu'yu hatırladığında yaşadığı duygu karmaşası, dünya boyutuna duygusallıkla yapışmış insanın karmaşasıydı. Gerçi o boyutta bile önemli bir fark vardı. Değişen sadece yanındaki kadının yüzü değil, aslında yanındaki kadının dokunduğu her şey değişiyordu. Burcu'nun dokunduğuyla Zümrüt'ün dokunduğu Selim bile aynı değildi, olamazdı da. Her an, her şey, her şeyi değiştiriyordu. Aynı görünen hiçbir şey aynı devinmiyordu. Form aynıyken, içerik aynı kalmıyordu.

Ağva'da geçirdikleri son iki gün, birçok çiftin birkaç ayda, birkaç yılda belki de hiç paylaşamadıklarını yaşayıp deneyimledikleri çok güzel bir tatil olmuştu onlar için. Sözcükler anlamsız kalmış, sözcüklerin katbekat fazlasını hissederek yaşamışlardı.

Her ne kadar reenkarnasyonla ilgili aklında ciddi soru işaretleri olsa da, belki de şimdi Zümrüt'le önceki yaşamlarında yarım kalmış bir aşk, devam ediyordu...

Yüreğini dolduran aşk, sevgi, heyecan, tutku gibi onlarca duygunun yoğunluğu yanında acı da vardı. Buruk bir acı, sanki daha önce yitirilmiş sevgilinin yeniden bulunuşu ve yeniden kaybetme olasılığının korkusu. Belki de hepsi yanılsamaydı. Belki de birkaç ay ya da birkaç yıl sonra hepsi bitecekti, belki kendi belki de Zümrüt tükenip gidecekti. Ancak yine de şu anda yaşadıklarının gerçekliğini değiştirmezdi. An'da yaşanan, hayatın ta kendisi, tek gerçekliğiydi.

Varoluşunun yansımasına dönüşüyordu Zümrüt. Hayatındaki her şeyin fonunda, her şeyin üzerinde, her şeyin, her maddenin temel elementlerinde, kuantalarındaydı...

Saatlerce yataktan çıkmamışlardı. İlk gece yaptıkları bütün tatil planları kendiliğinden iptal olmuştu. Yatakta birbirlerinin gözlerine bakıyorlardı uzun uzun...

Sonra Selim bozuyordu sessizliği:

"Bugüne kadar yaşamadığım duyguları yaşıyorum. Biliyorum bu kadar zamanda nasıl olabilir ki, diyebilirsin, inanmayabilirsin, sorgulayabilirsin ama öyle. Ölene kadar ellerini tutmak istiyorum."

"İstiyorum" yetmiyordu, o tabii ki duygularıyla biliyordu ki tutacaktı ellerini sevdiği kadının. Fakat onu korkutmamak ve kendi inandırıcılığını da yitirmemek için, her şeye rağmen karşısındaki güzel varlığı tam anlamıyla bilmediği için basitleştiriyordu cümlelerini.

Zümrüt, gözlerini ayırmadan karşılık veriyordu Selim'e:

"Bir de bana sor. Ben ki insanlara güvenemeyen, mesafeler koyan, hayatına ilişki sokmak istemeyen biriyim. Ben de 'olmaz' dediklerimi yaşıyorum seninle. Hatta bak şu an evli bir erkekle beraber aynı yataktayım. Kâğıt üzerinde bile olsa hâlâ evlisin."

Bitmiş bir evlilik henüz yasal olarak bitmemişti... Zümrüt, evli bir erkekle olmamak prensibine ihanet etmiyordu ama kâğıt üzerindeki durum espriliydi ve bu göndermeyi birkaç kez yapmış ve her yaptığında da gülümsemişti. Selim hayatındaki her şeyi birkaç saatte anlatmıştı. Ketumluğunu bırakmış, içindeki bütün adamları Zümrüt'ün önüne sermişti. Bu kez, bu ilişkide duvarlar olmayacaktı.

Yüreğinde bir yerler kırılmaktan, incinmekten korksa da bırakmayacak, sonuna kadar tüm kartlarını dürüstlükle açık oynayacaktı. Bu kadar yoğun hissederken, bu kez değil de ne zaman şeffaf olacaktı ki... Kolay değildi elbette, an oluyor egosuna yeniliyor an oluyor korkularına... Yaşanmışlıklarından kalan tortuları ve öğrenilmişlikleri de zaman zaman su yüzüne çıkmıyor değildi. Bu anlar devreye girdiğinde mümkün olduğunca hızlı bertaraf ediyordu zihnine doluşanları ve yüreğini acıtanları.

Bütün bu 'an'ları en az Selim kadar Zümrüt de yaşıyordu. Yeni boşanmış bir adamın psikolojisinin oynadığı oyunların yanılsaması olabilirdi bütün bunlar. Zümrüt'ün genç yaşına rağmen yaşanmışlıkları, korkuları ve travmaları vardı. Kime anlatsa, kime söylese herkes 'saçmalama dikkatli ol, uçmuşsun' sen derdi.

Artık pek çok kavramın için boşaltılmıştı, aşk'ın bile... Yaralıya yardım eden insanın yaptığı şey bile artık büyük bir erdem sayılıyordu. Birbirimize karşı olan sorumluluklarımız günümüzde erdemden sayılır olmuştu. Bu anlam kaymasından tabii ki aşk da nasibini alıyordu. İşte tam da bu yüzden onların yaşadıkları aşk bambaşkaydı. İkisi de inanıyordu birbirlerine... Sadece yüreklerinin söyledik-lerine bazen zihinlerinin karıştırdığı parazitler bulaşıyor ve hissettiklerini kısa süreliğine de olsa bulandırıyordu.

Bir an Zümrüt de dayanamayıp sordu:

"Bir insan bu kadar yoğun yaşarken nasıl aldatabilir, nasıl bir başkasını görebilir?"

Selim, Zümrüt'ü tanımadan önce bu soruyu muhte-melen daha farklı cevaplardı ama şimdi içinden geçenler başkaydı:

"Göremez, yapamaz. Bir insanın en basit aldatmayı bile yapabilmesi için ilişkisinin çatlamış olması gerekir. İstenildiği kadar bahane bulunsun başka bir açıklaması yok benim için."

Birkaç kez aralarında buna benzer diyaloglar geçtiğin-de, Selim hep bu yanıtı vermişti, samimiydi. Dünyanın en seksi, en güzel kadınıyla bile yalnız kalsa ve ilişkileri-nin hiç duyulmayacağını da bilse yine de onunla birlikte olmazdı. Çünkü hem Zümrüt'e hem de kendisine ihanet etmek istemezdi. Sonra bir şeyi daha fark etti Selim... O kaçamağı yapmak içinden gelmezdi, gelemezdi ki. Dün-yanın en güzel kadınıyla beraberdi zaten. Bir insan, bir insanı seçtiğinde seçtiği insan zaten artık dünyanın en güzel, dünyanın en yakışıklı, dünyanın en seksi insanı ol-maz mıydı?

Selim düşüncelerinde daha da ileriye gidiyordu. Züm-rüt yaşlansa, kilo alsa, normları bozulsa da onun en güzeli kadınıydı. İnsan bedene âşık olamazdı. Bedene hissedilen şey, "aşk" olmazdı.

Buna benzer diyalogları bazen Selim başlatıyordu. Genelde aldatmayla ilgili sohbetler açıyor olmalarının altında, aslında ikisinin de aldatılma endişesi taşımasıydı. İnsanlığın paranoyası, onlara da bulaşmıştı. Çevrelerinde o kadar çok hikâye vardı ki aldatmak/aldatılmak üzerine, hele ki Selim'in çevresinde...

Selim'in aldatma olgusundan daha büyük bir korkusu vardı ki o da ilişkiyi güne karıştırıp rutine bulaştırma korkusuydu ki bu zaten aldatmanın da yolunu açan bir şeydi. Evliliklerde, uzun süreli ilişkilerde tükenişi getiren, duyguların günlük hayata teslim edilmesiydi. Günün koşturmacası, sorumlulukları ve hengâmesi arasında sıkışan duygular zamanla erozyona uğruyor ve altı oyulmaya başlıyordu. Kimliklerin esaretinde, öz unutuluyor, iki insanı bir araya getiren temeller günün gölgesinde kaldığında kaybeden 'ilişki' oluyordu.

Flört döneminde ya da yasak ilişkilerde geçirilen sadece limitli zamanlarken, hayatın daha geniş paydaları paylaşılmaya başlandığında görünmeyenler yanıltabiliyordu. Şık gördüğün adam pijamalarıyla, hayran olduğun kadın bulaşıkları durularken izlendiğinde ve giderek birlikte paylaşılan zamanlar, mekânlar çoğaldığında insan yelpazesinin geniş bir alanı da görünmeye başlıyordu.

Selim yine aynı düşünüyordu bu konuda:

Temel, öz her şeyin üzerinde kaldıkça sıkıntı yoktu. Ancak bu düşünce, endişeyi bertaraf etmiyordu.

Zümrüt'le daha fazla zaman geçirmeye başladıkça, artık Selim'in evine de girip çıktıkça birbirlerinin daha fazla anına tanık oluyorlardı. Selim için bir sıkıntı yoktu. Her nasıl, ne şekilde, olursa olsun Zümrüt onun kabulüydü.

Aralarındaki yaş farkı, Zümrüt'ün şaşkınlıklarını, sakarlığını, pot kırmalarını olgunlukla ve sempatiyle karşılamayı kolaylaştırıyordu.

Yaş farkının veya Selim'in olgun duruşunun getirdiği bir şey daha vardı: Selim artık hamiliğe soyunmuştu. Zümrüt'ün mutlu olmasını o kadar çok istiyor ve onu o kadar çok seviyordu ki, hayat yolculuğunda Zümrüt'ün önüne çıkacak tüm engelleri ortadan kaldırmaya hazırdı. Gece uyurlarken, Zümrüt'ü saran kollarının bir tehdit anında ancak son nefesini verdiğinde açılabileceğini biliyordu. Zümrüt'ü sakınmak için tüm dünyaya, görünen görünmeyen tüm düşmanlara savaş açabilecek güçte ve cesarette hissediyordu kendisini.

Her ikisi de yaşamakta oldukları aşkın günümüzde dünyanın unutmakta olduğu türden hatta belki de dünya üstü olduğunun farkındaydılar. Bu onları daha da korkutuyordu. Sık sık "nazar değmesin" deyip duruyorlardı. Selim koruyucu güçlerine ve kaynağa güveniyordu. Birbirlerine uğurlu hediyeler de veriyorlardı.

Selim kendi elleriyle volkanik taşların üzerine enerji yükleyerek bir mandala hazırlamıştı. Zümrüt de onun için bir resim yapmıştı. Sigara paketinin yarısı kadar bir tuvale, Zümrüd-ü Anka'yı resmetmiş, sonra resmi tuvalden keserek bunu cüzdanında taşımasını rica etmişti. Dedesinin tablosundan esinlenilmiş ve kendi ismine ilham olmuş Zümrüd-ü Anka'nın Selim'e güç vereceğine, çağrısının peşinden gitme yolculuğunda kolaylaştırıcı olacağına inanmıştı.

Zümrüt, Neo'yla oynamaya devam ederken, Selim de sevgiyle izlemekte olduğu kadını çok özlediğini hissetti.

Birlikte uyandıkları sabahlarda bile saat öğlene varmadan birbirlerini özlemiş oluyorlardı. Bu duygularını paylaştıkları insanların neredeyse tamamı yeni bir ilişkinin cicim ayları olduğu, zamanla törpüleneceği konusunda hem fikirdiler. Selim bu yorumlara sadece gülümsüyordu.

Selim'in salonun ortasındaki sehpanın üzerinde duran telefonu çalmaya başladığında Zümrüt'ten gözlerini alarak sehpaya yürüdü. Arayan Bülent'ti... Son günlerde Bülent'e bir haller olmuştu. Biraz Selim'deki değişimlerden etkilenmesi, biraz da birlikte olduğu kadınlardan birinin ısrarıyla "Yeniden Doğuş" isimli bir farkındalık eğitimine katılmıştı. Beş yıldızlı bir otelin konferans salonunda gerçekleştirilen, dört günlük bir çalışmaydı. Sağdan soldan devşirilen birtakım uygulamaları bir araya getirerek kurgulanmış, katılımcılarını bol bol ağlatan, insanların anne baba gibi hassas olduğu noktalarının üzerine basarak katılımcıların içini dışına çıkartan ve aslında daha büyük travmalar yaşamalarına neden olacak türden bir programdı.

Selim'in bu ve benzeri çalışmalara negatif bakmasının içeriği dışında başka nedenleri de vardı. Sevgiden bahseden insanların sevgisizlikten kıvranıyor olması ve katılımcılara yapılan yüklemeyle suni bir aidiyet duygusu yaratılmaya çalışılması doğru değildi. Bu öyle bir yüklemenin sonunda birbirini hiç tanımayan insanlar dört günün sonunda sanki ezeli dostlarmış gibi hissediyorlardı. Sürekli birlikte organizasyon yapma telaşına giriyorlardı sonra. Her ne hikmetse bu yaptıkları buluşmalar, cebinde parası olmayanın katılması zor olan yemekler ve gece eğlenceleri gibi aktivitelerdi.

Farkındalık adı altında yapılan bu tür çalışmaların, farkındalık dışı aktivitelerle devam etmesi organizasyonun başındaki insanların bir cemaat, hatta elit bir cemaat belki modern deyişle network oluşturma çabasından öteye gidemiyordu. İlk başlarda büyük gruplarla başlayan aktiviteler, gittikçe küçük gruplara ayrışıyor, tutunamayanlar çalışmaya gelmeden önceki boşluklarından daha büyük bir boşluğa düşerek hayatlarına devam ediyorlardı. Organizasyonun ileri aşama çalışmalarıysa insanları bağımlı kılıyordu. Âdeta hayatlarındaki tek çıkış bu eğitimlerdi. Oysa gerçek sokaktaydı gerçek ilişkilerde, yaşamın içindeydi.

Bülent de eğitimin motivasyonuyla iyice sevgi böceğine dönüşmüş, kendi hayatında olamadığı ancak olmayı hayal ettiği adamı oynamaya başlamıştı ya da hayatındaki boşluk öyle bir dereceye ulaşmıştı ki, tutunacak bir dal bulmuş olma umuduyla öğretilere sarılmıştı. Seminerler sırasında bir de yeni sevgili bulmuştu. Yılların hızlı çapkını şimdi olmak istediği halini canlandırmaya başlamıştı. Her ne hikmetse gittiği mekânlardan bir türlü vazgeçemiyordu. Ne orada, ne buradaydı. Selim'in bildiği Bülent'le olmaya çalıştığı adam arasında sıkışıp kalmıştı.

"Yeniden Doğuş"un üstü kapalı bir çöpçatanlık merkezi olması yarattığı cazibede önemli bir yer tutuyordu. Katılımcıların yarısından çoğu ya kısa süreli ilişkiler ya da sevgili olma denemeleri yaşıyordu ki zaten eğitimdeki uygulamalarda bunun yolu açılıyordu.

Selim de zamanında benzer çalışmalara, iş dünyasındaki ve cemiyetteki arkadaşlarının çoğu gibi katılmıştı. Selim'in zamanında yuttuğu ama artık benzer yorumlarda midesinin bulandığı bir şey daha vardı ki, alışmalara katılan insanların gizemli görünme çabası. Katılımcılar sürekli muhteşem bir deneyimden bahsediyorlar ama bir türlü anlatamıyorlardı. "Mutlaka yaşamalısın", "Anlatamayız", "Hazır olduğunda zaten gidersin" gibi cümleler kurarak gizem dozunu artırmaya çalışıyorlardı. Bülent'i Zümrüt'le tanıştırmak için buluştukları bir akşam, ruhanilikten, spiritüalizmden son derece uzak popüler bir mekânda Bülent'in katıldığı eğitimden üç beş arkadaşıyla birlikte sushi yiyip şarap içerken, Selim sorduğu sorulara bu tür cevaplar aldığında sadece gülümsemişti.

Bülent, yine hafta sonu bir gece etkinliğine Selim'i Zümrüt'le birlikte davet ediyordu. Selim düşünmeden reddedecekti ancak bu kez Bülent'in doğum günüydü. Bir kez daha Bülent'in ermiş havalarına katlanacak, giderek uzaklaştığını hissettiği mekânlardan birine daha katlanmak zorunda kalacaktı.

Selim telefonu kapattığında Zümrüt, bahçeden salona geçiyordu. Ellerini yıkamak için banyoya giderken sımsıkı sarıldılar birbirlerine. Sarılmak onlar için sık sık tekrarlanan bir ritüeldi ve her defasında da gerçekti, samimiydi. Tıpkı her sevişmelerinde sanki ilk kez sevişiyormuş gibi heyecanlarının artması ve paylaşımlarının derinleşmesi gibi...

Bâtın XXV

"*Korku*", günah, öfke kıskançlık, kızgınlık, acı, endişe, intikam, nefret gibi tüm negatif duyguların yansımasıdır. Sevginin olmadığı yerde "*korku*" var olur. Korkuların tamamı bir varsayım, bir senaryodur. Olduğun yerde olamamanın yarattığı bir senaryo. Korkuya kapılmış bir zihin şaşkınlık ve çatışma halinde yaşarken birçok negatif duygunun esaretine kapılır.

İnsan, korkudan kaçmak, korunmak için saldırganlaşır, kibre bürünür, zarar verir. Bazen kendisine çoğu zaman çevresine… Korkudan kurtulmadığın sürece neyi başarırsan başar, neyi elde edersen et, karanlık hiçbir zaman üzerinden gitmez. Sürekli bir endişe, sürekli bir yoksunluk hali baki kalır.

Çoğunluklar, toplumun onayladığı iyi unvanlara sahip olmak ister çünkü önemli biri olamamaktan korkarlar. Toplumun onayladıklarına ulaşanları alkışlar, diğerlerini yerer. Dışarıdaki sahte güç, içerideki dağınıklığı, vazgeçmişliği, yaraları örter. Mevkie, prestije, güce ve toplum tarafından herhangi bir açıdan "önemli" kabul edilmeye duyduğumuz bu arzu, aslında başkalarının üzerinde egemenlik kurma isteğidir ve bu istek de saldırganlığın farklı bir şeklidir.

Uygarlığı egosal varoluşta arayan toplumun dayattığı yarışma tarzındaki, korkuya neden olan eğitimin etkisiyle çeşitli korkular yeşermeye başlar. Sonrası neredeyse sayısız korku başlığını beraberinde getirir. Ölmekten, yoksullaşmaktan, hastalanmaktan, terke dilmekten, küçük düşmekten, aldatılmaktan, kaybetmekten korkar insan. Çözümü de ya kaçarak ya da yaraya pansuman yaparak geçiştirmekte bulur. Korkusuyla yüzleşmek yerine, korkunun temel nedenini yok etmek yerine, kısacası kendisiyle yüzleşmek yerine, bundan kaçar. Ancak korkulardan kaçmak, onları daha da güçlendirir, büyütür. Korkudan kurtulma yolunda, nelerden korktuğunun değil, niçin korkmakta olduğunun önemi var...

Korkuyu düşüncelerin, yazdığın veya sana yazdırılan senaryoların yaratır. Aile çocuğuna ders çalışmazsa gelecekte iyi bir işi olamayacağını söyler. İyi bir işi olmazsa yoksulluk çekecektir, farklı olursa dışlanacaktır. Bunun gibi korku temelli, korkuyla beslenen binlerce düşünce kalıbı. Paran olmazsa değersiz olursun, sevgilinin istediği insan olmazsan terk edilirsin, kurallara uymazsan cezalandırılırsın, iyi yatırımlar yapmazsan ileride muhtaç hale gelirsin... Liste uzar gider.

Asıl görmen gereken, korkunun hep gelecekte yaşamakta olduğudur. Geçmişte örnekler ve veriler; gelecekte senaryolar vardır. Korku, şu anda yaşayamaz barınamaz. Korkunun yaşayamadığı, var olamayacağı tek yer "şimdi"... Hep olacak olandan korkar insan. Düşünür, imgeleştirir ve korkusunu yaratır. İşini kaybetmiş bir insandan, kendi geleceğinde işini kaybederse olacak olanları projekte eder. Başkasının gerçekliğini, kendi gerçekliğine yamar. İşte bu da yönetilebilen, kontrol edilebilen bireyi yaratmanın harika bir metodudur. "Eğer bana oy vermezseniz, başınıza bunlar gelecek." diyen siyasetçi gibi.

Düşünce sana yüklenmiş verilere, anılarına göre çalışıyor, ürüyor. Deneyim, bilgi, gelenek ve zamanın vasıtasıyla biriktirilmiş hatıralara. Düşünce durmadıkça korku yaşamaya devam ediyor. Düşünce hiç durmuyor, onun da sürekli meşgul olacağı bir şeylere ihtiyacı var. Meşgul olamadığı anda, yüzleşme başlar. O yüzden insan, hayatını tıka basa dolduruyor.

Türlü korkular olsa da, birçok başlık çıksa da korku bir tektir. Sürekliliğin kesintiye uğraması, arzularının gerçekleşmemesi. Korku bir bütündür ama parçalar halinde düşünen zihin, korkuyu bir bütün olarak göremez. Birçok temel sorun, zihin parçaladığı ya da parçalandığı için doğar. Ben, sen, biz siz, benim, sizin, bizim, sizin gibi... Bütün bunlar düşüncenin parçalara ayrılmasıdır. Ve bu düşünce, bir bütün olarak korkuya bakar ya da bakmaya çalışır ve onu parçalara indirger. Dolayısıyla anlarız ki zihin, korkuya bir bütün olarak ancak bir düşünce hareketi yokken bakabilir.

Gözlemci korkuyu istemeyen sansürcüdür; gözlemci korkuya dair bütün deneyimlerinin toplamıdır. Dolayısıyla gözlemci korku dediği şeyden ayrıdır; aralarında mesafe vardır. Gözlemci durmadan korkuyu yenmeye ya da ondan kaçmaya çalışır, korkuyla arasındaki bu bitmek bilmeyen mücadele de bu sebeptendir. Mücadele enerjinin boşa harcanmasından başka bir şey değildir.

Gözlemci korkunun ta kendisidir. Bunun ayrımına varıldığında korkudan kurtulma çabasının neden olduğu enerji israfı sona erer ve gözlemciyle gözlenen şey, arasındaki zaman-mekân aralığı ortadan kaybolur. Korkudan ayrı bir şey değil, onun bir parçası -ta kendisi- olduğunu anlayınca, korku konusunda hiçbir şey yapamazsın. İşte o zaman korku tamamen biter.

Sıradan insan sürekli olarak geçmiş ve gelecek arasında yaşarken, olanı olduğu gibi görmediği gibi üzerine sayısız senaryo yazabiliyor. Sonrasında o senaryolara inanıyor, o senaryolar yüzünden şimdi'yi yaşayamıyor. Sevgilisinin gitmesinden korkan, şu an ilişkisinden keyif alamıyor, sevgilisini hissedemiyor.

Sayısız olasılık denizinde yüzerken bir insanın kendine yapabileceği en büyük kötülük olasılıkları yorumlayıp senaryosunu kendi yazdığı filmi bugün gerçekleşmiş gibi yaşamasıdır. Daha kötüsüyse, bugününü senaryosuna göre şekillendirdiğinde senaryosunun gerçekleşme olasılığını katbekat yükseltmesidir.

Bu aşamada buraya kadar çıktığın yolculuklar, karşılaştıkların aslında sana korkuyu yok etmenin esaslarını verdiler. Ben sadece ilk kez korkuyu bu kadar açık anlattım sana. Çünkü korkunun olduğu yerde ilerleme, yükseliş, sembolleri okuma, olanı görme, olasılıkları yönetme kaybolur.

Evrenin tüm şifrelerine sahip olan sen'in korkuları nasıl var olabilir? Her şey sende doğar sende biterken, korktukların nasıl senin isteğin dışında gerçekleşebilir. Bir insanın başına gelenlerin, bir zamanlar endişeyle ektiklerinin sonucu olduğunu anlaması gördüğün gibi o kadar da zor değil.

Zâhir 25

Bengü

Kendini yaşamın içine taşıyanlara değil, kendini yaşamın dayattığı isteklerine adayanlara bir örnek olduğunun farkına varmaya başlıyordu Bengü... Selim'le yazışmaları, hayatında hiç beklemediği ama fazlasıyla ihtiyaç duyduğu değişim adımlarını başlatmıştı. Her geçen gün daha fazla anlıyordu bunu. Öyle ki, yazışmalar, kendiyle ilgili yoğunlaştığı düşünceler ve attığı adımlar Zümrüt'le dostluğunun önüne bile geçmişti.

Zaten Zümrüt'le az görüşüyorlardı. Zümrüt, haftanın birkaç günü dışarıda kalmaya başlamıştı. Hayatında biri olduğunu kesindi. Ancak kimseye renk vermiyor, konuyla ilgili bilgi paylaşmamaya çalışıyordu. Hayatındaki adamın kim olduğunu sır gibi saklıyor, sanki özel birisi yokmuş gibi davranıyordu. Birkaç denemeden sonra Bengü, Zümrüt'ün üzerine gitmekten vazgeçti. Zamanı geldiğinde anlatırdı elbet. Oysa Bengü daha fazlasını paylaşabiliyordu onunla. Fakat Zümrüt'ün ketumluğuna karşılık o da inadına Selim'in ismini söylemiyor, sadece kendisi için çok özel bir adamla yazıştığını anlatıyordu o kadar...

Adam onunla hayat hakkında değerli bilgiler paylaşıyor, Bengü'yü insan yerine koyuyor, ayrıca çok da iyi sevişiyordu. Sevişerek tanışmışlardı ama bir daha hiç birlikte olmamışlardı. Son günlerde yazışmalarının seyrekleştiğinden bahsetmeyecekti ama hem yalan söylemek istemedi hem de yaşamında gerçekten hissettiği eksikliği Zümrüt'le paylaşmak istemişti. Zümrüt, arkadaşını dikkatle dinliyor ama pek yorum yapmıyordu. Ne de olsa Zümrüt yaşamındaki yeni aşkla ayakları yerden kesilmiş, havalarda uçuyordu. Bengü'nün yorumu bu yöndeydi. Aşk sarhoşu bir arkadaştan fazla ilgi beklenmezdi.

Yaptıkları yazışmalarda, Selim sanki onunla hiç sevişmemiş gibi mesafeli davranıyor, öğretmen edasıyla Bengü'nün sorularına cevap vermenin yanı sıra ona düşündüren sorular yöneltip yorumlar yapıyordu.

Bengü hayatında kendine hiç sormadığı soruların cevaplarını ararken huzursuzluğu artsa bile gelecekle ilgili beklentileri değişmeye başlamıştı. Hep "başkaları ne der?" diyerek yaşıyor, kendini ispatlamaya çalışıyordu. Aslında bütün hedeflerinin altında "Nasıl daha çok dikkat çeker, nasıl daha çok sevilirim?" kaygısının olduğunu fark ediyordu giderek. Sürekli kendini birilerine kanıtlamaya çalışıyor, kıyaslıyor ve sonu olmayan bir yarışın içine çekiyordu. Artık çok net görüyordu ki kendini değersiz hissettiği içindi bütün çırpınışı.

Selim'in de dediği gibi koşullarını bir anda değiştiremezdi ama istediği hayatın tohumlarını ekebilirdi. Bu yüzden ilk olarak gerçekten hayattan ne beklediğini değil, nasıl bir hayatı şekillendirmek istediğinin cevabını aradı. Mesleğini sevmiyordu, yaptığı iş ona gerçekte onun istediği hiçbir şeyi vermiyordu.

"Olmak istediği insanı oynamak yerine, olduğu insan

olmak…" ilk başta anlamakta zorluk çektiği, belki de işine gelmeyen bir yaklaşımdı. Yavaş yavaş anlıyordu ki, onu olduğu gibi sevmeyen hiç kimse, onu tatmin edecek gerçek sevgiyi hissettiremeyecekti. Çocukluğundan bu yana hep insanların istediğini vermişti. Hayatına giren erkekler de ondan almak istediklerini almış ama vermemişlerdi. Kısacası yaşadıklarının ve paylaştıklarının hiçbir anlamı yoktu.

Bengü her şeyden önce zaten olduğu gibi, olduğu haliyle değerliydi. Hayalleri için ilk adımını atarak fotoğraf kursuna başladı. Kendisine amatör sayılabilecek bir makine alarak ilk karelerini çekmeye başladı. Moda fotoğrafçısı olmak istediğine karar verdi. Tanınmak ve çok para kazanmak için değil, gerçekten sevdiği işi yaparak, varoluşunu işine taşımak istiyordu.

Daha fazla okuması ve daha fazla insan tanıması, yurtdışı kaynaklarını da daha fazla taraması gerekecekti. Bunun için İngilizce kursuna da kayıt oldu. Haftanın iki günü fotoğrafçılık, iki günü de İngilizce kursuna gidiyordu. İş ortamındaki birçok arkadaşı benzer çalışmalara kaynak ve zaman ayıramamaktan yakınıyordu. Pahalı restoranlarda yediği yemekleri yarı yarıya azaltıp alışveriş hastalığını dizginleyerek ihtiyaç duyduğu kaynağı yaratırken bir de üzerine tasarruf edebildiğini gördü. Yaptığı fazladan harcamalar hayatındaki boşluğu doldurmak içindi, şimdi ise o boşluğa yama yapmak yerine nedenlerini ortadan kaldıracak adımları atmaya başlamıştı.

Bunu Selim'e borçluydu… Selim'le yazışmalarında anlamıştı ki, ilk izlenimleri yanlış değildi. Selim, iyi bir adamdı, kaliteli ve derin… Belki başka bir zamanda, başka koşullarda buluşsalardı bambaşka bir ilişkileri olabilirdi. Gerçi yaşı büyüktü, muhtemelen de evliydi. Kendi hayatıyla ilgili yazmayı sevmiyordu. Bengü'nün sorularını geçiştiriyordu. Selim'in sanal arkadaşlığı Bengü'ye iyi gelmişti ama gittikçe seyrekleşiyordu. Belki işleri yoğundu, belki sıkılıyordu. Şu ana kadar yazıştıklarına göre Bengü değerliydi. İlk gece sevişmelerine rağmen, Selim ona öyle ya da böyle değer vermişti, diğer erkekler gibi davranmamıştı.

Bengü'nün hayaline giden yol uzundu ama en azından bir yerlerden hayatını düzeltmeye başlıyordu. Ona ait olmayan bir yaşamı bırakmak için ilk adımları atıyordu. Hayatında istemediği şeyleri yapmaya, koşullarının gerekliliklerini yerine getirmeye devam ederken bir yandan hayallerinin tohumlarını ekiyordu. İnsanın kendini tanımadan, kendini bilmeden elde edebileceği hiçbir şeyin gerçek olmayacağının farkına varıyordu.

Selim Bengü'ye karşı biraz suçluluk hissediyordu. Yolunu arayan genç bir kadına yol gösterici olarak ona yardımcı ve destek oluyordu. Selim, sadece kendi hayatını düzeltmeye çalışmanın gerçek yükselişi getirmeyeceğini, başkalarının hayatında da fark yaratarak, onlara da el uzatarak yükselişini gerçekleştirebileceğini biliyordu. Selim için Bengü, başka insanların hayatına dokunabilmek yolunda bir başlangıç olmuştu. Bu nedenle sorularına içtenlikle cevap vermiş, yol göstermeye çalışmış ve kendi birikimlerini onunla paylaşmayı seçmişti. Bengü'yle yazışmaya başlamasının nedenlerinden biri, dilediğinde sevişebileceği bir kadını yakınında tutmak olsa da bu neden gittikçe zayıflamıştı. Zümrüt'le ilişkisinden sonra tamamen Bengü'yle ilgili arzuları giderek kaybolmuş, hatta bu yazışmalara devam etmeyi bile Zümrüt'e ihanet olarak görmeye başlamıştı. Zümrüt, Selim'in sevişmiş olduğu bir kadınla iletişimde olduğunu bilse rahatsız olurdu belki de. Selim'in yapmaya çalıştığı şey, Zümrüt'le ilişkisinde soru işaretleri uyandıracak, hele ki gölge düşürecek her şeyi hayatından temizlemekti.

Bâtın XXVI

Hayat... Geçmesi gerektiği gibi geçecektir
Mühim olan bizim akan nehrin üstünde duruyor ol-
mamız
Dengesizce dengede
Farkında ama hayaldeki gerçekte
Deneyerek heyecanla
Gerektiğinde bırakarak, beklemeden ama açık kalarak
sürprizlere
Bütünde kendimizde "bir" olarak ama birlikte
Gülümseyerek gönülde
Susarak zihinde, coşarak kalpte
Görerek, dinleyerek, hissederek titreşimin gizeminde
Özdeki gölge olmayan gerçeğimizde
Hapsedilemezcesine...

Çocuk neden çok ister, çok sever, çok ısrar eder, hiç
anlamak istemez, kâh ağlar, kâh güler, çok ifade eder, çok
sarılır, çok dener? Gururu yok mu bu çocuğun? Var elbet!
Ama neden huyuna devam eder? Ve bir anda ne olduysa
tüm bunlardan vazgeçer, büyür...
Nasıl yani? Onur, gurur, haysiyet, vicdan, duruş, ge-
lenek, görenek, mevki, töre, din, günah, yaş, görev, iş,

rol, model, kimlik... Bir anda gelip yerleşir. Bizim çocuk gizlenir. Arada çıkmak ister ama hatırlatırlar... Olmaz... Çocuk bekler... Dinleyip durur, olmamışı, yanlışı, sahteyi, sanmışı, yapmacığı, düzgünü, doğruyu, aklı başında ve denge niyetine... Öylece oturur saklı yerinde... Çevresi değişse de devir teslim ederler birbirlerine onun yularını tutan eller. O saklanır boynu acımasın diye...

Devam ediyor dünyada an'da...
Çizdi resmimi beğendim derken
Ekledi seyrelti
Müdahil oldum
İlk şekli güzeldi derken
Ben bunu gördüm dedi
Gerçekti yansıma
Resim oluverdi ayna
Rahatsız oldum
Hazır değilmişim bakmaya
Görmeye seyreleni
Halen kafamdakini, hayalimdekini
Arzu edermişim meğer için için
Küsermişim gerçeğime
İçindeyim derken dışımdakine
Zaman herkesin kendi nefesinin ritminde gizli
Geç ya da erken yok
Kendi zamanın içindeki zaman doğru olduğunda oluyor zaten senin için an
Sen kendini duymak istedin, ben de yankın oldum
Dokundun,
Oldun vesile

Sen bana ilham
Belki de ben sana tercüman
Sonuçta sebep gerek söylemek için kelam
Hizmet olsun, görevliyiz hepimiz vesselam.

Semih Yalman

Zâhir 26

Selim-Burcu

Neo'nun kafası iyice karışmıştı çünkü bu kez de bahçede Burcu'yla koşturup oynuyordu. Burcu sadece bir gün için Türkiye'deydi. Sabah erken saatlerde İstanbul'a varmış, öğleden sonra katılacakları duruşmanın ardından belki de son kez evde kalacak ve ardından New York'a dönecekti.

Selim'in onu havaalanından alma teklifini reddetmiş, eve taksiyle gelmişti. Selim kapıyı açtığında, Burcu'nun kilo verdiğini, yüzünün süzülmüş olduğunu fark etti hemen. Burcu kapıdan girer girmez sarıldılar birbirlerine. İkisi de özlemişti. İki dostun özlemiydi bu. Kendilerini birbirlerinden sorumlu hisseden iki eski dost...

Burcu bu gece belki de son kez evde kalacaktı. Üstelik bu gece resmi olarak da ayrılmış olacaklardı. Eski karıkoca olarak uyuyacaklardı bu evde. Yolun sonuna gelmişlerdi. Her ayrılık, ne kadar hayırlı ve istenerek yaşansa da hüzün taşır. Daha birkaç gün önce Zümrüt'le öpüştüğü mutfakta bu kez Burcu vardı. Selim, Burcu'ya kahve yaparken yüreğinde acı hissediyordu. İlişkisiyle ya da alınmış kararlarla ilgili bir endişesi yoktu ama Burcu'yu zayıflamış görmek, yıllarını paylaştığı evde Burcu'yu misafir gibi ağırlamak kolay değildi.

Havadan sudan konuşmaya çalışıyorlardı ama olmuyordu. Birbirlerinin hal hatırını sorarken, çocuklardan konuşurken öylesine sevgi dolu bakıyor, öylesine buruk bir özlemle sözcükler ağızlarından dökülüyordu ki gözlerini kaçırmak zorunda kalıyorlardı çünkü her ikisinin de gözleri dolmaya hazırdı.

Burcu, bej bol kesim bir pantolon, üzerine lacivert hâkim yaka bir gömlek giymişti. Salona geçerlerken Selim arkasından yürüyor, onun ne kadar zayıflamış olduğunu düşünüyordu. Belki kilo vermek istemiş rejim yapmıştı ama üzücü olaylardan sonra yaşanan kilo kayıpları da acıya delalet gösterilirdi toplum genelinde. Selim, nedense kendini sorumlu hissediyor, Burcu için ne yapabileceğini geçiriyordu aklından.

Salona geldiklerinde Burcu bahçede oturmak isteyince çınarın dibindeki yemek masasına oturdular. Selim konuyu kilo meselesine getirmek istiyor çünkü Burcu'nun neden zayıfladığını merak ediyordu:

"Kilo vermişsin hayırdır, formuna özen gösteriyorsun galiba."

Esprili bir ifadeyle kurduğu cümlenin anlamsızlığına hayıflanmaya zaman kalmadan Burcu, Selim'in elini dostça tutarak açıkladı:

"Fazla yemiyorum iştahım da yok zaten. Fena mı yaz öncesi kilo verdim. Koşturuyorum işte. Günü doldurmak için bir sürü iş çıkartıyorum kendime. Aralarda yemeğe pek vakit kalmıyor. Hayatımı sorguluyorum, ne yapacağımı. Boşlukta hissediyorum. Sen neler yapıyorsun?"

Burcu'nun yüzündeki acı gülümseme Selim'in, suçluluk duygusunu artırdı. Burcu, ayrılığın etkisini yaşıyordu ve bununla başa çıkmaya çalışırken Selim ise hayatının aşkını yaşıyordu. Cevap verirken Burcu'nun sesini yakalamaya çalıştı:

"Ne yapayım işte kendi üzerimde çalışmaya devam ediyorum. O kadar ileri gittim ki, rüyalarımı yönetmeye, başka boyutlara geçmeye başladım nerdeyse. Kafayı sırıdığımı düşünme iyiyim. Yaşadığım dönüşümden, hayatımın genelinden memnunum."

"Zümrüt ne yapıyor? Nasıl gidiyor?"

Burcu'nun Zümrüt'ü sormasını beklemiyordu Selim ama yine de soğukkanlılığını koruyarak, hızlı düşündü:

"Daha bir şey yok. Görüşüyoruz. Bakalım."

Gerçeği söylemeye cesaret edemedi. Cesaret etmekten öte Burcu'yu üzmekten çekinmişti. Ayrılık kararını alır almaz yeni bir ilişkiye başlayabilmiş olması Burcu'nun kendisini değersiz hissetmesine yol açabilirdi.

Burcu soruyu genişleterek yeniden sordu:

"Hiçbir şey olmadı mı yani? Kaç kez görüştünüz, neler yaptınız anlatsana merak ediyorum."

Neden merak ediyordu ki? Selim gerilmeye başlıyordu bu sorulardan dolayı. Burcu'nun bu kadar çok Zümrüt'ü soruyor olması, durumu merak etmekten çok Selim'in yeni bir ilişkiye başlamasından endişe eder gibiydi. Belki de boşanma kararını sorguluyordu kendi içinde ama her durum da Selim açısından can sıkıcıydı. Selim Zümrüt'le ilgili konuşmak istemediğinden Burcu'nun sorularını geçiştirmeye çalıştı:

"Daha bir şey yok işte bakalım ne olacak ben de bilmiyorum. Zaman gösterecek. Ayrıca şimdi bu konuyu konuşmak istemiyorum."

Selim, elini tutan Burcu'nun ellerini avuçlarının arasına alarak konuyu değiştirdi:

" Evet, bugün resmi olarak ayrılıyoruz. Bir iki saat daha karıkocayız, sonra bitiyor. Nasıl hissediyorsun?"

"Evet, birkaç saat sonra boşanmış olacağız. Bir kâğıt parçası yırtılacak sadece. Formalite. Hem evlilik dediğin ne ki? Biz bunun çok ötesine geçmedik mi, geçtik. Bizim ilişkimiz, dostluğumuz o kâğıt parçalarına mı bağlı ki?"

Selim bu konuyu kendi özel meseleleri olarak değerlendirmek istemiyordu, bu yüzden genelleyerek konuştu:

"Evlilik toplumsal yapı için var. Ancak artık anladığım bir şey var ki evlilik takım elbiseye benziyor."

Burcu meraklı bir ifadeyle, "Nasıl yani?" diye sordu.

"Şöyle ki, her birey kendi evliliğini yaratıyor, kendi evlilik modelini oluşturuyor. Karşısındakiyle birlikte oluşturdukları model kendi üzerine oturmuyorsa iyi durmuyor, olmuyor. O yüzden evlilikleri kıyaslamak birbirine örnek göstermek doğru değil."

Burcu gülmeye başladı ve kendince espri yaptı:

"O zaman bizim elbiseler zaman içinde bollaştı, formunu kaybetti, eskidi."

Selim, Burcu'nun canını acıtmaktan çok, onu rahatlatabileceğine inandığı bir şey söyledi:

"Belki de hiç oturmamıştı. Üzerimize hiç yakışmamıştı. Şu anda bir önemi yok ki. Hadi geç kalacağız gidelim artık. Akif Bey'le adliyede buluşacağız. Kısa sürecek zaten."

Burcu, yerinden kalkarken Selim'in zihnini kurcalaya-cak bir cümle kurdu:

"Kısa ya da uzun ne fark eder. Bir boşanalım, göre-lim bakalım neymiş. Hoşumuza gitmezse tekrar evleniriz, boşandıktan sonra tekrar evlenen, beraber yaşayan hatta tekrar evlenip bir daha çocuk yapan ne kadar çok insan var."

Burcu'nun söyledikleri gayet doğru ve mantıklıydı, kendi arkadaş çevrelerinde de buna benzer örnekler var-dı. Selim'in aklına Zümrüt geldi o sırada. Bundan sonra evlenmek isteyeceği tek kadın oydu. Burcu'nun son cüm-lelerinin Selim'in canını sıkan kısmı Burcu'nun böyle bir beklentisi olması ve kararını sorgulama ihtimaliydi.

Bir saat içinde Akif Bey'le adliye binasının önünde buluşup, davanın görüleceği mahkeme salonuna geçtiler. Fakat yol boyunca Selim arabayı kullanırken, Burcu ba-şını Selim'in omzuna yaslayarak kolunu tutmuştu. Çok özlemişti Selim'i ve onu çok seviyordu. Arabayı park et-tikten sonra adliyeye yürürlerken, mahkeme salonunun bekleme odasında el ele tutuşmaya devam ettiler.

Duruşma için çağrıldıklarında Akif Bey, Burcu ve Selim'e yaklaşarak, "İçeri girerken ellerinizi tutmayın. Hâkime Hanım sizi boşamaz yoksa..." dedi.

Oturdukları yerden kalkarlarken son bir kez ellerini sımsıkı sıktılar ve bıraktılar. Akif Bey'in ardından mah-keme salonuna girdiklerinde önceki dava henüz tamam-lanmamış, bir sonraki davanın tarafları izleyici olarak sa-londa oturuyorlardı. Selim gerilmişti.

Akif Bey, Burcu'nun yanında davacı tarafında, Selim ise salonun diğer ucunda onların karşı tarafında davalı olarak yerlerini aldılar. Sonraki davanın tarafları da salona gelmişlerdi. Bu yoğunlukta, bu koşullarda adalet sisteminin işi zor diye düşündü Selim. Kendini bildi bileli resmi kurumlardan uzak durmaya çalışıyordu. Kasvetli ruhsuz geliyordu ona gri duvarlar, gri dolaplar, çoğu mutsuz memurlar, yığılmış dosyalar... Her sabah oraya gidip gelenler için ne de renksiz bir hayattı.

Hâkime Hanım'ın isimlerini okumasıyla birlikte Selim'in zihni salona döndü. Aslında Selim, bedenini orada tutarken ruhu kaçıp gitmek istiyordu. Hâkime Hanım'ın davayla ilgili okuduğu metin, eşzamanlı olarak önündeki bilgisayar ekranında yazı olarak belirdikçe ağlamamak için dudaklarını ısırıyordu. Gözlerini kaldırıp Burcu'ya baktığında onun durumu da pek farklı değildi. Ellerini yumruk yaparak masaya yaslamış, gözleri dolu dolu Selim'e bakıyordu.

Hâkime Hanım, boşanma taleplerinin teyidini sorduğunda ikisi de zorlukla "evet" diyebildi. Bu "evet"lerden tatmin olmayan hâkim, Burcu'ya dönerek net bir ifadeyle emin olup olmadığını sordu. Burcu, sesini biraz daha yükselterek emin olduğunu belirttiğinde, Hâkime Hanım bu kez de Selim'e dönüp baktı ve boşanmayı onayladı.

Karar evraklarını adliyenin kafeteryasında beklerlerken neredeyse hiç konuşmadılar. Selim, metal masaya kollarını birleştirerek yaslanmış, Burcu da başını Selim'in omzuna koymuş öylece oturuyorlardı. İkisinin de mahkeme kararıyla ayrılmalarının ardından bir tek şeyden emin olmaya ihtiyaçları vardı: birbirlerinin hayatında olmaya devam etmelerinden...

Akif Bey, adliyedeki nüfuzunu kullanarak, evrakları

olması gereken süreden daha erken aldı. Adliye içindeki tartışmalar, hatta kavgaya varan bağrışmalar arttıkça buradaki işlerin nasıl zor işlediği, hele ki nüfuzu olmayan insanların işinin çok daha zor olduğu açıkça belli oluyordu.

Akif Bey'le ayrıldıktan sonra adliyenin yakınındaki bir lokantada yemek yediler. Konuşmaları ve birbirlerine dokunuşları sevgi ve şefkat yüklüydü. Hem Burcu, hem Selim kendileri için değil, birbirleri için endişelendiklerinin farkında değillerdi.

Belki de uzun bir süre bir daha İstanbul'da birlikte böyle uzun bir gün geçirmeyeceklerdi. Her şeyi bu kadar yoğun hissederken, zordu. Kolay ayrılık olmadığı gibi, kolay boşanma da yoktu. Çok basit bir müdahale için bile hastaneye gitmenin hoş olmaması gibi, mahkeme salonundaki havayı bu kadar sevgi dolu paylaşmanın ağırlığı da fazlaydı.

Selim, bu gece onunla uyumayı, sarılmayı, yanında olmayı istiyordu ama yapamazdı, yapmamalıydı. Zümrüt bugün mahkemelerinin olduğunu biliyordu ve haber bekliyordu. Bugünün akşamında eski karısıyla aynı evde kalması açıklanabilir bir durum olmazdı. Ayrıca eğer Burcu'da hâlâ yeniden evlenebilecekleri umudu varsa bunu alevlendirebilecek şeylerden uzak durmalıydı. Selim çok iyi biliyordu ki, mevcut durumun içinde duyguların kabarması, hüznün, üzüntünün, sevginin yoğunlaşması doğaldı. Burcu yarın sabah gittiğinde, evdeki ayrılık kararlarını aldıkları gün yaşadıkları ne olduysa yine aynısı olacaktı. İkisi de yeni hayatlarına döneceklerdi.

Burcu arabada yine adliyeye gidiş yolunda olduğu

gibi, Selim'in koluna sarılmış, arada sırada koluna öpücük konduruyordu. Bir annenin çocuğuna, bir kızın babasına verdiği masumiyetteki öpücükler... Selim de aynı öpücüğü trafik durduğunda saçlarına konduruyordu Burcu'nun.

Yolda sadece bir kez konuştu Burcu; o da "Akşam evde kalacak mısın?" diye sormak için.

Selim, duygularını bastırarak cevap verdi:

"Kalmam doğru olmaz."

"Nerede kalacaksın?"

Selim'in, Zümrüt'te kalıp kalmayacağının sorguluyordu aslında.

"Bilmiyorum nerede kalacağımı. Kalırım bir yerde. Alt tarafı bir gece."

"Anlıyorum."

Yeniden başını Selim'in koluna yasladı. Selim gerçekten de bu gece nerede kalacağını bilmiyordu. Zümrüt'ün evi uygun değildi, ev arkadaşı vardı, Zümrüt henüz Selim'le ilişkisini paylaşmamıştı ev arkadaşıyla. Bülent'e veya başka bir arkadaşına gitmek anlamsız olacaktı. Bir de anlamsız sorulara muhatap kalacaktı. En iyisi bir otelde kalmaktı.

Evin bahçe kapısına geldiklerinde Selim, arabanın kontağını kapatmayarak eve girmeyeceğini belli etti. Burcu'yla birlikte arabadan indiler. Selim kendi kapısını açık bıraktı. Burcu bahçe kapısını aralarken yanına geldi. Hiç konuşmadan sımsıkı sarıldılar. Burcu'nun kol çantası yere düştü bu sırada. Sanki bir daha hiç görüşmeyecekmişçesine sarılıyorlardı. Gün boyunca tuttukları gözyaşları serbest kaldı. İkisinin de gözünden yaşlar boşalıyordu.

Birbirlerinin yanaklarını öperken, Selim daha da sıkı sarılarak Burcu'nun kulağına fısıldadı:

"Ölene kadar senin ve çocuklarımın yanındayım, arkanızdayım. Senin en iyi dostun, ihtiyacın olduğunda arayacağın ilk insanım. Seni çok seviyorum."

Artık ayrılmaları gerekiyordu. Dakikalardır bahçenin önünde dururlarken, Neo bahçe kapısının arkasında ne olduğunu anlamaya çalışıyor, hüzünlerini paylaştığını çıkarttığı seslerden ve hareketlerden belli ediyordu.

Burcu başını kaldırıp kederli bir ifadeyle sordu:

"Ya değmezse?"

Selim, Burcu'nun neyi kastettiğini çok iyi anlıyordu. İçinden gelen cevabı bekletmedi:

"Hayatta asla ya değmezse diye sorma, çünkü değmeyecek. Ne yaparsan yargılandığın gibi... Eğer dünyevi perspektiften bakarsan bu dünyada ne yaparsan yap değmeyecek."

Burcu da Selim'in cevabının anlamını iyi biliyordu. Ondaki değişimi ve büyümeyi görüyordu. Aklından geçen ilk şey, eğer bu değişimi bir yıl önce yaşasaydı belki ayrılmak zorunda kalmayacakları oldu. Âşık olduğu Selim geri dönmüştü.

Selim de, Burcu'da, ilk zamanlardaki halini görüyordu zaten. Burcu böyle kalsaydı belki de hiç ayrılmayacaklarını düşündü o da. Ancak artık biliyordu ki düşünmek için, "keşke" demek için çok geçti. Burcu eve girerken arkasına dönüp bakmadı, Selim de onun gidişini izlemedi.

Selim, arabaya bindiğinde gözyaşları sicim gibi boşaldı. Burcu'nun yanındayken bu kadar ağlayamazdı. Biraz sonra normalleşeceğini biliyordu. Şu anda yaşaması gerekeni yaşıyordu. Bundan sonrasındaysa hayatın ne getireceğiyle ilgili hiçbir şey bilmediğinin farkındaydı.

Burcu, bütün geceyi evin odalarında, eşyaların arasında dolaşarak geçirdi. Bu evde geçirdiği yıllar boyunca biriken anıları, zihnindeki çekmecelerden çıkardı. Artık kendi evi gibi hissetmiyordu bu evi, misafirdi.

Selim de otel odasına yerleştikten sonra mahkemenin karar evraklarının fotoğraflarını çekerek Zümrüt'e gönderdi. Gece usu usul ağarmaya başlarken Selim yeniden tüm hücreleriyle, bütün enerjisiyle Zümrüt'e akıyordu.

Bâtın XXVII

Üç önemli sembol hayata dair çok şey söyler. Yolculuğunda ilerledikçe sembolleri okumanın ve yaşamın içindeki sembollerin gizlerini anlayabilmenin ne demek olduğunu göreceksin.

Daire ve kare... Yaşamın belki de en bilindik iki sembolü. Dairesel ve küresel olma hali zamanın ve mekânın ortadan kalkmasıdır, döngüselliği temsil eder. Döngüsellikte periyodik bir hareket, süreklilik sözkonusu. Kozmik cisimlerin eliptik yörüngeleri çeşitli çaplardaki daire yaylarından oluştuğu için daire kozmik dolanım hareketlerinin genel ifade biçimidir. Yunancada kurt ve şahin anlamına gelen *kirkos* sözcüğü çember anlamına gelirdi ve bu sözcük Latincede periyodik devre anlamına gelen *circus* kelimesine dönüşmüştür. Sonu olmayan hareketin, devinim sembolü olması nedeniyle kuyruğunu ısıran yılan ve Budizm'deki yaşam çarkı ile de ilişkilendirilir. Daire, dinamizmi ve sınırsız hareketi temsil ediyor.

Bir de simidi yaşam olarak düşün ve bir yerine bir nokta koy. Koyduğun nokta başlangıç mıdır? Yoksa son mudur? Cevap: her ikisi de. Dünya dönüyor, elektronlar dönüyor. Kâbe tavaf ederken dönüyor, semazen dönüyor, Dünya Güneş'in etrafında dönüyor...

Dairenin sembolik olarak tersi karedir, kare cismani

dünya ve maddi olanla ilişkilendirilir. Daire Tanrı'yı ve Gökyüzünü temsil eder, kare ise insanı ve dünyayı... Bildik bir sembol olan "daireyi kareleştirme" eylemi, mevcut kare ile eşit boyda bir daire oluşturmak ve böylelikle insanın çabalayarak kendi maddesini Tanrılaştırma yolunda dönüştürme amacını ifade eder. Bu aynı zamanda kendini ilahileştirme çabasıdır. Daireyi kareleştirmek bir başka ifadeyle gökyüzünün küresel formunun dünyanın dörtgensel formuna dönüştürülerek kutsal bir bina, tapınak ya da kilise olarak tezahür ettirilmesi, böylelikle gökyüzünün dünyaya indirilmesidir. Bu aynı zamanda dört elementin birleştirilerek birlikteki ilksel sadeliğe geri dönülmesidir. Daire aynı zamanda dünyanın hareketsiz karesinin etrafında dönen gökyüzünü sembolize eder.

Daire kare ile birlikte gökyüzünü ve dünyayı, bunların bütünleşmesini temsil eder.

Çin'de daire gökyüzü olurken kare dünyadır, merkezinde kare olan daire gökyüzü ile yeryüzünün birleşmesini, *yin* ve *yang*'ı ve buna paralel olarak da mükemmel insanı temsil eder. Kare, insanın içsel birliğe ya da mükemmelliğe ulaşmamış, çoğulcu halini temsil ederken daire birliğin bu nihai haline tekabül edecektir. Dairenin kareleştirilmesine ait geometrideki bu çözülmez problem, yani insanın Tanrılaşma yolunda değişim çabası ilahi mükemmellik için çabalayan insana yönelik bir Rönesans alegorisi olarak sıkça kullanılmıştır, bu problem aynı zamanda simyada da büyük öneme sahiptir.

Daire çok sık olarak güneşle özdeşleştirilir, özellikle de etrafı ışınlarla çevriliyse. Güneş olarak o eril güçtür, ama ruh veya psişe ve etrafı kuşatan sular olduğunda o dişi, annelikle ilgili bir semboldür. Dairesel veya sonsuz olan aynı zamanda da "sınır", olan düz, eril, babalıkla ilgili, yaratıcı güçle ilgili olanın aksine dişil olanı ve aynı zamanda *"Değerli* İnci"yi ifade eder. Daire merkezinde bir ve çevresinde dokuz olan on sayısı ile sembolize edilir ki bu yanıyla çokluktan birliğe dönüşü temsil eder.

Daire ve karenin arasındaki ilişkinin açılımları morfolojinin evrensel ve ruhsal dünyasında çok yaygındır. Bu özellikle de Hint, Tibet ve Çin simgeleri mandalalarında kare sağlamlığın, istikrarın ve dengenin sayısıdır. Kare ile ifade edilen durumlar sembol dilinde, birliktelik, düzen, kararlı bir dikey duruş ve sağlamlığı anlatır.

Kare sembolü, göğü temsil eden daire ve üçgene kıyasla, yer'i yani yeryüzünü, tezahür âlemini temsil eder. Daire ve kare sembollerinin bir karşıtlık gösterecek tarzda yer aldığı birçok Hindu, Çin ve Babil tasvirlerinde bu sembolizm ifade edilir.

Da Vinci'nin *Vitruvius Adamı* adlı tablosu, daire ile karenin gizemini muhteşem taşır. Resim iç içe geçmiş bir daire ve bir karenin ortasına çizilmiş, uzuvları açık ve kapalı pozisyonda üst üste geçen bir çıplak erkeği betimler. Bu çizim ve yanındaki notlar sıkça "Oranların Kanunu" ya da daha az sık olarak, "İnsanın oranları" olarak anılır. Venedik'te bulunan Gallerie dell'Accademia'da sergilenmektedir.

Leonardo da Vinci'nin *Vitruvius Adamı*, Rönesans döneminde yapılmış örnek bir bilim ve sanat eseri olma özelliği taşır. Leonardo›nun oranlara duyduğu ilgi ve merakın bir kanıtıdır. Bunun yanında resim Leonardo›nun insan ve doğayı birbiri ile ilgilendirme-bütünleştirme çalışması için de bir dönüm noktasıdır. Leonardo, "insan vücudu-nun evrenin işleyişinin bir analojisi olduğunu" düşünü-yordu ve maddesel varlığı kare, ruhsal varlığı ise daire ile sembolize ederek insanın iki yönünü *Vitruvius Adamı'*nda ifade ediyordu.

Çintemani'ye gelince. Çintemani Doğu'dan Batı'ya birçok farklı kültürde farklı anlamlarla ifade edilmiştir ancak özü değişmemiştir.

Çintemani, yan yana uzanan iki dalgalı çizgiden, ikisi altta birisi üstte olmak üzere üç yuvarlak benekten mey-dana gelir. Japonlar ve Çinliler "inci" olarak yorumladık-ları bu üç beneğin Buda'nın üç ruhani vasfını gösterdiğine inanırlar. Osmanlı saraylarında kullanılan çintemaniler-deyse bu üç benek güç, saltanat ve bereket sembolü ola-rak şehzadelerin iç çamaşır ve kaftanlarında kullanıldı. İlk dönemlerde Timuçin damgası da denilen çintemani'ye, Timur devrinin sikkelerinde de rastlanmaktadır.

Felsefi açıdan bakıldığında üç daire ve dıştan içe hilal-ler çizerek gözler oluşturmaktadır. İç içe olan bu üç göz:

"Gönül Gözü, Akıl Gözü, Dünya Güzünü" simgeler. Hiçbiri diğerine müdahale etmeyen bu gözler uyum içinde hayata bakışı simgeler. İşte bu sembolün önemi senin için burada yatıyor. Evrene, gönül gözü, akıl gözü ve dünya gözünü birbirine karıştırmadan bakabilen, gerçeğe doğru emin adımlarla ilerliyor demektir. Biri eksik olsa olmaz, birbirlerine müdahale ederlerse de olmaz.

Zâhir 27

Selim-Zümrüt

Ortam tam da Selim'in bildiği ve beklediği gibiydi. Yıllardır Etiler'deki bu mekân İstanbul'un ekonomik açıdan zengin ancak sosyokültürel açıdan yoksul, orta yaş erkek ve kadınların buluştuğu bir yerdi. Bazıları içinse geceyi bitirebilecekleri son duraktı. Öyle ya da böyle bir şekilde buraya sıkça uğruyordu insanlar. Hatta buraya ait olmayanların yolu bile an geliyor bu duraktan geçiyordu. Selim içeri girdiği andan itibaren gerilmeye başlamıştı.

Ancak gerginliğinin asıl sebebi Zümrüt'tü... Zümrüt, Selim'le buluşmaya gelirken oldukça kısa siyah bir etek, üzerine de göğüs dekolteli askılı siyah bir bluz giymişti. Saçı, makyajı, takılarıyla albenisi yüksek, çekici ve fazlasıyla seksi görünüyordu. Topuklu ayakkabıları da hayli yüksekti. Selim yanındaki kadının bu denli dikkat çekmesinden, güzel ve seksi görünmesinden hoşlansa da İstanbul'un göbeğinde, hele ki insanların birbirlerini amiyane tavırla kesmek, tavlamak, götürmek için buluştuğu ortamlarda böyle giyinmesinden rahatsız olmuştu.

Birkaç gün önce Selim'in evindeyken bu konuyla ilgili ilk tartışmalarını yaşamışlardı. Zaten sürekli birbirlerine geçmişlerini anlatıyorlardı. Her ne kadar geçmişin sindirilebilir olduğu iddia edilse de, çok insanın zihninde bir şeyler kalıyordu. Belki de çiftlerin, geçmişleri hakkında hiç konuşmamaları en doğrusuydu. Geçmiş, zaten geçmiş olandı. Önemli olan yeni ilişki başladıktan sonrasıydı.

Zümrüt yaz geldiğinde daha önce de olduğu gibi kız arkadaşlarıyla yapacağı tatillerden bahsediyordu. Zümrüt, iş çevresinden insanlarla bazı akşamlar gece dışarı çıkıyordu ve çıkmaya devam edecekti. Konuşmalarının bir yerinde Selim'in ataerkil damarı kabarmış ve şu cümlelerle tartışmayı alevlendirmişti:

"Senin dışarı çıkmanla, arkadaşlarınla bir şeyler yapmanla ilgili bir sıkıntım yok. Ancak, tanımadığım insanlarla veya sana kur yaptığını düşündüğün insanlarla çıkmanı istemem. Kız kıza çıktığınız zamanlarda gittiğiniz mekânlardaki kıyafetin de önemli olur benim için. İstersen buna kıskançlık diyebilirsin ama bu konularda biraz hassasım."

Selim, açıkça söyleyememişti ama her kadının içindeki flörtöz ruhu iyi biliyordu. Bazılarında baskıyla örtülüyordu, bazılarındaysa hiç uyanmıyordu. Bunu zaman zaman ortaya çıkararak yaşayanlar da vardı, hiç gizlemeyenler de... Zümrüt'le dışarı çıktığında onu gözlemlerken konuşmalarındaki flörtöz kadını görüyordu Selim ve bu yavaş yavaş içindeki endişe kurtçuklarını hareketlendiriyordu.

Zümrüt hafiften kaşlarını çatarak Selim'in cümlelerine karşılık verdi:

"Yani ben nerede nasıl duracağımı bilmiyor muyum? Sonuçta kadınların, hele ki fiziğine güvenen kadınların nitelikli bir şekilde seksi giyinmesinde ne sakınca var? Kaldı ki kadının özgüvenini güçlendirir."

"Öyle ortamlar vardır kimsenin duruşunun pek bir önemi kalmaz. Genelevde karşılaşan iki adam gibi. Kıyafetinin ne kadar usturuplu olduğunun da bir anlamı kalmaz. Hatta cinsiyetin de bir önemi kalmaz. Ben senin orada olmandan ne kadar rahatsız oluyorsam sen de benim orada yalnız olmamdan rahatsız olmaz mısın? Bülent'in partisinde bir kez daha göreceğiz. Sen istediğin kadar dikkatli davran, istediğin kadar sana yazan erkekleri üslubunla geri çevir. Zaten asıl mesele erkeklerin bu kadar rahat yazabileceği bir ortamda olman, hele ki dikkatleri çekecek bir biçimde... Amsterdam'da, Stockholm'de yaşıyor olsaydık bunları zaten konuşmazdık. Kadının özgüvenini nasıl yükseltir anlamadım."

"Bence ilk önce şunu anlaman gerek. Kadınlar, erkekler için değil kadınlar için giyinirler."

Selim'in çok sık duyduğu ve asla gerçekliğine katılmadığı bir yaklaşımdı. Her ortamda söylediğini Zümrüt'e de tekrarladı:

"Doğru, kadınlar yine kadınlar için giyinir. Ancak kadınların beğenmesi için değil, o kadınlardan daha fazla erkekler tarafından seçilebilir olduğunu kanıtlamak için. Kadın, diğer kadını beğenir ki bu beğendiği kadının daha seçilebilir olduğunun farkında olduğunu gösterir."

Zümrüt, Selim'in bu yaklaşımına katılmadığını başını iki yana sallayarak gösterirken Selim, onun konuşmasına fırsat vermeden devam etti:

"Bana şunu söylesen anlarım ve kendi içimde yaşar, kendi değerlendirmemi yaparım, ona göre hareket ederim.

'Beğenilmekten, arzulanır olmaktan hoşlanıyorum.' dersen bunu anlarım. Ancak sen de çok iyi biliyorsun ki konuştuğumuz ortamlar, sadece eğlenmek için dışarı çıkanlar için uygun değil. Belki de senin hayatı bu denli üst frekanstan yaşayıp algılarken, ne için yaşadığının bile farkında olmayan insanların arasında neden bulunmak istediğini anlayamıyorumdur. Nezih bir ortamda yemekten, dans etmekten bahsetmiyorum, popüler mekânlardan söz ediyorum. Eğer deneyimlemek istiyorsak ya da içimizdeki sıradanlığı yaşamak istiyorsak birlikte gideriz zaman zaman."

Selim konuşurken coşmuştu ve duramıyordu. Zümrüt, Selim bu tempodayken araya girmesinin anlamsızlığının farkındaydı, bu yüzden o sustu Selim anlatmaya devam etti:

"Şunu da anlarım. Bekâr olsak veya çapkınlık için dışarıya çıksak çok doğal. Hayatında kimse yok, varsa da önemsiz. Elbette ki o ortamlara takılırsın. Ben de takıldım. Ama şimdi ben hayatımda çok önemli yer tutan bir kadınla, sevgilimle, karımla o ortamda eğlenmeyi neden isteyeyim? Bülent'in partisi gibi zorunlu hallerdeyse efendi gibi gidilir, efendi gibi de dönülür."

Zümrüt, uzatmadı. Tek bir cümle söyleyerek bu konuya devam etmeyeceğini ifade etti:

"Sıradan bir erkek gibi konuşuyorsun. Hepsi bu kadar..."

Selim, kendini anlatamadığını hissediyordu. Zümrüt ya gerçekten saftı ama bu kadarı da fazlaydı ya da o arada bir ortaya çıkan flörtöz kadını yaşamaktan vazgeçmek istemiyordu. Belki bir kaçıştı, belki kendini bir erkeğe teslim etmenin güven korkusunu hafifletmenin yoluydu. Ancak Selim kendini teslim ediyordu hatta etmişti ve bu açıdan baktığında eğer bir kaçış veya bir sigorta olacaksa çok daha âlâsını yapacak durumdaydı. Bu zaten olmak istemediği Selim'di.

Sonrasında yeniden buzları eritmişler, aşklarını kutsamışlardı. Ne var ki Zümrüt'ün zihninde soru işaretleri oluşurken, Selim'in de Zümrüt'te yarattığı kutsiyette çatlaklar belirmişti. Zümrüt, "Selim göründüğü kadar rahat değil, gayet de sıradan tarafları var." diye düşünürken, Selim de Zümrüt'ün hayatına girdiği kadınlardan çok farklı olmadığını, rutinliğin içinde inandığı kadar özel olmadığını sorguluyordu.

Bu tartışmanın üzerine şimdi gidecekleri doğum günü partisi ikisi için de tam bir sınavdı. Zümrüt'ün giydiği kıyafet, Selim'in onca konuşmasına karşılık âdeta bir meydan okumaydı ve sadece kıyafet seçimi bile Selim'i germeye yetmişti.

Bülent parti için kendisine bir loca hazırlatmış, sekizon arkadaşıyla yemekten sonra gelip geceye başlamışlardı bile. Selim ve Zümrüt'ü de arkadaşlarıyla ve sevgilisiyle tanıştırdı. Herkes birbiriyle tanıştığına memnun olduğunu söylerken fazlasıyla samimiyetsizdi. Selim Bülent'in yeni sevgilisinin ismi dışındakilerin hiçbirini duymadı zaten. Hem ilgilenmiyordu hem de sözde aynı grupta olan tanıdık bazı erkeklerin Zümrüt'e nasıl baktıklarını görmüştü. O bakışların altında yatan anlamları okuyabiliyordu Selim.

Zümrtü'e verdiği Amsterdam ve Stockholm örnekleri geldi aklına. Aslında öküzlük bakan adamlardaydı ama iktidarı cinsellikte görmesine rağmen bastırarak yaşamaya zorlanmış, namus konusunda ikiyüzlü olunan bir toplumda tablo buydu işte. Bu ve benzeri ortamlardaysa para ve sekse tapanlar buluşuyordu. Gösteriş için kullanılan otomobiller, seçilebilir olmak için kullanılan takılar, aksesuarlar, makyaj malzemeleri bir vitrin hazırlığıydı. Tıpkı, Selim'in Leonardo'nun mesajlarını okuduğu gün Burcu'nun kuaförde düşündükleri gibi...

Bülent'in sevgilisi Nergis, daha önce hayatına girmiş diğer kadınlardan çok farklıydı. Otuz beş-kırk yaşlarında, ağırbaşlı, düzgün bir insana benziyordu. Bülent'le tanıştıkları eğitim ortamı düşünüldüğünde, onun da hayatında oturtamadığı birtakım şeyler olduğu aşikârdı. Selim kadın için üzüldü. Kadın, Bülent'in şu anda farkında olmadan oynadığı adam modelinin gerçek olduğuna inanmış görünüyordu. Sevgi böceği rolüne bürünen Bülent'in çenesi felsefi sözcüklerle dolup düşmüş olduğu halde gözleri yine fıldır fıldırdı. Belki de şu anda burada bulan kadınların birkaç tanesiyle yatmış biri olarak değişimini kanıtlamaya çalışıyordu. Gerçek değişimin kanıtlanmaya ihtiyacı yoktur, değiştiğini bilemezsin bile. Değişirsin, biter.

İçkiler içilmeye devam ediyordu. İçki ilginç bir şeydi. Girdiği her ortama farklı anlamlar ve farklı sonuçlar yüklüyordu. Dost masasındaki sohbette tüketilen alkol başka duyguları, şu an burada tüketilen alkolse bambaşka duyguları tetikliyordu. Şu anda burada tetiklenen suni bir cesaret ve libido artışıydı. Ayrıca buradaki sarhoşluk algılarından biri de insanların günlük hayatta yapamadıklarını şarkılara eşlik ederken yaptıklarını sanmalarıydı. Çalan Türkçe şarkıların sözleri delikanlı adam, umursamaz kadın, terk edildiğinde iplemeyen insan profillerini çiziyordu. Yüksek sehpalara yaslanmış kelli felli adamlar ellerini kaldırdığı şarkılara eşlik ederken dışarıda yaşayamadıkları delikanlılığı, umursamaz gözüken kadınlarsa içlerindeki derin yaralarını yok sayıyorlardı. Duygusal bir şarkı çaldığında, gözyaşlarıyla tuvalete giden kadınlara ya da gaza gelip telefondan mesaj yağdırıp konum bildirenlere ve nispet yapanlara da rastlamak olağandı.

Zümrüt'le birlikte içkilerini içiyorlar, Bülent'in anlattıklarına katlanıyorlar ve boş bakışlarla etrafı izliyorlardı. Zümrüt olduğu yerde sallanarak dans etmeye başlamıştı. Selim en kısa zamanda bu ortamdan nasıl çıkabileceklerini düşünürken, zihninde at hırsısı olarak tanımladığı, saçı sakalı birbirine karışmış 30-35 yaşlarındaki bir adam Zümrüt'ün yanına gelerek ona sarıldı. Selim, Zümrüt'ün bu at hırsızıyla ne işi olduğunu anlamaya çalışırken, aralarında hararetli bir sohbet başladı. Uzun zamandır görüşememiş oldukları için şimdi arayı kapatmaya çalışıyor gibiydiler. Adam konuşurken gürültüden sesini duyurabilmek için, Zümrüt'ün iyice kulağına eğilirken belinden de sarıyordu. Zümrüt de kolunu adamın omzuna yaslamıştı. Peki ya şu anda Selim burada olmasaydı ne olacaktı? Şu anda sevgilileri ya da eşleri yanında olmayan kadınların da erkeklerin de rahatsız olmalarını haklı çıkartacak bir ortamdı Selim'in gördüğü, bir de üzerine kendi sevgilisinin at hırsızı arkadaşı çıkmıştı ortaya.

Zümrüt, adamı kolundan tutup Selim'e doğru yaklaştırdı ve kulağına eğilerek adamın isminin Sinan olduğunu, eski ve iyi bir arkadaşı olduğunu söyledi. Selim, at hırsızının uzattığı eli isteksizce sıkarken yüzüne sahte bir gülümse yerleştirmişti. Bu adam nasıl Zümrüt'ün arkadaşı olabilirdi. Onun bir kadınla arkadaş olma ihtimali bile yoktu. Selim adı gibi emindi ki bu adam yanına yaklaşan her kadını sevişilebilecek bir obje olarak görüyordu. Sevgili olmasalar bile sanki aralarındaki şey arkadaşlıktan daha fazlasıydı... Neyse ki geçmiş geçmişti, önemli olan şu andı.

Selim'i rahatsız eden bir diğer şey de hayatlarındaki ya da yanlarındaki erkeğin hoşuna gitmeyecek bir durum oluştuğunda, kadının erkeğe şeker uzatır gibi gönlünü alma çabasıydı. Tıpkı çocuklarının istediği bir şeyi kocasına yaptırmak ya da çocuğunun hatasını gizleyebilmek için çabalayan anneler gibi.

Zümrüt, Sinan'a erkek arkadaşı olarak tanıştırmıştı Selim'i. Gerçi bu adam için ne fark ederdi ki... Ya da neyi değiştirebilirdi? Yarın bu adam yine Facebook'tan Zümrüt'e yazar, telefonuna mesaj atar, Zümrüt de bu adamla yemek yemekte bir sakınca görmezdi.

Adam bir gidiyor bir geliyor, Bülent susmuyor, mekân gittikçe kalabalıklaşıyordu... Selim, kolunu Zümrüt'ün beline dolamış kalabalıktan sakınmaya çalışıyordu çünkü Zümrüt'ün giderek alkolden etkilendiğini görüyordu. At hırsızı adam yanlarına geldiğinde, Zümrüt'ün diğer yanında duruyor, kolunu beline attığında Selim'in koluyla çarpışıyordu.

At hırsızı adam, yine Zümrüt'e bir şeyler anlatırken Bülent de Selim'in yanına gelerek, kulağına eğildi ve Selim'in kan basıncının aniden tavan yapmasına neden olan bir şey söyledi:

"Olum bu herif var ya. Seninkinin eski mantasıymış, sağlam bilgi."

Bu kez Selim, diğer kolunu Zümrüt'ün belinden ayırmadan Bülent'in kulağına eğildi ve

"Boş ver oğlum geçmiş geçmiştir. Takılma." dedi.

"Ben söyleyeyim de..."

Selim böyle hissetmiyordu elbette... Suratı iyice düştü ve Zümrüt'ü daha fazla kendine çekip önüne geçerek durumdan rahatsız olduğunu at hırsızının bir şekilde anlamasını bekliyordu. Acaba at hırsızı, Selim hakkında ne düşünüyordu? Selim adamın zihnini okumaya çalıştı. Belki de Zümrüt'le yaşadığı geceleri aklından geçiriyordu, Selim'i salak yerine koyuyordu, sen yokken biz vardık diyordu.

At hırsızı gittiğinde Zümrüt Selim'in yüzüne "Ne oldu?" der gibi şaşkınlıkla bakınca Selim, Zümrüt'e Bülent'in söylediklerini söyledi. Zümrüt, savunmaya geçerek şaşırmış bir ifadeyle bu söylentinin saçmalık olduğunu, Sinan'la çok iyi arkadaş olduklarını ve sık görüldükleri için birbirlerine yakıştırılmış olabileceğini söylüyordu. Selim'e göre böyle bir adamla samimi olmak bile Zümrüt'e yakışmıyordu. Bir kez daha "geçmiş, geçmiştir" dedi içinden. Dürüst olması gerekirse, yaşadığı yılları bütün olarak değerlendirdiğinde kendi sicili de pek temiz değildi. Ancak, şu an bu adamın varlığı kabul edilemezdi. Selim yine aynı şeyleri düşünmeye başladı ve "Ya ben burada olmasaydım, o zaman ne olacaktı?" diye sordu kendine. Zümrüt'le tartıştıkları o sohbette anlatmaya çalıştığı şey buydu işte.

Gece her şeye rağmen bir şekilde devam ediyordu ama ikisi de düşünceli görünüyordu. Yaklaşık on, on beş dakika sonra at hırsızı, Bülent'in arkadaş grubunda parmağında alyansı olan bir kadınla öpüşme seviyesine kadar gelmişti. İkisini Zümrüt'e gösterdiğinde at hırsızıyla ilgili düşünceleri konusunda yanılmadığını da kanıtlıyordu. Zümrüt de gördüğü duruma bozulmuş gibiydi. Acaba içten içe kıskanmış mıydı bu adamı?

Bülent, alkol duvarını artık iyice aşmıştı. Bağırarak konuşuyor, kendince sevgi gösterileri yapıp etrafındakileri anlamsızca öperek, sarılıyordu. Aniden Zümrüt'ün de elinden tuttu ve mekânın tam ortasında insanların dans ettiği alana sürükledi onu. Selim, bu taşkınlığı Bülent'in sarhoşluğuna vermiş, Zümrüt'ün gitmeyeceğini düşünmüştü ama öyle olmadı. Zümrüt, Bülent'le beraber ilerlemeye devam etti. Belki de Selim'in arkadaşı olduğu için bu sarhoş doğum günü çocuğunu idare etmeye çalışıyor olabilirdi ama etraftaki bütün gözler onlara çevrilmişti bile. Bülent, ayakta zor durarak sallanırken Zümrüt gayet kendinde görünüyordu. Bülent, dans ederken Zümrüt'ü döndürüyor, ona eşlik ediyordu. Şu anda onlara bakanların düşüncelerini okuyabiliyordu Selim. Kimisi orta yaşlı çapkınla genç sevgilisini, kimisi zengin adamın parasını yiyen genç kızı, kimisi de eskort kadını görüyordu orada... Bazıları gülümsüyor, bazıları da Bülent'in yerinde olmak için iç geçiriyordu. Avını genç bir kıza kaptırdığını düşünüp, küçümseyerek bakan kadınlar da mevcuttu. Bunları Zümrüt'e anlatacak olsa, saçmaladığını söylerdi Zümrüt ama Selim çok iyi biliyordu ki şu an eline bir kâğıt kalem alıp insanlara sorsaydı, bu cevapları alacaktı kuşkusuz.

Selim neden diğer insanların ne düşündüğünü bu kadar önemsediğini sordu kendine. Eğer Zümrüt durumu saflığından dolayı umursamıyorsa bir sıkıntı yoktu ama içindeki Bengü dışarıya yansıyorsa işte ondan korkardı

Selim. Göstereceği refleksi biliyordu ve bunu yapmayı asla istemiyordu. Ancak asıl ilginç olan şey; ne kadar ruhanileşirsen ruhanileş, ne kadar frekansını yükseltirsen yükselt, düşük frekansın hâkim olduğu ortamlarda gayet dünyevileşiveriyordu insan. Ruhunu ve bedenini arındırmaya çalışan birinin şehir hayatındaki çaresizliği gibi.

Bülent ve Zümrüt dans ederken aniden at hırsız da belirdi ortalıkta. Zümrüt'ü kendine doğru çekerek onu Bülent'ten ayırmayı başararak birlikte dans etmeye başladı. Selim, Zümrüt'ün ne yapacağını merak ediyor ve onu dikkatle izliyordu uzaktan. "Ya ben burada olmasaydım o zaman ne olacaktı." diye geçirdi içinden yine. Kendini tutamıyordu artık ve göstermek istemediği refleks, savunma mekanizması devreye girmişti sonunda. İçindeki canavar uyanıyordu. Hızlıca mekânı taradı ve o anda kendisine bakan kızları gördü barda.

İçki alma bahanesiyle kızların yanından barmene seslenerek siparişini verirken seri bir şekilde muhabbete başladı kızlarla. Hayatındaki bütün kadınları geçti o an aklının içinden… Burcu, Zümrüt, dost kategorisinde de olsa Aslı, annesi, hepsi…

Şu anda Zümrüt'le ilgili duyduğu hayal kırıklığı, öfke karışımı bir duyguyla kuşatıyordu bütün bedenini. Selim, elini kızlardan birinin omzuna koymuş konuşurken Zümrüt yanına geldi ve kendini iyi hissetmediğini söyleyerek mekândan gitmeyi önerdi. Bülent'in yanına uğradıktan sonra herkesle vedalaşarak çıktılar.

Görevlinin çağırdığı taksiyi beklerlerken, Selim kapıdaki kuyrukta içeri girebilmek için korumalara yalvaran insanların yine o korumalar tarafından aşağılanarak geri çevrilişlerini izliyordu.

Taksiye bindiklerinde, Zümrüt başını Selim'in kulağına eğilerek;

"Bir daha böyle yapma. O kızların yanına gitmen çok anlamsızdı. Beni sınama." dedi.

Selim, yüzünü Zümrüt'ün yüzüne doğru çevirip kararlı bir ifadeyle "Sen de" diyerek karşılık verdi.

Selim o ortamdan uzaklaşarak, kendi dünyalarına dönmekten duyduğu memnuniyet kadar, ilk kez Zümrüt'ün evine gidiyor olmalarının heyecanını da hissediyordu. Zümrüt'ün evini, odasını, uyuduğu yatağı çok merak ediyordu.

Bâtın XXVIII

"*Dharma*", evrenin değişmez kanunlarına ve adaletine verilen isimdir. Başka bir deyişle orta yoldur. Evrenin ve insanların bir dharması vardır. İnsanın kendi dharmasına "*Svadharma*" denir. Orta yoldan sapmalar olunca dharmadan uzaklaşılır ve bu bazı olumsuzluklara neden olur.

Dharma'nın dışına çıkınca karmalar oluşur. Karmik yasa; etki-tepki yani nedensellik yasasıdır. Doğada fiziksel etki-tepki prensipleri nasıl geçerliyse, insan da doğanın bir parçası olduğundan; bu kural insanoğlu için de geçerlidir. İnsanlar da doğal düzene tabidir. Günümüz insanının en büyük yanılgısı, kendisini doğadan ayrı görmesi, onun yasalarına karşı gelmesi ve tüm doğanın insanlığın hizmetinde yönetilebilen bir şey olduğunu düşünmesidir. Bunun böyle olmadığı, basit bir örnekle yaşanan doğal felaketlerle görülebilir. İnsanlık bu düşüncesinden dolayı doğayla âdeta savaşarak, kendi yaşadığı yerin sonunu hazırlamaktadır.

Karmayı anlamak için, düşüncelerin somut şeyler olduğunun farkına varmamız gerekir. İlk evren maddeden değil, kozmik şuurdan oluşmuştur. Madde, düşünce gücüne insanların fark ettiğinden daha fazla karşılık verir. Çünkü irade gücü enerjiyi yönetir, enerji de karşılığında maddeye tesir eder. Madde gerçekten enerjidir. İrade ne kadar güçlü olursa, enerjinin kuvveti o kadar büyük olur ve sonuç olarak enerjinin maddesel olaylar üzerindeki etkisi de aynı oranda büyük olur. Bir eylem, eylemin arkasındaki enerji tipine ve gücüne tam olarak karşılık veren bir tepkiyi evrenden davet eder. Enerji, manyetik bir alan oluşturur. Bu manyetik alan, eylemin sonuçlarını kendine çeker.

Ego şuuru, bir kişinin hareketlerinin, kendisi için kişisel sonuçları olacağını garantiler. Eğer çabuk sonuçlar almak için bir düşünceye veya eyleme neden olan irade gücü yeteri kadar güçlü değilse ya da hamlesi birbirine zıt diğer enerjiler tarafından engellenirse, bu sonuçlar gecikebilir. Bununla birlikte er ya da geç bedenin olsun, düşüncenin olsun ya da arzunun olsun; hareketin son tepkimesini biçmesi gerekir. Bu, kendini tamamlayan bir çember gibidir. Zaman unsurundan dolayı tepkileri alması gecikebilir. Birey, birtakım güçler yayar, bu güçler evrende bazı direnç katmanlarına çarparak bireye geri yansır. Bazıları çevrenin etkisiyle geciktirilir, bazıları diğer kuvvetlerle karışır ve etkisizleşir veya bir şekilde yönünü değiştirir; fakat sonuçta öyle ya da böyle bireye ulaşır.

İnsan sadece karmanın belirlediğini yaşamaz; sürekli kendisi de karma oluşturduğundan; geleceğinin büyük kısmının henüz şekillenmediği ve belli olmadığı söylenebilir.

İnsanlar nadiren kendi hareketlerinin kötü olduğunu düşünürler. Yaptıkları ne olursa olsun, onlara iyi niyetli gibi görünür. Eğer diğerlerine ve böylece varlıklarının daha derin seviyesinde uyumsuzluk yaratırlarsa; bu uyumsuzluk dalgaları uyumsuzluk şeklinde kendilerine geri dönecektir. Her hareket, her düşünce karşılığında oluşan ödüllerini biçer. İnsanın acı çekmesi, Tanrı'nın insanoğluna olan öfkesinin işareti ya da Tanrı'nın insanlar için önceden hazırladığı bir senaryo değildir. Acının, insanoğlunun ilahi yasa yani dharma hakkındaki bilgisizliğinin bir işareti olduğunu söylemek daha doğru olur. Yasa, işleyişinde sonsuza dek şaşmaz.

Eğer mutsuzsak; bu sadece mutsuzluk ektiğimiz anlamına gelir. Başka kimse bizim için mutsuzluk yaratmaz. Elbette ekmekle biçmek arasında bir boşluk vardır ve bu boşluk nedeniyle başka birinin sorumlu olduğunu düşünürüz ya da başımıza gelenlerin nedenini bir türlü anlayamayız. Bu boşluk bizi yanıltır. Geçmişte kendimizin ne yaptığı hakkında hiçbir fikrimiz yoktur ve aniden bir şey biçmemiz gerektiğinde ve bunun nereden geldiğini anlayamadığımızda doğal olarak dışarıda bir neden aramaya başlarız. Eğer bir neden bulamazsak bir şey icat ederiz. Fakat tüm karma teorisi budur, yani ne ekersek onu biçeriz.

Yaşamımızın tüm sorumluluğunu üzerimize almamız gerekir. Başlangıçta "Bu cehennemin nedeni benim." düşüncesini kabul etmek zordur. Fakat bu kabul edilirse çok geçmeden bu değişim kapılarını açmaya başlar ve kendi cehennemimizi yaratabiliyorsak, cennetimizi de yaratabileceğimizin farkına varırız. Sorumluluk özgürlük getirir, yaratıcılık getirir. Her neysek bunu kendimizin yarattığını gördüğümüz an, tüm dış nedenlerden ve şartlardan kurtulmaya başlarız.

Bireysel karmalar olduğu gibi toplumsal karmalar da vardır. Fiziksel ya da zihinsel olsun, bir birey ya da bir grup, bir millet ya da milletler grubu tarafından yapılmış olsun, karma eylemdir. Bir bireyin kitle karmasından etkilenip etkilenmemesi kendisinin bireysel karma gücüne bağlıdır. Örneğin düşen bir uçakta ölen herkesin ölmelerini gerektiren karmaları olması gerekmez. Bu felakette sadece çoğunluğun karması, yaşayacak azınlıktan daha güçlü olmuş olabilir. Öte yandan yaşamak için yeteri kadar güçlü karması olanlar, ya düşme anında ya da ilk etapta bu uçağa binmekten alıkonarak kurtulabilirler. Ulus karması, insanların bir bütün olarak kozmik yasalarla uyum sağlama derecesine bağlıdır.

Karma, ceza kavramıyla çoğu kez karıştırılmaktadır. Karma ceza değil, sadece harekettir. Hareket birçok şekillerde olabilir. Doğuştan, iyi, kötü ya da iyiyle kötü arasında geçiş olarak hizmet veren nötr hareket olabilir.

Çoğu insanoğlu dünyasaldır. Kişisel kazanç için hareket ederler. Çok az insan bunu diğerlerini incitme isteğiyle yapar; çok az insan gerçekten kötüdür.

İstemeyerek, yani yanlış olduğunun farkına varmadan yaptığımız hareketler yasanın dışında değildir. Cehalet, yasayı değiştirmez. Eğer bir kişi arabasını dalgın bir şekilde ağaca sürerse, sonrasında gelen yaralar, sırf onun dalgın olmasından ötürü daha az olamaz.

Cehennem ve cennet sanıldığı gibi yukarılarda değil, burada bizim yanı başımızdadır. Dünyada birkaç yıl süren davranışların ebedi bir cezayı hak etmesi anlamsızdır. Sonu olan bir nedenin, sonsuz bir sonucu olamaz. Bu durum en başta değişmez doğa ve evren kanunlarına aykırıdır.

Sana okuduğum bu satırlar Uzakdoğu felsefesinden besleniyor. Ancak bu meselenin kıssadan hissesi şudur:

Ne ekersen onu biçersin ve hiçbir şey hiç kimsenin yanına kâr kalmaz. Bir şekilde eşitlenir. Sadece insan, kendisini haksızlığa uğratanın aynı kulvarda bedelini ödemesini bekliyor. Ancak evrensel yasa böyle işlemiyor. Bir başka kulvardan bedel ödetilebiliyor. Örneğin birini dolandıran, yıllar sonra bile hâlâ gayet iyi kazançlar elde ediyorken, ailevi sorunlarında ağır bedeller ödeyebilir.

Karma-dharma dengesinde ya da yaşamda borç-alacak dengesizliğinden kurtulmanın en güzel yolunu yüzyıllar önce Mevlana vermişti:

"Ya göründüğün gibi ol ya da olduğun gibi görün."

Olduğundan farklı birini oynamaya çalışan insan, sürekli olarak karma üretir. Aynen ağzından çıkan sözlerin arkasında duramayan insan gibi. Ağızdan çıkan her söz evrenle yapılan bir sözleşmedir, arkasında duramadığın her an sisteme borçlanırsın. Belki de bu yüzden gerekmedikçe konuşmamak gerekir. Söylenme ve dedikodu sadece sığ ruhların işi olabilir.

Zâhir 28

Ali

Ali, her akşamki ritüelini tekrarlıyordu. Yeni demlediği çayını ince belli bardağa doldurmuş, komşu apartmanların aydınlığına bakan on metrekarelik kömürlükten bozma bahçesindeki sedirine kurulmuştu. Duvara astığı birkaç saksıda menekşe ve duvar köşelerine yerleştirdiği mumlarla kendisine bir bahçe yaratmıştı. Arada mahallenin obur kedisi Tekir de uğrardı.

Ali bazen boğulduğunu hissediyordu insanların arasında. Nasıl oluyor da bu kadar duyarsız olabiliyorlardı. Yanı başlarındaki insanlar acı çekerken, haksızlığa uğrarken, onlar "Bana dokunmayan yılan bin yaşasın." diyebiliyorlardı. Herkes kendi küçük dünyasını kurtarmaya çalışıyordu. Ali gibi düşünenler, ya zavallıydı onların gözünde ya da gözaltına alınması gereken eylemcilerdi.

Gazeteler yalan söylüyordu, insanlar çıkarları için, düzeni korumak ve en çok da para için ruhlarını satıyordu. Kimse kimseyi dinlemiyordu. Yürüyüşlerinde ya bolca biber gazı yiyorlardı ya da "idealist çocuklar ama yazık işlerine güçlerine baksalar ya", "boş işlerle uğraşıyorlar kaldı mı artık böyle şeyler", "kim duyacak bunların seslerini" gibi pesimist cümlelere maruz kalıyorlardı. Adları, söylemleri çapulcularla, teröristlerle, marjinallerle karışır olmuştu.

İnsanlığa, doğaya, olana bitene duyarsız kalmayanlar bunu hak etmiyorlardı. Hak neydi ki? Hakla imtiyaz birbirine karışıyordu. Bir şeyi hak etmeyi ya da etmemeyi belirleyen şey neydi? Gücü elinde tutanlar neyin hak olup neyin olmadığını belirliyorlardı.

Gerçekten de bir şeyi hak etmek ne demekti? Son günlerde "Hak" sözcüğüne takılmıştı. İyi bir şey ya da kötü bir şey nasıl hak edilebilirdi? Cebinde paran varsa bir restorana girip yemek yiyebiliyordun ama bu hak değil bir imtiyazdı. İnsan hakları ne demekti? Özgürce yaşama hakkı, kendini ifade etme hakkı... Kendi gibi, toplumların da aklı karışmıştı.

Sapla saman, hakla haksızlık birbirine karışmıştı. Kaos artıyordu çünkü sınırlar küçülüyordu. Dünyanın ucunda bir felaket, bir kaos domino taşı gibi dünyanın diğer ucunu vuruyordu. Hal böyleyken kimse güvende değildi, kimse huzurlu olamazdı. Evin bir odası yanarken diğer odalardakiler hiçbir şey yokmuş gibi yaşayamazlardı.

Bir tarafın refahı için, diğer taraf bertaraf olurken, demokrasi hiçbir dönemde olmadığı kadar zararlı bir yönetim biçimine dönüşüyordu. Seçilmişler zümresi, onları seçenlerin dışındakini yok saydıkça, kutuplaşma artıyor, kutuplaşma arttıkça kaosun şiddeti yükseliyordu. Yok sayılanların, yok sayılacağı alan bile kalmamıştı artık. Çıkmaz bir sokağın içine kovalanan kedi, gidecek yeri kalmadığını anladığında artık kaçmaktan vazgeçip onu kovalayan köpeğe tırnaklarını çıkartmak zorunda kalıyordu. Ezilenler, yok sayılanlar için de durum farklı değildi. Paylaşılamayan neydi? Neden farklılıklar bu kadar sorundu? Artık bu soruları sormaktan vazgeçmişti çünkü bu sorular naif kalıyordu. Her şey çok net ve ortada apaçık duruyordu.

Global, yerel kaynaklar tükenirken, pasta küçülürken korumak zorlaşıyordu. Korumak için gözler daha da kararıyor, çirkinleşiyordu. Dünya artık su savaşlarını öngörür olmuştu. Kitleler televizyon başında uyutulmaya çalışılırken, saçma sapan programlar, içi boş dizilerle günü dolduruyordu. Cehalet yayıldıkça insanları topyekûn aptal yerine koymak gücü elinde tutanların iştahını kabartıyordu.

İnsanlar o kadar mutsuz, o kadar aidiyetsizdi ki, trafikte birbirlerini öldürebilecek haldeydiler. Farklı düşündükleri için birbirlerini boğazlayabilecek durumdaydılar. Birileri birilerinin bir aylık maaşını bir sofrada harcarken, birileri o bir aylık maaş için boyun eğiyor, dışlanmışlığı sineye çekiyor, sabahın ayazında, gecenin karanlığında ekmek parasının peşinden koşuyordu.

İnsanlık tam gaz uçuruma gidiyorken, belki de bir an önce uçurumdan yuvarlanması iyi olacaktı. Aydınlığın gelmesi için karanlığın, düzenin kurulması için de kaosun doruk noktaya gelmesi gerekiyordu belki de. Teknoloji öyle bir hızla gelişiyordu ki zararın, yararın önüne geçmesi an meselesiydi. Yapay zekâyla birlikte insan robot savaşları konuşulur olmuştu. Genetik oynamalarla özel yetilere sahip insanlar gündeme gelmeye başlamıştı. Özel birliklerin suyun altında cihazsız on beş dakika durabilmesini sağlayan genetik oynamalar yapılıyordu. Gelecekte bazı insanlar genetik olarak üstün olacaklardı ve bu da bir başka çatışmayı beraberinde getirecekti. Herkes korkuyordu. Korkunun olduğu yerde sevgi barınamıyordu. Gücü elinde tutanlar gücü kaybetmekten, güce hiç sahip olamayanlar da artık neredeyse yaşam haklarının ellerinden alınmasından korkuyorlardı. Zaten birileri için, birilerinin ölmesi artık olağan bir durumdu. Bir zümrenin çıkarı için, bir zümrenin yok edilmesi olağan bir stratejiye dönüşmüştü. Tıpkı Normandiya çıkartması bir askeri başarı olarak gösterilmesi gibi. Oysa Normandiya çıkartmasının başarılı olmasının nedeni, hiç olmadığı kadar çok askerin ölmesine göz yumabilmekti. O kadar çok asker daha karaya çıkmadan ölmüştü ki, sahili koruyanların mermileri tükenmişti.

Ali, neredeyse her akşam bu düşüncelerin içinde kayboluyordu. Bazen arkadaşlarıyla tartışıyor bazen de bu akşam olduğu gibi tek başına düşünüp duruyordu. Çayını yudumlarken, Zümrüt geldi aklına. Şu dünyada temizliği, saflığı, iyiliği, dürüstlüğü ona hissettiren tek insan. Çok mu zordu ki insanları birbirini dinlemesi, hiç değilse yaşam haklarına saygı duyulması, farklılıklara saygı duyulması. "Hak" sözcüğü yine aklına takılıyordu ki çayı bitti.

Bardağını doldurmaya giderken bir deprem olsa, acaba insanlar enkazda kalanlara da dillerine, dinlerine, unvanlarına, o'cu, şu'cu, bu'cu olmalarına bakarak mı yardım edeceklerdi, diye düşündü. Ne de olsa insanlık bu hale gelmişti.

"Bana dokunmayan yılan bin yaşasın." devri bitti. Kimse güvende değilken, bu kadar zor olmamalı insanları dinlemek. Bu kadar zor olmamalı birlikte yaşayabilmek.

Bâtın XXIX

Gelmen gereken, olman gereken yerdesin. Bir sonraki aşama için artık karar verecek olan sensin. Aslında her seçiminin kararını sen verdin, birçoğunda farkında olmadın. Senin seçmediğin, senin hazır olmadığın hiçbir şey sana verilmedi. Evrenin hiçbir boyutunda bu prensip çiğnenmiyor.

Şimdi senden istediğim bir şey var. İster gözlerini kapat derin derin nefes al, ister uzan, ister odanın içinde dolaş, ister otur... Önemli olan sadece sana soracağım üç sorunun cevabını ver. Söyleme, sadece sen bil. Kapıları açabiliyorsan açacaksın zaten. Olan, olanı çeker, bulur.

Sadece bu dört soruyu düşünmeni, bu dört soruya kilitlerini açarak, kendini özgürleştirerek cevap ver. Düşünmekten çok sezgilerinle, an'a yüklenmiş olanlarla ve içinde taşıdıklarınla değiş. Her şey senin cevaplarınla, senin taşıdıklarınla şekilleniyor.

Sadece burada ol, benimle kal ve şu dört soruyu sen gibi cevapla:

Nereden geliyorsun?

Kimsin?

Nesin?

Nereye gidiyorsun?

Zâhir 29

Selim-Zümrüt

Zümrüt, sabah uyandıklarında Bengü'yle kahvaltı ederlerken gece bir arkadaşında kalmasını rica etmişti ondan. Bengü'ye, bu gece erkek arkadaşıyla burada kalması gerektiğini, onu henüz kendisiyle tanıştırmak istemediğini söylemişti. Bengü, durumu sorun yapmamış hatta arkadaşlarından birini arayarak bu gece onda kalacağını söylemişti. Öğleden sonra fotoğraf kursuna gidecek, sonrasında da arkadaşına geçecekti.

Bengü, Zümrüt'ün erkek arkadaşından bahsetmesinden hoşlanmıştı. Her ne kadar Bengü'nün sorularını geçiştiriyor olsa da sonunda bir şeyler paylaşmıştı ve Bengü de tahmininde yanılmadığını görmüştü. Bu gece belki de Zümrüt'ün yeni erkek arkadaşıyla ilk kez beraber olacaklarını düşünüyordu. Bengü bu ihtimalle ilgili espriyle karışık bir teklifte bulundu:

"O zaman istersen bu gece benim yatak odamı kullanabilirsin. Hem oda hem de yatak geniş."

Kahvaltısını bitirip çayının son yudumunu içen Bengü, masadan kalkarken Zümrüt de kısa ve net bir cevap vermişti gülümseyerek:

"İstemez canım. Benim odam yeter."

Zümrüt duş almak için banyoya geçerken, Bengü sofrayı toplamaya başlamıştı. Bengü'nün yaşamında Selim'le yazışmaları kadar Zümrüt'ün hayatındaki varlığı da etkili olmuştu. Belki Selim'in sağladığı destek çok daha belirgindi ama Zümrüt'ün yaşam şekli ve düşünce tarzını izlemek bile fark yaratıyordu Bengü'nün hayatında. Bengü Zümrüt'e bu akşam için kendi yatak odasını önermişti ama Zümrüt'ün erkek arkadaşı o odada ve o yatakta zaten daha önce sevişmişti.

Gece Zümrüt'le bindikleri takside, Zümrüt taksiciye yolu tarif ederken, ilerlemeye başladıkları sokaklar Selim'e giderek tanıdık gelmeye başlamıştı.

Apartmanın önüne geldiklerinde, Selim'in gece boyunca aldığı alkol, kanından temizlenivermişti bir anda. Burası Bengü'nün evinin olduğu apartmandı. O sabah aceleyle evden çıkarken yağmurluğunun takıldığı içi boş kuş kafesi bile hâlâ sokak kapısının yanında, aynı yerde duruyordu. Taksiciye ücreti ödeyip aşağı indiklerinde içini endişe kaplamıştı. Bu saatte olmasa bile ya sabah saatlerinde burada Bengü'yle karşılaşırlarsa durumu Zümrüt'e nasıl izah edecekti? Bengü'yle beraber olduğunda Zümrüt henüz hayatında yoktu ama sonrasındaki yaptıkları yazışmalar her ne kadar masumane olsa da açıklaması zordu. Zümrüt'ün o at hırsızıyla yaşadığı durum da belki böyle bir durumdu diye geçirdi aklından.

Selim, Zümrüt'e renk vermemeye çalışıyor, endişesini yüzüne ve hareketlerine yansıtmaktan imtina ediyordu. Bir yandan da apartmanın içinde Bengü'yle karşılaşırlarsa eğe, durumu Zümrüt'e nasıl açıklayacağıyla ilgili birtakım senaryolar yazıyordu.

Asansöre bindiklerinde, Zümrüt çıkacakları katın düğmesine bastıktan sonra Selim'e yaslandı. Uykusuzluktan ayakta duracak hali yoktu. Selim, Bengü'nün evinin kaçıncı katta olduğunu hatırlamıyordu. Hiç değilse aralarındaki kat sayısı fazla olsaydı keşke... Ertesi sabah Bengü'yle aynı andan evden çıkıp apartman içinde rastlaşmaları halinde acaba Zümrüt'e Bengü hakkında bir şeyler söylemeli miydi? Ya eğer ikisi iyi komşuysa, o zaman nasıl olacaktı? İşler iyice sarpa saracaktı.

Asansör durup da kapı açıldığında Selim'in tüm düşünceleri anlamını yitirdi, kayboldu gitti. Bengü'nün dairesinin kapısı önündeydiler, bundan emindi. Üstelik kapı zilinin üzerinde Bengü'nün ismi büyük harflerle yazıyordu. Selim, kontrolsüzce atmaya başlayan kalbinin sesini Zümrüt'ün duymasından korkuyordu. Şıpır şıpır terlemeye başladı. Zümrüt çantasından anahtarları çıkartıp, kapıyı açarken Selim bu kez içeri girdikten sonra yaşanabilecek olasılıkları öngörmeye çalışıyordu. İçeri girdiklerinde onları karşılayan biri olmamıştı. Bengü uyuyor muydu acaba? Beyni maksimum hızda çalışıyor, zihni sayısız kombinasyonda içerik üretiyordu.

İçeri girip, kapıyı kapattıklarında ev zifiri karanlıktı, hiç ses yoktu. Zümrüt ışığı açtığında Selim kapının tam karşısındaki boy aynasında duruyor, stresten bembeyaz olmuş yüzüyle etrafa bakınıyordu. Zümrüt ayakkabılarını çıkartırken ev arkadaşının bu gece evde olmadığını söyleyince, Selim'in nabzı az da olsa normale dönmüştü sonunda. En azından sabah kadar zamanı vardı, kimseler görünmeden kaçıp gidebilmek için. Gece bir sebep bulur gitmek zorunda kalır, hiçbir sebep bulamazsa da hastalanmış numarası yaparak acil servise giderlerdi. Bir an için Zümrüt'e her şeyi anlatmayı düşündü Selim. Nasıl olsa er ya da geç bu durum ortaya çıkacaktı. Aslında korkmadan anlatabilirdi. Nasıl olsa geçmiş, geçmişti ama ne zaman anlatmak gerekirdi acaba? Şu anda Zümrüt alkollüydü zaten, doğru zaman bu gece değildi.

Zümrüt, salonun girişinde durmuş Selim'e bakıyor, onu bekliyordu. Selim ona doğru ağır adımlarla yürüyüp kollarını kızın beline doladı sıkıca. Zümrüt de ellerini Selim'in boynuna sararak dudağına küçük bir öpücük dokundurdu. Selim bu dokunuşa karşılık verip Zümrüt'ü öpmeye yeltenmişti ki kız beklenmedik bir şekilde başını geri çekti. Selim'in gözlerinin içine bakarak ona bütün bugün söylemeyi planladığı gerçeği anlatmaya başladı;

"Biliyorum. Bengü'yle evde seviştiğini biliyorum. Önemli değil. Senin sık sık bana söylediğin gibi geçmiş geçmiştir. Sonrasını da biliyorum. Bilemezdin, bilemezdik."

Selim, bu gece kalbinin sağlamlığının test edildiğini düşünüyordu. Zümrüt'ün nasıl öğrendiğini merak ediyordu;

"Bengü mü söyledi?"

Zümrüt, küçümser gibi gülümseyerek cevap verdi:

"Eğer Bengü'yle bu evde sevişmeseydin biz seninle hiç tanışmamış olacaktık. Kampta programı takip ettiğin broşürün üzerinde benim birkaç notum vardı. O broşür giriş kapısının oradaydı. Onu ancak oradan alabilirdin. Sonrasında Bengü'nün bahsettiği iyi sevişen gizemli adamın, onunla yazışarak rehberlik eden kişinin sen olduğunu biliyordum."

Zümrüt, Selim'in konuşmasına izin vermeden dudaklarını öpmeye başlarken onu kendine sıkıca çekti. Zümrüt'ün odasına geçip, birbirlerinin üzerlerindekileri çıkartırlarken, bir kez daha ilk kez gibi sevişiyorlardı.

Birbirlerine aşklarını fısıldıyorlar, büyük aşklarını bütün ruhlarında, bedenlerinde ve yüreklerinde yaşıyorlardı. Zümrüt gerçekti. Selim bunu hissediyordu. Kuşkusu, endişesi yoktu.

Onların yaşadığı şey aşk üstü bir duyguydu... Başka boyutlardan gelen iki insanın başka boyutlardan yansıyan bir enerjiyle birbirlerine çekilmeleri gibi...

Zümrüt'ün teninde kaybolurken durup dururken o at hırsızı geldi Selim'in aklına. Acaba Zümrüt'ün bedenine dokunmuş muydu, onunla sevişmiş miydi? Aslında hiçbir önemi yoktu. Bundan sonrasında birbirlerine aittiler. Zümrüt saf mıydı yoksa flörtöz mü?

Selim'in reflekslerini engellemesi ve içindeki canavarı uykuda tutması önemliydi. Kusursuz güzellik mümkün değildi. Kusur tıpkı kötünün iyiyi yüceltmesi gibi, güzelliği yüceltiyordu.

Bu gece de birbirlerinin ruhunda kaybolup sarılarak uykuya daldılar. Birbirlerinin varoluşlarında yok oluyorlardı. Yan yatıp yüz yüze döndüler uykuya dalmadan önce. Birbirlerinin nefeslerini içlerine çekerken daldılar rüyaya. İkisi de rüyalarında da birlikte olmayı diliyorlardı o sırada.

Sabah uyandıklarında Selim, Zümrüt'ün gözlerinin içine bakıyordu sevgiyle. Onun sabah hallerini çok seviyordu. Şişmiş mahmur gözlerindeki akşamdan kalma makyajına rağmen çok güzel görünüyordu. Zümrüt makyajsız çok daha güzeldi aslında. Selim, yeni doğmuş bir bebeğin yüzüne bakar gibi, Zümrüt'ün uykulu gözlerine bakıyordu.

Bu sabah Selim, kendisi için önemli bir sırrı paylaşacaktı Zümrüt'le... Söylemekte tereddüt etmişti önce. Çünkü Zümrüt'ün ona delirmiş gözüyle bakmasından ya da hikâye uydurduğunu düşünmesinden korkuyordu. Selim, Zümrüt'e annesiyle konuştuğunu söyledi. Birkaç hafta önce Zümrüt'le sabah kahvaltı ederlerken, Zümrüt ona yine annesinden bahsetmişti. Ortamdaki bütün sesler susmuştu o anda. Selim, Zümrüt'ün annesinin sesini, duygularını ve mesajını yüreğinde duyup hissetmişti. Annesi, Zümrüt'ün Selim'le beraber olmasından huzurluydu ve Selim'den onu mutsuz etmemesini istemişti. Selim de Zümrüt'ün gözlerinde kaybolduğu o kahvaltı masasında söz vermişti sevdiği kadının annesine. Sonrasında onu sık sık rüyasında da görmeye devam etmişti. Zihninde konuşuyordu kadınla.

Zümrüt hiç de Selim'in endişelendiği gibi bir tepki vermedi bu anlattıklarına. Selim, Zümrüt'ün onu nasıl bu kadar iyi anlayabildiğini henüz bilemezdi ama anlamasına ve görmesi gerekeni görmesine az zamanı kalmıştı.

Kahvaltı için evden çıkarlarken Zümrüt'e, aralarındaki ilişkiyi Bengü'nün bilip bilmediğini sordu Selim. Zümrüt, şu anda Bengü'nün bu durumu bilmesine gerek olmadığını söylerken, bilginin doğru zamanda doğru insana verilmesi gerektiğini söyledi gizemli bir ciddiyetle. Selim artık Begüm'le hiç yazışmayacaktı.

Bâtın XXX

Sorduğum soruların cevaplarını çoğu insan içinden gelene göre verdiğini sanır lakin durum öyle değildir. Birileri, onun adına konuşur. Çünkü doğduğu andan itibaren ona kim olduğu, ne için ve nasıl yaşaması gerektiği söylenmiş, öğretilmiştir.

Geçmişi bırakmak hiç kolay değildir. İnsan, kendisini geçmişiyle değerlendirmekten vazgeçtiği an yenilenmeye başlar. İnsan, geçmişin illüzyonlarının yakıştırmalarından sıyrıldığında hissetmeye başlar.

Şimdi cebimden hiç eksiltmediğim, sürekli yanımda taşıdığım aynayı yere bırakıyorum. Senden istediğim, aynayı ister yere koy, ister ayakta elinde tut, istersen uzan. Tek kuralım gözlerini ayırmadan aynaya bakmaya devam etmen.

Aynanın bir yalanı bir de gerçeği var. Yalan sadece senin dış görünümünü, yansımanı gösteriyor olmasında saklı. Sen daha fazlasını göreceksin. Aynadan gözlerini ayırmadıkça, gerçeği, görünenin ardındakini, samimiyeti, doğruluğu, var olanı, kalbini, vicdanını, seni sen yapanları görmemeye başlayacaksın.

Çevrene, çevrendekilere, en yakınındakilere gözleriyle bakanlar da, sadece görüneni görüyorlar. Az sonra senin aynada kendine bakacağın gibi bakabilseler, görünenin ardındakini, gözlerini çevirdikleri her yerde görecekler.

Şimdi aynayı bırakıyorum. Gözlerini ayırmadan, yorumlamadan, sadece aynada olanı yorumsuzca görmeye başladığında üçüncü göz devreye girecek ve görünenden fazlasını, her şeyi görmeye başlayacaksın.

Hazırsan başlıyoruz.

Ayna, senindir.

Zâhir 30

Selim-Aslı

Bazen evde yapılan bahar temizliği sırasında kendi yaşamını da sadeleştirmek ister insan. Sıkıştığını hissettiğin anlarda, hep bir yerlerde uykuda bekleyen kaçıp gitme fikri uyanmaya başladığında bir şeylerin değişmesi gerekiyordur artık. Yaşamındaki fazlalıklardan kurtulmak, sana yetmeyenlerden sıyrılmak, yüreğinin çarptığını hissettirecek bir şeyleri hayatına katmak...

Aslı artık tıkandığını biliyordu. Bundan sonrası böyle gitmeyecekti. Bir şeyleri değiştirmezse eğer her geçen gün yaşam enerjisini azaltan düşünceleriyle, ataletiyle ve sıkkınlığıyla önce ruhunu sonra bedenini hastalığa sürüklüyordu. Gün içerisinde kulağına çalınan bir şarkı, yanından geçen bir ambulans, karşılaştığı bir sokak çocuğu gözlerinin dolmasına yetiyordu. Her an dokunsalar ağlayacak haldeydi.

Hayatı boyunca güçlü olduğuna inanıyordu. Sıfır noktasından hayatını inşa etmiş, yoksulluğun pençesinden tırnaklarıyla kurtulmuş, genç yaşta yaptığı evliliğini vefa duygusuyla sürdürerek ilerlemişti. Yıllardır yaşamında cinsellik yoktu. Nereye doğru yol aldığını unutmuştu tamamen. Hayatının anlamını Selim'e bağlamıştı. Onu farkında olmadan bir saplantıya dönüştürmüştü. Selim'in haberinin olmadığı zamanlarda bile onu düşünüyor, onun için küçük hediyeler hazırlıyordu. Güzel bir manzaraya karşı kahvesini içerken yanında Selim'in varoluşunu hissediyordu. Acısında da sevincinde de içinde hep Selim'i yaşatıyordu. Bu durumun sağlıklı olmadığını kendi de biliyordu ama uzaklaşamıyordu. Belki uzaklaşmak da istemiyordu. Kanayan yaralarını kesmek yerine pansuman yapıyordu.

Düşünceleri ve duyguları karmakarışıktı artık. Yaşayan bir ölüye dönüşmüştü. Hayat akıp gidiyor, o akıp giden hayata etki etmeden izliyordu sadece. İnsan ne kadar kaçarsa kaçsın eninde sonunda yüzleşmesi gerekenle yüzleşiyordu.

Kocasına işlerinden dolayı iki günlüğüne şehir dışında olacağını söylediğinde aslında İstanbul'un dışına çıkmayı planlamıyordu. Ertesi gün doğum günüydü, arkadaşlarının aramasından, kocasıyla keseceği pastadan, sürpriz arkadaş ziyaretlerinden kaçmak istemişti. Sahte sevinç anlarına, mutluluk tablolarına katlanabilecek enerjisi bile kalmamıştı.

Doğum gününden önceki gece Bebek'te bir otelde deniz manzaralı bir oda tutmuş, odaya girer girmez üzerindekileri çıkarıp kendini yatağa atmıştı. Bütün gece kâh ağlayıp kâh düşünerek, kâh küveti doldurup sıcak suda yatarak, kâh kontrolsüzce canının yemek istediği her şeyi oda servisinden sipariş vererek yıllardır yapmadığını yapıyor, kendini şımartıyor, kendini an'ın kollarına bırakıyordu.

Saat gece yarısını vurduğunda doğum gününü kutlamak için yaptığı ilk şey telefonunu kapatmak oldu. Sonra kendisi için küçük bir şampanya patlattı. Kinayeli bir kutlamalıydı bu hayata karşı. Küvetin içine banyo köpüğünü doldurduktan sonra musluğu açtığında suyu en sıcağa getirdi. Küvet dolarken aynada kendisini çırılçıplak haliyle seyrediyordu. Minyon bedeni formunu hiç kaybetmemiş, yüzünde de yaşıtlarındaki gibi derin çizgiler oluşmamıştı ama gözlerinin ışıltısı yoktu.

Kendisi bile yıllarca dokunmamıştı bedenine. Ne kocasının ne de başka bir erkeğin dokunuşu vardı üzerinde. Aynada çıplaklığını izlerken gözleri dolmaya başladı. Derken sicim gibi yaşlar süzülmeye başladı yanaklarından. Küvete dolan sıcak suyun buharı aynayı giderek örterken, Aslı hıçkırıklara boğularak sarıldı kendi bedenine. Aynadaki görüntüsü buharın etkisiyle kaybolurken kendisi de bedeniyle birlikte yok olmak istedi.

Şu anda canına kıysa ne olurdu ki? Kocası bir süre ağlar, yataklara düşer, acı çeker, eninde sonunda unuturdu. Selim, yeni aşkının kollarında cenazesine gelir, sevgilisine sarılarak bir süre ağlar, sonra o da kabullenirdi. Aslı'yı anılarının arasına katıp ara sıra yad ederdi belki. Arkadaşları da vah'lanırlar, hatta birkaç gün ağlaşırlar sonra onlar da hayatlarına dönerlerdi. İnsanın varoluşunun ayrılmaz gerçeği yalnız geldiği dünyadan yalnız ayrılması olduğuna göre 'en kötü ölürüz' diye düşündü Aslı. Kendini sıcak suya bıraktığında teninin yandığını hissettiğinde musluğun soğuk suyunu sonuna kadar açtı. Suyun sıcaklığı dengelendiğinde Aslı, Selim'e duyduğu aşkı itiraf etmeden ölmeyeceğine dair kendi kendine söz verdi.

Doğum gününün bir kısmını yatakta, bir kısmını da

otel odasının boğaza nazır balkonunda geçiriyordu Aslı. Bu odayı tutmak için bütçesinin üzerinde bir harcama yapmıştı ama olsundu. Hayatında ilk kez bedelini hiç düşünmeden kendisine bir hediye vermişti.

Boğazdan geçen gemileri, motorları ve lüks tekneleri de aynı manzaranın içinde görüyordu. Deniz yarılsa hepsi birden aynı anda suda kaybolacaklardı. Son parasıyla vapur jetonu alan, lüks yatında keyif yapan, aylardır ekmek parası için sevdiklerinden uzaklarda gemide çalışanlar, hepsi aynı suyun üzerinde ve aynı manzaranın içindeydiler.

Karşı yakadaki on binlerce evin her birinde ne hayatlar yaşanıyordu. Lüks sitelerin arasındaki gecekondu mahalleleri, yalıların yanındaki balıkçı barınakları... Bir deprem olsa ve yer yarılsa hepsi aynı toprağın üzerinde, aynı manzaranın içindeydi yine.

Şu anda Selim'den başka onu anlayabilecek başka kimse yoktu hayatında. Aklından geçenleri arkadaşlarına anlatsaydı eğer, ya onunla dalga geçerlerdi ya da depresyonda olduğunu düşünürlerdi. Belki de asıl depresyonda olanlar onlardı.

Bunlara hiç kafa yormadan, günün ürettikleri için üzülüyor, birilerini küçümsüyor birilerini yüceltiyor, bitmeyen bir rekabetin içinde koşturuyorlardı...

Selim yıllar önce bir gün 'ben rekabet etmem, yarışı sevmem' dediğinde ne demek istediğini çok sonraları anlayabilmişti Aslı... Selim bunu söylediğinde bal gibi de Selim'in rekabetin içinde olduğunu, rakipleriyle yarıştığını düşünmüştü. Yıllar sonra bir ödül töreninde Selim hakkında konuşulanları dinlediğinde onun aslında rekabet etmediğini, sadece kendi kulvarında kendi hayallerinin peşinde gittiğini anlamıştı. Rekabet eden Selim değil, rakipleriydi.

Zihni uzun zamandır ilk kez bu kadar özgür hareket etmenin rahatlığıyla oradan oraya savruluyordu. "Aşk karşılıksız olsa olmaz mıydı?" diye sordu kendine. Olup olmayacağını bilemezdi ama kendisi için olamayacağının artık farkındaydı. Dokunmadan, hissetmeden, paylaşmadan aşk nasıl yaşanabilirdi ki? Uzaktan yaşanan aşk ancak derin bir acı olabilirdi. Platonik aşk belki de, aşkına ulaşamamanın çaresizliğini yaşayanın avuntusundan başka bir şey değildi. Bu türden bir aşk olamazdı. İnsandan insana da aşk olamazdı... Tanrı'ya, ilahi olana, doğaya, sokak köpeğine karşılıksız aşk duyulabilirdi belki ama Aslı için bir insandan bir insana böyle bir aşk imkânsız geliyordu.

Kocasının ona hissettiği duygunun da aşk olmadığına inanıyordu. Kocası onu çok seviyordu, ölesiye sadıktı, asla aldatmazdı ve sonuna kadar yıkılmayacak bir dayanaktı ama Aslı onun hayatını bu kadar kolaylaştırmasa, her şeye rağmen onu kabullenmese ve yeri geldiğinde annesi, yeri geldiğinde çocuğu olmasa yine de kalır mıydı yanında? İlginçti ama kalırdı. Belki de bu yüzdendi kocasını bırakamayışı. Bir yanda onsuz yapamayan bir erkek, diğer yanda onsuz yapamadığı bir diğer erkek arasında sıkışıp kalmıştı.

Selim, Zümrüt'le günün son telefon konuşmasını yaptıktan sonra çalışma odasındaki koltuğa uzanmış müzik dinlerken kitabını da okuyordu. Yatak odasına bıraktığı telefonun çalmasıyla yerinden kalkarak yatak odasına gittiğinde kimin aradığını tahmin etmeye çalışıyordu ki gecenin bu saatinde pek de hayırlı bir telefon olmazdı.

Arayan Aslı'ydı... Bütün gün Aslı'ya telefonundan ulaşamamış, doğum günü için kocasıyla bir yerlere gittiğini düşünmüştü. Aslı şimdiye dek onu bu saatte hiç aramamıştı, bütün gün telefonunun kapalı olmasını da hesaba katınca kesin kötü bir şey olduğunu düşünen Selim, endişeyle telefonunu açtı.

Aslı'nın sesi iyi geliyordu ama garip bir şekilde üstelik de gecenin bu saatinde Selim'i Bebek Parkı'na çağırıyordu. Selim, dışarı çıkmak istemediğinden Aslı'ya ertesi gün buluşmayı öneriyordu ama olmuyordu. Aslı sürekli ısrar ediyordu. Selim sonunda bu ısrarının altında başka bir şeyler olabileceğini hissederek buluşmayı kabul etti ve üzerini değiştirmek için giyinme odasına geçti.

Aslı, Bebek Parkı'nda deniz kenarına yakın banklardan birine oturmuş, denizi seyrediyordu. Çiçek desenleriyle bezeli beyaz elbisesi üzerindeki parlak beyaz rüzgârlığıyla yine her zamanki sevimli kız görüntüsünde gülümseyerek Selim'e bakıyor ve onu gözleriyle selamlıyordu.

Selim neden bu saatte burada olduklarını merak ettiği için selam sabahtan önce sorusunu sordu:

"Hayırdır ne oldu, bu saatte ne yapıyorsun burada?"

Aslı ayağa kalkıp Selim'in koluna girerek afacan bir kız çocuğu gibi davranıp Selim'in sorusunu cevapsız bıraktı. Birlikte yürümeye başladılar:

"Dondurma yiyelim mi?"

Selim'in bu teklifine cevap vermesini beklemiyordu zaten. Dondurmacıya doğru yürüdüler. Selim, Aslı'nın normal davranmadığını farkındaydı. Bir şeyler olmuştu veya Aslı sarhoştu. Hatta belki birisi uyuşturucu bile vermiş olabilirdi. Selim'in aklından onlarca olasılık geçerken yıllara meydan okuyan dört metrekarelik dondurmacıya gelmişlerdi bile.

Selim, her ne kadar dondurma yemek istemese de onun tarçını çok sevdiğini bilen Aslı, Selim için de tarçınlı dondurma söyledi ve yine Selim'in tercih ettiği gibi külah yerine kaba konmasını istedi. Selim eğer anı istemiş olsaydı aynen bu şekilde sipariş ederdi dondurmasını. Elinde tuttuğu dondurma kabına bakarken Aslı'nın onu ne kadar da iyi tanıdığı düşündü. Aslı ise dondurmasını külahta istemiş, neredeyse tüm çeşitlerden azar azar koydurtmuştu.

Tekrar parka doğru yürürlerken Selim birkaç kez daha neden buluştuklarını öğrenmeyi denese de başarısız oldu. Aslı düşünceli görünüyordu. Yaşadığı duygu karmaşası yüzüne yansıyordu. Buluştukları banka geldiklerinde Aslı, bağdaş kurarak bankın üzerine oturdu, elbisesini çekiştirerek bacaklarını örttü. Aslı, Selim'in tanıdığı Aslı gibi değildi.

Onun konuşmasını sabırla susarak bekleyen Selim, Aslı konuşuncaya dek ağzını dahi açmamaya karar verdi. Neyse ki bu sessizlik fazla uzun sürmedi. Oturduktan birkaç dakika sonra Aslı konuşmaya başladı:

"Bu saatte buluşmanın nesi tuhaf ki... Sürekli neden bu saatte buluştuk diye sorup duruyorsun."

Selim, dondurmasını kaşığıyla karıştırıp yumuşatırken Aslı'nın sanki her zaman bu saatte buluşurlarmış gibi rahatça konuşuyor olmasına anlam veremiyordu. "Yarın buluşabilirdik mesela. Gecenin bu saatinde, hele ki bir parkta buluşmak için önemli bir şeylerin olması gerekmez mi?"

İkisi de denize bakarken Aslı dondurmasını yalamaya devam ediyordu:

"Gecenin bu saatinde seninle Bebek Parkı'nda dondurma yemek istediysem ne olacak? Yarın olmasını mı bekleseydim. Sen değil misin 'bir şeyleri ertelemek, daha gelmemiş geleceği ipotek altına almaktır' diyen."

Selim ne zaman çevresindekiler bir şeyleri ertelese veya Selim'e beklemesini söylese o da her defasında hep bu cümleyi kurardı.

Aslı, devam etti:

"Hayatımda seninle ilgili birçok şeyi yeterince erteledim zaten."

Selim şaşkınlıkla Aslı'ya doğru dönerek:

"Ne gibi?" diye sordu.

Aslı, yüzünü Selim'e çevirmeden denize baktı ve yıllardır söyleyemediklerini bir çırpıda ve tane tane gecenin karanlığına doğru savurmaya başladı:

"İnsan duygularıyla yaşıyor. Hayatım boyunca duygularımı dizginlemeyi, göstermemeyi öğrendim. Annemin bana öğrettiği, yok aslında bana dayattığı ilk şey buydu. Duyguları göstermek zayıflıktı. Babamdan beklenen şeyleri annem öğretmişti. Zayıf kızlar, hafif meşrep olanlar duygularını fütursuzca sergilerlerdi. Çocukken misafirliğe gittiğimizde aç olduğumu bile söyleyemezdim. Bu yaşıma kadar duygularımı içimde yaşadım, sorunlarımı içimde hallettim. İçimde ne acılar yaşanırsa yaşansın, ne fırtınalar koparsa kopsun güler yüzümle, insanların dertlerini anlattığı, içlerini boşalttığı, onları dinleyen, onların isteklerini karşılayan ama kendi, isteklerini onlara asla söyleyemeyen cici bir kız, iyi bir kadın oldum."

Alaycı bir gülümsemeyle dondurmasını birkaç kez yaladı:

"Sonra evlendim. Hem de annemin gurur duyacağı bir adamla. Böylelikle annemin gölgesinden, evden uzaklaştım. Kısa bir süre sonra başka bir adama âşık oldum. Âşık olduğumu hemen anlamasam da yıllar geçtikçe bunun aşk olduğundan emin oldum. Sonra o adam evlendi, çocukları oldu. Benim içimdeki aşk hiç bitmedi.

Belki böyle düşündüğüm için bana kızar ama ben o adama karısından çok daha fazla değer verdim. Onu hep izledim, başarılarıyla mutlu oldum, gurur duydum. O gülümsediğinde ben de gülümsedim, üzüldüğünde ben de üzüldüm. Kilometrelerce ötede olsam da onu hissettim. Biliyor musun? Artık bu güzel duygular kendime kızgınlığa dönüşüyor. Hiçbir zaman gerçekleşmeyecek bir hayalin peşinden gittim ve bugüne kadar da hep sustum. Kalbime gömdün. Ama artık böyle yaptığım için, aşkımı ona söyleyemediğim için kendime çok kızıyorum."

Selim, nasıl davranacağını, ne diyeceğini bilemiyordu. Aslı, her zaman onun yanında olmuş, her şeyini paylaşmıştı. Sağlam bir dosttu. Zaman zaman duygularını açık eder gibi olsa da, ardında hiçbir iz bırakmadan Selim'in kafasında oluşabilecek bütün soru işaretlerini silmişti. Selim şu an Aslı'nın bahsettiği o adamın kim olduğunu biliyordu ama zaman kazanmak ve kafasını toparlamak için hiçbir şeyin farkında değilmiş gibi davranmayı seçti:

"Senin zaten iyi bir evliliğin vardı. Sen kocan için o kadar çok şeye katlandın ki. Ona hiçbir zaman kıyamadın, onu hayata tutan senden başka bir şey yoktu, sen de onu her şeyin üzerinde tuttun. Bu duygularını açsaydın bile ne değişirdi ki?"

Aslı yerinden kalkıp yan taraftaki çöp kutusuna dondurmasının külahını attı. Tekrar yerine otururken ellerini rüzgârlığının ceplerine sokup Selim'e doğru döndü. Artık sesi yorgun olduğu kadar kırgındı:

"Bugün seninle buluşmaya, sana her şeyi anlatmaya karar vermiştim. Sana gelmeden önce kararımı bir kez daha gözden geçirebilmek için eve gidip kocamı görmek istedim. Sonrasında bir şey uydurup çıkacaktım. Eve girdiğimde, son birkaç yıldır ereksiyon sorunu yaşayan kocamı, her akşam televizyonun karşısında pineklediği kanepede gayet erekte bir şekilde başka bir kadınla buldum."

Aslı, yıllardır kalbine taşıdığı yükü artık fazla tutamayacağını anlayıp Selim'le bu gece konuşmaya karar vermişti zaten. Ancak kocasının gözlerine bakıp vicdanıyla hesaplaşmadan Selim'in yanına gitmek istememişti. Bu yüzden de eve erken saatlerde döndüğünde ortalığa saçılmış kıyafetleri gördü önce. Sehpanın üzerine kurulmuş çilingir sofrasının önünde kocasını başka bir kadının üzerinde aslanlar gibi inlerken bulmuştu. Kadının kim olduğunu hiç merak etmemişti bile. Ne kocasının yüzüne bakmış ne de konuşmasına fırsat vermişti. Hızlıca arkasını dönerek evden çıkmıştı.

Selim, duyduklarına inanamıyordu. Ne diyeceğini bilemiyordu. Son zamanlarda sıkça yaşadığı gibi bir kez daha duyguları karıştı. En iyi dostu, yıllardır ona âşıktı. Üstelik az önce hayatını adadığı kocası tarafından hem de çok çirkin bir şekilde aldatıldığını öğrenmişti. Aslı'yı her zaman çok sevmişti Selim ama onu hep bir dost ve sırdaş olarak görmüştü. Belki bundan birkaç ay önce olsaydı şu an bambaşka şeyler yaşanabilirdi ya da belki yıllar önce bu duygularını paylaşmış olsaydı yine aynı ihtimal sözkonusu olabilirdi ama şimdi Zümrüt vardı. Hücrelerine dek hissettiği bir aşk yaşıyordu.

Selim'in içindeki karanlık noktadan da birtakım sesler yükselmeye başlamıştı. Zümrüt gençti, birkaç yıl sonra sıkılıp, gidebilirdi. Aslı onu yıllarca sevmiş, ulaşamayacağını bile bile ondan hiç vazgeçmemiş, ağır bir yükü yüreğinde taşımıştı. Birbirlerine yakın yaşlardaydılar ve son nefesine kadar tereddütsüz güvenebilirdi ona. Ölene kadar yanında olur, onu sevmekten asla vazgeçmezdi.

Sona farklı bir içsese kulak verdi Selim... Zümrüt gibi hayata yüreğiyle bakan insanüstü ilişki yaşadığı melek kızın ona olan bağlılığı hiç biter miydi? Son nefese kadar elini tutar, göğsünde uyurdu. Selim, tüm ruhuyla ona karışan Zümrüt'te her şeyiyle yeniden doğuyordu. Hem belki Aslı, kocası tarafından aldatıldığını öğrendiğinde sığınacağı ilk insan olarak Selim'e koşmuştu. Gerçekten o kadar âşıksa neden beklemişti ki?

Başka bir ses de Burcu'yu zihnine taşıyordu. Burcu şu anda binlerce kilometre uzakta biten evliliği için üzüntü çekiyordu. Selim'in ilgisizliği yüzünden duyguları törpülenmiş, çok sevdiği adama neredeyse ihanet edecek hale gelmiş ve bunun bedelini de kendi açısından kendi içinde çok ağır ödemişti. Ayrılma kararından sonra ne kadar çok kilo vermişti. Mahkeme günü nasıl da ilk tanıştıkları zamanlardaki gibiydi. Yıllarını paylaştığı kadın ona geri dönüp belki yeniden birlikte

olabilmek için Selim'in kararlılıkla yanına gidip elle-
rinden tutarak evine getirmesini bekliyordu. Çocukla-
rının annesi, Selim'in hayat arkadaşıydı. Kaldı ki bütün
kadınlar, bütün ilişkiler bir şekilde güne bulaşıyordu.
Rutine karışıyordu. Bildiğinden neden vazgeçmeyi bu
kadar kolay kabul etmişti ki?

"Madem bütün kadınlarda yol hep aynı yere çıkıyordu
neden kendini zorluyorsun ki…" diyordu içindeki bir baş-
ka ses. Kendini tanımaya başladığı, hayatında kendi gibi
olmayı deneyimlediği, insanları keşfettiği, yaşamın sırla-
rına eğildiği bir yolculuğu başlatmışken neden kendisini
aynı döngünün içine sokmaya çalışıyordu ki?

Bir diğer ses ise, aşkın ve ilişkilerin insanın avuntusu
olduğunu, hayatın tadını çıkartmak varken bu derinleş-
me, yaşamı keşfetme, kendini tanıma sevdasının anlamsız
olduğunu söylüyordu. Etrafında elde edemeyeceği bir ka-
dın mı vardı sanki. İstediği yaşta, istediği fizikte, istediği
zaman istediği kadınla beraber olup hayattan zevk almak
varken nelere kafa yoruyordu…

Selim, zihnindeki farklı şiddette yükselen farklı sesler-
den bunalmış derin derin nefes alırken savunmasız yaka-
landı.

"Bana sarılır mısın? Hiç değilse birkaç dakika. Hepsi
bu."

Bunu sorarken Aslı'nın yüzünde taşıdığı ifadeyi gören
hiç kimse eğer yüreğini kesip atmamışsa ona "hayır" di-
yemezdi. Yorgun, kırgın, ağlamaklıydı… Üstelik yıllardır
beklediği bir 'an' için soruyordu bu soruyu.

Selim sağ kolunu açarak bankın sırtlığına uzattı, açı-
lan boşluğa Aslı bütün bedeniyle sığındı. Selim kolunu

kapattığında eli Aslı'nın omzundaydı. Aslı'nın elleriyse Selim'in karnında duruyordu.

Yüzünü Selim'in göğsüne koyan Aslı, onun şefkatli kokusunu derin derin içine çekmeye başladı. Yıllardır beklediği an, sadece bu andı. Bundan fazlası değildi. Selim'le ilgili kurduğu hayallerin ilk sırasında ona böyle sıcacık sarılmak vardı yıllardır. Hiç tereddüt etmeden ömrünün geri kalanını Selim'in göğsünde geçirebilirdi. Onun için bir an düşünmeden yine tereddütsüz canından vazgeçebilirdi. Bu sarılmasının ilk ve son olmasından delicesine korkuyor ama şu anda sadece şu anın muhteşemliğine kendini bırakıyordu.

Selim, Aslı'yı sevdiğini hissediyordu. Hem de çok seviyordu. Ayrıca şu an burada bir şeyin daha farkına varıyordu Selim. Sevginin türlü biçimleri vardı. Çocuğunu, köpeğini, annesini, kardeşini, sevgilisini, dostunu, arkadaşını farklı farklı seviyordu insan. O yüzden ne kadar anlamsız bir soruydu bir çocuğa "Anneni mi babanı mı daha çok seviyorsun?" diye sormak... Annesini başka türlü, babasını başka türlü seviyordu.

Yaklaşık bir saattir sarılıyorlardı birbirlerine. Neredeyse hiç kımıldamamışlardı bile. Aslı'nın ona aktardığı sevgiyi yüreğinde hissediyordu Selim... Zümrüt'ü, Burcu'yu, Aslı'yı da farklı farklı seviyordu. Her birini farklı farklı yaşıyordu. Birkaç gün öncesine kadar sadece Zümrüt'e duyduğunun aşk olduğunu düşünüyordu. Oysa şimdi zihnini kaplayan soru, hangisinin "aşk" olduğuydu.

Bâtın XXXI

Evren, Yaradan, dünya, insan görünende de değil
Görünmeyende de gizli değil
Bâtın ile Zâhir; görünen ile görünmeyende
Bir diğeri olmadan var olamayan
Ayrı ayrı değil, iç içe geçmiş iki değil, 'bir'miş
Sen bilsen de bilmesen de
Görsen de görmesen de
İstesen de istemesen de
Zâhir Bâtın'ı
Bâtın Zâhir'i bulur...

Anlarsın ki, hiç ayrı düşmemişlerdi
Her şeyin 'bir'liğinde, Yaradan'la yaratılanın bütünlüğünde
Yanılsamalar kaybolduğunda
Son nefeste ölmeden
Nefes alırken ölür
Nefes alırken yeniden doğarsın
Doğma vakti geldiğinde, gitme zamanı gelmiş demektir
Her şeyin 'bir'liğinde
Doğum ve ölüm, gitmek ve gelmek de 'Bir'
Anlarsın...

Zâhir 31

Selim-Burcu

Burcu, hiç anlayamadığı bir nedenden dolaydı garip bir şekilde Selim'i özlüyordu. İnsanın elindekini kaybetmeden onun değerini anlamadığı gibi, bazen yanılsamaların ardındaki gerçeği göremiyor, yanılsamalar uğruna gerçek olanı öldürüyoruz.

Selim'i seviyordu, belki heyecan yoktu aralarında ama ona göre heyecanın bitmeyeceği bir ilişki de yoktu ki zaten. Her ilişkinin sonu buydu. Ayrılırken bunun farkındaydı ama o yola yalnız devam etmekle, evli olmak arasındaki ayrıma geldiğinde yalnızlığı seçmişti sadece. İlişkisinin heyecanın bittiğini düşünen birinin, eğer temel değerler sağlamsa sadece ilk günlerdeki heyecanı aradığı için ilişkiyi bitirmesi anlamsız olurdu. O heyecanı bulduğu yeni bir ilişki de, şu anda ilişkisini bitirdiği hale gelecekti. Ayrılıyorsa, bir daha uzun süreli ilişki yaşamamak için ayrılmalıydı, en azından uzun bir süre...

Selim'i son görüşünde âşık olduğu adamla karşılaşmıştı Burcu... Belki Selim uzun bir kış uykusundaydı ve uyunmak üzereyken Burcu kalkıp gitmişti. Çünkü şimdiki adam Burcu'nun âşık olduğu Selim'di. Fakat Burcu'nun göremediği bir şey vardı; Selim'i kendine getiren şey yaşadığı yeni aşktı.

Selim'in yüreğini biliyordu, kendisini nasıl sevdiğini, ona kıyamayacağını biliyordu. Son buluşmalarında, Selim'in, kendisi kadar yoğun olduğunu hissetmişti. Hem İstanbul'u da özlemeye başlamıştı.

Selim'e haber vermeden İstanbul'a geldiğinde nasıl davranacağından emin değildi. Arayıp aramayacağını da bilmiyordu. Fakat ararsa dönüşü olmayan bir yola girebilirdi. Selim, Burcu'nun geri dönme isteğini kabul ettiği anda uzun süre geri dönemeyeceği bir yola çıkmış olacaktı.

Selim'i boşu boşuna umutlandırmaktan, aklını karıştırmaktan endişe ediyordu. Ancak, İstanbul'a hiç planlamadığı bir zamanda geldiğine göre onunla bir ilişkiye yeniden başlamaktan çekinmiyordu. İstanbul'un sokaklarına adımını atıp tozunu içine çektiğinde, kararlılığı ve cesareti daha da güçlenmişti.

Selim'i arayıp, bu akşam onu yemeğe davet ettiğinde Selim'in şaşkınlığı hoşuna gitmişti. Hoşuna daha çok giden şey, Burcu'nun teklifini hemen kabul etmiş olmasıydı. Cihangir'de buluşup, yemek yiyeceklerdi.

Selim, Burcu'nun telefonundan sonra eğer yanında biri olsaydı "bir bu eksikti" diyerek sitem edecekti. Bir duygu yoğunluğuna daha yer yoktu içinde. Selim, Aslı'yla geçirdiği o geceden sonra birkaç gün boyunca kendini kitaplara boğmuş, yüreğinde tanımlayamadığı bir sıkıntı hissetmeye başlamıştı. Göğsü sıkışıyordu. Ara sıra şiddetli baş ağrısı ve baş dönmesi yaşıyor, bazen de üzerine mide bulantısı başlıyordu. Olmaması gerektiği biçimde zihni, duyguları çok ama çok karışıktı. Neredeyse her gece buluştukları Zümrüt'le bu hafta sadece bir gece buluşup birlikte uyumuşlardı.

Burcu'yla yemeğe gideceğini Zümrüt'e söyleyecekti. Eski karısıyla yiyeceği olağan bir yemek olacaktı sadece. Zaten gelecekte de başta çocuklar konusunda olmak üzere belli dönemlerde görüşecekler, süregiden bir iletişim içinde olacaklardı. Zümrüt'e Burcu'yla yemek yiyeceğini söyledikten sonra Zümrüt'ün hislerini hiç anlayamayacak, hatta o akşam Zümrüt'ün yalnız kalıp kafasında konuyu daha fazla kurmamak için arkadaşlarıyla birlikte dışarı çıktığını sonradan öğrenecekti.

Burcu, buluşacakları restorana Selim'den önce varmıştı. Güneş batarken Cihangir'e gelmişti. Sokak içlerindeki kafelerden birinde kahvesini içmiş, hava karardıktan sonra da buluşacakları mekânın bahçesinde beyaz şarabını yudumlamaya başlamıştı.

Selim geldiğinde, Burcu'nun sıcak karşılamasına, şefkat dolu bakışlarına ve sanki hiç ayrılmamışlar gibi ona sıkıca sarılmasına şaşırdı. Masaya geçtiklerinde Burcu, Selim'i karşısına değil, kendine yakın olan sandalyeye oturttu.

Burcu'yu bu kez fazla kilo vermiş bulmadı ama zayıflamaya devam ettiği belli oluyordu. Onu son gördüğü halinden daha zayıftı şu an. Üstelik çok daha güzel görünüyordu. Siyah uzun elbisesi, fön çekilmiş düz sarı saçları, hafif makyajı ve zarafetini beğenmişti Selim.

Hal hatır sorma aşamasında Burcu, Selim'in neler yaptığını bir an evvel öğrenmek istiyordu. Büyük merak içindeydi. Sorularına geçmeden önce yemek siparişi ver-

meyi bekleyecekti. Menüye bakarken rakı içmeye karar
verdiler, ortaya birkaç parça meze seçtiler. Garson sipa-
rişleri yazıp uzaklaştıktan sonra Burcu hemen sorularını
sormaya başlamıştı bile. Üstelik konuşurken Selim'e iyice
sokulmuştu:

"Neler yapıyorsun? Mutlu musun? Her şey yolunda
mı?"

Selim, Burcu'nun meraklı sorularına kısa cevaplar ver-
meyi düşünüyordu ama anlatmak istediğinden daha fazla-
sını anlattı:

"Yolunda her şey... Yaşamımdan keyif alıyorum. Neo
iyi. Evde bir sorun yok. Sadece bazen çok düşünürken
buluyorum kendimi. Düşünmek de değil âdeta bir geçiş
hali. Kafatasımın üzerinde bir üşüme hissediyorum, son-
ra sağlam bir baş ağrısı başlıyor, öncesinde göğsüm sıkışı-
yor, zaman zaman dayanılmaz bir mide bulantısı geliyor.
Kafka'nın *Dönüşüm* kitabındaki hamam böceği gibi hisse-
diyorum kendimi.

Günlük hayat her geçen gün daha az tatmin ediyor
beni. Evde kalmayı, kitap okumayı, hiçbir şey yapma-
dan durmayı tercih ediyorum. Dışarı çıktığımda hiç gir-
mediğim sokaklara giriyorum. Tanımadığım insanlarla
sohbet ediyorum. Kiliseye, camiye, sinagoga gidiyorum.
Hangisi yakınımdaysa. Bazen içeri girip, bazen kapısında
durup yüce enerjiyi hissetmeye çalışıyorum. Eğer bir kon-
ser, tiyatro, film denk gelirse gidiyorum. Hayatımda iyi
olanı seçmeye gayret ediyorum. İyi müzik, iyi yemek, iyi
zaman... Çok iyi biliyorum ki bu hayatta nicelikten çok
daha önemlisi nitelik.

İnsanlığı anlamıyorum, savaşları, sınırları, neyi pay-

laşamadıklarını? Saygısızlıklarını, insan haklarını yok
saymalarını, hele Yaradan'a inandıklarını söyleyip
Yaradan'ın yarattıklarını yargılayanları, yok edenleri.
Sanki yıllardır biriktirdiklerim, mısır tanelerinin belli
bir süre ısındıktan sonra kısa sürede hepsinin patlaması
gibi patlıyor. Ne tanıştığın, ne evli olduğun, ne ayrıldı-
ğın Selim'e benziyorum. O zaman da içimde olan açığa
çıkıyor, geçmişimi yok saymıyorum hepsinin toplamı-
yım, hepsiyim.

Bütün olumlu dönüşüme rağmen, huzursuzluğum son
günlerde inanılmaz arttı. Hiçbir yere sığmaz oldum. So-
kaklar yetmiyor."

Selim cümlelerine ara verene kadar mezeler masaya
yerleştirilmiş, garson içki servislerini tamamlamıştı bile.
Burcu, Selim'in onun yokluğunda bunalıma girdiğini dü-
şündü. Boşluğa düşmüştü, belki de Burcu'yu özlüyordu,
yerini dolduramamış, acı çekmişti.

Kadehlerini tokuşturup ilk yudumlarını aldıktan sonra
Burcu asıl cevabını merak ettiği soruyu yöneltti Selim'e:

"Özel hayatından hiç bahsetmedin, orada neler olu-
yor? Zümrüt'le durumlar nasıl gidiyor?"

Selim, Burcu'yla Zümrüt'ü konuşmak istemiyordu.
Fakat bu kez geçiştirmek yerine net bir ifadeyle karşılık
verdi:

"Zümrüt'ü seninle konuşmak istemiyorum. Doğru da
bulmuyorum. Dikkat edersen ben sana hiç senin özel ha-
yatınla ilgili bir şey sormuyorum. Dinlemek istemiyorum,
şimdi veya sonrasında sevgililerimiz, beraber olduğumuz
insanlar konusunda yüz göz olmayalım lütfen."

Burcu, Selim'in konuşmak istememesini iki şeye

bağlamıştı duygularının baskısı altındaki zihninde. Ya Zümrüt'te aradığını bulamamış, hayal kırıklığı yaşıyordu ya da Burcu'yu unutamıyor, bir türlü hayatından çıkartamıyordu. Burcu'nun hayatında biri olmasından hoşnutsuzluk duyuyordu. Belki de kıskanıyordu.

"Olsa konuşurum aşkım. Hayatımda kimse yok, kimseyi istemiyorum ayrıca. Daha yeni boşandık, daha yeni yalnız yaşamaya alışıyorum, birini nasıl hayatıma sokabilir, nasıl sevişebilirim?"

Boşandıkları gün de tıpkı bu akşamki gibi birkaç kez "aşkım" demişti Burcu, Selim'e... Ağız alışkanlığı bile olsa Zümrüt dışında başka birinden ki bu eski karısı bile olsa "aşkım" sözcüğünü duymaktan rahatsız oluyordu. Selim, Burcu'nun söylediklerini dinledikten sonra Zümrüt'ten bahsetmemekle ne kadar doğru davrandığını anladı. Gerçekten Burcu, Selim'in onu sevdiğinden daha çok seviyordu. Belki de ayrılırlarken Selim, Burcu'dan daha önce ve daha fazla mı tüketmişti acaba ilişkilerini? Bu soru takıldı Selim'in aklına.

İkinci kadehlerini doldurduklarında konu çocuklara gelmişti. En kısa zamanda onlar okul tatili için İstanbul'a gelmeden önce Amerika'ya gidip konuşmaları gerekiyordu. Bu konuyu da kapattıktan sonra biraz da Burcu'nun işlerinden konuştular. Selim her türlü desteği vermeye devam ediyordu eski karısına. Ona yeni müşteriler bulabilmesi için kendi bağlantılarını kullanmasına izin vermeye devam edecekti. Gerektiği zamanlarda finansman desteğini zaten sağlıyordu ve bu destek de her zaman sürecekti.

Hayata, iyi yaşamaya, geçmişe, geleceğe dair pek çok

konuda konuşurlarken sonunda anılara gelmişti sıra. İlk tanışmaları, yaşadıkları komik anlar, paylaştıkları acılar... Bir anıdan diğerine geçiyorlardı. Selim, yaşamdaki her şeyin gelip geçiciliğini net anlıyor, şu anda Zümrüt'le yaşadıklarının da, Aslı'nın paylaştıklarının da hayatın akışında, zamanın içinde farklı formlara dönüşeceğinin mutlak gerçekliğini hissediyordu. Bu gerçekliği özellikle Zümrüt'te kabullenmek daha zordu.

Sohbete devam ederlerken Burcu aniden çatalını, bıçağını bıraktı. Tabağını masanın ortasına doğru itti ve masada açılan boşluğa dirseklerini yasladı. Önemli bir şey söyleyecek olmanın hazırlığındaydı. Son kelimesine kadar başını hiç kaldırmadan sadece önüne bakarak konuştu:

"Ben yeniden deneyebileceğimizi düşünüyorum. Hemen eskiye dönmekten bahsetmiyorum. Benim hissettiğim yanılsama da olabilir. Ancak, biliyorum ki sana daha yakın olmak, bazı şeyleri onarmak, yeniden başlamak mümkün olabilir. Hemen aynı yatakta yatmamız, aynı evde kalmamız gerekmiyor. Bir şeylerin hiç değişmediğini, aynen devam ettiğini, ikimiz de çok iyi biliyoruz. Kaybedeceğimiz bir şey yok, belki kazanacağımız çok şey olabilir."

Konuşmasını bitirdikten sonra bakışlarını Selim'e çevirdi. Eski karısını dikkate dinleyen Selim, onun nasıl bir yanılgı içinde olduğunu görüyordu. Fakat şu an önemli olan şey; Selim'in onunla devam etme isteğinde olup olmamasıydı. Yaşamın her olasılığında olduğu gibi burada da küçük bir olasılık sözkonusu olabilirdi belki ama o olasılığın gerçekleşmesi şimdilik çok zordu.

Burcu'yu kıskandığı doğruydu, Burcu hayatında kimsenin olmadığını söylediğinde ataerkil erkek gururunun okşandığını hissetmişti. Yerinin hemen doldurulmaması hoşuna gitmişti. Oysa o çok kolaylıkla yeni bir aşka başlamıştı. Suçluluk hissetmesine gerek olmayan bir durum olmasına rağmen bir kez daha suçluluk duymuştu.

Selim, içinden geldiği gibi bir anda Zümrüt'le ilgili her şeyi anlatmaya başladı. Yaşadıklarını, paylaştıklarını, onu nasıl sevdiğini, nasıl âşık olduğunu... Bunları anlatırken mümkün olduğunca Burcu'yu rencide etmeyecek cümleler kurmaya özen göstermişti.

Selim, Zümrüt'ü anlatmayı bitirdiğinde Burcu, hayal kırıklığı hissediyordu, üstelik bu kırıklıktan daha güçlü bir şey vardı içinde; kendine duyduğu öfke... Her şeyi nasıl da naif yorumlamış, Selim'e konduramamıştı. Selim, düştüğü boşlukta bu kıza tutunmuştu. Daha otuzlarına gelmemiş bir kız böyle bir adamı nasıl anlayabilir, elinde tutabilirdi. Ya çok akıllı biriydi ve Selim'i sömürecekti... Onun gücünden faydalanacaktı ya da bir süre sonra sıkılıp Selim'i terk edecekti. Burcu, ne Selim'in ne de kendisinin içinde bulundukları bu durumu hak etmediklerine inanıyordu.

Burcu gözlerinin dolup taşmasına engel olamıyordu. Selim'i çok seviyordu ve şu anda anlıyordu ki, onunla yeniden bir ilişkiye başlamayı sandığından bile fazla istiyordu ya da Zümrüt'ün varlığı bu yanılsamayı güçlendiriyordu. Burcu, Selim'in bu kadar kısa sürede yeni bir ilişkiye başlamasını hiç beklemiyordu ki Selim, ayrılma kararı alınmadan önce sık sık hızlı kompartıman değiştirebileceğini söylemişti zaten.

Selim, Burcu'nun ağlamasından kendini sorumlu tuttu. Sevdiği insanı üzgün görmeye dayanma eşiği hâlâ çok düşüktü. Burcu'ya sarılırken, masadan aldığı peçeteyle gözyaşlarını sildi.

Beş on dakika sonra hesabı istediler. Burcu'nun yemeğin başlarındaki heyecanı ve coşkusundan iz kalmamıştı. Düşünceli, üzgün ve sessizdi... Selim hesabı ödeyip kalkarken Burcu'nun elini tuttu ve arabaya binene kadar hiç bırakmadı.

Burcu'yu kaldığı otele bırakacaktı. Evlendiklerinden bu yana ilk kez onu evine değil de otele götürüyor olması canını acıttı Selim'in... Burcu'nun üzüntüsü için bu bile yeterli sebep olabilirdi. Radyoda Kirpi – Winds Melody çalmaya başladığında Selim'in duygusallığı tepe noktaya yükseldi. Bu şarkının ne kadar çok anısı vardı evliliklerinin son yıllarında. Selim arabayı kullanırken, Burcu yan koltukta Selim'e dönmüş, onu izliyor, elini yüzünde dolaştırıyor, arada bir uzanıp omzuna, yanağına öpücük konduruyordu.

Otelin önüne geldiklerinde Burcu, Selim'i otelin kafesinde kahve içmeye davet edebileceğini düşünürken Selim de aynı şeyleri geçiriyordu aklından. Selim, kahveye davet edilirse eğer Burcu'yu kırmadan onu nasıl reddedebileceğinin planını yapıyordu. Çünkü bir tarafı Burcu'yu bu şekilde bırakmak istemiyordu. Neyse ki Burcu, hiçbir davette bulunmadı. Yaşlı gözleriyle Selim'e doğru eğilip, yanağına uzun ve büyük bir öpücük bırakıp sarıldı. Selim, bu sarılmayı karşılıksız bırakmadı. Arabanın içinde, otelin valesinin sabırsız bekleyişi karşısında hiç acele etmeden birbirlerine sarıldılar. Ayrılmadan önce Burcu, Selim'in kulağına o an hissettiği şeyleri fısıldadı:

"Seni seviyorum. Zamanı geldiğinde seni bekliyor olacağım."

Selim'in aklına Aslı geldi. Buluştukları son gece ayrılırlarken Aslı, kulağına eğilmişti ve bir gün o zaman gelirse, son nefeste bile olsa onu bekliyor olacağını söylemişti. Burcu arabadan indikten sonra, Selim hızla uzaklaştı oradan. Dokunsalar ağlayacak duruma gelmişti. Burcu'nun ve Aslı'nın son cümleleri bir kez daha kulaklarında yankılanıyordu. Bu sırada Zümrüt geldi aklına. Beraber kaldıkları bir gece, Zümrüt komodinin üzerindeki abajurun ışığını kapattıktan, Selim ona her gece olduğu gibi tatlı rüyalar dilemeden önce kısık ama net bir tonla şöyle demişti:

"Bu dünyada birlikte olamayacağımız bir gün gelse bile ben seni gittiğin yerde bekliyor olacağım. Burada zaten seninim ancak burası fani ve bitecek. Hiçbir şey olmasa bile zamanımız dolduğunda öleceğiz. Senin dediğin gibi güne bulaşıp da ilişkimiz bu dünyada bitebilir. Ancak çok iyi biliyorum ki, biz mekânsız-zamansız birleştik."

Zümrüt'e duyduğu aşk yeniden yüreğini dolduruyor, direksiyonu tutan ellerinin karıncalandığını hissediyordu. Arabayı sağa çekerek Zümrüt'ün cüzdanında taşımasını istediği Zümrüdüanka resmini çıkarttı. Zümrüt'ün ince ve uzun parmaklarının tuttuğu fırça darbeleriyle yaratılmış bu resmi dudaklarına götürdü, gözlerini kapatarak öptü.

Resmi tekrar cüzdanına yerleştirdikten sonra, telefonunu eline alarak Zümrüt'e yemeğin bittiğini ve eve döndüğünü haber verdiği mesajı gönderdi.

Arabasıyla tekrar yola çıktığında göğsündeki sıkışma yeniden başladı. Başı ağrıyıp midesi bulanmadan önce eve varabilmek için gaza daha fazla yüklenerek arabayı evine doğru sürmeye devam etti.

Bâtın XXXII

Aynayla da işimiz bittiğine göre senden yeni bir şey daha isteyebilirim. Ölmek demek, fiziksel olarak ölmek demek değil ise, varsay ki şimdi öldün. Şu anda... Geriye ne kalırdı senden? Kalanlar ne olsun isterdin, varsa geriye kalanın? Yeniden doğmak için, kesmen gerekir bütün bağlarını.

Arkana bakarak ileriye yürüyemeyeceğin gibi, geçmişi ceplerinde tutup, iplerin bileklerinde bağlı da gidemezsin. Vazgeçmesini bilmeyen, hiçbir şey bulamaz. Her vazgeçiş yeni bir başlangıçsa, neden vazgeçmekten, bırakmaktan bu kadar korkar insan?

Ki insan ne doğarken yanında bir şey getirebiliyor, ne gömülürken yanında bir şey götürebiliyor. Şimdi, yeni doğan bir çocuk gibi bıraksaydın bütün yüklerini neler olurdu?

Geride kalanlara ne derdin? Maddi ve manevi olarak bırakıp bardağındaki kirlenmiş suyu boşalt ki, temiz suyla doldurabilesin.

Senin olan, sende olan, zaten seninle.

Zâhir 32

Selim

Selim eve vardığında baş ağrısı başlamıştı bile. Kapıdan girer girmez ışıkları açmadan odasına çıkarken, Neo, Selim'in peşinden koşturmak yerine, kapının girişindeki yatağında kalmayı seçti.

Selim, eve varır varmaz soyunup duş almayı planlamıştı ancak duş alacak hali yoktu. Vücut ısısı gittikçe artıyordu. Bu kez daha önce olmayan ateş de semptomlara eklenmişti. Gömleğini, pantolonu çıkartıp kendini yatağa attı.

Gözlerini kapatıp, derin derin nefes almaya başladı. Telefonuna gelen mesaj sesini duydu, muhtemelen Zümrüt'ten cevap gelmişti ama bakamayacaktı. Telefonun ışığı, baş ağrısını daha da artırırdı.

Zümrüt, Burcu, Aslı, Bengü ve daha önce hayatına giren bütün kadınlar ayrıca annesi, teyzesi ve okuldaki arkadaşları... Sonra da babası... Hepsi hızla zihninde hareket ediyor, bıraktıkları anılar gözlerinin önünden geçiyordu. Her gelen farklı bir duygu bırakıyordu. Fakat şu anda her bir zerresinde hissettiği tek şey; başladığı yerde olduğuydu.

Hayatında ona yetmeyen, eksik olan her neyse yeniden karşısına çıkıyordu. Burcu için üzülüyordu, Aslı için ne hissettiğini bilmiyordu, Zümrüt'te kendi için üzülüyordu. Hangi yolu seçse sanki aynı yere geri dönüyordu. Zümrüt'le devam edecek ama belki bir gün Burcu'nun yerinde Zümrüt olacaktı. Belki bir gün Zümrüt at hırsızına gidecekti. Hepsi varsayımdı ama varacağı yol aynıydı. Âdeta Zümrüt bu boyuta ait değildi ya da Zümrüt'le yaşadığı bu boyuta sığabilecek olan bir şey değildi. Öyle ya da böyle kirlenecekti, kaybolacaktı.

Burcu'yla ayrılmasından çok daha zor kabul edilebilecek bir gerçekle karşı karşıya kaldığını ne zamandır hissediyordu. Severken ayrılmaktan çok daha zor olan; her şey topyekûn iyi gidiyorken vazgeçebilmekti... Çocukları olurdu belki, mutlu geçecek yılları... Peki ya sonra? Şu an içinde bulunduğu ikilem geleceğin habercisiydi. Her ilişki aynı yere varıyordu er ya da geç ya da bu kez yaşanan yepyeni ve bambaşkaydı. O halde nedendi bu ikilem? Neden Burcu'yu düşünmeye başlamış hatta bir an için bile olsa Aslı'yla olur mu diye düşünmüştü. Değişen bir şey olmuyordu, sadece yüzler değişiyordu.

Zümrüt'le evlendiğinde yine bir karısı olacaktı hayatında. Aslı'yla Zümrüt'ten sonra beraber olsa ya da hemen şimdi evlenseler ne olacaktı. Yine ve bir kez daha karısı olacaktı. Döngü kırılmıyordu, sadece eşlik edenler değişiyordu.

Yeni bir Bengü gelecekti, hazzın doruğuna ulaşarak sarhoş olup kendini unutacaktı. Belki hiç ihanet etmeyecek başka bir şeylerle dolduracaktı hayatını. Belki dine dönecek, belki felsefenin dibinde kaybolacaktı. Yeni bir hobi, yeni bir başlangıç arayacaktı.

Belki de tek başınalıktı insana yakışan... En doğru seçimdi belki de... Tek başınalıktan kaçtığımız için bir şeylere sığınıyorduk. Varoluşumuzun ağırlığı altında ezilirken acımızı hafifletecek, tutunacak bir şeyler arıyorduk. Avunuyor, boşlukları dolduruyor, anlamsızlığı anlamlandırmak için çırpınıyorduk. Her şey yine karmakarışık... Baki olan huzursuzluk dolmuştu tüm hücrelerine.

Canı yanıyordu. Zümrüt'ü hissetti yine iliklerine kadar. Bu başka bir şeydi. Bilmediği, tatmadığı, tanışmadığı, çözemediği bilemediği... Ona sarılırken, nefesinden yüreğini içine çekerken duyduğu acı gibi. Sanki bir yerlerde yarım kalmış olanın ya da yarım kalacak olanın acısı.

Alıp başını gitmek, uzaklaşmak, kaçmak... Nereye ve nereye kadar... Nereye gitse, kendisi de peşinden gelecek, gittiği her yere bu bedeni, bu ruhu, bu zihni götürecekti. Sadece bir başka yaşamsal mastürbasyon olacaktı kaçıp gitmek. Çıkış yokmuş gibi hissetmeye başlıyordu artık.

Çocukları... Yıllarca onların geleceği için endişelenmiş, sonrasında genç yaşlarında onların kanatlandıklarından emin olduğunda yeni bir boşluk doğmuştu. Artık Selim olmasa da çocukları yaşayabilirdi. Burcu, anneleriydi. Onca şey paylaştığı kadın nasıl da ellerinden kayıp gitmişti. Şimdi yeniden kazanabilirdi onu hem de eskisinden çok daha güzel olabilirdi her şey ama Zümrüt girmişti araya. Aslı da. Aslı neden daha önce söylememişti duygularını. Nasıl bir yürekti ki, bu kadar yıl hislerini derine gömerek yaşayabilmiş ve âşık olduğu adamın dostu olarak kalabilmişti. Selim'i hak etmemiş miydi? En çok hak eden o değil miydi? Burcu ona ihanet etmişti, Zümrüt de sonradan gelmişti.

Her seçimin bir vazgeçiş oluşunun ağırlığı, seçilme-

yenin gitmesi değil; her seçilmeyenle bir olasılıklar sil-
silesinin uçup gitmesiydi. Burcu'yla olmadığında hangi
olasılıklar silsilesi gidecekti; uzun yıllardır içine yerleşip
kalmış onlarca güzel duyguyla yeniden tazelenen muhte-
şem olgun bir ilişki... Sonra çocukların düğünleri ve tıpkı
uzun uzun paylaştıkları gençlikleri gibi birlikte yaşayacak-
ları huzurlu bir yaşlılık...

Zümrüt'ten vazgeçtiğinde belki de bir insanın yaşaya-
mayacağı kadar sıra dışı, derin, gerçek ve insanüstü bir
ilişki hatta gerçek bir aşk gidecekti hayatından. Mutlu bir
aile, gezgin ruhlar, yeni keşifler. Yaşamın sıradanlığının,
tekdüzeliğinin üzerinde hiç dinmeyen bir serüven...

Aslı'dan gittiğinde, onu hiç kimsenin hiçbir zaman se-
vemeyeceği kadar sevmeyi başarmış bir yürek gidecekti
hayatından. Her günü aşk dolu, her günü sevgi yüklü bir
hayat... Geç kalınmış olsa da, keşfedilmiş bir sevda.

Öyle ya da böyle şıklardan bir tanesini seçecekti. Bir
seçenek de 'hiçbiri' seçeneğiydi ama o da sonuçta bir se-
çimdi, dolayısıyla o da bir seçenekti. Doğru seçenek han-
gisiydi, doğru bir seçenek var mıydı?

Hepsi bir varsayımdı. Her seçim kendi olasılıklarını
yaratırken aslında biz bilmiyorduk neyden vazgeçtiğimizi
ya da neyi seçtiğimizi.

Başının üzerinde hissettiği üşüme yeniden başladı.
Âdeta kafatası açılıyor, içeriye soğuk hava basılıyordu.
Alnı yanıyordu. Elini sobaya değdiriyormuşçasına alnın-
daki sıcaklığı hissediyordu.

Bir şey unutmuşçasına yatağından fırlayarak aşağıya
indi. Bir şeyler arıyordu ama ne aradığını bilmiyordu, ara-
dığını bulduğunda da ne bulduğunu bilmiyordu. Bir bü-

yük zarf görmüş, zarfın içine bulduğunu düşündüğü şeyi koymuş ve nereden bulduğunu bilmediği kalemle üzerine bir şey karalamıştı.

Mide bulantısı başlarken bu kez gözkapaklarına iğneler batıyormuşçasına acı hissediyordu. Acıya dayanamayarak gözlerini açtı, oda ışıl ışıldı. Bütün eşyalar rengârenk noktacıklar şeklinde boşlukta uçuşuyordu. Yatak âdeta havada duruyordu, yatak da noktacıklara ayrışıp boşluğa karışıyordu. Gözlerini çevresinde gezdirdiğinde sadece kocaman bir şeffaf baloncuğun içindeydi. Yerçekimi kaybolmuş, balonun içinde bir astronot gibi hareket ediyordu.

Balon boşlukta hareket etmeye, yol almaya devam ederken, Güneş'in etrafından dolaşıyor yıldızların arasından geçiyordu. Dünya çok uzaklarda, balonun altında bir noktacık gibi görünüyordu. Balon, kendi ekseninde daha hızlı dönmeye başladı. O kadar hızlı dönüyordu ki, balondan görebildiği hiçbir şeyi artık göremiyordu. Bedeninin ayrıştığını, balonun içine parçalarının, aynen eşyalarda olduğu gibi rengârenk noktacıklar şeklinde boşluğa karıştığını hissediyordu. O kadar hızlanmıştı ki artık hiçbir şey göremiyor sadece sezinliyordu.

Balon aniden bir şeye çarptı ve patlayarak yok oldu. Hareket sona ermişti ve bir asansör kapısının önünde buldu kendini. Kapı açıldı, yerde asansörü gösteren ışıklı oklar yandı. Asansöre girdiğinde kapı kapandı.

Gideceği katı seçeceği düğmeler A5 büyüklüğünde dijital kare şeklindeydi. Önce aşağıdan ikinci kare aydınlandı ve Aslı belirdi. Evinin salonunda oturuyor, elinde kahve fincanı, camdan dışarı bakıyordu.

Üçüncü kare aydınlandığında Burcu, otel odasında üzerinde bornozuyla aynanın karşısında baş havlusuyla saçlarını kuruluyordu.

Ardından dördüncü kare aydınlandığında Zümrüt, evinin olduğu apartmanın kapısına doğru elindeki cep telefonuna bakarak yürüyordu.

Son olarak da en alttaki kare aydınlandı, ekranların bulunduğu duvarda büyük harflere bir kelime belirdi: VİTRİOL...

Harfler belirir belirmez, hemen altında küçük harflere bir yazı akmaya başladı:

"Visita

Interiora (Interiorem)

Terræ (Tellus)

Rectificando Invenies Occultum (Operae)

Lapidem

Dünyanın derinliklerini (içini) ziyaret et, damıtırken (arıtırken) gizli taşı (felsefe taşı'nı) bulacaksın."

Bütün yazılar silinip bir yazının daha puntoları yavaşça büyüyerek belirmeye başladı. İlk önce okuyamadı, fakat yazı büyüdükçe okunur oldu:

"Cehennemden korkarken, cenneti yaşayamazsın."

Selim, sağ elinin işaret parmaklarını karelerin üzerinde gezdirirken hangisine basacağına karar vermeye çalıştı. Hangi kata gitmek istiyordu? Gözlerini kapadı ve parmağının özgürce gideceği katı seçmesine izin verdiğinde en alttaki kareye bastı.

Bâtın XXXIII

Gitti... Son sözleri oldu benden geriye bırakmamı istedikleri. Tavan karanlığa gömüldü önce. Sonra onu aradım. Odanın içinde her yere, her boşluğa girdim. Sessizliği dinledim, karanlıkta saklanıyor mu diye. Nasıl gitti, nereden çıktı, geldiği duvar açılmadı bile.

Hiçbir şey göremiyorum, zifiri karanlık. Karanlık ve sessizlik... Sadece benim nefesim, benim sesim, benim kalp atışlarım...

Zemin hareketlenmeye başladı birden, neler oluyor yine? Dokunduğum duvar üzerime geliyor, diğerine koşuyorum o da hareket ediyor bana doğru. Duvarlar yakınlaşıyor git gide... Oda kapanıyor. Ben içindeyken oda kapanıyor. Bağırmıyorum, paniklemiyorum, anlamaya çalışıyorum. Anlamaktan vazgeçiyorum. Teslimiyetle bekliyorum.

Kollarımı iki yana açtığımda duvarlara değiyorum. Hâlâ kapanıyor duvarlar, kollarımı ittiriyor, kollarım kapanıyor, hâlâ geliyor duvarlar. Sıcaklığı hissediyorum, nefes almakta zorlanacağım, elbet tükenip bitecek şu soluduğum hava.

Tavan, başıma değiyor artık, tavan da kapanıyor. Sırtüstü yere uzanıyorum hızlıca. Duvarlar omuzlarımda, ayakucumda, başımda, yüzümde... Dört bir duvar, dört bir yanıma dokunduğunda bile bekliyorum.

Duruyorlar sonunda... Sessizlik... Dizlerimi karnıma doğru kırmak zorunda kaldım, ayağa kalkamam artık. Bir vazgeçiş, alan yok, mekân yok, yer yok. Gaipten bir huzur doluyor içime. Yapabileceğim, yapacağım hiçbir şey yok. Ellerim karnımın üzerinde kenetliyor, bedenimi hissediyorum. Zifiri karanlığa gözlerimi kapatıyorum.

Hareketsizliğin, hareketinde; sessizliğin gürültüsünde, O'nu hissediyorum.

Zâhir 33

Bengü

Bengü artık Selim'den umudunu kesmişti. Selim haftalardır Bengü'nün hiçbir mailine cevap vermiyor, telefonuna da ulaşılamıyordu. Muhtemelen numarasını değiştirmişti.

Bir gece beraber olduğu bir kadın için, bir erkeğin yapacağından çok daha fazlasını yapmıştı. Uzun süre mailleşerek paylaşımlarda bulunmuşlardı. Bengü, Selim'e kızgın değildi. Ama yine de nezaketen bir daha yazışmak istemediğini belirten bir mail yazabilirdi. Hem böylece Bengü de Selim'den cevap alabilmek için bu kadar çaba beklemek ve çabalamak zorunda kalmazdı.

Bengü, sabahları işe gitmeyi artık işkence olarak görmüyordu. Bir gün, hem de çok uzak olmayan bir gün o banka şubesine gitmek zorunda kalmayacaktı. Sadece biraz daha zamana ihtiyaç vardı o kadar. Her geçen gün fotoğrafçılıkta ilerliyordu. Bu Bengü'de giderek daha büyük bir tutkuya dönüşüyordu ve tutkusu ona her geçen gün yeni ufuklar kazandırıyor, yeni kapılar açıyordu.

Artık fiziğine de daha fazla özen gösteriyordu. Son dönemde sağlıklı hazır yemekleri adrese teslim eden şirketler arasında günlerce araştırma yaptıktan sonra sonunda "otuz-6beden" adlı bir firmayı seçmiş, ona her gün paketler içinde yemek taşıyan sempatik adamın geliş saatlerini bekler olmuştu. O paketlerden çıkanlar dışında başka bir şey yemez olmuştu. Zaman zaman canı başka şeyler yemeyi çekse de, aynadaki güzel ve fit Bengü'yü görmenin keyfi bambaşkaydı.

Her şeyin iyi olacağına inanıyormuş gibi olsa, yine de endişeleri gitmiyordu içinden bir türlü. Korkuyordu gelecekten. Mutlu bir ailesi olabilecek miydi acaba? Doğru adamı bulup evlenebilecek miydi? Yoksa yıllar sonra hâlâ bekâr, yalnız ve ayakta kalabilmek için çalışıp koşturmak zorunda olan bir kadın mı olacaktı? Ne olurdu sanki zengin bir ailenin kızı olarak dünyaya gelseydi. Ne olurdu sanki şansı gençlik yıllarında yüzüne gülseydi de, gelecek endişesi taşımadan yaşayabilseydi. Acaba Bengü'nün laneti Orhan mı olmuştu? Kabul etmek istemese de ve aslında üzerinde o olayla ilgili hiçbir tesir taşımadığını hissetse de bütün korkularının kaynağı o lanet gün müydü?

Zümrüt ondan zengin değildi, daha şanslı da değildi, üstelik geleceği de en az kendisininki kadar belirsizdi ama nasıl bu kadar rahat olabiliyordu. Belki o da kendini bir başka türlü kandırıyordu. Yalnız kaldığında o da ağlıyor, beklenmedik anlarda kaderine küfrediyordu.

Neden bu kadar kasıyordu ki sanki? Sonuçta dünyaya geldik, yaşıyoruz, yiyeceğiz, yatacağız, sevişeceğiz, ölüp gideceğiz. Bu kadar düşünecek ne vardı ki?

Hafta sonu Zümrüt'le Büyükada'ya gitmeye karar vermişlerdi. Yürüyüş yapacaklar, faytona binecekler ve tepedeki Aya Yorgi Kilisesi'ni ziyaret edip, bir de güzel yemek yiyeceklerdi. Bu küçük tatilin heyecanı, bütün haftaya katlanabilecek enerjiyi vermişti bile Bengü'ye. Hem adaya çıkmadan önce fotoğraf kursundaki dersine de katılacaktı. Sonra orada bol bol güzel fotoğraflar çekecekti.

Bâtın XXXIV

Her geçiş, bir hak ediş...

Sadece hak edenin geçebileceği o kapıdan geçmek-yükselişin ifadesiydi.

Yükselişe giden kapılar dar, yollarsa engebeli ve tozluydu. Âdeta cennetin kırk haramilerin hazinesini koruyan kapıların ayrık otlarıyla örtülü olması gibi.

Tozlu yolları, engebeleri, ayrık otlarını, yoldaki canavarları, fırtınayı, zorlukları aşabilenler ulaşabiliyordu hazineye, ışığa... Hurafelere, yanılsamalara, illüzyonlara rağmen yolunda yürüyebilenleri bekliyordu gerçek olan...

Zâhir 34

Aslı

Aslı, kocasını evden gönderirken kocasının hiçbir şekilde açıklama yapmasına izin vermemişti. Evinde, tek başına olmak düşündüğü kadar kötü değildi. Kendisinin cesaret edemeyip yapamadığını, kocasının ihaneti sağlamıştı. İnsanın niyetlenip de yapmak istediği ancak bir türlü cesaret edemediği şeyleri onu seven koruyucuları ya da sistemin kendisi bazen böyle hazırlıyordu işte.

Şimdi başka bir yük vardı üzerinde. Keşke o gece Selim'e açıklamasaydı duygularını. Keşke dilini bir gece daha tutabilseydi hiç paylaşmak zorunda kalmayacaktı, bu duruma düşmeyecekti. Selim artık iletişimi kesmişti. Âşık olduğu adamın hiç değilse dostu olarak kalması iyiydi. O gece belki de kendi hayatında, kocasının engel olmaktan çıkmasıyla oluşan uygunluğa aldanmıştı. Selim'in dostluğunu kaybetmeye değmezdi.

Bir yandan da içten içe kızıyordu Selim'e... Bu kadar korkacak, kaçacak ne vardı ki? Aslı'nın aramalarına yanıt vermemeye başlamıştı. Mesajlarına karşılık vermiyordu. Hatta sonrasında telefonu kapalı sinyali verir olmuştu. Alıp başını dünyayı gezmeye mi çıkmıştı yoksa? Uzaklara mı kaçmıştı? Yoksa ölmüş müydü? Kendi bile bu soruyu ancak espri olarak soruyor, inanılır bir tarafı olmadığını biliyordu.

Her ne kadar Selim, yıllarca "Mezarımın olmasını istemiyorum. Bir yerde çakılı kaldığım ve herkesin beni istediği zaman bulabildiği bir yerde olamam. Sahibini üzmek istemeyen, ölüsünü göstermekten kaçınan köpeğin, öleceğini anladığı an alıp başını alıp gitmesi gibi gitmek isterim." demesine karşın Selim'in bunu yapmayacağını biliyordu.

En büyük aşkından sonra en büyük dostunu da kaybetmiş olması, o gece için kendisine her geçen gün daha fazla kızmasına neden oluyordu. Belki Selim, araya biraz zaman sokmak istiyor, Aslı'yı utandırmamak için uzak duruyordu. Küçük ihtimal de olsa, Selim'in de ona karşı farklı bir şeyler hissetme umudu vardı Aslı'nın. Belki de bu yüzden kaçıyordu. Bu ihtimalin gerçek olabilmesini hayatındaki her şeyden daha çok istiyor olsa da, gerçekleşmeyeceğinin de farkındaydı.

Artık hayatında biri olmadığına göre, kimseye karşı bir sorumluluğu da kalmamıştı. Kardeşinin sorumluluğundan yıllar önce vazgeçmişti zaten. Birkaç derneğe üye olabilir, kişisel gelişim kurslarına gidip hayatı yakından keşfedebilirdi. Selim'in son dönemde nasıl dalga geçtiğini bildiği için ona söyleyemediği bu fikir hiç de fena değildi.

Derinlerde kendine itiraf etmediği korkusuyla daha bir sık yüzleşmeye başlamıştı. Yalnız bir yaşlılık… Çocuk yapmayı bir dönem çok istese de sonra bir anlam bulamamıştı. Belki de kocasından çocuk sahibi olmanın doğru olmayacağını düşünmüştü. Artık kesin olarak biliyordu ki eğer doğurmuş olsaydı hayatında bir kocası olmasına rağmen tek başına büyütmek zorunda kalacaktı. Kendi sorumluluğunu taşıyamayan bir adam, çocuğun sorumluluğunu nasıl taşıyacaktı ki. Yine de bir çocuğu olsa fena mı olurdu? Çocuk konusunda net bir cevabı yoktu. Sonuçta artık değişmeyecek olan gerçek; bu saatten sonra doğuramayacaktı. Belki evlat edinebilirdi ama o da zor işti.

Şarabını kadehe doldurarak ayaklarını uzatıp, cemiyet dergilerinden birini açtı. Biraz daha fazla dışarıya çıksa, davetlere karışsa hiç fena olmayacaktı. Böylece hem biraz kendinden uzaklaşır yeni insanlar tanır, hayatına yeni renkler katardı. O sayfalarda yer alanların yapmaya, tutunmaya çalıştığı gibi. Zengin ya da fakir, sıra dışı ya da sıradan... Her birimiz bir şeyler aramaya devam ediyorduk sonuçta.

Bâtın XXXV

Hayat seni her zaman sınadı, sınamaya devam edecek. Sadece insan olma boyutunda değil, enerjinin devamında her boyutunda, sonsuz yaşamda. Gerçek güç, gerçeği arayanların ve yüzünü aydınlığa dönenlerin olacak. Kendinden, özünden uzaklaşarak yok olmak yerine, varoluşuna saygı duyarak, cesaretle, vazgeçmeden yüreğinde taşıdıklarını yaşayanlar, nasıl görünürse görünsün, ne söylenirse söylensin, her "zaman"da kazanlar olacaklar. Her can, her nefes, kaynaktan koptuğunda kaybolurken, neyi seçeceksin? Hangi yoldan gideceksin?

Cevap verme, cevabını duyuyorum.

Burada oluşun, buraya kadar gelişin seçtiğin yolu gösterse de, seçmen gereken yollar her zaman önüne gelecek. Bazen yine gitmek zorunda kalacaksın, bazen yine yanlış yolu seçeceksin ama er ya da geç yüreğinin götürdüğü yere varacaksın.

Sen sana anlatılan değilsin. Sana verilen kimlikle kendini sınırlaman istenirken insanlık buna inanıyor. İnsan, dünyevi hayatta çizilen kimliğinden çok daha fazlasına sahip... Akıl ve bedenin tanımladığı "ben" sınırlı bir kafes. Onun ötesine geçebildiğinde gerçeği bulacaksın.

Zâhir 35

Burcu

Burcu artık nereye ait olduğunu bilmiyordu. Kendi elleriyle kendi hayatını yıktığını hissediyordu. Her ne kadar hâlâ doğru kararı vermiş olduğunu düşünüyor olsa da duyguları, korkuları, özlemi böyle söylemiyordu. Hayat, her zaman dört dörtlük olmuyordu, olmayacaktı da. Belki bir anlık cesaret, belki bir anlık yanılsamayla düzenini bozmuştu. Hatta artık yaptığının şımarıklık olduğunu düşünüyordu. Aslında şımarıklık değildi, çevresindeki kadınların gösteremediği bir cesaret, sergileyemediği bir dürüstlüktü. İnsanın zihninde soru işaretleriyle bir şeyleri sürdürmeye çalışması ağır bir yüktü.

Uzun bir süre Selim'i aramamıştı. Sonrasında aradığındaysa telefonu kapalıydı. Birkaç gün içinde çocukların yanında olmalıydılar. Telefonunu açtığında görmesi için mesajlar attı. Telefonu kapalı bile olsa, mutlaka maillerini kontrol edeceğini düşünerek mail de yazdı. Selim, kendisinden kaçıyor ya da Zümrüt denen kızla tatilde olabilirdi ama bu kadarı sorumsuzluktu. Artık kocası olmasa bile çocuklarının babasıydı.

Birkaç gün sonra İstanbul'a gelen Burcu, önce eve gitti. Eve girerken, kapıdan çıkmakta olan Zümrüt'le karşılaştığında kan beynine sıçramıştı. Öfkeden deliye dönmek üzereydi. İçeri girdiğinde Selim'e demediğini bırakmayacaktı. Ancak kız da, büyük bir merak ve endişeyle Selim'i, Burcu'ya sormuştu. En azından Selim, Zümrüt'le birlikte kaçmamıştı. Kız gerçekten güzeldi ama toydu. Selim'i taşıyamazdı. Rekabet edebileceği en güçlü yanının olgunluğu olduğunu düşündü Burcu ama bu konuda ne kadar yanıldığını görememişti. Kız Neo'nun kendisinde olduğunu söylemişti, Burcu isterse geri getirebilirdi. Bu nasıl bir cüretkârlıktı böyle, anlam veremedi Burcu... İstanbul'da yaşamadığı için Neo'nun sorumluluğunu almak istemediğinden ya da belki de kıza karşı daha güçlü görünmek için Neo'yu getirmesine gerek olmadığını söylemiş, üzerine biraz da gözdağı vermişti. Selim'in hayatından çıkmadığını ve hep var olacağını kadınca bir gururla hissettirmek için bir şeyler gevelese de, eve girdiğinde hissettiği tek şey hüzündü.

Az önce çıkıp giden kıza hayatlarının kapısını kendi elleriyle açmıştı Burcu... Evin odalarında dolaşmaya başlayan Burcu, bir süre sonra Selim'in gömleklerini özlemle koklarken bulmuştu kendini.

Selim'i seviyordu. Yeniden başlarlarsa her şeyin çok daha güzel, çok daha olgun olacağına inanıyordu. Selim, geri döndüğünde o da kafasını toparlamış olacak, birlikteliklerinin, düzenin değerini anlayacak ve yeniden başlayacaklardı. İnanmak istediği tek olasılık buydu.

Çünkü bunun dışındaki tüm olasılıklar bilinmeze açılıyordu. Belki yalnız kalacaktı belki de yeni bir ilişkiye yelken açacaktı ama yeni birini tanımak, anlamak ve kendisini anlatmak zorunda kalmak Burcu'ya çok uzak geliyordu. Yeni bir ilişki istemiyordu.

Burcu ortak arkadaşları Aslı'yı arayıp Selim'in nerede olduğunu sormuştu ama hiç kimsenin Selim'in nerede olduğu ve ne yaptığıyla ilgili bir bilgisi yoktu. Fakat ilginç olan şeyse, herkesin Selim'in yokluğunu kabullenmiş olmasıydı. Kimse bu durumu fazla yadırgamamıştı. Selim'in alıp başını gitmesi, zaman zaman beklenmeyeni yapmasına duyulan alışkanlıktan ötürü normal karşılanmıştı.

Belki Burcu'nun endişesi ya da sabırsızlığı bir an önce eski düzenine geçip geçemeyeceklerinin net cevabını bulabilmek içindi. Bu kadar severken, yalnızlığa ve tek başınalığa alışmak zor olacaktı. Hatta o kadar zor olacaktı ki artık düşünmek bile istemediği bir olasılıktı bu. Selim son görüşmelerinde onu otele bırakırken, gözleri dolmuştu. Ve şimdi o dolu gözler, Burcu'nun en büyük umuduydu. Selim'den beklediği cevabı alıncaya kadar hiçbir şey, hatta çocukları bile önceliği olmayacaktı.

Yıllarını geçirdiği halde hâlâ kendi evi gibi hissedemediği bu evde kalacaktı bu gece... Kendine bir kadeh rakı doldurup, Selim'le kadeh kaldırdıkları son akşam oturduğu sandalyeye geçti Burcu ve Sezen Aksu'dan, Akşam Güneşi'ni açtı.

Bâtın XXXVI

Gitmek istediğin yere gitmek için neyi bekliyorsun?
Alice Harikalar Diyarı'nda,
Alice ki yolun kesiştiği çatala geldiğinde orada oturmakta olan kediye sorar;
"Hangi yol doğru yol bilmiyorum. Hangisinden gitmeliyim?"
Kedi, istifini hiç bozmadan karşılık verir:
"Nereye gitmek istiyorsun?"
"Nereye gitmek istediğimi bilmiyorum." der Alice...
Kedi aynı ağırbaşlılıkla ve duruşunu hiç bozmadan devam eder:
"Nereye gideceğini bilmiyorsan, doğru ya da yanlış yol yok. Anlayacağın hangi yolu seçtiğinin bir önemi yok."

Zâhir 36

Zümrüt

Zümrüt, Selim'in eski karısıyla yemek yedikten sonra ortadan kaybolmasına takılmıyordu. Selim'in ortadan kayboluşunu zihniyle değil, yüreğiyle değerlendiriyordu. Yine derinlerdeki sıcaklığı duyabiliyordu. Selim ondan kopmuş olsaydı, Zümrüt bunu hissederdi.

Selim'e birkaç gün boyunca ulaşamayınca evine giden Zümrüt, Neo'yu aç ve susuz halde evin içinde dolanırken bulmuştu. Köpeğin yemeğini, suyunu verdikten sonra her gün düzenli olarak eve gitmeye devam etti. Selim'in odasını, eşyalarını karıştırdı bir ipucu bulabilmek için. Ara sıra Bengü'ye gizemli hocasının mail atıp atmadığını sorarak bir cevap aradı. Sonunda Neo'yu Bengü'nün tüm itirazlarına rağmen kendi evlerine getirdi.

Neo'nun kalan birkaç eşyasını almak için Selim'in evine geldiğinde kapıdan çıkarken iç paspasın üzerine bir not bıraktı. Burcu'nun rakısını bitirip, masayı toplarken fark edip okuduğunda gözyaşlarına boğulmasına neden olan notu yazmıştı. Birkaç cümlede, Selim'i nasıl hissettiğini, onu ne kadar sevdiğini ve ilişkilerinin ruhaniliğini yansıtan o notu... Evden çıkarken Burcu'yla karşılaştığında onu anladı ve Burcu'nun acısını yüreğinde hissetti.

Kadınca gururuyla ona saldırmasını bile kabul ederken, saldırganlığının altında yatan çığlığı hissetti.

Zümrüt, ne Selim için ne de Selim ile ilişkisi için bir endişe duyuyordu. Selim'in eksikliğini hissettiği anlar, Ali'nin hastanede komada olduğu günlerdi. Ali, katıldığı bir gösteride nereden geldiği belli olmayan bir kurşunla başından yaralanmış ve komaya girmişti.

Günlerdir yoğun bakımdaydı. Komadan çıktıktan sonra doktorlar uzun bir süre Ali'nin hastanede kalması gerektiğini söylemişlerdi. Henüz yaşama dönüp dönmeyeceği bile belirsizken, Ali'nin eski sağlığına kavuşup kavuşamayacağı muammaydı.

Zümrüt'ün Selim'in geri dönmesini bu kadar çok arzulamasının bir nedeni de neredeyse şuuru yarı kapalı halde yatağa bağlı yaşayan Ali'nin sürekli Selim'in ismini sayıklıyor olmasıydı. Ortada başka bir bağ vardı.

Birkaç gün önce Bengü'nün apartmanın posta kutusunda bulup getirdiği zarfı açınca gözlerini kapatıp gülümsemişti Zümrüt. Bir gece Selim'le yatakta ayrılıktan konuşurlarken, Zümrüt Selim'e birlikteliklerinin zamansız ve mekânsız olduğunu söylemişti. Selim, bunu nasıl hatırlayacaklarını sorduğunda Zümrüt de ona, ruhlarıyla birleşenlerin mutlaka bunu bileceklerini söylemişti. Selim itiraz etmiş, yatağının yanındaki komodinin çekmecesini açarak içinden sokak çocukları vakfından aldığı oyuncak ahşap pengueni göstermiş ve "Bu çok daha etkili olur." deyip gülerek Zümrüt'ün yastığına pengueni bırakmıştı. Az önce gelen zarfın içinden çıkan ahşap pengueni avuçlarının arasında tutarken, Selim'i düşünerek değil hissederek gülümsedi Zümrüt...

Selim'in yokluğunda resim yapmaya fazla zaman ayırabiliyordu. Zümrüd-ü Anka'yı modern bir şehir siluetine uyarladığı yepyeni bir kompozisyon oluşturdu zihninde. Zaman hangi zaman olursa olsun, dönem hangi devranda olursa olsun Zümrüd-ü Anka, insan olmanın, yaşamın en güçlü sembollerinden biri olmaya devam ediyordu.

Zümrüt, var olanı, olmayanı, görüneni, görünmeyeni, dünü ve yarını sadece yüreğinde değil, her bir hücresinde hissetmeye devam ediyordu. Duyduğu acı, Selim'e her sarıldığı anda hissettiği o tarifsiz acıyla aynıydı. Yakıp geçen aşkın, tutkunun ortasında hissedilen tanımsız olan acıyla, aynı acı.

Bâtın XXXVII

Uşak kılıklı adamla ilk buluştuğumuz odadayız yeniden. Şöminenin başındaki deri koltuklarda otururken, yine çayını yudumluyor.

"Her aşama, her yükseliş yeni bir başlangıçtır."

Bana çok uzun gelen bir sürenin sonunda sessizliğini bozdu:

"Her bilgi, her mertebe hak edene ve onu taşıyabilecek olana verilir ki artık biliyorsun. Gitmen ve bilmen gereken daha çok uzun bir yol var. Ancak bizimle olan sürecin bitti. Bir boyut daha sona erdi, bir aşama daha geçildi."

"Yani benden silip aldığın, kırıntılarını bıraktığın hayatıma geri mi dönüyorum?"

Bilgiç ama sevimli sayılabilecek bir tebessümle yanıtladı beni:

"Bir dakika öncesine bile geri dönme şansın yokken ve hiçbir şey aynı kalmıyorken, her şey her an değişiyorken böyle bir şey mümkün değil."

Fincanını sehpanın üzerine koyarak yerinden kalktı ve benim de kalkıp ona eşlik etmemi işaret etti. Ahşap, yüksek ceviz ağacı kaplamalı kapının önünde durduk.

Ağır kapıyı iki eliyle altın sarısı topuzundan tutarak yavaşça itti.

Kapının açılmasıyla birlikte gözlerimi kapatmak zorunda kaldım. Sonsuz beyazlıktan gelen güçlü bir ışık odaya doluyordu. İdam sehpasındayken salona dolan ışıktan, çok daha güçlüydü.

"Her seferinde aydınlık daha da güçlenecek. Gözlerin aydınlığa alışacak. Bu tarafa bak, aç gözlerini, aydınlıktan korkma."

Gözlerim yavaş yavaş ışığa alışıyordu.

"Bu kapıdan ben değil, sen çıkacaksın. Ben şimdi gelemem. Yeniden görüşmemiz gereken zamanda orada olurum."

"Ben zaten idam sehpasında ölmemiş miydim? Bir daha mı öldüm? Ben öldüm mü?"

"Her ölüm bir doğumdur."

"Bedenim aynı?"

"Yeniden doğmak için illaki bedeninin ölmesi gerekmiyor. Mevlana'nın dediği gibi, 'Gözünü açıyorsun doğdu diyorlar, gözünü kapatıyorsun öldü diyorlar. Bu göz kırpışa ömür diyorlar.' Tasavvuf'ta son mertebede Allah'ın yeryüzündeki halifesi olacak olan insan bu makama biyolojik olarak doğduğunda oturamıyor. Kendi kişilik maskelerini birer birer bularak bunlardan kurtulan insan, "Zümrüdüanka" olarak yeniden doğmadıkça hakiki insan olamaz.

Kendi varlığında yok olmadıkça "halifetullah" makamına oturulamaz. Tasavvuf ehlinin "fenafillah" dediği şey insanın kendi küllerinden yeniden doğmasıdır. Doğum ve ölüm arasındaki o kozmik göz kırpışta bu yüzden insan iki defa doğar. Önce biyolojik olarak doğar, sonra içindeki özü fark edip onu ortaya çıkartınca, kendinden bir mana çocuğu doğar ve tırtıl kelebeğe dönüşüp uçar gider. Uçan kelebeğin arkasından bakan diğer tırtıllar da kendi içlerinde kış uykusuna yatan o muhteşem görkem ve potansiyeli bilmeden "ne güzel" der ve yapraklarının üstünde sürünmeye devam ederler."

Kapıdan çıkmamı bekliyordu. Kapıya birkaç adım yaklaştığımda artık ikimiz de aynı hizadaydık.

"Yolculuğum bitti mi?"

"Varacağın hiçbir son nokta yokken yolculuk hiç bitmez, sadece boyut değişir."

Bir adım daha atıp kapıdan çıkacakken kolunu uzatıp yumruk yaptığı eliyle karın hizama bariyer yaparak çıkmamı engelledi.

"Çıkmadan önce sana vermem gereken, vermem gerektiği söylenen bir şey var."

Karnımın önünde duran elini göğüs hizama getirip yumruk yapılmış avucunu açtı.

Avucunun içinde sakladığı şey, küçük bir tuvale resmedilmiş bir Zümrüd-ü Anka tasviriydi. Ustalıkla resmedilmişti ve ben sadece bu resmi değil, avucumda tuttuğum halini biliyordum. Avucumda tuttuğum resmin enerjisini daha önce bir yerlerde hissetmiştim.

Elini omzuma koyarak beni beyaz ışığa geçirirken, eşikten geçtiğim yeri değil, avucumdaki resmin gizemini çözmeye çalışıyordum.

HOŞÇA KAL DERKEN...

Cümlelere bir virgül koyuyoruz sadece ve devamında dörtlemenin ikinci kitabı "Siyah Gözyaşı"nda buluşacağız. Her adımda biraz daha derine gidecek, daha fazlasını paylaşacağız.

Yazıyorum çünkü kendimi ancak yazarak ifade edebiliyorum. Her bir cümle, sende hayat bulduğunda ben de var oluyorum. Bazen bana da çok ağır geliyor varoluşum. Yazdığım dörtlemede bir ütopyaya yürüyorum. "Zâhir"den "Bâtın"a yolculukta, kendi yolculuğumu seninle paylaşıyorum. İnanmayı seçtiğim, bir gün her bir bireyin hak ettiği güzellikleri bulduğu sevgi üzerine kurulmuş bir dünyanın var olacağı...

Belki bu hiçbir zaman gerçek olmayacak ama bir insanı bile gülümsetebiliyor, mutlu edebiliyorsan dünyayı değiştiriyorsun.

Benim cebimde sadece kelimelerim var ve onları senin yüreğine emanet ediyorum. Biliyorum ki, son nefes geldiğinde geriye bırakacağımız tek şey yüreklerde çizdiğimiz izler olacak.

Yine biliyorum ki, olduğun gibi değerlisin, olduğun gibi sevilmeyi hak ediyorsun. Sakın ama sakın yüreğini, enerjini kirletme.

Bazen gitmen, vazgeçmen gerekse bile cesaretle, inandığın yolda, yüreğindekileri gerçek kılacağın yolda yürümeye devam et.

Seni, sen gibi seviyorum.

Şimdilik hoşça kal.

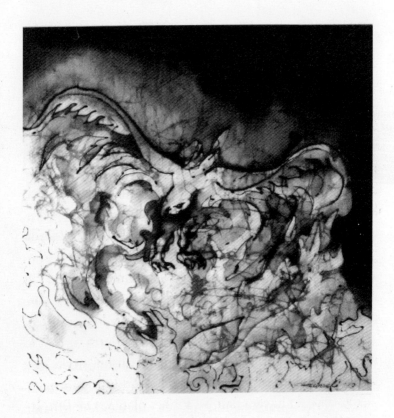

YAZAR HAKKINDA

Aret Vartanyan, 1978 yılında İstanbul'da dünyaya geldi. İlk gençlik yıllarında Uzakdoğu felsefesine yoğunlaşan Vartanyan, Marmara Üniversitesi İletişim Fakültesi'nde lisans ve yüksek lisans eğitimlerini tamamladıktan sonra burslu olarak Oxford Üniversitesi'nde Teoloji okudu ve Batı Felsefesi üzerine çalışmalarını yoğunlaştırdı. İlk kitabı 2008 yılında yayımlandı ve aynı yıl, bugün yüzbinlerce katılımcıya ulaşan YaşamAtölyesi'ni kurdu.

Yaşam amacını, "Dünyada bir tek insanı bile dışarıda bırakmadan, her bireyin kendini ve yaşam amacını sevgi üzerine kurulu bir zeminde gerçek kılmasını sağladığı bir dünyaya hizmet etmek" olarak ifade eden Aret Vartanyan, her şeyden önce insana inanıyor. Din, dil, ırk, unvan, cinsiyet, zengin-fakir gibi etiketlerin ötesinde insanın gerçekliğinin altını çizerken, çalışmalarıyla kısa sürede yüzbinlerce insanın yaşamında farklılık yarattı.

Okurlarıyla hayata dair bir sohbet olan *Sen ve Ben*, İstanbul ekseninde insanı, yaşamı irdeleyen ve farklılıklarla bir arada yaşamanın romanı *Bir Nefes İstanbul*, bir bedende kaç kişi yaşadığımızı ve hayatın içindeki rollerimizi kadın ve erkek olgularıyla sorgulayan *Bin Yüz Bir İnsan*, on binlerce danışanı ile gerçekleştirdiği çalışmaları kendi yaklaşımları ile birleştirerek yaşamın farklı kulvarlarına ışık tutan *Gerçekten Yaşıyor musun?* ve aşkı yeniden tanımlayan, bildiğiniz aşkı unutun, diyen *Çırılçıplak Aşk* ile bir milyondan fazla okura ulaştı.

2011-2014 yılları arasında gerçekleştirdiği *Buyrun Paylaşalım, Sen ve Ben* ve *Konuşanlar Kulübü* TV programlarıyla televizyon dünyasının dikkatini çekip haklı bir başarı elde eden Vartanyan, yüzbinlerce izleyicinin oluşturduğu paylaşım platformunu hayata geçirdi.

Yaşam Atölyesi ve AVCT çatısı altında çalışmalarını sürdüren Vartanyan, her yıl atölye çalışmaları dışında Türkiye'nin dört bir yanında üniversitelerde, şirketlerde ve açık konferanslarda yaklaşımlarını paylaşıyor. 2013 yılında davet edildiği uluslararası kongre, konferans ve çalışmaların ardından, kitapları yabancı dillere çevrilmekte olan Vartanyan, 2015 yılında atölye çalışmalarını ağırlıklı olarak yurtdışına taşıyor.